2011
베스트 창업
아이템 100

21세기북스
2011
베스트 창업
아이템 100
Best Franchise
한국창업전략연구소 지음
21세기북스

"창업,
제대로 알고 시작하면
두려울 것 없다"

수많은 사람들이 자신의 사업을 통해 경제적인 풍요와 여유로운 삶을 누리고 싶어 한다. 하지만 막상 창업의 문을 두드리려고 하면 고민해야 할 것들이 넘쳐난다. 그 중에서도 가장 어려운 건 아이템과 업종 선택이다. 그래서 혹자는 아이템과 업종 선정이 창업의 절반이라는 말을 하기도 한다. 그만큼 쉽지 않다는 말이다. 실제로 일상에서 수많은 상점들을 쉽게 접하곤 하지만 막상 창업을 생각하고 둘러보면 어느 것 하나 만만하게 보이지 않는다.

시끌벅적하게 오픈행사를 하고 난 뒤 얼마 지나지 않아 문 닫힌 상점을 볼 때마다 나는 늘 안타까운 마음이 들었다. 어느 누구도 여윳돈으로 창업을 시작한 건 아닐 것이다. 회사를 나오며 받은 소중한 퇴직금으로, 혹은 오랜 시간 한푼 두푼 모은 적금 통장을 털어 시작한 사업일 것이다. 그래서 사업의 실패가 한 가정의 위기로 다가오는 경우도 적지 않다.

창업은 '제2의 인생'이기도 하다. 산고의 고통을 거쳐 소중한 어린 생명이 태어나듯 창업이라는 새로운 인생을 준비하기 위해서도 충분한 시간과 노력이 필요하기 때문이다. 어떤 업종이 주목받는지 신문과 방송의 정보도 살펴봐야 하고, 각 업체에서 주최하는 사업설명회에도 참석하며 차근차근 정보를 모아야 한다. 무엇이 자신의 적성에 맞는지, 적합한 사업 아이템은 무엇인지도 선별해가면서 사업계획을 구상하는 시간도 필요하다. 직장생활과 다르게 창업 후에는 결과에 대한 모든 책임이 전적으로 자신의 몫이기 때문에 그 무게감은 만만치 않다.

사업은 시작하는 것만큼이나 제대로 운영하는 것이 중요하다. 본인의 의지와 노력에 따라 사업의 규모와 내용이 달라질 수 있다는 사실을 알고, 직원 채용에서부터 하나하나 신경을 써야만 한다. 모든 것이 새롭게 배우고 익혀야 할 것들이다. 프랜차이즈는 이 경우 많은 도움이 된다. 가맹 본사의 노하우와 체계적인 시스템으로 보다 수월하게 창업을 할 수 있고, 안정적인 운영에 도움이 되는 여러 가지 지원도 받을 수 있다.

하지만 프랜차이즈 창업을 선택하더라도 여전히 선택해야 할 것들은 넘쳐난다. 자신의 적성과 취향에 맞으면서 사업적으로 유망한 아이템을 선정한다는 것은 마음처럼 쉽지 않다. 전문가들과 많은 창업 관련 기관들에서 저마다 유망 트렌드와 유망 아이템을 소개하지만 정작 중요한 것은 창업자 자신의 선택이다. 자신의 자금규모와 적성에 맞는 브랜드를 선택할 줄 아는 안목이 필요하다. 이럴 때 객관적이고 합리적인 기준에 따라 유망한 업종과 아이템을 제시해준다면 큰 도움이 될 수 있을 것이다.

오랜 기간 창업과 프랜차이즈 분야에서 일을 하면서 '좋은 아이템과 브랜드란 무엇인지'에 대한 고민은 항상 존재했다. 그래서 기회가 된다면 나름대로 객관적인 기준과 분석에 따라 창업자들에게 추천할 만한 건실한 브랜드와 아이템을 제시하고 싶다는 생각을 하곤 했다. 창업컨설팅 회사를 경영하는 동안 수많은 프랜차이즈 업체와 예비창업자들을 만나면서 그 생각은 더욱 확고해졌다. 그러다가 마음을 다잡고 온 직원들과 에너지를 쏟아 6개월여 기간 동안 자료를 수집하고 분석해 마침내 《2011년 베스트 창업 아이템 100》이라는 이름으로 2011년 프랜차이즈 업계를 조망해보는 책을 발간하게 됐다. 이 책이 창업을 준비하는 예비창업자들에게 믿음직한 동반자가 되었으면 하는 바람이다.

끝으로 이 책을 만들 수 있는 귀한 기회를 제공해주고 물심양면으로 지원해준 북이십일 출판그룹 대표이사님 이하 담당자들에게 감사의 인사를 전한다. 또한 책의 기획 단계에서부터 한 마음으로 모든 과정을 함께 하며 큰 힘을 보태준 SK마케팅앤컴퍼니 대표이사님과 담당자들에게도 지면을 통해 감사의 인사를 전하고 싶다. 아울러 이 책에 필요한 정보를 수집하고 정리하느라 고생이 많았던 한국창업전략연구소의 모든 직원들에게도 감사의 마음을 전한다.

2011년 2월

한국창업전략연구소장 이경희

차 례

PART 1 식당

PART_2 서비스

PART_3 휴게음식점

분류지수 읽는 법

창업자 개인과 브랜드의 궁합은 어떨까

국내 프랜차이즈의 평균 수명이 약 2.8년이라고 한다. 이 통계가 보여주듯 많은 프랜차이즈 본사와 가맹점이 큰 포부로 사업을 진행한 지 얼마 지나지 않아 문을 닫아야 하는 위기에 직면한다. 문제는 창업자의 자본, 성향과 적성, 사업경험과 사업 운영능력 등이다. 이 같은 개인의 역량은 성공적인 사업 아이템 선정에 필수적인 요소가 된다. 이 책의 '분류지표'는 해당 브랜드가 어떤 업종인지, 어떤 특성을 갖고 있으며, 투자규모와 점포형태는 어떠한지 등을 한눈에 알 수 있도록 정리한 도표다. 특히 눈여겨 볼 부분은 경쟁강도와 노동강도, 전문인력의 필요성 여부다. 창업자들은 분류지표를 보며 자신의 적성이나 개인적인 생활패턴이 브랜드의 성격과 어느 정도 적합한지 쉽게 파악할 수 있을 것이다.

업종	차별화	투자규모	점포형태	경쟁강도	노동강도	전문인력 필요성
서비스	감성적	낮다	무점포	낮다	낮다	없다
도소매		중간	사무실	보통	보통	
외식	기술적	높다	시설형	높다	높다	있다

업체

- **서비스** : 서비스업의 경우 서비스 마인드와 고객 중심의 서비스 개선 노력이 무엇보다 필요하다. 또한 해당 업종의 전문성을 높여야 차별화가 가능하다는 점에서 꾸준히 연구하고 노력하는 자세가 중요하다.
- **도소매** : 유통·판매 분야를 의미하며, 도매업과 소매업으로 구분할 수 있다. 도소매업의 경우 양질의 상품을 공급하는 유통망 확보가 무엇보다 중요하다.
- **외식** : 일반적으로 음식점을 말한다. 많은 창업자들이 우선적으로 고려하는 아이템이지만 치열한 경쟁이 불가피하며, 장시간의 영업과 주방인력 관리 등 실제 운영은 그리 만만치 않다.

차별화

- 감성적 : 정서적인 공감대나 감성을 자극해 소비자에게 다가가는 아이템을 말하며, 주로 외식업이 이에 해당된다. 소비자의 기호 변화나 트렌드에 따라 좌우되며 유행의 영향도 크게 받는 특징이 있다.
- 기술적 : IT와 첨단 기술과 같이 기능적인 부분이 중요한 아이템으로, 주로 서비스 분야에 해당되는 업종이 포함된다. 유행이나 계절의 영향을 받지 않고 지속적인 수요가 발생되는 특징이 있다.

투자규모

프랜차이즈 본사가 제시한 표준 매장 평수를 기준으로 예상 투자비용을 산출했다. 최근 소자본 창업이 대세인 점을 감안해 자본금 1억 원을 기준점으로 삼았다. 단 부가세 및 점포 임대료는 제외했다.

점포형태

- 시설형 : 음식점이나 학원, 안경원, 피부미용 전문점, 피트니스센터 등과 같이 판매 또는 서비스를 제공하기 위해 점포(매장)가 필수적인 경우를 말한다. 따라서 초기 부담이 커질 수밖에 없다. 하지만 최상의 제품을 최적의 상태로 서비스할 수 있으며, 별도의 홍보나 영업을 하지 않아도 유동인구의 구매를 유도할 수 있다는 장점이 있다.
- 사무실 : 청소업이나 실내환경관리, 생활케어서비스 등과 같이 사무실만 두고도 운영이 가능하며, 때로는 무점포 창업도 가능한 경우를 말한다. 사무실과 무점포의 경우 초기 투자비용이 적은 장점이 있는 반면 영업이나 마케팅·홍보 역량이 없다면 매출을 올리기 힘들다는 단점도 있다.

경쟁강도

같은 업종의 브랜드가 어느 정도 존재하는지 여부와, 한 상권에 유사 업종이 얼마나 되는지를 기준으로 분류했다. 경쟁강도가 높은 것은 그 만큼 소비자들의 관심이 많기 때문이다. 그러나 치열한 경쟁이 불가피하며 타 업체와의 차이점을 만들지 못하면 기대한 만큼의 매출을 올릴 수 없다. 반면 경쟁강도가 낮은 아이템은 독창적이고 차별성이 뛰어난 경우가 많다. 하지만 소비자들에게 친숙하지 않아 고객들의 적극적인 구매가 발생되지 않을 수도 있다.

노동강도

외식업과 도소매업의 경우 상대적으로 노동강도가 높은 편이다. 특히 주점의 경우 심야시간이나 새벽시간까지 운영을 해야 하므로 노동강도가 매우 높다. 반면 서비스업의 경우 한정된 시간에만 서비스를 제공하면 되므로 상대적으로 노동강도가 낮은 편에 속한다. 물론 서비스업의 경우에도 청소업 등 일부 업종의 경우는 예외적이다.

전문인력 필요성

주방장이나 미용사, 안경사와 같은 전문인력이 필수적인 업종의 경우 '전문인력 필요성'이 높게 표시된다. 반면 체계적 시스템이나 교육 등으로 전문지식과 기술이 없어도 창업이 가능한 경우는 '전문인력 필요성'이 낮게 표시된다.

평가지수 읽는 법

브랜드의 현재로 미래를 예측한다

대부분의 창업자들이 어떤 브랜드를 선택할지를 고민하며 업체의 가맹점 개수와 본사의 매출 및 업력 등을 살펴본다. 그러나 매출액이 많고 가맹점 수가 많다고 성공을 보장받는 건 아니다. 외견상 성공한 것처럼 보였지만 조류독감이나 구제역 등 뜻하지 않은 사건들로 순식간에 위기에 처하기도 하기 때문이다. 간혹은 특별한 이유 없이 소비자들의 기호가 변해 가맹 본사가 사라지기도 한다. 이 같은 위험상황에 처하지 않기 위해서는 처음부터 브랜드의 미래를 내다보는 혜안이 필요하다. 그래서 이 책에서는 창업자들을 위해 평가지수, 즉 프랜차이즈의 문화화 사이클을 제시했다. 이를 참고하면 해당 브랜드의 장기적인 성장 가능성을 점쳐보는 데 도움을 얻을 수 있을 것이다.

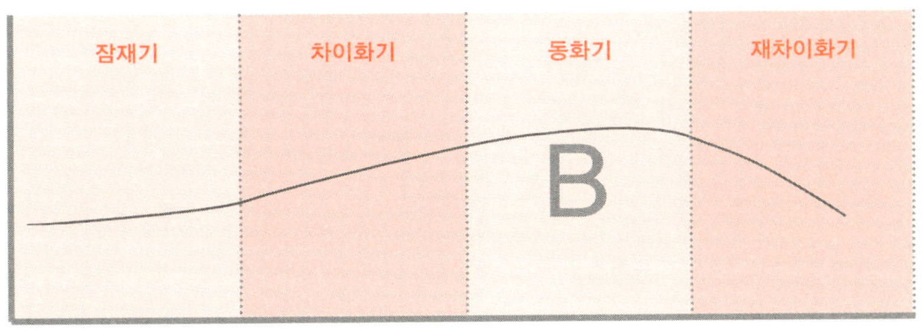

문화화 사이클

▲ 위의 평가지수 그래프는 업체가 'B형 동화기'에 속하는 것을 나타낸다.
그래프의 선이 나타내는 의미는 해당 업종의 문화적 파급력을 뜻하며, 선의 높이가 높아질수록 트렌드에 높은 영향력을 미친다.

- **A형** : 사업의 규모가 어느 정도 커졌지만 아직 소비자들에게 더 이상 차별화된 아이템을 주지 못해 장기적인 관점에서는 사업 존속이 불확실한 경우다(예: 치킨, 맥주전문점 등).
- **B형** : 소비자들에게 새롭게 다가가 유행처럼 번지는 작용이 가능한 경우다. 이는 많은 유사 업종이 생겨나게 하는 계기가 된다(예: 일본식 주점, 분식 전문점 등).
- **C형** : 성공적인 시장 규모를 만들었으며, 이전에 없던 새로운 것이라는 인식을 갖게 한 경우다. 관련 업종은 물론 직접적으로 관련이 없는 산업까지 확대시키는 영향력을 미친다(예: 유기농 전문점, 생활케어 서비스 업종 등).
- **D형** : C형 또는 B형의 파생 업종으로, 기존 업종과는 다른 차별화를 통해 새로운 블루오션 시장을 만들었다는 인식을 갖게 하는 경우다(예: 카페형 베이커리와 음식점 등).
- **E형** : 사업적 성공을 이루지 못한 채 소비자에게 외면받거나 사회적·환경적 위협 요인을 극복하지 못해 수명이 짧을 것으로 예측되는 경우다.

- **잠재기** : A~C, E형의 경우로서, 각각 사업적인 성공 여부를 아직 확인하지 못하는 단계
- **차이화기** : 사업적인 성공 상태로 하나의 유행으로 번져나가 새로운 문화를 만들어내는 단계
- **동화기** : 해당 브랜드뿐 아니라 관련 산업까지 함께 성장시키고 수많은 경쟁업체의 등장으로 전체 산업 규모가 확대되는 단계
- **재차이화기** : 산업발전의 잠재력을 다 소진해 차별화를 만들어 새롭게 발전하지 않으면 쇠퇴하게 되는 단계

몸짱, S라인, V라인 등의 신조어가 끊임없이 생겨날 정도로 다이어트와 건강에 대한 관심이 높다. 이에 따라 국내 외식업계는 '저칼로리 건강식'을 앞 다퉈 내세우며 소비자들의 마음을 사로잡고 있다. 대표적인 사례로 돈가스 전문점 〈코바코〉에서 최근 다이어트 푸드 열풍에 맞춰 출시한 구운 돈까스가 있다. 기름에 튀기지 않고 특수 제작한 파우더를 발라 오븐에 구운 신개념 돈까스로, 20여 가지 한방약제를 첨가하여 건강식으로 재탄생시켰다.

베트남쌀국수는 대표적인 저칼로리 음식으로 여성들에게 꾸준한 인기를 얻고 있는 업종이다. 베트남쌀국수 전문점 〈호아센〉의 쌀국수는 칼로리가 1인분 기준 180칼로리로 일반 칼국수나 스파게티 1인분과 비교할 때 눈에 띄게 낮은 수치다.

또한 2011년에는 배달 인력의 감소와 식자재 비용 절감을 이유로 배달 업종이 줄고 테이크아웃 업종이 각광을 받을 것으로 예상된다. 실제로 대표적인 배달 업종인 중화요리 전문점과 치킨 전문점에서도 배달보다 테이크아웃을 유도하는 경우가 늘고 있으며, 간단한 식사 위주의 소형음식점뿐 아니라 중대형 매장에서도 점차 테이크아웃을 도입하는 추세다.

이외에도 국수 전문점 등 단일 메뉴 위주의 간단한 음식을 다루는 업종들, 한식의 세계화 추세에 맞춰 전통 및 기능성을 부각시킨 음식점, 웰빙음식점, 고객의 개인적인 취향을 상품에 적극 반영한 퍼스널라이징 음식점도 주목받을 것으로 보인다.

식당
뷔페식 구이 전문점

맛있는 메뉴를
모두 먹어도 1만 4900원
프리미엄 고기 뷔페
고기킹

가맹점 기본정보
회사명 : (주)썬미트
대표자 : 김태진
전 화 : 02-1566-3500
팩 스 : 02-333-7065
주 소 : 서울시 서대문구 북가좌2동
306-17 서부프라자B/D 4층
홈페이지 : www.kogiking.co.kr
회사설립일 : 2002년 4월
매출액 : 200억 원

가맹사업 현황
가맹점 수 : 56개
- 런칭 1년 만인 2010년 한 해 동안 60
  호점 출점
- 2010년 브랜드 대상, 프랜차이즈 경쟁
  력 조사 1등 수상

가맹점 예상 투자비용
표준매장평수 : 231.4㎡(70평) 기준
가맹비 : 1000만 원
보증금 : 900만 원
로열티 : 없음
인테리어 : 7700만 원 / 추가 시 110
만 원(3.3㎡당)
기타 : 교육비 400만 원, 주방과 홀
집기, 기물 60만 원(3.3㎡당), 정육시
설 1500만 원, 집화기 및 취부 13만
원(테이블당), 간판 800만 원, 오픈
홍보 400만 원 등
총 소요비용 : 1억 7290만 원
부가세 및 점포 임대비용 별도

★ 가맹계약 내용
- 최초 가맹계약 기간 : 2년(추가비용 없음)
- 영업지역 독점권 보장
- 본사 공급물품 필수 사용

★ 브랜드 컨셉
- 소등심에서 삼겹살까지 1만 3900원! 무한리필 고기뷔페
- 고품질의 고기를 합리적인 가격에 고객에게 제공
- 회식 및 가족외식으로 탁월한 컨셉

★ 차별화 전략 및 경쟁력
① 시스템 경쟁력
- 24년간 축적된 육류 유통 노하우
- 본사의 성공 경험을 바탕으로 한 경영 지원
- 철저한 창업지원 시스템으로 초보창업자도 성공적으로 운영 가능
- 본사 물류 시스템, 식재료 공급 시스템 구축 완료
- 철저한 슈퍼바이저 제도로 가맹점과의 원활한 소통

② 상권·입지 및 출점전략 경쟁력
- 주택 상권, 오피스 상권 모두 출점 가능
- B급 상권, 무권리 점포 입점 가능
- 메인 상권 2층 입점 가능

③ 메뉴 경쟁력
- 소고기 전문점 수준의 원육을 무한리필로 공급
- 15종 내외의 다양한 구이 고기 구비
- 프리미엄 샐러드 바 등 감칠맛 나는 부메뉴 구비
- 기존 고기 뷔페와 다르게 직원이 직접 서빙하는 호텔급 서비스

Brand Tip
2011년에도 히트 아이템 '무한리필' 인기 계속된다

무한리필 고기전문점 〈고기킹〉의 인기는 남달랐다. 저렴한 가격으로 신선하고 품질 좋은 고기를 양껏 즐길 수 있어 2010년 히트 아이템이라고 불러도 손색이 없을 만큼 고객들의 폭넓은 지지를 받았다. 내년에도 안전한 먹을거리를 통해 그 인기가 계속될 것으로 기대된다. 맛과 품질, 가격경쟁력이라는 3박자를 골고루 갖춘 〈고기킹〉은 예비창업자들에게 오는 2011년 유망 창업아이템으로 각광받고 있다. 특히 '2010 올해의 브랜드 대상', '현 가맹점주가 뽑은 고기전문점 1등'에 선정되면서 런칭 6개월 만에 50호점을 달성하는 성과를 보였기 때문에 더욱 많은 관심을 받고 있다.

업종	차별화	투자규모	점포형태	경쟁강도	노동강도	전문인력 필요성
서비스	감성적	낮다	무점포	낮다	낮다	없다
도소매		중간	사무실	보통	보통	
외식	기술적	높다	시설형	높다	높다	있다

무한리필 구이전문점인 〈고기킹〉을 오픈하기 위해서는 기본적으로 231.4㎡ (70평) 이상의 매장이 필요하다. 그 외에도 덕트 시설 등 인테리어도 중요하기 때문에 투자규모는 높을 수밖에 없다. 또한 주변 구이 전문점과의 경쟁강도가 비교적 높다는 점도 고려해야 한다. 하지만 특징 없는 구이 전문점의 경우 〈고기킹〉의 저렴한 가격과 퀄리티에 대응하기란 어려운 게 사실이라 블루오션으로 볼 수 있다. 게다가 B급 상권에서도 높은 매출을 올릴 수 있어 투자대비 수익률이 높은 편이다. 타 업종에 비해 인력이 많이 들어 노동강도는 높은 편에 속한다. 인력 관리와 식자재 관리는 이 사업의 필수 요소이며, 특히 고기를 다루는 주방장인 '육부장'의 전문성이 매우 중요하다. 초보 점주는 최소한 6개월 이상 배워야 이 역할을 수행할 수 있다.

평가지수

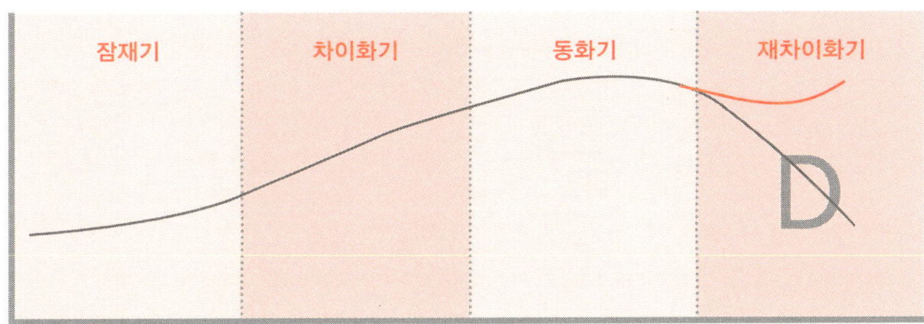

문화화 사이클

고급스런 인테리어와 함께 서비스와 품질, 가격경쟁력까지 높인 〈고기킹〉은 '무한리필 바비큐 레스토랑'이라는 새로운 컨셉으로 고기뷔페에 40여 종의 프리미엄 샐러드 바를 도입하는 등 새로운 차별화를 만들었다. 〈고기킹〉은 기존의 구이 전문점이나 저가형 고기 뷔페와의 차별화를 통해 새로운 가치를 제공하고 있다는 점에서 D형으로 볼 수 있다. 문제는 고기소비시장이 앞으로도 더 확대될 것으로 예상되지만 시간이 지날수록 성장 잠재력은 떨어지고 경쟁이 더욱 치열해질 가능성이 높다는 점이다. 단순히 선발 브랜드의 이미지만으로는 지속적인 성장이 어려울 수 밖에 없다.

식당
테이크아웃 탕 전문점

국내 최초
한식 테이크아웃
고스라니

가맹점 기본정보
회사명: (주)하누소푸드시스템
대표자: 장세은
전 화: 02-998-8363~4
팩 스: 02-998-3181
주 소: 서울시 도봉구 창동 337-1
이메일: loria01@naver.com
홈페이지: www.hanuso.com
회사설립일: 2007년 8월
매출액: 180억 원

가맹사업 현황
가맹점 수: 2개
- 1년간 전문 컨설팅을 받아 2011년 1월 런칭
- 2009년 10월부터 창동본점에서 한식 테이크아웃 코너 시험 운영(6.6㎡에서 평일 400만 원, 주말 500만 원 매출)

가맹점 예상 투자비용
표준매장평수: 33㎡(10평) 기준
가맹비: 1000만 원
보증금: 300만 원
로열티: 월 매출액의 1%
교육비: 50만 원
인테리어: 2000만 원 / 추가 시 200만 원(3.3㎡당)
기타: 간판 265만 원, 주방기기 250만 원, 집기비품 425만 원, 기타
총 소요비용: 4490만 원
부가세 및 점포 임대비용 별도

★ **가맹계약 내용**
- 최초 가맹계약 기간 : 2년, 연장계약 시 1년
- 관리자 기초과정교육 이수 필수
- 정기교육(연 1회), 특별교육

★ **브랜드 컨셉**
- '고스란하다'에서 따온 〈고스라니〉는 전통의 맛을 고스란히 담아 집으로 보내드린다는 의미
- 웰빙 명품 메뉴를 추구하는 〈하누소〉가 만든 한식 최초의 '탕' 테이크아웃 전문점

★ **차별화 전략 및 경쟁력**
① 시스템 경쟁력
- 위생적(ISO9001)으로 급속냉동된 팩을 자연해동시켜 뚝배기에 끊이는 손쉬운 조리법
- 품질경영시스템 ISO9001, 식품안전경영시스템 ISO22000 인증
- 매대에서 주문 시 준비된 제품을 즉시 꺼내 제공하는 신속한 고객 응대 시스템

② 상권·입지 및 출점전략 경쟁력
- 33㎡(10평) 정도의 소규모 매장으로 출점 가능
- 테이크아웃 수요만으로 매장 운영 대비 높은 매출 가능
- 주 고객층은 35~45세 여성 고객
- 향후 오피스 상권 및 역세권은 물론 싱글족, 골드족, 맞벌이부부 등 젊은 층을 상대로 출점
- 고급스런 〈하누소〉 쇼핑백에 담아 제공하므로 자연스럽게 브랜드 홍보

③ 메뉴 경쟁력
- 갈비탕, 갈비찜, 한우불고기 등의 메뉴를 위생적인 포장에 담아 제공
- 〈하누소〉에서 먹는 맛 그대로를 집에서 즐길 수 있음
- 갈비탕 외에 한우육계장, 한우도가니탕 등 다양한 포장용 신메뉴 출시

Brand Tip

한식을 포장 판매하려면 무엇보다 맛이 보장돼야 하고 짧은 시간 안에 제공할 수 있는 식자재 가공과 포장기술 등이 모두 겸비돼야 한다. 이런 조건들을 제대로 갖춘 〈고스라니〉는 자체 식품공장에서 완제품 형태로 매장에 모든 제품을 제공하고 있다. 〈고스라니〉는 테이크아웃을 전문으로 하는 소형매장과 미니 레스토랑과 테이크아웃을 결합한 매장, 두 가지 형태로 창업이 가능하다.

업종	차별화	투자규모	점포형태	경쟁강도	노동강도	전문인력 필요성
서비스	감성적	낮다	무점포	낮다	낮다	없다
도소매		중간	사무실	보통	보통	
외식	기술적	높다	시설형	높다	높다	있다

명품갈비탕&한우암소전문점 〈ㅎ누소〉가 만든 테이크아웃 탕 전문점 〈고스라니〉는 2009년 10월부터 창동본점에서 테이크아웃 코너를 시험 운영한 결과 6.6㎡(2평) 규모에서도 만족할 만한 매출이 나오면서 본격적으로 시작된 프랜차이즈 브랜드다. 23.1㎡(7평)~33㎡(10평) 정도의 소규모 매장에서 출점 가능하며, 총 투자비용 역시 33㎡(10평) 기준 4490만 원 선으로 저렴해 소자본 창업을 생각하는 창업자에게 적합하다. 위생적으로 급속 냉동된 팩을 자연 해동시켜 뚝배기에 끓이는 손쉬운 조리법으로 별도의 주방 전문인력이 필요하지 않으며, 주문 즉시 준비된 제품을 제공할 수 있어 신속한 고객 응대가 가능한 시스템을 갖췄다. 국내 최초의 테이크아웃 탕 전문점이라는 점에서 주목할 만한 아이템이지만, 테이크아웃 방식으로 매출이 발생하는 만큼 매장 개설 시 주변 지역의 거주인구 등을 고려해야 한다.

평가지수

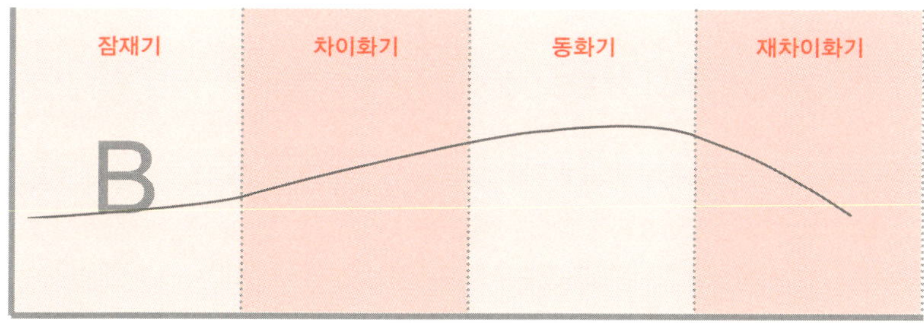

문화화 사이클

집에서는 제대로 된 맛을 내기 어렵고, 그렇다고 테이크아웃을 한다는 건 생각하지 못했던 갈비탕, 갈비찜, 한우불고기 등의 메뉴를 위생적인 포장에 담아 제공하는 〈고스라니〉는 국내 최초의 테이크아웃 탕 전문점이라는 점에서 주목할 만한 브랜드다. 특히 2011년 본격적인 가맹사업 시작에 발맞춰 갈비탕, 갈비찜 외에도 한우육계장, 한우도가니탕 등의 다양한 포장용 신메뉴를 출시하는 등 적극적인 마케팅과 메뉴개발로 향후 귀추가 주목된다. 〈고스라니〉는 기본적으로 B형 잠재기에 있다고 판단된다. 사업적 규모와 관련 없이 새로운 문화적 가치변화를 제공하며 관련 산업군에 발전적인 영향을 미칠 것으로 예상되기 때문이다. 다만 현재는 사업초기라 사업적 성공여부는 아직 확신하기 어렵다.

건강한 쌀!
맛있는 이야기!
라이스스토리

가맹점 기본정보

회사명: (주)HS ONE 인터내셔널
대표자: 김효수
전　화: 1688-9287
팩　스: 031-706-4335
주　소: 경기도 성남시 분당구 야탑동 361-5 대덕프라자 413호
이메일: yds8938@naver.com
홈페이지: www.ricestory.net
회사설립일: 2009년 2월
매출액: 30억 원

가맹사업 현황

가맹점 수: 21개
- 현재 대학가, 오피스, 아파트 등 여성 소비자 중심의 상권에 주로 출점돼 있음

가맹점 예상 투자비용

표준매장평수: 49.6㎡(15평) 기준
가맹비: 500만 원
교육비: 100만 원
보증금: 200만 원
로열티: 월 30만 원
인테리어: 2250만 원 / 추가 시 150만 원(3.3㎡당)
기타: 간판, 주방설비, 집기, 의자·탁자, 홍보 판촉물
총 소요비용: 4900만 원
부가세 및 점포 임대비용 별도

★ 가맹계약 내용

- 최초 가맹계약 기간 : 3년, 연장계약 시 1년
- 계약 체결 후 30일 이내 영업신고, 인·허가 취득 및 교육 이수 필수
- 계약 체결 후 90일 이내 가맹점 개설
- 개점 전 교육(7일), 정기교육(연 1회~2회), 특별교육

★ 브랜드 컨셉

- 쌀을 테마로 한 새로운 형태의 레스토랑
- 다양한 아시안 볶음밥을 기본으로 면류, 덮밥류, 샐러드 등 대중적인 홈스타일 메뉴를 저렴하고 합리적인 가격으로 제공
- 소비를 주도하고 있는 여성들의 취향에 맞춘 아이템
- 여성마케팅을 통해 가족, 남성고객 유치가 자연스럽게 이루어짐
- 자연의 느낌과 안정감, 패션감을 부각시킨 인테리어

★ 차별화 전략 및 경쟁력

① 시스템 경쟁력
- 필라프를 원팩으로 공급 : 매장에서 밥을 따로 지을 필요가 없음
- 주문 후 3분 이내 조리가 가능한 시스템 키친으로 인건비 절감
- 전문 주방인력이 필요 없는 간편한 운영 시스템
- 동종 업계와 비교해 저렴한 창업비용
- 본사 물류 시스템, 식재료 공급 시스템 구축 완료

② 상권·입지 및 출점전략 경쟁력
- 33㎡(10평)~49.6㎡(15평) 정도의 소규모 매장으로 출점 가능
- 주 고객층은 10~40대 여성, 주부, 직장인이 다수
- 현재 대학가 및 오피스 복합형 상권에 대부분 출점 중임
- 1층은 소형 평수, 2층은 대형 평수로 입점 중

③ 메뉴 경쟁력
- 4000~6000원대 합리적인 가격으로 아시안 음식을 한국인의 입맛에 알맞게 개량한 브랜드
- 오리엔탈 소스와 쌀을 기본으로 한 동양음식의 깊은 맛과 저렴한 가격
- 식사와 커피·음료, 생맥주까지 동시에 해결 가능
- 〈라이스스토리〉만의 20가지 특제소스
- 독창적인 메뉴 개발 시스템으로 소비자들의 새로운 욕구를 충족

Brand Tip

(주)HS ONE 인터내셔날은 2년여 동안 〈라이스스토리〉만을 위한 특제소스를 약 30여 가지 만들었다. 이렇게 개발된 특제소스는 베트남, 태국 등 동남아시아 지역의 음식을 한국인의 식성에 맞게 재구현하는 데 큰 역할을 하고 있다. 소스를 자체 개발한 덕분에 원가 절감 효과까지 나타나 메뉴의 가격을 합리적으로 책정할 수 있었다. 또한 음식조리가 용이하도록 모든 메뉴가 원팩 시스템으로 운영돼 인건비를 약 1명~1.5명 줄일 수 있다.

업종	차별화	투자규모	점포형태	경쟁강도	노동강도	전문인력 필요성
서비스	감성적	낮다	무점포	낮다	낮다	없다
도소매		중간	사무실	보통	보통	
외식	기술적	높다	시설형	높다	높다	있다

〈라이스스토리〉는 쌀을 테마로 다양한 아시안 볶음밥과 면, 덮밥, 샐러드 등의 메뉴를 합리적인 가격에 제공하는 라이스푸드 전문점이다. 한국인의 입맛에 맞게 개량한 20여 가지 특제소스와 독창적인 메뉴, 식사는 물론 커피와 음료, 생맥주까지 동시에 즐길 수 있는 새로운 레스토랑 컨셉으로 최근 인기를 끌고 있다. 〈라이스스토리〉는 기본 평수가 33㎡(10평)~49.6㎡(15평) 정도의 소규모인데다 창업비용이 저렴해 소자본 창업으로도 적합하다. 완제품화된 필라프를 원팩으로 공급받아 전문 주방인력이 필요 없고, 콤팩트한 주방 구성이 가능하기 때문에 인건비를 줄일 수 있다는 점도 장점이다. 특히 초보자도 손쉽게 운영이 가능한 효율적인 시스템을 갖추고 있어 처음 창업을 생각하는 부부창업자 또는 가족창업에 적합하다. 여성과 주부 고객층을 고려해 주택가 상권 등을 선택하는 게 좋다.

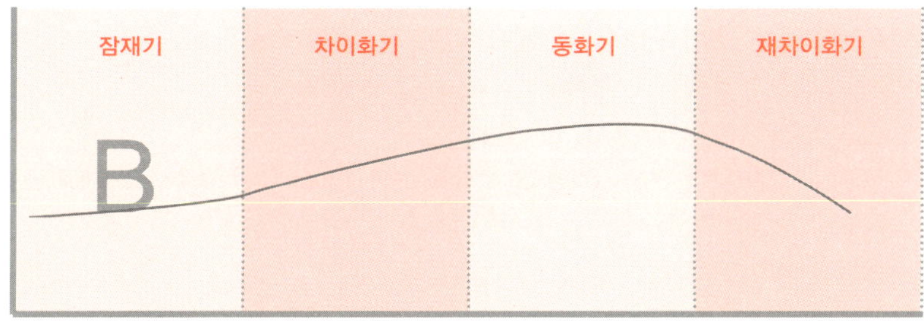

문화화 사이클

레스토랑 형태를 도입한 홈스타일 라이스푸드 브랜드 〈라이스스토리〉는 아시안 국가의 다양한 볶음밥 요리를 기본으로 대중적인 면류와 덮밥류, 샐러드 등 홈스타일 메뉴를 저렴하고 합리적인 가격으로 제공하고 있다. 이 업종은 B형 잠재기에 해당된다고 볼 수 있다. 다양한 아시안 볶음밥을 기본으로 하는 메뉴를 통해 쌀을 테마로 한 새로운 컨셉을 제시하며 문화적 가치변화를 시도하고 있기 때문이다. 하지만 아직 사업적 성공 여부, 즉 문화화 가능성이 확인되지 않은 상태이므로 소비자의 니즈와 트렌드에 적합한지 꼼꼼히 살필 필요가 있다.

집으로 찾아가는
호텔급 중화요리
라푸드

가맹점 기본정보

회사명 : (주)엘에프에이

대표자 : 함상우

전　화 : 1599-8052

팩　스 : 031-776-4412

주　소 : 경기도 성남시 분당구 수내
동 22-3 다운타운빌딩 1203호

홈페이지 : www.lafood.co.kr

회사설립일 : 2009년 10월

매출액 : 8억 원

가맹사업 현황

가맹점 수 : 1개

직영점 수 : 5개(분당, 용인지역 중심)

가맹점 예상 투자비용

표준매장평수 : 49.6㎡(15평) 기준

가맹비 : 500만 원

보증금 : 500만 원

로열티 : 월 매출액의 5%

교육비 : 200만 원

인테리어 : 2000만 원

주방용품 : 2000만 원

배달용품 : 250만 원

기타 : 철거, 덕트, 가스 및 전기증설,
오토바이

총 소요비용 : 5900만 원
부가세 및 점포 임대비용 별도

★ 가맹계약 내용

- 최초 가맹계약 기간 : 3년, 연장계약 시 3년
- 초도물품비(300만 원)는 계약 체결 이후 1일 이내 지급
- 매월 5일에 익월 로열티 지급
- 1개월의 오픈교육을 이수한 후에만 매장 오픈 가능
- 계약기간 중 본사의 영업 노하우나 레시피에 대한 비밀보호 및 경업금지
- 본사가 추천한 점포시설에 대해 1년간 하자보수 보증

★ 브랜드 컨셉

- 청결한 배달전문 중화요리의 대표 브랜드
- 기존의 중화요리 식당과 차별화된 위생상태와 뛰어난 맛
- CCTV로 고객이 직접 확인하는 인터넷 주방공개 시스템

★ 차별화 전략 및 경쟁력

① 시스템 경쟁력

- 업계 최초 실시간 주방공개로 청결함에 대한 고객 신뢰 확보
- 안전한 식자재 : 랩을 사용하지 않는 전용용기, 스테인리스 수저 사용 등
- 친환경 웰빙세제와 전용 UV살균기를 통한 도마 살균처리
- 전문인력으로 구성된 직영 통합콜센터로 전문적이고 빠른 고객 응대
- 철저한 배달사원 교육 서비스
- 전산화 운영 시스템 : 매장 운영의 효율성 제고와 신속한 응대 가능
- 합리적 초기 투자비용과 특화된 마케팅 지원

② 상권·입지 및 출점전략 경쟁력

- 위생적이고 청결한 서비스를 컨셉으로 젊은 주부층에게 인기
- 배달전문점의 특성상 주택밀집 지역과 오피스 상권이 유리
- 점포 선정에서부터 오픈까지 전 과정 지원
- 직영점 현장교육과 전산 시스템 교육, 매장 운영 전반에 대한 교육프로그램 제공

③ 메뉴 경쟁력

- 고급 식재료로 주문 후 즉시 조리함으로써 신선한 요리 제공 가능
- 쌀, 정육, 단무지 등의 국산화와 상급의 식자재 사용으로 고객의 신뢰도 제고
- 중화요리 전문가들을 통한 지속적인 신메뉴 개발과 계절별 시즌메뉴 제공
- 초보자도 손쉽게 조리할 수 있도록 전 메뉴에 대한 조리매뉴얼 제공

Brand Tip

깐깐한 엄마들을 위한 요리장면 인터넷 생중계

〈라푸드〉는 주방에 CCTV를 설치하고 이를 실시간으로 인터넷에 공개해 음식이 조리
되는 전 과정을 여과 없이 소비자들에게 보여준다. 소비자들은 홈페이지에 접속해 '실
시간 주방보기'를 클릭하면 해당 매장의 주방을 직접 눈으로 확인할 수 있다. 요리장
면을 생생한 화면으로 생중계하는 음식점이라는 뜻의 '라이브 푸드(live food)'에서
'라푸드'란 이름을 지었다. 배달 서비스만을 제공하는 중화요리점에서 오픈 주방을 채
택한 것은 〈라푸드〉가 처음이다.

업종	차별화	투자규모	점포형태	경쟁강도	노동강도	전문인력 필요성
서비스	감성적	낮다	무점포	낮다	낮다	없다
도소매		중간	사무실	보통	보통	
외식	기술적	높다	시설형	높다	높다	있다

〈라푸드〉는 배달전문점의 특성상 작은 평수의 매장으로도 운영이 가능해 전체적인 투자규모는 많지 않은 편이다. 하지만 배달 전문인력의 중요성이 커 전체적인 노동강도는 적지 않다. 전체 운영 인원을 최소화한 시스템으로 인해 전문인력에 대한 의존도가 높고, 대체인력을 구하기 어렵다는 점 또한 유의할 필요가 있다. 타 배달전문점에 비해 배달인력에 대한 교육과 서비스를 강화했지만, 고급화된 전문인력이 아니라 그 효과는 낮은 편이다. 결국 중화요리 음식에 대한 관심과 주변 지역의 수요가 창업에 최우선적 고려사항이 될 수밖에 없다. 투자규모가 낮아서 개인이나 부부창업에 적당하며, 초보창업자에게도 추천이 가능한 업종이다. 다만 배달전문점의 특성상 배달 및 시스템에 대한 이해는 필수적이며, 만약의 사고 등에 대비한 보험가입 역시 필수적이다.

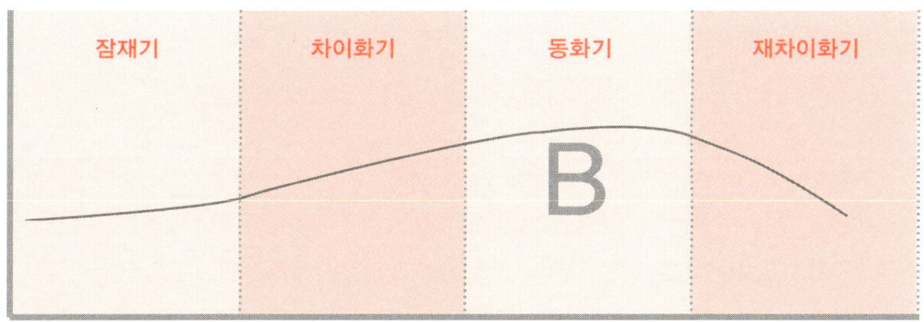

문화화 사이클

기존 중국음식 배달전문점은 항상 위생과 청결 문제가 제기됐었다. 〈라푸드〉는 인터넷을 통해 주방을 공개함으로써 그 문제를 해결하고 차별화를 이뤄냈다. 그러므로 〈라푸드〉의 문화화 사이클은 B형 동화기로 볼 수 있다. 새로운 컨셉의 문제해결이 배달전문점의 향후 발전 방향을 보여주었다고 판단되기 때문이다. 따라서 비록 아직까지는 사업 규모가 크지 않지만, 향후에는 관련 배달 음식점의 문화에 큰 영향을 끼칠 것으로 예상된다. 이후 중국음식 배달전문점들이 주방 공개를 위해 〈라푸드〉의 시스템을 도입한다면 IT 업체들의 동반 성장도 가능할 것으로 기대된다.

새로운 찜의
가격 혁명! 맛의 혁명!
바람부리 명태찜

가맹점 기본정보

회사명 : 해달F&C
대표자 : 한윤교
전 화 : 02-426-5243~4
팩 스 : 02-481-5216
주 소 : 서울시 강동구 암사동
500-4 황금빌딩 3층
이메일 : kim@zzimtang.co.kr
홈페이지 : www.zzimtang.co.kr
회사설립일 : 2003년 8월
매출액 : 30억 원

가맹사업 현황

가맹점 수 : 50개
• 단골 고객들의 입소문에 의한 출점
  이 대다수
• 점포 비용이 저렴한 주택가 상권을
  중심으로 출점 중

가맹점 예상 투자비용

표준매장평수 : 99.2㎡(30평) 기준
가맹비 : 550만 원
보증금 : 200만 원
로열티 : 없음
인테리어 : 2660만 원 / 추가 시 76만
원(3.3㎡당)
기타 : 간판, 주방 집기 및 그릇류, 주
방 기기, 탁자, pos시스템 등 약
2000만 원
총 소요비용 : 5000만 원
부가세 및 점포 임대비용 별도

★ 가맹계약 내용

• 최초 가맹계약 기간 3년, 연장계약 시 2년(재가맹비 300만 원)
• 영업지역 독점권 보장
• 가맹점 운영에 필요한 교육 및 관리 지원

★ 브랜드 컨셉

• 고소한 명태의 맛과 매운 양념, 맛있고 아삭한 식감의 콩나물로 명태요리 차별화
• 고급 명태찜을 저렴한 가격에 제공하며 찜요리의 대중화 선도
• 심플한 인테리어로 내집처럼 편안한 분위기 강조

★ 차별화 전략 및 경쟁력

① 시스템 경쟁력
• 전문 주방인력이 필요 없는 간편한 운영 시스템
• 본사 물류 시스템과 식재료 공급 시스템 구축 완료
• 심플한 식재료 구성으로 관리 용이
• 주 재료의 패키지화로 맛이 균일하며 전문인력 비용 절약 가능

② 상권·입지 및 출점전략 경쟁력
• 99.2㎡(30평) 정도의 중소형 매장으로 출점 가능
• 주택 및 오피스 복합형 상권이 최적이나 점포 비용이 낮은 주택가 상권에도 입
  점 가능
• 고객의 60% 이상이 여성 고객이며 주 고객층은 30~50대 여성 및 직장인
• 점포 리뉴얼을 통한 오픈이 가능하므로 인테리어비용 절감 가능

③ 메뉴 경쟁력
• 고단백 저칼로리, 다이어트 식품인 반건조 명태가 주재료로 비린내가 전혀 없음
• 주메뉴인 명태콩나물찜의 가격이 1인분 5000원으로 가격 경쟁력 탁월
• 고객층이 다양하며 계절 및 유행을 타지 않음
• 중독성 강한 매콤한 명태콩나물찜으로 지속적인 마니아층 형성
• 대·중·소의 개념이 아닌 2인분 이상 주문이 가능해 합리적인 식사 가능
• 담백한 명태맑은탕, 명태마리찜, 명태식해수육 등 독특한 메뉴 구성

Brand Tip

명태를 활용한 요리전문점이 국내에 거의 없는데다 명태의 효능이 알려지면서 최근
관련 가맹점들의 매출이 꾸준히 상승하고 있다. 특히 명태는 외식업에서 매년 반복되
는 공포가 없다는 장점이 있다. 조류독감이나 광우병 등에서도 자유롭다. 〈바람부리
명태찜〉의 가맹 본사는 강원도 자체 물류공장에서 직접 가공과 건조를 하고 있어 가맹
점에 안정적인 식자재 공급이 가능하다.

분류지수

업종	차별화	투자규모	점포형태	경쟁강도	노동강도	전문인력 필요성
서비스	감성적	낮다	무점포	낮다	낮다	없다
도소매		중간	사무실	보통	보통	
외식	기술적	높다	시설형	높다	높다	있다

고단백 저칼로리 식품인 반건조 명태를 사용한 명태찜을 1인분 5000원의 가격으로 제공하는 〈바람부리 명태찜〉은 찜요리의 대중화를 이끌며 다양한 고객층을 공략하고 있는 명태요리 전문점이다. 유행이나 계절을 타지 않는 아이템인 찜 요리를 저렴한 가격에 제공하기에 안정적인 매출이 가능한데다 조리가 간편한 식재료로 인해 주방 관리의 부담이 없고 전문 주방인력이 필요하지 않다는 점에서 초보창업자에게도 적합하다. 매장의 기준 평수가 99.2㎡(30평) 정도로 출점 가능하며, 점포 비용이 상대적으로 낮은 주택가 상권에도 입점이 가능하기 때문에 소자본 창업자에게 특히 권할 만한 업종이다. 하지만 무엇보다 명태찜의 맛이 중요하므로 조리에 대한 관심과 노력이 필수적이다.

평가지수

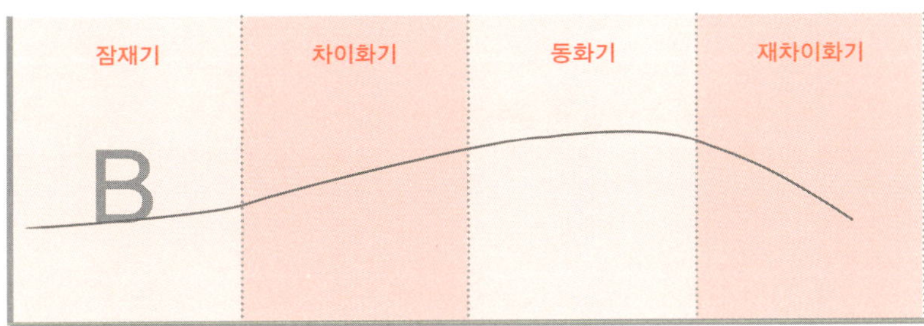

문화화 사이클

부담 없는 가격의 명태찜을 통해 찜요리의 대중화를 이끌고 있는 〈바람부리 명태찜〉은 반건조 명태를 활용한 다양한 메뉴로 마니아들은 물론 30~50대 여성들과 직장인에게 인기가 높은 외식 프랜차이즈다. 이 업종은 문화화 사이클에서 B형 잠재기에 해당된다고 볼 수 있다. 명태찜을 통해 찜요리에 대한 인식을 바꾸고 있으며, 심플한 식재료로 전문성을 높임으로써 차별화하고 있기 때문이다. 하지만 아직 사업적 성공 여부, 즉 하나의 문화로 자리 잡을 수 있을지는 완전히 확인되지 않은 상태에 있어 좀 더 면밀한 관찰이 필요한 잠재기에 해당된다고 볼 수 있다.

원할머니보쌈의
35년 전통 그대로
박가부대

가맹점 기본정보

회사명 : (주)원앤원
대표자 : 박천희
전 화 : 02-2282-5353
팩 스 : 02-497-1133
주 소 : 서울시 성동구 성수2가 262(서울사무소)
홈페이지 : www.parkga.co.kr
회사설립일 : 2008년 6월
매출액 : 698억 원

가맹사업 현황

가맹점 수 : 57개
- 〈원할머니보쌈〉, 〈백년보감〉, 〈박가부대찌개〉 등 전국적으로 350여 개 매장 운영 중

가맹점 예상 투자비용

표준매장평수 : 99.2㎡(30평) 기준
가입비 : 500만 원
시장조사비 : 200만 원
교육비 : 500만 원
로열비 : 연 180만 원
계약이행보증금 : 300만 원
인테리어 : 4500만 원 / 추가 시 150만 원(3.3㎡당)
주방용품 : 2000만 원
배달용품 : 250만 원
기타 : 주방기기 1599만 원, 의자·탁자 350만 원, 초도집기 700만 원, 싸인, POS, 외부공사 등
총 소요비용 : 1억 409만 원
부가세 및 점포 임대비용 별도

★ 가맹계약 내용
- 최초 가맹계약 기간 : 1년, 연장계약 시 1년
- 경영주 입문교육, 조리 매뉴얼교육, 서비스교육 등 개점 전 교육
- 본사의 오픈 전담인력 현장 투입 및 담당 슈퍼바이저의 사후관리

★ 브랜드 컨셉
- 〈원할머니보쌈〉의 35년 전통이 담긴 운영 노하우
- L-글루타민산나트륨(인공화학조미료의 일종) 무첨가, 수제햄 사용
- 부대찌개, 전골, 두루치기 등 남녀노소 누구나 좋아하는 대중적인 메뉴
- 전문화된 핵심 메뉴 구성 등 단순함이 아닌 간결함으로 오래 사랑받는 스테디셀러

★ 차별화 전략 및 경쟁력
① 시스템 경쟁력
- 대부분의 메뉴를 테이블에서 직접 조리하는 테이블 조리 방식 채택으로 주방 조리인원 최소화
- 원할머니 패밀리의 성공 노하우와 우수한 품질관리 시스템 : 원할머니의 전통 그대로 정성어린 손맛과 서비스 노하우, 각종 인프라 제공
- 테이블 회전율 및 수익성을 감안해 대중적이면서 핵심적인 메뉴 위주로 간편화돼 운영이 편리함

② 상권·입지 및 출점전략 경쟁력
- 1:1 면담을 통해 추천지역 2~3곳을 선정하고 상권 현황 분석 후 입지 선정
- 오픈 시 본사의 전담인력이 투입돼 업무 지원
- 역세권, 오피스 복합상권, 대학상권, 주택가 부근 등 다양한 상권에서 출점 가능

③ 메뉴 경쟁력
- 진한 사골육수와 맛있는 수제햄으로 얼큰하고 시원한 부대찌개 제공
- 천연조미료 사용, HACCP와 대한민국 LOHAS 인증 등 안전한 식탁 구현
- 소시지와 채소, 해물과 고기, 김치와 고기 등 조화로운 재료 구성
- 최고의 맛을 내기 위한 전문화된 핵심적 메뉴 구성
- 소시지, 김치, 삼겹살, 해물이 주재료인 누구나 좋아하는 찌개와 두루치기를 메뉴화해 안정적 매출 보장

Brand Tip
부대찌개와 두루치기는 직장인들 점심과 저녁, 가족외식 등 1년 내내 즐겨먹는 대중적인 메뉴다. 특히 〈박가부대〉는 일반적인 부대찌개와 차별화해 국내산 돈육을 48시간 참숯으로 훈연한 수제햄을 사용하고, 여기에 진한 사골 육수를 넣어 칼칼하면서도 깔끔하고 담백한 맛을 낸다. 삼겹살, 낙지, 두부, 오징어, 순대 등 싱싱한 주재료와 푸짐한 채소가 먹는 즐거움을 선사한다. 두루치기 역시 청양고추 등 고급 재료를 사용해 '맛있게 매운 맛'으로 남성들은 물론 젊은 여성들을 사로잡고 있다.

업종	차별화	투자규모	점포형태	경쟁강도	노동강도	전문인력 필요성
서비스	감성적	낮다	무점포	낮다	낮다	없다
도소매		중간	사무실	보통	보통	
외식	기술적	높다	시설형	높다	높다	있다

국내의 대표적인 프랜차이즈인 〈원할머니보쌈〉의 35년 전통과 노하우로 탄생한 〈박가부대〉는 대중적인 부대찌개, 전골과 두루치기라는 전문화된 메뉴에 집중함으로써 효율성을 높였다. 또한 대부분의 메뉴를 테이블에서 직접 조리하는 방식을 채택해 주방 조리인원을 최소화함으로써 고정비 부담을 줄이고 효율적인 운영이 가능하도록 만들었다. 기본적으로 가족이나 회사 등 단체 식사고객이 많은 만큼 어느 정도의 규모를 갖춰야 하기에 창업비용은 상대적으로 높다. 주방과 홀 인원을 채용해야 하며, 노동강도도 낮지 않은 편이다. 또한 부대찌개의 특성상 독립점 형태로 운영되는 경우가 많은 점을 감안할 때 주변 경쟁업체와 점포 입지 등도 신경 써야 할 필요가 있다. 하지만 최소한의 주방 인원만 있으면 운영이 가능한 시스템을 채택해 부부맞춤형 창업으로 적극 추천할 만하다.

평가지수

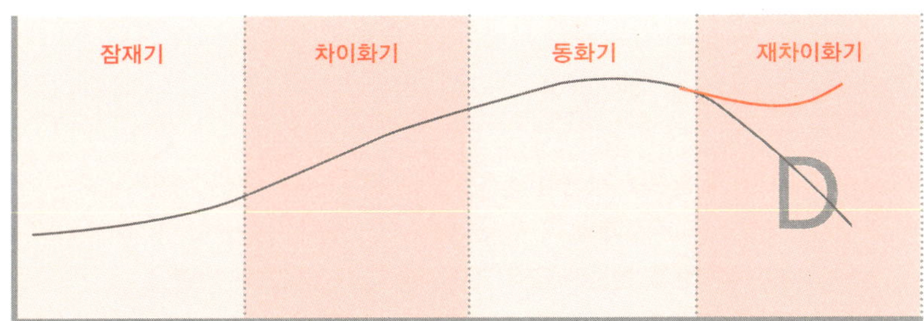

문화화 사이클

〈박가부대〉는 진한 사골육수와 맛있는 수제햄 및 천연조미료만을 사용하고, HACCP와 LOHAS 인증 등으로 부대찌개라는 대중적인 메뉴의 가치를 높여 전문성을 제고하려는 시도를 하고 있다. 〈놀부부대찌개〉를 필두로 수많은 브랜드가 경쟁하고 있는 부대찌개 시장에서 이처럼 고급화된 재료와 두루치기 등 메뉴를 다양화해 차별화를 시도하고 있는 〈박가부대〉는 D형에 해당된다고 볼 수 있다. 부대찌개 자체가 워낙 대중적이고 남녀노소 좋아하는 메뉴이므로 어느 정도의 사업규모는 만들 수 있지만 문화적 가치변화 단계에 미치지 못할 경우 차별화가 어려울 수도 있다.

식당
전복요리 전문점

백일섭과 전복,
최고의 만남
백일섭의 전복예찬

가맹점 기본정보

회사명 : (주)겨레가온데
대표자 : 한규용
전 화 : 080-854-0808
팩 스 : 02-553-2878
주 소 : 서울시 강남구 역삼1동
798번지 이앤유빌딩 3층
이메일 :
webmaster@koreajunbok.com
홈페이지 : www.koreajunbok.com
회사설립일 : 2003년 1월
매출액 : 60억 원

가맹사업 현황

가맹점 수 : 14개
- 2년여에 걸친 시장조사와 메뉴개발을 통해 12년 외식전문기업의 노하우를 걸고 출시

가맹점 예상 투자비용

표준매장평수 : 99.2㎡(30평) 기준
가맹비 : 800만 원
보증금 : 200만 원
로열티 : 월 60만 원
인테리어 : 4050만 원 / 추가 시 135만 원(3.3㎡당)
기타 : 2950만 원(교육비, 간판, 주방설비·집기, 오픈비용 등)
총 소요비용 : 8060만 원
부가세 및 점포 임대비용 별도

★ **가맹계약 내용**
- 최초 가맹계약 기간 : 1년, 연장계약 시 1년
- 계약 체결 후 14일 이내 영업신고, 인·허가 취득 및 교육 이수 필수
- 계약 체결 후 90일 이내 가맹점 개설
- 개점 전·후 교육, 특별교육, 훈련요원 파견 요청
- 가맹점 운영 경영합리화, 가맹사업의 통일성·표준화를 위한 운영매뉴얼 준수
- 제3자에게 가맹점운영권 양도 시 2개월 전에 본사 서면승인 신청

★ **브랜드 컨셉**
- 부담 없는 가격에 귀한 전복요리를 맘껏 즐길 수 있는 아이템
- 맛있고 싱싱한 산지직송 해물요리 전문점
- 가족단위 외식이나 생일, 모임 등 내방 고객에게 만족스러운 공간 지향
- 전복을 통하여 정직하고 건강한 먹거리 문화를 만들고자 함
- '국민 아버지' 백일섭이 책임지는 매장 마케팅으로 신뢰도 높음
- 사치스럽지 않은 편안한 인테리어로 다양한 고객 흡수

★ **차별화 전략 및 경쟁력**
① 시스템 경쟁력
- 우수프랜차이즈 선정으로 국민은행 창업자금 지원
- 슬림화된 조직, 합리적 배송으로 매출대비 최고의 수익률
- 분야별 최고 전문가들의 컨설팅(운영법, 원가절감, 직원관리, 지속적 마케팅 등)
- 매뉴얼·표준화된 조리법으로 초보창업자도 손쉽게 조리 가능
- 본사의 세분화된 매장 오픈 매뉴얼 제공(안정궤도에 오를 때까지 지원팀 상주)
- 매장별 슈퍼바이저, 메뉴바이저 제도(매출 부진 점포에 대한 별도 T/F 가동)
- 가맹점 멘토링 제도, 우수 매장 및 우수사원에 대한 표창 제도
- 가맹점 요청 시 주방·홀서빙 일용직 즉각 파견

② 상권·입지 빛 출점선략 경생력
- 현장전문가가 직접 점포개발, 입지 선정
- 상권 분석 프로그램을 활용해 경쟁 업소들과의 차별화 전략 마련
- 가족 외식이나 각종 모임 유치가 가능한 상권 선호
- 각 권역별 무권리·저권리금 매장 수시 확보, 과학적 입지 분석 프로그램
- 건물주와의 분쟁, 인·허가 문제 발생 소지 사전 차단
- 전원적 인테리어와 다양한 크기의 룸 배치로 단체고객 유치 가능
- 슈퍼바이저의 집중관리로 본사와의 소통 원활

③ 메뉴 경쟁력
- 저렴한 가격에 즐기는 최고의 전복요리
- 대표적 건강메뉴로 기존 가족 외식메뉴와 차별성 부각
- 연 2회 정기적인 신메뉴 개발과 수석 연구실장의 매장맞춤형 메뉴 컨설팅 제공
- 유통비가 절감된 산지직송 시스템으로 싱싱한 재료를 저가에 공급
- 전복 고유의 맛을 살린 다양한 메뉴개발
- 친환경쌀, 쌈야채, 천연세정제, 조미료 등 웰빙 식자재 사용

분류지수

업종	차별화	투자규모	점포형태	경쟁강도	노동강도	전문인력 필요성
서비스	감성적	낮다	무점포	낮다	낮다	없다
도소매		중간	사무실	보통	보통	
외식	기술적	높다	시설형	높다	높다	있다

건강에 좋은 전복을 부담 없는 가격에 즐길 수 있는 〈백일섭의 전복예찬〉은 소위 매스티지(Masstige)와 웰빙 트렌드에 최적인 아이템이다. 전주콩나물국밥 전문점인 〈완산골명가〉를 운영하는 가맹 본사의 완벽한 매장운영 노하우와 국민 대다수가 좋아하는 탤런트 백일섭이 참여하는 마케팅으로 신뢰도를 높인 점도 장점이다. 매장 규모에 따라 퓨전형 66㎡(20평), 기본형 99㎡(30평), 고급형 132㎡(40평) 등 맞춤형 창업이 가능하며, 타 해물요리와 차별화된 메뉴라는 점도 매력적이다. 특히 외식업에 경험이 없는 사람이라도 쉽게 창업하여 운영할 수 있는 간편 조리 시스템을 갖췄으며, 사업성과 수익성이 높아 안정적인 아이템으로 추천할 만하다. 외식업의 특성상 창업자 본인의 조리에 대한 관심과 노력이 무엇보다 중요하며, 가족이나 직장 고객이 많은 상권 인지도 등을 꼼꼼히 살필 필요가 있다.

평가지수

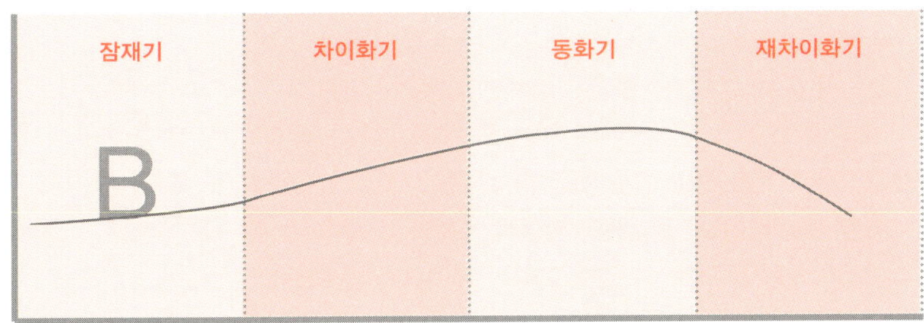

문화화 사이클

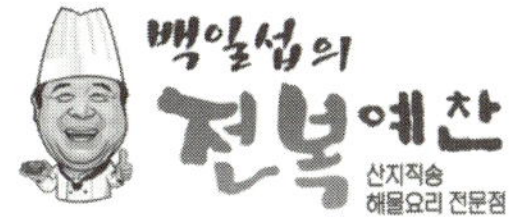

대표적인 건강 식품 전복을 부담 없는 가격에 즐길 수 있도록 특화시킨 〈백일섭의 전복예찬〉은 B형 잠재기로 판단된다. 사실 전복, 해삼, 멍게, 왕새우 등 한 가지 수산물에 집중하며 아이템을 특화시킨 업종들은 새로운 문화적 가치 변화를 제공했지만 원재료의 꾸준한 수급이 문제되는 경우가 많았다. 그 여파로 관련 산업 자체가 위태로워지는 상황에 처하기도 했다. 이러한 문제로 〈백일섭의 전복예찬〉 역시 아직 사업성 여부에 대해 속단하기는 어렵다. 하지만 〈완산골명가〉의 운영 노하우와 연예인을 활용한 신뢰도 제고 마케팅, 타 해물요리와 차별화되는 전복의 우수한 상품성 등으로 미루어 볼 때 산업 규모 확대에 크게 기여할 가능성이 높다.

눈과 입이 즐거운
가정식 수제 도시락
벤또랑

가맹점 기본정보

회사명 : (주)에프알푸드 시스템
대표자 : 이호경
전　화 : 1599-5991
팩　스 : 02-733-3692
주　소 : 서울시 강서구 내발산동
648-4
이메일 : yougu09@hanmail.net
홈페이지 : www.bentorang.com
회사설립일 : 2005년 10월
매출액 : 56억 원

가맹사업 현황

가맹점 수 : 30개
- 2011년 이후 지방·광역시 중심으로
  가맹사업 전개

가맹점 예상 투자비용

표준매장평수 : 49.6㎡(15평) 기준
가맹비 : 800만 원
보증금 : 200만 원
로열티 : 월 카드매출액의 2%
인테리어 : 2475만 원/추가 시 165만
원(3.3㎡당)
기타 : 2397만 원
총 소요비용 : 5870만 원
부가세 및 점포 임대비용 별도

★ 가맹계약 내용
- 최초 가맹계약 기간 : 2년, 연장계약 시 1년(최대 10년까지 갱신 가능)
- 가맹점 사업자의 영업상 편의를 위해 영업지역 지정과 상호 협의

★ 브랜드 컨셉
- 일식과 퓨전을 과감하게 결합한 새로운 트렌드
- 웰빙 트렌드에 맞는 수제 도시락 전문점
- 목재를 사용해 동양의 정서와 수작(手作) 느낌을 구현한 편안한 인테리어

★ 차별화 전략 및 경쟁력

① 시스템 경쟁력
- 홀과 주방의 전면 개방으로 조리과정을 오픈해 고객 신뢰도 상승
- 요리시간 3~5분의 신속한 조리 시스템
- 체계화된 운영 시스템과 동선을 통해 외식업 초보자도 운영 가능
- 저렴한 투자로 창업이 가능하고 최소의 고정비용으로 운영 가능
- 본사 물류 시스템 전국 구축, 식재료 공급 시스템 구축 완료

② 상권·입지 및 출점전략 경쟁력
- 49.6㎡(15평)의 소규모 매장으로 출점 가능
- 테이크아웃 수요가 많아 매장 규모 대비 매출 높음
- 주 고객층은 20~30대 여성 고객
- 2011년 이후 지방 및 소규모 테이크아웃 적용 매장 출점 예정

③ 메뉴 경쟁력
- 일식과 퓨전을 과감하게 결합한 새로운 트렌드 반영
- 건강식 도시락　: 몸에 좋은 도시락 , 건강한 맛 구현
- 가정식 도시락　: 안심먹거리 구현, 자극적이지 않고 맛깔스러운 정갈한 맛
- 고급 식자재를 통한 고품질의 메뉴 구현
- 토핑, 초밥베이스, 절임류의 환상적 조화
- 손맛의 향수를 느낄 수 있는 고품격 테이크아웃 도시락

Brand Tip

2010년 하반기 가맹 사업을 시작한 도시락 전문점 〈벤또랑〉이 6개월 만에 40개 매장을 열 정도로 인기다. 〈벤또랑〉의 메뉴에는 각각 스태미나, 다이어트, 건강 등 칼로리와 효능이 적혀 있어 자신에게 맞는 메뉴를 고르는 즐거움이 있다. 노화방지와 다크서클을 예방할 수 있는 '연어벤또랑', 기름이 없는 도미뱃살로 만든 '도미뱃살데리야끼랑', 직화구이로 기름기를 쪽 뺀 '바베큐 차슈랑', 건강식 '낫또랑', 닭다리 순살치킨으로 직접 만든 '도리오야꼬랑' 등의 메뉴들이 6000~1만 2000원에 판매된다.

업종	차별화	투자규모	점포형태	경쟁강도	노동강도	전문인력 필요성
서비스	감성적	낮다	무점포	낮다	낮다	없다
도소매		중간	사무실	보통	보통	
외식	기술적	높다	시설형	높다	높다	있다

수제 도시락 전문점 〈벤또랑〉은 3~5분 만에 요리가 끝나는 신속한 조리 시스템과 동선까지 고려한 체계화된 운영 시스템을 갖추고 있어 외식업종의 문제점을 상당 부분 개선했다는 점에서 최근 주목을 받고 있는 아이템이다. 우선 노동강도가 상대적으로 낮고, 전문인력이 필요하지 않아 인건비 등 고정비 부담도 적다. 또한 매장의 기준평수가 49.6㎡(15평) 정도로 소자본 창업아이템에 해당하는 것 역시 인기를 끄는 비결이다. 특히 완조리 식자재 공급으로 주방장이 필요 없어 외식업 경험이 전혀 없는 사람도 운영이 가능하다는 점과 테이크아웃 도시락 판매를 통해 수익을 다각화한 점도 매력적이다.

평가지수

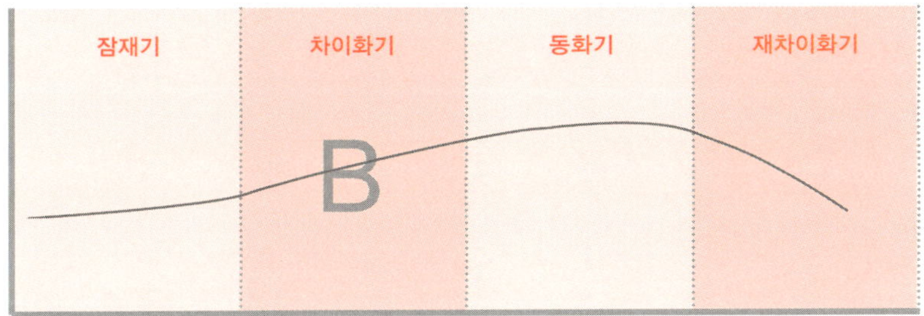

문화화 사이클

〈벤또랑〉은 국내 소비자들에게 생소한 일본 벤또 요리를 국내에 처음 소개한 브랜드다. 즉석에서 조리해 제공하는 수제 도시락 요리를 한국인의 입맛에 맞게 퓨전화하고, 인테리어도 카페 분위기로 차별화해 퓨전화된 '일본 벤또 요리 전문점'이라는 시장을 만들었다. 현재 이 업종은 B형 차이화기 업종으로 판단된다. 즉 유행으로 끝나지 않고 외식문화의 한 트렌드가 되어 앞으로 관련 산업의 동반성장과 더불어 향후 많은 경쟁 브랜드가 생기게 될 가능성이 많은 업종이라고 볼 수 있다. 신규 외식아이템이지만 타 일식 관련 시장이 이 업종으로 쉽게 뛰어들 수 있기 때문에 새로운 문화적 트렌드를 만들어내는 C형 업종으로 보기는 어렵다.

맛있는 스파게티와 와인향이 가득한 집
보나베띠

가맹점 기본정보

회사명 : (주)꼬레뱅
대표자 : 조동천
전 화 : 02-516-6282
팩 스 : 02-6280-7572
주 소 : 서울 강남구 역삼동 605-22 자운빌딩 6층
이메일 : taco22@naver.com
홈페이지 : www.5wine.net
회사설립일 : 2005년 6월
매출액 : 10억 원

가맹사업 현황

- 한국 최초로 유비쿼터스협회에서 '유비쿼터스 외식, 유통브랜드' 인증서 획득

가맹점 예상 투자비용

표준매장평수 : 180㎡(54.5평) 기준
가맹비 : 800만 원
보증금 : 300만 원
로열티 : 55만 원
인테리어 : 1억 2100만 원 / 추가 시 220만 원(3.3㎡당)
기타 : 주방설비, 가구, 집기비품, 와인인식기, 포스 등
총 소요비용 : 2억 2000만 원 부가세 및 점포 임대비용 별도

★ 가맹계약 내용

- 최초 계약 기간 : 2년, 연장계약 시 1년
- 개점 전 교육, 정기교육(연 1회), 특별교육

★ 브랜드 컨셉

- 다양한 마케팅과 적절한 프로모션 등을 풍부하게 구사할 수 있는 문화상품
- 고급화된 소비자의 안목과 트렌드에 가장 부합되는 아이템
- 와인과 피자와 파스타 등 글로벌 시대에 적합한 브랜드

★ 차별화 전략 및 경쟁력

① 시스템 경쟁력

- 전자 와인소믈리에 솔루션 : 와인의 실시간 재고관리는 물론 와인의 맛과 품종, 생산지, 음식과의 관계, 시음 후기 등을 자동 모니터링
- 유비쿼터스 소믈리에(와인인식기) : 소믈리에 인건비 절감, 메뉴의 시스템화를 통해 주방장 인건비 절감
- 외국인의 출입이 잦은 와인레스토랑 특성에 맞게 다국어 전자메뉴판 접목
- 고객의 만족도 제고 및 일관성 있는 서비스 제공을 위한 CRP 프로그램 시행

② 상권·입지 및 출점전략 경쟁력

- 주 고객층은 20대 여성과 30~40대 직장인
- 브랜드 특성상 중심상권에서 약간 벗어난 상권에 입점해 권리금 부담이 적음

③ 메뉴 경쟁력

- 계절별로 특화된 계절 메뉴가 출시되고 연 1회씩 지속적인 신메뉴 출시
- 뚝배기 파스타 : 신선한 해산물에 바질향을 첨가해 매콤한 토마토소스와 잘 어울리며 해장으로도 인기
- 디아블로 피자 : 부드러운 닭가슴살에 고추장으로 맛을 낸 매콤함 소스의 조화
- 스테이크 피자 : 치즈 피자 위에 스테이크와 샐러드를 올린 피자
- 고르곤졸라 피자 : 먹물로 만든 피자도우 위에 고르곤졸라 치즈를 얹은 피자
- 세계적인 건강 식자재(아스파라거스, 브로컬리, 치즈, 토마토, 올리브유 등)를 베이스로 한 파스타, 피자, 스테이크 등 건강 메뉴

Brand Tip

스파게티와 피자 맛집으로 유명한 와인비스트로 〈보나베띠〉가 국제유비쿼터스협회로부터 '유비쿼터스 외식·유통 브랜드' 인증서를 받았다. 〈보나베띠〉는 와인 소믈리에 기능을 대체할 수 있는 와인자동인식기를 국내최초 개발·접목해 관련 인건비를 1/3로 줄였다. 불어, 영어, 일어, 이탈리아어, 중국어 등 다국어 전자메뉴를 개발해 대표적 외국인 친화 브랜드로서 주목받고 있다. 이로써 경영 측면에서도 특정 직원에 대한 의존도 낮아지고 고정비의 많은 부분을 차지하는 인건비는 대폭 줄어들었다. 뿐만 아니라 많은 노력과 시간이 소모되는 와인의 재고관리가 실시간으로 파악되고 관리됨으로써 업무의 자동화 등 전반적인 서빙과 효율성이 크게 개선되었다.

업종	차별화	투자규모	점포형태	경쟁강도	노동강도	전문인력 필요성
서비스	감성적	낮다	무점포	낮다	낮다	없다
도소매		중간	사무실	보통	보통	
외식	기술적	높다	시설형	높다	높다	있다

〈보나베띠〉는 분위기 있는 고급 인테리어와 다양한 계층을 아우르는 뛰어난 정통 이탈리아 스파게티·피자 요리로 명성을 얻고 있는 브랜드다. 스테이크, 와플, 커피와 음료, 젤라또, 월드클레스 등 유명 와인을 주요 메뉴로 장소의 규모에 따라 선별 판매하고 있다. 현재 이곳은 와인업계의 최대 현안인 소믈리에 기능을 대체하는 '전자 와인소믈리에 솔루션'을 개발하며 와인비스트로 운영에 새로운 전기를 마련하고 있다. 투자규모는 180㎡(54.5평) 기준 2억 2000만 원을 상회하기 때문에 높은 편이다. 서빙 업무에 하이테크 시스템을 도입해 노동강도를 낮추고 인건비를 절약했으며, 전문인력 비용 부담을 없앤 것이 특징이다.

평가지수

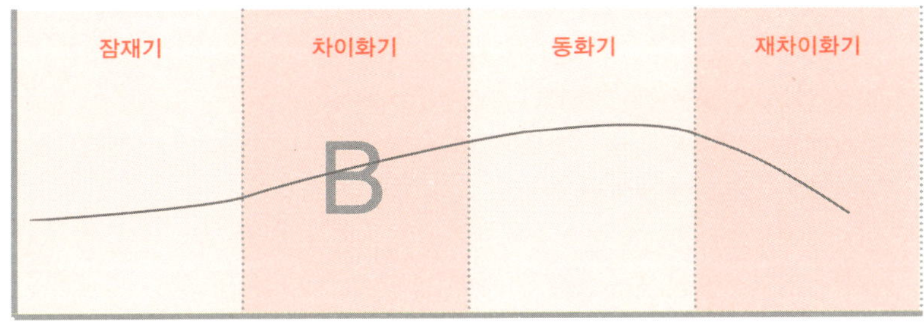

문화화 사이클

2000년대 초까지 패밀리 레스토랑은 성공의 보증수표였지만 웰빙 열풍이 불면서 고칼로리 음식이 주를 이루는 패밀리 레스토랑은 급속도로 사라지기 시작했다. 대신 스시뷔페, 에스닉 레스토랑 등이 특화되고 전문화돼 그 자리를 대신하기 시작했다. 그 중에서도 웰빙이라는 전 세계적인 트렌드에 가장 잘 부합한다는 평을 받고 있는 이탈리아 요리 전문 레스토랑은 가장 보편적이고 광범위한 인기를 얻고 있다. 이탈리아 요리와 와인을 결합한 와인비스트로 레스토랑 〈보나베띠〉은 외식문화의 한 트렌드가 되어 앞으로 관련 산업의 동반성장과 더불어 향후 많은 경쟁 브랜드가 생기게 될 가능성이 높은 업종이다. 따라서 B형 차이화기 업종이라고 볼 수 있다.

마음을 담은 따뜻한 죽 한 그릇
본죽

가맹점 기본정보

회사명 : ㈜본아이에프
대표자 : 김철호
전 화 : 1644-6288
팩 스 : 02-730-1530
주 소 : 서울시 종로구 관철동 32-7번지 계원빌딩 9층
홈페이지 : www.bonjuk.co.kr
회사설립일 : 2002년 9월
매출액 : 3100억 원

가맹사업 현황

가맹점 수 : 1200여 개
- 1000여 개 이상의 가맹점 중 폐점한 곳은 1~2% 안팎
- 미국, 일본 등 해외 가맹 사업도 전개
- 〈본비빔밥〉, 〈본국수대청〉, 〈본우리덮밥〉 등 '한국적이면서도 세계적인' 외식 브랜드 개발

가맹점 예상 투자비용

표준매장평수 : 33㎡(10평) 기준
가맹비 : 1000만 원
교육비 : 없음
보증금 : 300만 원
로열티 : 연 200만 원
인테리어 : 1450만 원 / 추가 시 145만 원(3.3m당)
기타 : 주방기물, 그릇, 탁자·의자, POS, 오픈물품
총 소요비용 : 5410만 원
부가세 및 점포 임대비용 별도

★ **가맹계약 내용**
- 최초 가맹계약 기간 : 1년, 연장계약 시 1년
- 영업지역 독점권 보장

★ **브랜드 컨셉**
- 한식 분야 최초로 전국 가맹점 1000호점을 돌파한 국내 토종프랜차이즈
- 환자식 정도로 치부되던 죽을 대표적인 웰빙 외식 메뉴로 만들며 '죽전문점' 이라는 새로운 카테고리 만듦
- 가장 큰 성공요인은 기본철학인 '본(本)', 즉 기본을 지키는 것(맛, 재료, 양, 서비스에 대한 기본 원칙을 바탕으로 프랜차이즈 시스템의 기본을 철저히 지킴)

★ **차별화 전략 및 경쟁력**

① 시스템 경쟁력
- 동일한 식자재 공급을 위해 면적 4132㎡(1250평)의 냉장창고와 40대의 냉장차량 보유
- 신선한 품질의 식재료와 양질의 부자재를 가맹점에 일일직배송하는 물류 시스템 구축 완료
- 철저한 품질인증 상품을 가맹점에 공급하는 품질관리 시스템
- 규격화된 레시피 제공, 주문과 동시에 조리해주는 즉석조리 방식
- 엄격한 선정 기준을 적용해 철저한 위생교육 및 창업 전 조리교육 실시
- 전문 주방인력이 필요 없는 간편한 운영 시스템으로 초보창업자도 운영 가능
- 가맹점 매출관리 시스템으로 실시간 점포 매출 확인에 따른 가맹점 지원

② 상권·입지 및 출점전략 경쟁력
- 33㎡(10평) 정도의 소규모 매장으로 출점 가능
- 가맹점 간 상권 보호를 위해 배달을 허용하지 않음
- 이미 전국적으로 가맹점 망을 구축하고 있어 지방 소도시와 신도시 등 틈새 상권에만 신규 가맹점 개설 가능

③ 메뉴 경쟁력
- '죽의 명품화' 라는 새로운 컨셉으로 건강죽과 영양맛죽 등 다양한 메뉴로 세분화
- 공식품질인증제도 도입 : 죽에 들어가는 해산물과 소스, 곡물류 등을 표준화(불이행 시 계약 해지 사유가 됨)
- 주문 후 개인별로 제조해주는 '맞춤죽' 으로 웰빙 트렌드를 선호하는 20~40대 소비자들의 눈높이와 입맛에 맞춤
- 호박죽과 팥죽 등 전통죽을 비롯해 삼계죽, 전복죽 등 영양식, 게살치즈죽, 낙지김치죽 등 퓨전메뉴를 동시에 제공

분류지수

업종	차별화	투자규모	점포형태	경쟁강도	노동강도	전문인력 필요성
서비스	감성적	낮다	무점포	낮다	낮다	없다
도소매		중간	사무실	보통	보통	
외식	기술적	높다	시설형	높다	높다	있다

〈본죽〉은 그동안 환자식 정도로 치부되던 '죽'을 대표적인 웰빙 외식 메뉴로 만들면서 국내 외식시장에 '죽 전문점'이라는 새로운 카테고리를 만들었다. 평균 39.6㎡(12평)~42.9㎡(13평) 규모로 매장 운영이 간편하고 인건비와 관리비 등 고정비용 지출이 다른 업종에 비해 적다. 외식 프랜차이즈임에도 조리를 극도로 간소화함으로써 주방장이 필요 없으며, 적은 평수에도 개설이 가능하기에 소자본 창업에도 적합하다. 전체적으로 투자규모는 낮으면서도 시설형이라 개인이나 부부 창업에 적합하고, 노동강도와 전문 주방인력 필요성이 낮기 때문에 초보창업자에게도 추천이 가능한 업종이다. 현재 전체 가맹점주의 80퍼센트 이상이 30~40대 주부이거나 부부가 운영하고 있다.

평가지수

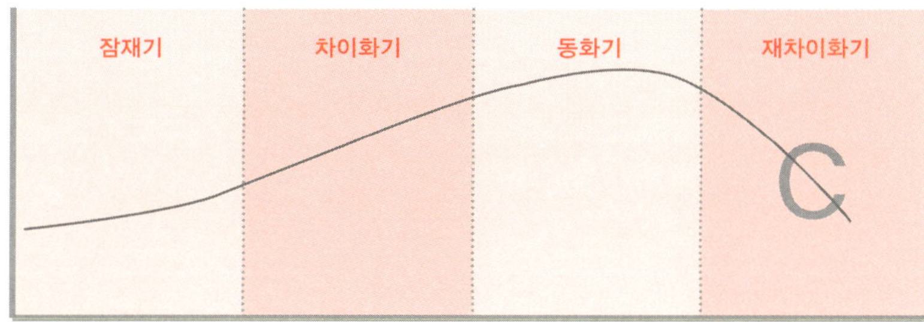

문화화 사이클

대표적인 웰빙음식인 죽은 누구나 좋아하는 건강식으로 계절의 영향을 거의 받지 않는 아이템이다. 각종 파동에 취약한 고기 전문점과 달리 불황기나 호황기에 관계없이 꾸준한 매출이 가능하며, 남녀노소 누구에게나 어필할 수 있다는 장점이 있다. 게다가 '죽=웰빙'이라는 트렌드와 전통 음식에 대한 젊은 층의 선호도가 상당히 높아진 것도 긍정적이다. 이 업종은 C형 재차이화기 업종으로 판단된다. 2005년경 죽 전문점의 급속한 양적 팽창과 더불어 수많은 브랜드가 생겨났지만 현재는 불과 수개 브랜드만이 남아 있을 뿐이다. 이는 특별한 차별화 포인트 없이 트렌드에 편승한 무차별적 사업 진행의 혹독한 결과다. 따라서 인테리어의 고급화, 메뉴의 다양성, 기능성 강화 등 차별화된 요소를 끊임없이 개발할 필요가 있다.

맛있는 회와 요리를 선물하는 집
사도시

가맹점 기본정보

회사명 : (주)가르텐
대표자 : 한윤교
전 화 : 080-345-8259
주 소 : 서울시 서초구 서초동 1624-7 5층
홈페이지 : www.sadosi.co.kr
회사설립일 : 2002년 1월
매출액 : 180억 원

가맹사업 현황

가맹점 수 : 4개
- 2010년 9월 브랜드 런칭
- 본사의 〈가르텐비어〉(가맹점 240개) 및 〈치킨퐁〉 등의 브랜드 성공적 운영 중

가맹점 예상 투자비용

표준매장평수 : 165.3㎡(50평) 기준
가맹비 : 1000만 원
보증금 : 200만 원
로열티 : 월 50만 원
인테리어 : 8000만 원
기타 : 주방설비, 주방용품, 냉각테이블 및 회접시, 각종 소품 및 장식, 포스, 간판 등
총 소요비용 : 1억 6930만 원
부가세 및 점포 임대비용 별도

★ 가맹계약 내용
- 최초 가맹계약 기간 : 3년, 연장계약 시 1년
- 계약 후 본사교육 2주(현장 실무교육 및 이론교육 수행)
- 계약 후 35일 이내 영업신고, 인·허가 취득, 교육 이수 및 오픈 완료
- 가맹운영 기간 중 연 4회 정기교육 시행(점포 운영 프로세스,기타 간담회)

★ 브랜드 컨셉
- 〈사도시〉의 의미는 회의 가장 맛있는 온도 '4℃'를 뜻함
- 사람과 자연, 과학과 기술을 조합한 국내 유일의 회 전문 프랜차이즈
- 장비의 고급화, 시설의 고급화, 운영의 고급화

★ 차별화 전략 및 경쟁력

① 시스템 경쟁력
- 본사의 활어 직공급과 대기업의 물류 시스템 연계
- 시설의 고급화를 유지한 중가 횟집의 틈새시장 확보
- 회박피기, 회세절기, 초파기, 초밥기 등 주방의 반자동화
- 회의 맛 유지를 위한 세계 최초 회 냉각테이블, 회 전용접시 개발
- 전문요리도 주방장 없이 운영할 수 있는 시스템

② 상권·입지 및 출점전략 경쟁력
- 매장의 크기는 가능한 165.3㎡(40평) 이상 1층 또는 2층까지 유효
- 오피스 상권과 주택가가 있는 1차 상권(500m 이내)
- 가능한 전면이 바르고 창이 있는 점포를 선호
- 주 고객층은 여성이며, 특히 주부들이 많은 상권이 유리함
- 상권분석은 본사의 S.T.P 전략분석에 의해 출점
- 지역 500m 이내 횟집이 있을 경우 사전 분석 비교를 통해 상권 결정

③ 메뉴 경쟁력
- 회요리, 일품요리, 점심식사, 각종 주류 판매로 매출 증대
- 고품질의 메뉴 구성이지만 가격은 중가 정책으로 고객흡입력이 큼
- 꾸준한 전문요리사의 신메뉴 개발(년 2회) 제공
- 점심식사 고객만족도가 높아 자연스럽게 저녁 손님도 늘어나는 효과 발생

Brand Tip

4℃ 회 전문점 〈사도시〉는 냉각테이블과 냉각접시 아이디어를 더해 새로운 방식으로 고객에게 다가섰다. 전자 냉각에 활용되는 열전 반도체 열전 소자를 활용한 회냉각 테이블은 회가 가장 맛있는 온도인 4~6℃를 그대로 유지해줘 신선한 맛을 더욱 살려준다. 회 전문점인 만큼 생선회의 육질을 쫄깃하고 시원하게 맛볼 수 있도록 제품을 개발해 경쟁력을 높였다.

업종	차별화	투자규모	점포형태	경쟁강도	노동강도	전문인력 필요성
서비스	감성적	낮다	무점포	낮다	낮다	없다
도소매		중간	사무실	보통	보통	
외식	기술적	높다	시설형	높다	높다	있다

〈사도시〉는 국내 유일의 회 전문 프랜차이즈로서 새로운 틈새시장을 개척해 경쟁력을 인정받은 브랜드다. 특히 전문 주방인력 없이 초보자도 쉽게 전문 요리를 만들 수 있는 주방시설의 반자동화 시스템은 주목할 만하다. 또한 회의 맛 유지를 위한 세계 최초의 회 냉각테이블과 회 전용접시 개발로 보다 저렴한 가격에 신선한 요리를 제공할 수 있다는 점도 장점이다. 다만 외식업종인데다 회 요리 전문점의 특성상 132.2㎡(40평)~165.3㎡(50평) 이상의 매장이 필요하고 상권도 좋아야 하므로 초기 투자비용은 큰 편에 속한다. 하지만 초보자도 운영할 수 있는 시스템 구축으로 노동강도가 낮으며 고정비 부담도 적어 일식 요리에 관심 있는 개인이나 부부창업자에게 권장할 만하다.

평가지수

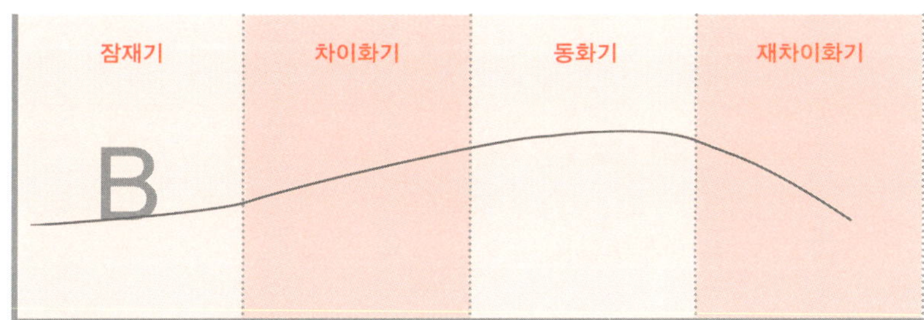

문화화 사이클

회 전문 프랜차이즈 〈사도시〉는 B형 잠재기 업종으로 볼 수 있다. 회 전문 프랜차이즈가 등장하지 않았던 이유는 무엇보다 물류의 어려움 때문이었다. 생물을 지속적으로 가맹점에 공수할 수 있는 체계적인 물류 시스템을 갖추기 어려운 탓이다. 〈사도시〉는 이런 약점을 극복하고 새로운 시장을 개척했다는 점에서 B형 업종으로 분류할 수 있다. 다만 회 전문 프랜차이즈라는 시장이 아직 초기단계이므로 고객들에게 유명 회 전문점보다 질 좋은 음식을 내놓는다는 인식을 심어주기는 어렵다. 초보자라도 조리할 수 있는 교육 시스템과 주방의 반자동회 시스템 등 체계적인 시스템을 갖춘 것은 환영할 만한 일이지만, 전문 조리사의 손길로 세심하게 다듬어진 음식에 매료된 고객층을 확보할 수 있을지 아직 속단하기 이르다.

짜릿한 짬뽕에 추억의 향수를 담았다
상하이짬뽕

가맹점 기본정보

회사명: (주)아시안푸드
대표자: 조미옥
전 화: 02-766-6282
팩 스: 02-545-6916
주 소: 서울시 송파구 가락동 119번지 B동
홈페이지:
www.sanghaichampong.com
회사설립일: 1999년
매출액: 23억 원

가맹사업 현황

가맹점 수: 70개
- 72년 전통의 중식 전문 프랜차이즈 기업
- 2010년 프랜차이즈 대상 수상
- 2009년 한국프랜차이즈협회 대상

가맹점 예상 투자비용

표준매장평수: 49.6㎡(15평) 기준
가맹비: 500만 원
보증금: 300만 원
기술이전비: 200만 원(교육비)
로열티: 월 20만 원
인테리어: 2400만 원 / 추가 시 140만 원(3.3㎡당)
주방기기비: 1200만 원
기타: 간판비, 주방그릇, 탁자·의자, POS, 오픈물품
총 소요비용: 4900만 원
부가세 및 점포 임대비용 별도

★ 가맹계약 내용
- 최초 가맹계약 기간 : 2년, 연장계약 시 2년
- 영업지역 독점권 보장
- 영업에 필요한 매뉴얼 제공
- 운영에 필요한 체계적인 교육 및 관리 지원

★ 브랜드 컨셉
- 대중적인 선호도를 살리면서 짬뽕 메뉴를 전문화해 개발한 중식전문 선도 브랜드
- '원킬 아이템' 외식업의 추세를 반영해 단일 메뉴의 전문성을 높임
- 표준화, 매뉴얼화된 레시피로 인건비와 식자재 비용 절감

★ 차별화 전략 및 경쟁력
① 시스템 경쟁력
- 라면 끓이듯 조리 가능한 시스템(주문 후 4분 이내 조리 가능)
- 반가공된 짬뽕소스 제공으로 전문주방장이 필요 없고 안전함
- 단순화, 전문화된 메뉴 구성의 전문점 시스템
- 본사 물류 시스템과 식재료 공급 시스템 구축 완료
- 가맹점 매출관리 시스템으로 실시간 점포 매출 확인(매출별 점포 지원 시스템 가동)
- 일반 짬뽕에 비해 저렴한 가격

② 상권·입지 및 출점전략 경쟁력
- 로드매장뿐만 아니라 할인점, 터미널, 휴게소 등의 특수상권에 푸드코트 형태도 입점 가능
- 본사가 지원하는 추천 점포 활용 가능
- 각종 도네이션 프로그램(영수증으로 매출액의 일정금액 복지단체 기부 프로그램)
- 스탬프 쿠폰 등의 마케팅 실시

③ 메뉴 경쟁력
- 20여 가지 엄선된 식재료로 우려낸 육수와 쫄깃한 면발
- 자체 개발한 '상하이짬뽕', '하이얀짬뽕', '홍합짬뽕' 등 주메뉴 차별화
- 여성과 어린이를 타깃으로 개발한 사이드 메뉴 구비

Brand Tip

상하이짬뽕, 가맹점 지원 강화한다

㈜FC첼린지의 리딩 브랜드인 〈상하이짬뽕〉이 성업 중인 가맹점에 대한 지원을 대폭 강화한다. 이를 위해 점포를 운영하면서 발생할 수 있는 인테리어나 설비 관련 문제들을 즉각적으로 대응할 수 있는 선진화된 헬프데스크 시스템을 갖췄다. 문제 발생 시엔 1차적으로 외부 담당 인테리어회사, 주방설비업체, 사인물업체가 대응해 조치하고, 2차적으로 본사 보전 담당자가 관여해 문제해결을 매듭짓는 방식이다.

분류지수

업종	차별화	투자규모	점포형태	경쟁강도	노동강도	전문인력 필요성
서비스	감성적	낮다	무점포	낮다	낮다	없다
도소매		중간	사무실	보통	보통	
외식	기술적	높다	시설형	높다	높다	있다

〈상하이짬뽕〉은 수제만두 전문점 〈상하이 델리〉와 중식 퓨전 주점 〈상하이 객잔〉, 캐쥬얼 중식 〈뮬란〉 등을 운영하는 '아시안푸드'에서 짬뽕에 대한 오랜 경험과 정성으로 만든 브랜드다. 남녀노소 누구나 즐기는 짬뽕요리를 전문화함으로써 일반 중국음식점보다 저렴한 가격에 제공한다는 점에서 큰 인기를 끌며 가맹점도 급증했다. 무엇보다 기존 중식의 문제점인 복잡한 조리법과 위생문제를 보완한 탁월한 기업형 시스템으로 다른 중식당과 확연히 차별화되고 있다. 또한 해장용, 식사용, 간식용 등 다양한 목적의 방문 유도 효과가 있으며, 스윙타임이 적고 테이블 회전율이 빨라 투자규모가 적은 소형매장임에도 매출을 극대화할 수 있다. 외식 프랜차이즈임에도 조리를 간소화해 전문 주방인력의 필요성이 낮으므로 생계형 소자본 창업을 희망하는 예비 창업자나 부부 창업에도 추천이 가능한 업종이다.

평가지수

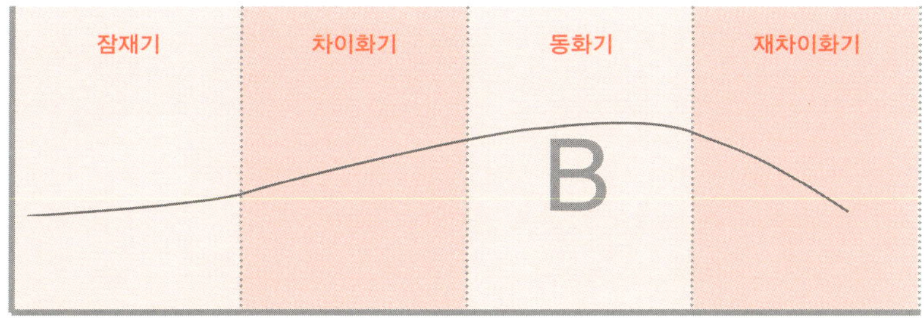

문화화 사이클

〈상하이짬뽕〉은 B형 동화기에 속한다고 볼 수 있다. 최근 프랜차이즈 업계에서 새로운 창업아이템으로 중화요리가 주목받기 시작하면서 등장한 이 브랜드는 중국음식에 대한 대중적인 선호도를 살리면서 짬뽕 메뉴를 전문화해 개발한 것이 특징이다. 또한 '원킬 아이템'을 선호하고 있는 외식업의 추세를 반영해 단일 메뉴의 전문성을 높였다. 〈상하이짬뽕〉은 여러 메뉴를 제공하며 위생상의 신뢰도를 잃어가던 영세 중국집의 취약점을 보완해 소비자들에게 짬뽕 전문점이라는 새로운 인식을 심어주었다. 사업의 성장세를 타고 국내 짬뽕 전문점을 선도하는 대표 브랜드로 인정받으면서 국내 중식 산업군의 동반 성장을 이끌어준 업체로 향후 꾸준한 인기가 예상된다.

국내 최초의 왕새우 요리전문점
새우야

가맹점 기본정보

회사명 : (주)씨후레쉬
대표자 : 박준하
전 화 : 02-407-2085~6
팩 스 : 02-407-2131
주 소 : 서울특별시 송파구 가락동 99-3 제일빌딩 611호
이메일 : seafresh@hanmail.net
홈페이지 : www.saewooya.com
회사설립일 : 2003년

가맹사업 현황

가맹점 수 : 28개
- 런칭 이후 9개월 만에 28호점 돌파

가맹점 예상 투자비용

표준매장평수 : 33㎡(10평) 기준
가맹비 : 500만 원
보증금 : 200만 원
로열티 : 없음
인테리어 : 1200만 원 / 추가 시 기본형 120만 원(3.3㎡당), 고급형 140만 원(3.3㎡당)
기타 : 주방기물, 그릇, 탁자·의자, POS, 간판 및 사인물을 비롯한 오픈 물품
총 소요비용 : 3000만 원
부가세 및 점포 임대비용 별도

★ 가맹계약 내용
- 최초 가맹계약 기간 2년, 연장계약 시 1년
- 가맹 문의 및 상담, 상권 분석 후 입점
- 오픈 전 이론교육, 매장교육

★ 브랜드 컨셉
- 국내 최초 왕새우 요리전문점이라는 차별화된 컨셉
- 고급 수산물인 새우를 대중화시킨 선두기업
- 크기(large), 가격(price), 맛(delicious)을 의미하는 'LPD' 차별화 전략

★ 차별화 전략 및 경쟁력

① 시스템 경쟁력
- 세계적인 규모를 자랑하는 태국 CP그룹과 연계해 국내유통망 형성
- 안정적인 공급원으로부터의 수산물 전문수입과 폭 넓은 유통망 확보
- 유통 노하우와 독보적인 상품 경쟁력 보유
- 전문 주방인력이 필요 없는 간편한 운영 시스템 : 초보창업자도 성공적으로 운영 가능
- 저렴한 창업비용과 배달 및 매장 영업의 병행으로 2배 이상의 매출증대 가능

② 상권·입지 및 출점전략 경쟁력
- 33㎡(10평) 정도의 소규모 매장으로 출점 가능
- 특색 있는 메뉴로 구성된 프랜차이즈 아이템으로 소비자 만족도 제고 가능

③ 메뉴 경쟁력
- 튀김류, 볶음류, 구이류까지 다양한 조리법을 통한 메뉴의 차별화
- 고급스런 새우요리를 최소의 유통과정을 통해 저렴한 가격으로 제공
- 수산물 전문수입으로 인한 다양한 신메뉴 개발 가능
- 태국 현지에서의 전문적인 새우 양식을 통한 최고의 상품 생산
- 입고 시부터 위생급속냉동보관까지 철저한 위생 관리
- 모든 상품에 마스터 코드 넘버를 표기함으로써 철저한 사후관리
- 자체규격 품질관리 ISO9000, ISO9001, ISO14001, HACCP(태국수산청허가), BRC(영국기관 허가), GMP 등 규격품질관리 인증

Brand Tip

〈새우야〉는 그동안 고급음식으로 취급되어 쉽게 접하기 어려웠던 품질 좋은 대하(새우)를 모든 소비자들이 저렴한 가격에 쉽고 편하게 맛볼 수 있도록 하는 새우요리 전문 프랜차이즈다. 대표적인 저칼로리 고단백 식품의 하나인 새우를 주 재료로 한 튀김류, 볶음류, 구이류 등의 다양한 요리를 선보이는데, 맛과 영양 모두를 만족하기 원하는 고객들에게 인기가 높다.

분류지수

업종	차별화	투자규모	점포형태	경쟁강도	노동강도	전문인력 필요성
서비스	감성적	낮다	무점포	낮다	낮다	없다
도소매		중간	사무실	보통	보통	
외식	기술적	높다	시설형	높다	높다	있다

〈새우야〉는 초기 투자비용이 적은 편이므로 창업자의 경우 큰 부담 없이 창업할 수 있다는 장점이 있다. 기존의 배달 중심의 영업이나 매장 중심의 영업 방식을 고집하기보다는 배달과 매장을 적절히 겸비한 소위 '멀티 플레이' 형으로 매출을 높이는 전략을 채택했다. 때문에 철판을 이용해야 하는 한두 가지 메뉴를 빼고는 모든 메뉴의 포장 배달이 가능하므로 반드시 인근 상권과 배달 시스템에 대한 이해가 필수적이다. 전체적인 투자규모는 낮으면서도 시설형이라 개인이나 부부 창업에 적합하며, 노동강도와 전문인력 필요성이 낮기 때문에 초보창업자에게도 추천이 가능한 업종이다.

평가지수

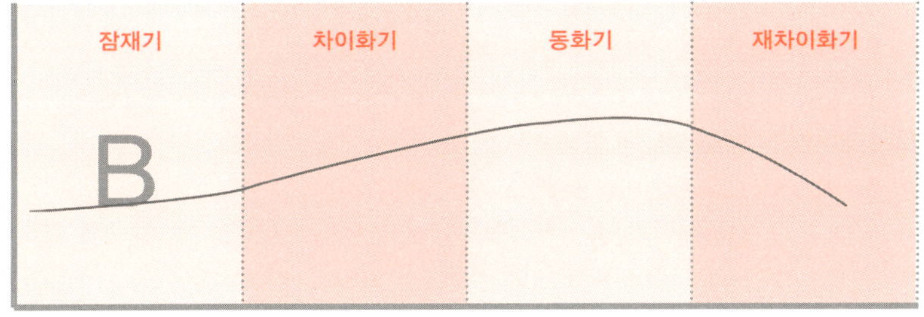

문화화 사이클

〈새우야〉는 새우요리를 특화시킨 새로운 외식 업종으로 B형 잠재기에 해당한다. 예전에도 전복, 해삼, 멍게 등 한 가지 재료를 특화시킨 경우가 있었지만 이들 업종들은 새로운 문화적 가치 변화를 이끄는 데 성공했음에도 불구하고 원재료의 꾸준한 수급이 불안정해 관련 산업 자체가 위태로워지는 문제를 끌어안을 수밖에 없었다. 〈새우야〉의 경우도 현재는 국내 최초의 왕새우 요리전문점이라는 컨셉으로 주목받고 있지만, 향후 원료수급 문제와 수산물의 가격 문제 등의 우려로 사업성 여부는 아직 속단하기 어려운 측면이 있다. 특히 생물 취급에 있어 가장 중요한 신선도 유지의 어려움과, 일부 왕새우 메뉴를 제외하면 다른 해물요리 전문점과 분명한 차별성이 있는지에 대한 눈라도 있다. 그러므로 향후 몇 년간 관련 산업의 발전 추이를 지켜볼 필요가 있다.

식당
육회&생참치 전문점

대한민국 최초의
생참치 · 육회 전문
프랜차이즈
생달인

가맹점 기본정보

회사명 : (주)대호가
대표자 : 임영서
전　화 : 02-2252-3537
팩　스 : 02-2254-0796
주　소 : 서울시 중구 신당동 366-126 남산정은스카이 1층 103호
홈페이지 : www.okdalin.co.kr
회사설립일 : 2004년 8월
매출액 : 36억 원

가맹사업 현황

가맹점 수 : 46개
- 2009년 5월 런칭한 〈육회달인〉을 리뉴얼해 2010년 8월 런칭
- 100호점까지 A급 상권 중심으로 출점 추진

가맹점 예상 투자비용

표준매장평수 : 33㎡(10평) 기준
가맹비 : 800만 원
보증금 : 보증보험 대체 진행
로열티 : 연 150만 원
인테리어 : 1200만 원
기타 : 주방설비 및 집기 800만 원, 의자·탁자 300만 원, 간판, POS 등
총 소요비용 : 3940만 원
부가세 및 점포 임대비용 별도

★ **가맹계약 내용**
- 최초 가맹계약 기간 : 1년, 연장계약 시 1년(로열티 선납)
- 영업지역에 대한 범위 내에서 가맹점 운영권 인정
- 개점 전 교육(운영 · 조리 · 매장실무 교육), 수시교육, 특별교육, 재교육
- 영업개시일 전까지 영업신고증, 건강진단(보건증), 사업자등록증 등 제반 인·허가 취득
- 영업비밀 유지 및 경업금지 의무

★ **브랜드 컨셉**
- 기존의 육회시장과 향후 블루오션 아이템인 생참치를 접목한 대한민국 최초의 한우 육회 · 생참치 전문주점
- 육회와 함께 '꿈의 고기' 라 불리는 자연산 생참치를 선어 상태로 제공
- 건강과 맛을 제일 원칙으로 웰빙 안전 맛거리를 추구

★ **차별화 전략 및 경쟁력**

① 시스템 경쟁력
- 차별화된 아이템으로 신규고객 유치 및 매출 극대화 가능
- 현 72개 점포의 경쟁력에서 검증된 육회 전문점의 노하우 기본 제공
- 고가의 생참치를 저렴하고 간편하게 공급하는 물류 공급 시스템
- 안정된 본사 물류공급으로 간편한 매장운영과 인건비 절약 효과
- 초보자도 조리 가능한 매뉴얼 시스템과 운영관리 시스템
- 인지도와 품질 좋은 정읍한우만을 사용

② 상권 · 입지 및 출점전략 경쟁력
- 소규모 매장으로 창업이 가능해 소자본 창업자에 적합
- 운영, 조리, 접객 등 분야별 전문가의 관리로 성공적인 오픈 및 매장운영을 지원
- 월 1회 전문 슈퍼바이저의 정기방문으로 매출활성화 대책 지원

③ 메뉴 경쟁력
- 인도네시아와 필리핀 등의 수심 300m 심해에서 잡은 참치를 냉장상태로 신선하게 공급
- 100% 가공된 생참치 공급으로 조리 시 재료 손실이나 맛의 변질이 없음
- 당일 도축한 한우를 진공 산소 포장 후 당일 배송
- 전국 어디서나 동일한 맛을 유지할 수 있는 자체 개발 소스 공급
- 본사 R&D팀 조리전문가의 정기적인 신메뉴 개발

Brand Tip

수심 깊은 곳에서 잡아올린 〈생달인〉의 생참치는 배에서부터 냉장을 시작해 어획부터 지점공급까지 이틀 이내로 빠르고 신속하게 이동된다. 그것이 냉동 참치와 다르게 탱탱한 육질에 더욱 고소하고 풍성한 맛을 내는 비결이다. 냉동 참치는 참기름, 소금, 설탕 등의 재료로 생참치만의 고소함을 인위적으로 만들어내지만, 생참치는 참치 고유의 맛을 그대로 전달할 수 있다.

분류지수

업종	차별화	투자규모	점포형태	경쟁강도	노동강도	전문인력 필요성
서비스	감성적	낮다	무점포	낮다	낮다	없다
도소매		중간	사무실	보통	보통	
외식	기술적	높다	시설형	높다	높다	있다

〈육회달인〉이라는 기존 육회전문점 운영 노하우를 바탕으로 생참치를 새롭게 접목시켜 만든 〈생달인〉은 한우 육회 외에도 고급 생참치를 저렴하게 즐길 수 있는 브랜드다. 특히 육회를 즐기는 기존 고객들은 물론 생참치 마니아까지 고객으로 만들 수 있다는 점에서 새로운 시장을 창출했다는 평가를 받고 있다. 〈생달인〉은 당일 도축한 한우의 선도 유지를 위해 진공 산소 포장 후 냉장배송하는 물류 시스템이 구축돼 있으며, 100퍼센트 가공된 생참치를 공급하기에 별도의 손질이나 절단을 할 필요가 없어 전문기술이 없는 초보창업자도 매장을 운영할 수 있다. 특히 33㎡(10평) 정도의 공간을 꾸미는 데 필요한 창업비용이 3000만 원대로 저렴하다는 점도 매력적이다. 부부창업자나 새로운 컨셉의 음식점을 운영하기 원하는 창업희망자에게 추천할 만하다.

평가지수

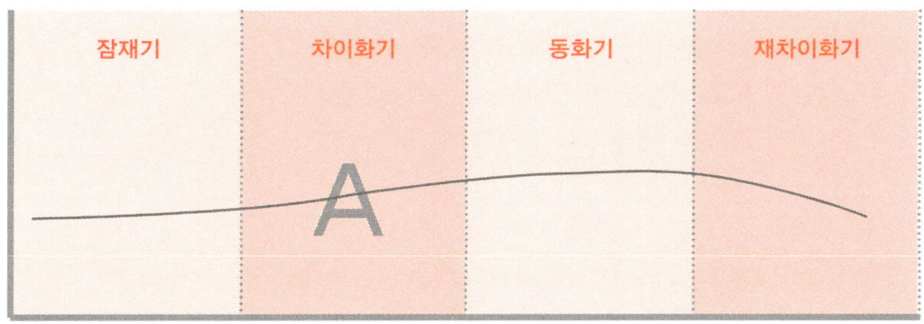

문화화 사이클

육회전문점 시장은 한때 큰 성장세를 보이기도 했지만 육회의 등급 및 위생 문제 등으로 결국 사업적 성공을 못한 업종에 해당된다. 하지만 육회를 즐기는 이들이 여전히 적지 않은데, 〈생달인〉은 이 같은 육회 수요에 생참치를 접목시켜 새로운 시장을 창출한 브랜드다. 일반적인 냉동참치와 달리 갓 잡은 참치를 얼리지 않은 상태로 공급하는 생참치 전문점은 최근 서서히 증가하는 추세다. 대부분 물류 및 유통 노하우를 지닌 업체들이 주체가 되고 있는데, 특히 생참치와 육회라는 이질적인 아이템을 결합시켜 시너지 효과를 만들려는 〈생달인〉의 시도는 문화적 가치제공 여부에 따라 향후 사업적 성공이 좌우될 것으로 보인다. 따라서 현재 이 업종은 A형 차이화기에 있다고 볼 수 있다.

자연의 싱싱함을 그대로
생생돈까스

가맹점 기본정보
회사명 : (주)에버리치F&B
대표자 : 변동섭
전　화 : 1544-2334
팩　스 : 02-586-7713
주　소 : 서울특별시 강남구 역삼동 789-12 안진빌딩 3층 전관
이메일 : help@freshdon.com
홈페이지 : www.freshdon.com
회사설립일 : 2003년 4월
매출액 : 100억 원

가맹사업 현황
가맹점 수 : 130개
- 2003년 4월 법인 설립 후 가맹사업 전개, 2007년 100호점 돌파
- 배달과 홀판매, 테이크아웃을 겸할 수 있는 복합형 매장을 주로 선보이고 있으며, cafe형과 Beer형 모델이 마련돼 있어 상권의 특성에 맞게 창업 가능

가맹점 예상 투자비용
표준매장평수 : 49.6㎡(15평) 기준
가맹비 : 700만 원
보증금 : 200만 원
로열티 : 없음
인테리어 : 2250만 원 / 추가 시 130만 원(3.3㎡당)
기타 : 간판 · 어닝 400만 원, 의자 · 탁자 360만 원, 주방설비 · 집기 1690만 원 홍보물 · 비품 · 일회용품 370만 원, POS 150만 원
총 소요비용 : 5820만 원
부가세 및 점포 임대비용 별도

★ **가맹계약 내용**
- 최초 가맹계약 기간 : 1년, 연장계약 시 1년(특이사항 없을 시 자동연장)
- 계약 체결 후 30일 이내 영업신고, 인 · 허가 취득 및 교육 이수 필수
- 계약 체결 후 90일 이내 가맹점 개설
- 개점 전 교육(6일), 정기 재교육(연 1회), 방문 특별교육(월 1회)

★ **브랜드 컨셉**
- 웰빙 먹거리에 맞게 로하스 컨셉을 추가한 외식 브랜드
- 한국인의 입맛을 고려한 돈가스, 돈부리, 스파게티 외 30여 가지 메뉴
- 급변하는 소비자 입맛에 발맞춰 신메뉴 정기 출시
- 배달전문형, 매장형, 복합형, 돈가스&Beer, 돈가스&Café 등 다양한 매장 컨셉

★ **차별화 전략 및 경쟁력**
① 시스템 경쟁력
- 본사 물류 시스템과 식재료 공급 시스템 구축 완료
- 최저매출 보상제 시행으로 창업 이후에도 철저한 관리
- 월 1회 슈퍼바이저 현장 방문 시스템
- 전문 주방인력이 필요 없는 간편한 운영 시스템
- 주문 후 10분 이내 식사 가능

② 상권 · 입지 및 출점전략 경쟁력
- 배달과 테이크아웃 수요가 많아 매장 규모대비 매출 높음
- 주 고객층은 10~20대 어린이와 청소년, 여성층 및 직장인
- 중심상권일 경우 홀 판매와 테이크아웃 중심으로 편성
- 주택상권일 경우 배달과 테이크아웃, 홀 판매를 병행
- 주상복합일 경우 홀 판매, 테이크아웃, 배달형을 종합 운영

③ 메뉴 경쟁력
- 돈가스를 먹을 때의 바삭함과 육질의 부드러움과 독특한 소스 맛이 일품
- 국내산 신선육, 습식 빵가루, 프라임 오일, 드레싱, 돈가스 소스 등 5대 식자재 자체 개발
- 프라임 오일을 통한 트랜스지방 제로 실현
- 주메뉴 15개와 면요리 10여 종, 사이드 메뉴를 포함해 30여 종의 메뉴 구성
- 다양한 메뉴를 담은 생생모듬파티 3종과 생생콤보 3종 구성

Brand Tip
돈가스전문점 〈생생돈까스〉가 '2010 한돈 판매 인증점' 으로 선정돼 동종업계 리딩브랜드로 위치를 확고히 하게 됐다. 대한양돈협회와 양돈자조금관리위원회에서 실시하는 한돈 판매 인증점 제도는 신선하고 깨끗한 국산 돼지고기 판매점을 선별해 지원하는 까다로운 인증절차다. 국산 돼지고기를 판매하는 전국의 매장 중에서 총 200개소만을 인증하고 있으며, 품질 좋은 국산 돼지고기의 판매활성화를 목적으로 하고 있다.

업종	차별화	투자규모	점포형태	경쟁강도	노동강도	전문인력 필요성
서비스	감성적	낮다	무점포	낮다	낮다	없다
도소매		중간	사무실	보통	보통	
외식	기술적	높다	시설형	높다	높다	있다

〈생생돈까스〉는 웰빙 먹거리에 맞게 로하스 컨셉을 추가한 돈가스 전문점으로 국내산 신선육과 습식 빵가루, 프라임 오일, 드레싱, 소스 등 5대 식자재를 자체 개발·공급하고 있으며, 돈가스 이외에도 돈부리, 스파게티 등 30여 가지의 다양한 메뉴를 개발했다. 〈생생돈까스〉는 전문 주방인력이 필요 없는 간편한 운영 시스템과 배달전문형, 복합형, 돈가스&Beer, 돈가스&Café 등 다양한 창업 형태를 지원하므로 자금 규모에 맞게 창업할 수 있다. 특히 최저매출 보상제 시행 등 창업 이후에도 철저한 관리를 해주기에 초보창업자도 부담 없이 창업할 수 있다는 장점이 있다. 돈가스 전문점의 특성상 기본적으로 시설형이며, 셀프서비스가 아니므로 노동강도는 낮지 않은 편이다. 또한 배달형의 비중이 높다는 점 또한 고려할 필요가 있다.

평가지수

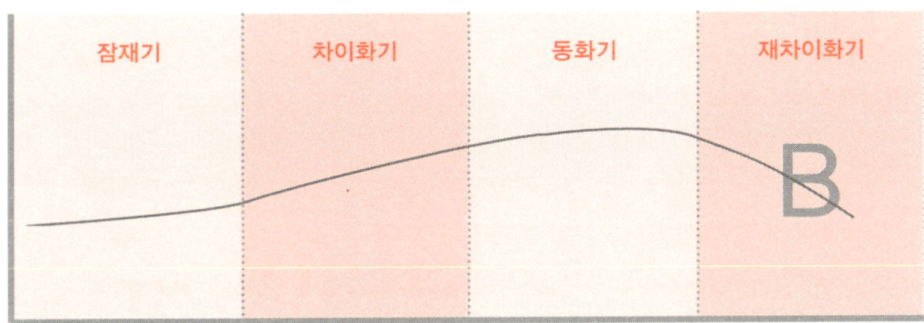

문화화 사이클

복합형, 돈가스&Café 등 다양한 형태로 창업이 가능한 〈생생돈까스〉는 '돈까스 아카데미'를 운영하며 돈가스에 대한 조리법 습득 기회를 제공하는 등 꾸준히 저변확대를 하며 성장하고 있는 외식 브랜드다. 웰빙 트렌드에 맞게 30여 종의 메뉴와 3종의 세트 제품을 로하스 컨셉으로 제공하며 돈가스에 대한 인식을 바꿔나가고 있는 중이다. 〈생생돈까스〉는 돈가스 전문점의 특성상 B형 재차이화기 업종으로 분류된다. 하지만 〈생생돈까스〉의 경우 아카데미를 운영하거나 카페형 컨셉을 도입하는 등 새로운 가치변화를 만들고 있어 귀추가 주목된다.

식당
콩나물국밥 전문점

콩나물국밥,
불주꾸미 맛의 명가
완산골명가

가맹점 기본정보

회사명: (주)겨레가온데
대표자: 한규용
전 화: 080-222-3636
팩 스: 02-553-2878
주 소: 서울시 강남구 역삼1동
798번지 이앤유빌딩 3층
이메일:
wansangol@wansangol.com
홈페이지: www.wansangol.com
회사설립일: 2003년 1월
매출액: 60억 원

가맹사업 현황

가맹점 수: 110개
- 2010 국민은행 우수 프랜차이즈 창업 자금 지원 업체 선정
- 2009 중소기업청 지정 경영혁신형 기업 선정

가맹점 예상 투자비용

표준매장평수: 99.2㎡(30평) 기준
가맹비: 500만 원
보증금: 200만 원
로열티: 월 60만 원
인테리어: 4200만 원 / 추가 시 140만 원(3.3㎡당)
기타: 2600만 원(교육비, 간판, 주방설비·집기, 오픈비용 등)
총 소요비용: 7560만 원

★ 가맹계약 내용

- 최초 가맹계약 기간 : 1년, 연장계약 시 1년
- 체결 후 14일 이내 영업신고, 인·허가 취득 및 교육 이수 필수
- 체결 후 90일 이내 가맹점 개설
- 개점 전·후 교육, 특별교육, 훈련요원 파견 요청
- 초기가맹비는 서울보증보험 계약조항에 의거해 오픈 전까지 보호
- 개발된 신상품 가맹점 지속적 공급, 추가비용 없음
- 가맹점 운영 경영합리화, 운영매뉴얼 준수
- 가맹점 양도 시 2개월 전에 본사 서면승인 신청

★ 브랜드 컨셉

- 전주지역 음식의 맛과 깊이를 재현한 한식의 대중화
- 40년 전통이 살아 있는 시원하고 담백한 우리의 옛맛
- 세대를 아우르며 유행·계절을 타지 않는 아이템
- 현지 공장에서 전통비법에 따른 생산공정 준수로 맛의 표준화

★ 차별화 전략 및 경쟁력

① 시스템 경쟁력
- 슬림화된 조직, 합리적 배송으로 매출대비 최고의 수익률
- 1인 다점포, 위탁운영이 가능한 본사의 체계적인 관리 시스템
- 맛의 표준화로 전문 주방인력이 필요 없는 간편한 운영 시스템
- 기본 육수의 티백화 등을 통한 손쉬운 조리법
- 신선하고 우수한 초우량 식자재의 저렴한 공급

② 상권·입지 및 출점전략 경쟁력
- 전문 교육기관에서 교육받은 현장전문가가 직접 점포개발, 입지 선정
- 완벽한 운영에 이를 수 있도록 일정기간 실무교육과 본사직원 파견 지원
- 슈퍼바이저 집중관리로 본사와의 소통 원활
- 입점지역마다 '동네에서 가장 잘 되는 식당'이란 말을 듣는 노하우 비축

③ 메뉴 경쟁력
- 전통비법에 따른 생산공정으로 뛰어난 맛의 표준화
- 고객 설문을 통해 80% 이상 만족도를 보인 검증된 보조메뉴만을 출시
- 술자리, 회식에도 잘 어울리는 웰빙 안주메뉴
- 유행 아이템이 아닌 스테디셀러 아이템으로 최고의 시장성 확보
- 떡갈비 등 보조요리가 완제품으로 배송돼 간단교육만으로 음식 맛 재현
- 친환경쌀, 쌈야채, 천연세정제, 조미료 등의 웰빙 식자재

Brand Tip

위탁경영을 실시하고 있는 대표적인 프랜차이즈로 〈완산골명가〉가 꼽힌다. 위탁경영은 가맹점주가 창업자금의 일부 또는 전액을 투자하고 본사가 운영을 맡아 수익을 나누는 형태를 말하는데, 〈완산골명가〉는 이런 '위탁직영점' 제도를 체계적으로 실시하고 있다.

분류지수

업종	차별화	투자규모	점포형태	경쟁강도	노동강도	전문인력 필요성
서비스	감성적	낮다	무점포	낮다	낮다	없다
도소매		중간	사무실	보통	보통	
외식	기술적	높다	시설형	높다	높다	있다

〈완산골명가〉는 40년 전통의 전주 남부시장의 콩나물국밥 맛을 재현하고 있다. 콩나물국밥은 우리의 전통 맛을 살린 시원하고 담백한 국물로 남녀노소 모두가 좋아하는 대중화 아이템이다. 계절이나 유행을 타지 않는 메뉴인데다 식사는 물론 술자리나 회식에도 잘 어울리는 웰빙 안주라는 점에서 점심과 저녁시간대의 고객 모두를 공략할 수 있다. 〈완산골명가〉의 가장 큰 장점은 기본 육수의 티백화를 통한 맛의 표준화다. 전문 주방인력이 필요 없는 운영 시스템으로 초보자라도 쉽게 깊은 맛을 재현할 수 있어 전문인력 비용 등 고정비를 절약할 수 있다. 또한 1인 다점포나 위탁운영이 가능한 체계적인 관리 시스템을 갖춰 투자형 창업으로도 적합하다는 점 역시 주목할 부분이다.

평가지수

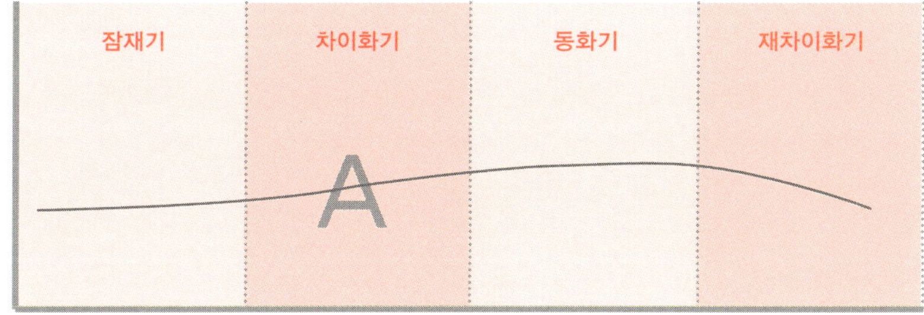

문화화 사이클

〈완산골명가〉는 시간이 지날수록 소중한 가치를 느끼게 되는 전통의 옛맛과 향수를 일깨워주는 아이템이다. 무엇보다 주력 메뉴가 남녀노소 모두 좋아하는 보편적이고 대중화된 아이템으로 계절이나 유행을 타지 않는다는 것이 강점이다. 콩나물국밥은 A형 차이화기에 해당된다고 볼 수 있다. 어느 정도의 사업규모는 만들었지만 아직 문화적 가치제공을 하지 못하고 익숙함에 의존하는 측면이 있기 때문이다. 하지만 사업적 성공으로 연관 산업군의 동반성장을 이끌면서 문화적 가치변화를 제공할 경우 B형 차이화기로 나아갈 수 있다는 판단도 가능하다.

사람과 자연,
건강을 생각하는
자연에서 온 명품죽

죽 이야기

가맹점 기본정보

회사명 : (주)대호가
대표자 : 임영서
전 화 : 02-1588-6690
팩 스 : 02-2254-0796
주 소 : 서울시 중구 신당3동 366-126 남산정은스카이빌딩 1층 103호
홈페이지 : www.jukstory.com
회사설립일 : 2004년 8월
매출액 : 36억 원

가맹사업 현황

가맹점 수 : 256개
- 중국에 〈중국 죽이야기〉 1호점 및 지사 설립
- 2006년 프랜차이즈 대상, 2008년 국민건강문화대상 및 신지식인 대상 수상
- 2009년 이노비즈 인증 및 벤처기업 인증, 경영혁신형 기업 인증 받음

가맹점 예상 투자비용

표준매장평수 : 33㎡(10평) 기준
가맹비 : 800만 원
보증금 : 100만 원
로열티 : 120만 원(재계약 시)
인테리어 : 1300만 원 / 추가 시 130만 원(3.3㎡당)
주방설비 : 900만 원
기타 : 집기/비품 300만 원, 간판 450만 원, 개업지원 400만 원, POS 등
총 소요비용 : 4500만 원 / 프리미엄(카페형)의 경우 5900만 원
부가세 및 점포 임대비용 별도

★ 가맹계약 내용

- 최초 가맹계약 기간 : 1년, 연장계약 시 1년(로열티 지불 필수)
- 본사가 정한 영업활동 조건 준수 필요(영업시간, 유니폼 착용 등)
- 영업비밀 유지, 경업금지 의무
- 개점 전 교육 · 훈련 필수, 수시교육, 특별교육, 재교육

★ 브랜드 컨셉

- 맛과 영양이 풍부한 죽 전문점 : 어린이 이유식 및 청소년과 성인의 건강식으로 안성맞춤
- 천연재료만을 사용해 사람과 자연, 건강과 환경을 생각하는 글로벌 프랜차이즈
- 우리 민족의 전통 죽을 현대인 입맛에 맞게 개량해 세계적 음식으로 도약 중임

★ 차별화 전략 및 경쟁력

① 시스템 경쟁력
- 식자재의 대량구매 및 철저한 원가분석으로 75% 이상의 높은 마진율
- 전문 주방인력이 필요 없는 간편한 주방 업무, 표준화 · 단순화된 조리 시스템
- 죽 원부자재를 저가 공급하는 완벽한 매장지원 시스템
- 국내 최대 물류회사와의 업무제휴로 신선한 식자재를 익일배송하는 유통 · 물류 시스템
- POS 시스템을 통한 매출분석, 슈퍼바이저의 꾸준한 운영지도, 철저한 매장관리
- 명품죽 이미지에 맞게 세련된 재질과 고풍스런 마감재로 정결한 실내공간 연출

② 상권 · 입지 및 출점전략 경쟁력
- 지역 내 고객의 욕구를 정확히 분석한 후 지속적으로 죽을 개발해 제공
- 테이크아웃 수요가 많아 매장 규모 대비 매출 높음
- 주 고객층은 30~40대 여성 및 30대 남성
- 매장관리를 통한 매출분석과 점포운영의 노하우 전달로 성공적인 운영 지원
- 연 2회 이상 신제품 개발 및 시식회, 상품권 발행 및 분기별 문화마케팅 실시

③ 메뉴 경쟁력
- 자연에서 온 천연재료 등 좋은 식재료 사용으로 소비자 만족도 높음
- 모방이 불가능한 자체 개발 육수로 일정한 맛 유지
- 전통죽, 영양죽, 스페셜죽, 프리미엄죽 등 다양한 죽요리
- 모든 메뉴에 경기도지사가 인증한 G-Rice만을 사용
- 카페형의 경우 다양한 음료와 빙수, 사이드메뉴 등으로 수익 제고
- 소비자의 욕구를 충족시킬 수 있는 지속적인 신메뉴 개발 및 판매 시스템

Brand Tip

(주)대호가 '2010 지식서비스 최우수 기업' 선정

〈죽이야기〉로 유명한 (주)대호가는 서비스 경영비전, 가치 창출성, 창조적 실용성, 서비스 프로세스 등 전반적인 경영 시스템에 대한 엄격한 심사를 거쳐 최우수 기업으로 선정됐다.

분류지수

업종	차별화	투자규모	점포형태	경쟁강도	노동강도	전문인력 필요성
서비스	감성적	낮다	무점포	낮다	낮다	없다
도소매		중간	사무실	보통	보통	
외식	기술적	높다	시설형	높다	높다	있다

〈죽이야기〉는 33㎡(10평) 남짓한 공간에서 운영되는 죽전문점이다. 평균적으로 5900만 원 수준의 개설비가 드는 만큼 투자 규모는 낮은 편에 속한다. 또한 아파트 단지 상가 내에 입점이 가능해 점포구입비 역시 저렴한 편이다. 과거에 죽전문점 시장은 개인이 운영하는 매장과 몇몇 프랜차이즈의 경쟁구도로 자리 잡혀 있었지만, 〈본죽〉이 1000개 이상의 가맹점을 개설하고 시장을 장악하며 경쟁강도가 오히려 낮아졌다. 노동강도는 여타 분식점에 비해서는 낮지만 소자본 창업인 만큼 점주가 직접 조리를 해야 하므로 보통 수준이라고 볼 수 있다. 본사에서 반가공된 식자재를 납품하기 때문에 조리가 쉬워 전문 주방인력 없이도 운영이 가능하다. 또한 분식점에 비해 메뉴가 단출한 점도 장점이다.

평가지수

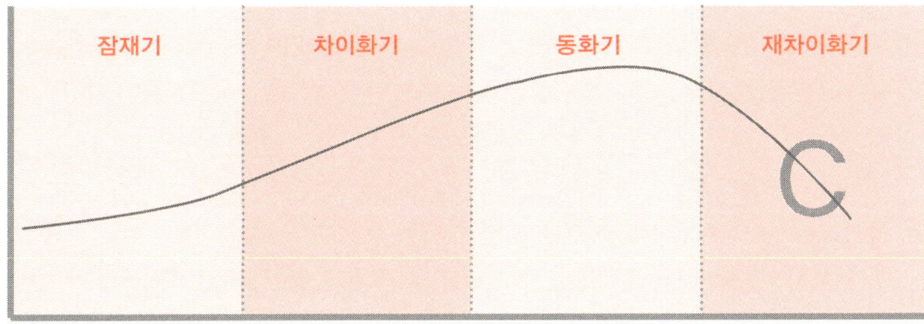

문화화 사이클

〈죽이야기〉는 C형 재차이화기 업종으로 평가된다. 200개 이상의 가맹점 개설로 사업적 규모를 갖췄고, 전통적인 가정식 죽을 구입하는 문화를 만들어 낸 점에서 초기에는 C형으로 평가됐다. 또한 가정식인 전통국수 등의 프랜차이즈화에도 직·간접적인 영향력을 무시할 수 없다. 하지만 7~8년간 시간이 흐르면서 죽전문점의 경우 재차이화기 업종으로 분류된다. 산업적인 성공 잠재력을 소진하여 더 이상의 진화는 불가능할 것으로 예상되기 때문이다. 죽이라는 한정된 형식에 고정되며, 포장 용기와 조리법 등에서 개선의 여지가 적다는 것도 한 원인이다. 그러므로 죽전문점이 향후 확장과 발전을 위해서는 새로운 가치 변화를 이뤄야 할 것이다.

맛있는 음식과 아름다운 정취가 있는 웰빙 토속음식 카페
쥐눈이콩마을

가맹점 기본정보

회사명 : (주)남양RNC
대표자 : 이혜선
전　화 : 031-967-5990
팩　스 : 031-965-6635
주　소 : 경기도 고양시 덕양구 원당동 295번지
이메일 : cherry4005@naver.com
홈페이지 : www.yakong.co.kr
회사설립일 : 2004년 11월
매출액 : 20억 원

가맹사업 현황

가맹점 수 : 직영점 2개, 가맹점 2개

가맹점 예상 투자비용

표준매장평수 : 99.2㎡(30평) 기준
가맹비 : 800만 원
보증금 : 200만 원
로열티 : 없음
인테리어 : 4500만 원 / 추가 시 150만 원(3.3㎡당)
기타 : 간판, 주방/홀 집기, POS, 홍보/판촉비 등 3500만 원
총 소요비용 : 9000만 원
부가세 및 점포 임대비용 별도

★ 가맹계약 내용
- 최초 가맹계약 기간 : 2년, 연장계약 시 1년
- 개점 전 운영교육, 조리교육, 수시교육
- 영업지역 독점권 보장

★ 브랜드 컨셉
- 토종 약콩으로 알려진 '쥐눈이콩'으로 만든 빠글장(강된장) 등 전통장류를 이용한 건강식 메뉴
- '웰빙 토속음식 카페'를 컨셉으로 한 카페형 한식 전문점

★ 차별화 전략 및 경쟁력

① 시스템 경쟁력
- 원당 직영점에서 장 담그기, 가마솥 손부두 만들기, 메주 만들기, 청국장 만들기, 막걸리 만들기, 식초 만들기 등의 전통문화 행사 주기적 개최

② 상권·입지 및 출점전략 경쟁력
- 밝고 세련된 인테리어로 역세권, 대학가, 오피스 및 주거상권 등 다양한 상권에 출점 가능
- 전국 단위 물류 시스템과 사업소 구축으로 어느 지역이라도 원활한 배송 가능

③ 메뉴 경쟁력
- 조상들의 된장 제조법 그대로 숙성시킨 된장으로 그 해 수확된 해콩만을 사용
- 쥐눈이콩으로 만들어진 장류와 메뉴들은 환경과 음식물 오염으로 인한 독성물의 해독 기능이 뛰어나고, 파괴된 인체조직을 회복시켜주는 약성이 있음
- 쥐눈이콩 빠글짱과 보리밥을 메인으로 쥐눈이콩 소스, 모두부, 콩묵, 비지떡, 간장게장은 물론 각종 쥐눈이콩 소스를 활용한 다양한 메뉴 구성
- 유행과 계절을 타지 않는 한식 메뉴로 차별화된 한국적이고 깔끔한 맛
- 웰빙 및 다이어트에 적합한 음식 아이템으로 특히 여성들이 선호
- 인스턴트 제품을 사용하지 않고 직접조리를 통해 신선한 요리 제공

Brand Tip

동의보감에 인체 독성 물질을 해독시키는 기능이 뛰어난 약콩이라고 언급된 쥐눈이콩을 재료로 요리를 하는 퓨전 한정식집 〈쥐눈이콩마을〉은 쥐눈이콩으로 만든 모두부, 묵, 비지떡, 버섯탕수, 비지전 등 10여 가지로 푸짐하게 구성된 정식 코스를 판매한다. 간장게장처럼 콩을 찾아볼 수 없는 음식에도 쥐눈이콩으로 만든 간장, 된장, 고추장, 식초, 콩가루 등을 양념으로 사용해 모든 음식에 쥐눈이콩이 들어 있다. 직접 기르거나 믿을 수 있는 곳에서 재배한 유기농 채소와 저농약 채소를 사용하고, 안심하고 먹을 수 있도록 장도 손수 담가 브랜드 가치를 높이고 있다.

분류지수

업종	차별화	투자규모	점포형태	경쟁강도	노동강도	전문인력 필요성
서비스	감성적	낮다	무점포	낮다	낮다	없다
도소매		중간	사무실	보통	보통	
외식	기술적	높다	시설형	높다	높다	있다

〈쥐눈이콩마을〉은 약콩인 '쥐눈이콩'을 주재료로 모든 요리를 선보이고 있는 한식 전통음식시장의 블루오션 창업아이템이다. 토속 웰빙음식점이라는 평가를 받으며 특히 외식시장의 주 소비계층인 웰빙족들에게 인정받고 있는 브랜드다. 한식 전문점의 특성상 기본적으로 어느 정도의 공간이 필요하기 때문에 투자비는 점포비를 제외하더라도 9000여만 원으로 상대적으로 높은 편이다. 하지만 쥐눈이콩 전문 프랜차이즈만의 고급스럽고 깔끔한 이미지, 합리적인 가격으로 소비자들의 인지도가 높은 편이며, 웰빙 트렌드에 적합한 슬로우푸드라는 점에서 앞으로 더욱 인기를 얻을 것으로 기대된다. 주방 전문인력이 필요 없어 초보창업자도 운영이 가능한 시스템을 갖췄지만 투자 규모가 있기에 음식점, 특히 전통음식 분야에 관심이 있는 부부창업자와 여성창업자에게 권할 만한 업종이다.

평가지수

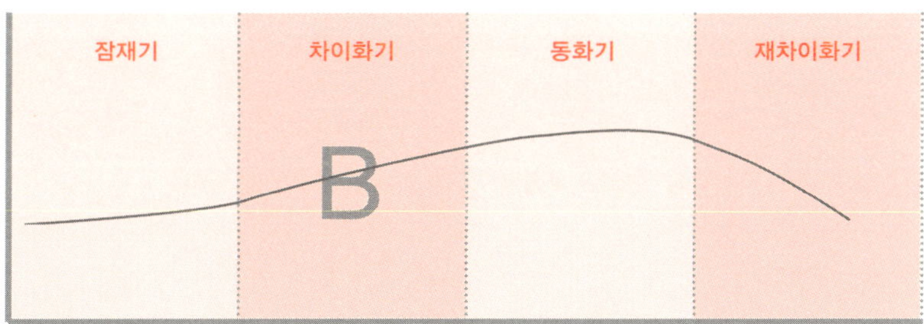

문화화 사이클

웰빙과 건강 트렌드에 따라 전통 토속음식을 취급하는 한식점 등 이른바 신토불이 음식이 최근 강세를 보이고 있다. 전통음식점은 경기변동이나 유행에 따른 영향이 적은데다 최근 건강에 대한 관심증대로 고객층이 젊은 신세대로도 적극 확대되고 있기 때문이다. 〈쥐눈이콩마을〉은 B형 차이화기로 판단된다. 웰빙 컨셉의 전통음식 카페형 매장은 유행으로 끝나지 않고 외식문화의 한 트렌드가 되어 앞으로 관련 산업의 동반성장과 더불어 향후 많은 경쟁 브랜드가 생기게 될 가능성이 높은 업종이라고 볼 수 있기 때문이다. 하지만 신토불이 외식업은 조리과정이 까다로운 한식을 얼마나 표준화하고 운영에 효율성을 기할 수 있느냐에 따라 성공 여부가 판가름 날 것으로 보인다.

감동적인 맛의 향연
행복한 웰빙 밥상
찌개애감동

가맹점 기본정보

회사명 : (주)맛있는상상
대표자 : 오원자
전　화 : 031-322-4611
팩　스 : 031-322-4908
주　소 : 경기도 용인시 처인구 모현면 능원리 137-11
이메일 : master@zzigae.com
홈페이지 : www.zzigae.com
회사설립일 : 1991년 1월
매출액 : 15억 7000만 원

가맹사업 현황

가맹점 수 : 41개
• 〈좋구먼〉, 〈찌개애감동〉, 〈우리미〉, 〈월선네〉 등 총 4개의 브랜드 운영 중

가맹점 예상 투자비용

표준매장평수 : 79.3㎡(24평) 기준
가맹비 : 800만 원(교육비 포함)
보증금 : 200만 원
로열티 : 월 10만 원
인테리어 : 2880만 원 / 추가 시 120만 원(3.3㎡당)
기타 : 2500만 원
총 소요비용 : 6750만 원
부가세 및 점포 임대비용 별도

★ 가맹계약 내용
• 최초 가맹계약 기간 : 3년, 연장계약 시 1년
• 개점 전 신규교육비 200만 원
• 가맹점 운영 매뉴얼 준수
• 경업금지 의무

★ 브랜드 컨셉
• 어머니의 손맛 그대로 전통방식에 따라 장을 제조하는 장류, 찌개요리 전문점
• 인스턴트나 조미료를 첨가하지 않은 '어머니 손맛 그대로' 의 토속 한정식 전문점
• '양질의 먹을거리를 제공해 외식의 새로운 패턴을 제시한다' 는 방침으로, 직접 만든 장을 이용한 웰빙 식단

★ 차별화 전략 및 경쟁력
① 시스템 경쟁력
• 본사의 원팩 포장된 물류 시스템으로 간편한 조리 가능
• 6000만 원대의 적은 창업비용, 높은 마진율과 뛰어난 수익성
• 성공적 브랜드 운영노하우와 한식전문가의 메뉴 지원
• 축적된 노하우의 조리관리 시스템, 고객지향적 마케팅, 주기적인 서비스 교육
• 철저한 교육과 현장실습, 재교육을 통한 완전교육 시스템
• HACCP 인증, 저단가 고품질 식자재 공급 방식
• 모든 물류의 자체생산 및 자체배송 시스템으로 높은 신선도 유지
• 주문 후 5분 이내 조리되는 시스템으로 회전율이 높음

② 상권·입지 및 출점전략 경쟁력
• 소·중·대규모 등 다양한 평수의 매장으로 출점 가능
• 모든 메뉴의 테이크아웃이 가능해 매장 규모 대비 높은 매출
• 남녀노소 누구나 좋아하는 음식으로, 특히 직장인 회식이나 가족모임에 적합
• 현새 주택가 부근 빛 오피스 복합형 상권에 대무문 출섬돼 있음

③ 메뉴 경쟁력
• 직접 제조한 재래식 된장을 이용해 만든 차별화된 맛과 메뉴
• 한식 경력 20년 이상의 메뉴 개발자의 지속적인 연구개발 및 메뉴 지원
• 업계 유일한 장류 관련 노하우로 전통 한국의 맛과 진정한 웰빙 모두 충족

Brand Tip

메주콩을 뜨거운 물에 불리고 더운 환경에서 발효시켜 만드는 '청국장' 은 특유의 맛과 영양이 뛰어난 대표적인 한식메뉴로 주로 찌개로 만들어 먹는다. 찌개요리 전문점 〈찌개애감동〉은 옹골진 재래방식으로 만든 청국장의 깊고 풍부한 맛을 보여준다. 100퍼센트 국내산 콩으로 만든 〈찌개애감동〉의 청국장은 특유의 걸쭉하고 진한 맛을 그대로 살렸지만 부담스러운 냄새는 거의 없다. 여기에 부드럽고 깔끔한 맛의 두부가 어우러진 '엄마손맛 옛날청국장찌개' 는 남녀노소와 세대를 아우르는 한국의 맛을 보여준다.

업종	차별화	투자규모	점포형태	경쟁강도	노동강도	전문인력 필요성
서비스	감성적	낮다	무점포	낮다	낮다	없다
도소매		중간	사무실	보통	보통	
외식	기술적	높다	시설형	높다	높다	있다

전통방식의 장류를 이용한 찌개요리 전문점 〈찌개애감동〉은 어머니 손맛 그대로를 느낄 수 있는 토속 한정식 전문점이다. 음식의 맛이 중요한 한정식 요리임에도 본사의 완벽한 원팩 포장 물류 시스템으로 간편하게 조리해 깊은 맛을 낼 수 있으며, 모든 메뉴의 테이크아웃이 가능해 매장 규모 대비 높은 매출을 올릴 수 있다. 한정식 전문점임에도 6000만 원대라는 상대적으로 적은 창업 비용과, 대형 매장뿐만 아니라 소규모, 중규모로도 다양하게 출점이 가능해 한식업을 생각하는 창업자에게 적합하다. 또한 본사의 철저한 교육과 현장 실습, 재교육을 통한 완전 교육 시스템도 매력적인 점이다. 하지만 한정식 요리의 특성상 타 음식점에 비해 어느 정도의 규모와 음식 맛의 차별화가 중요하다는 점에서 요리에 대한 지속적인 관심과 노력이 필수적이다.

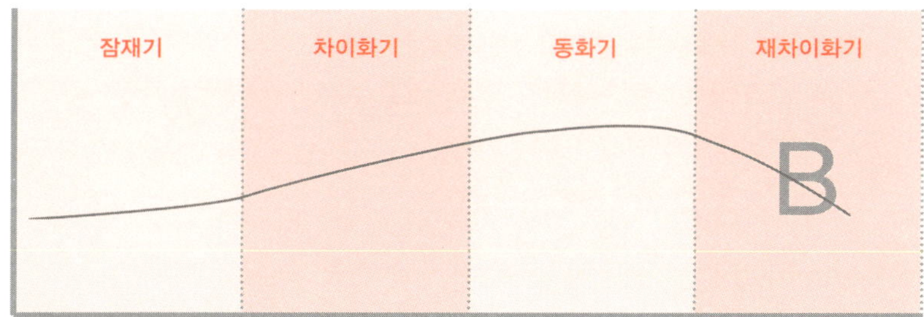

문화화 사이클

〈찌개애감동〉은 김치찌개 등 한국 전통음식을 내놓는 슬로우푸드 전문점으로서 B형 재차이화기 업종이다. 문제는 언제 어디서나 손쉽게 먹을 수 있는 음식이라는 점에서 차별화가 어렵다는 점이다. 김치찌개는 대부분 비슷한 조리법으로 판매되고 있고, 웬만한 음식점에서도 쉽게 접할 수 있기 때문에 브랜드에 끌려 매장을 찾는 경우가 거의 없다. 현재 〈찌개애감동〉은 40여 개의 매장을 오픈해 운영하고 있지만, 향후 메뉴의 차별화가 이뤄지지 않으면 개점 속도가 늦춰질 수도 있다. 다만 음식 맛에서 차별화한다면 높은 성공률을 보일 수 있을 것이다.

참된 맛! 건강한 맛!
참이맛 감자탕

가맹점 기본정보
회사명 : (주)참이맛
대표자 : 문윤봉
전　화 : 031-974-2001
팩　스 : 031-974-5008
주　소 : 경기도 고양시 덕양구 행신동 996-3 주공프라자 6층
이메일 : master@chamimat.co.kr
홈페이지 : www.chamiamat.co.kr
회사설립일 : 2002년 7월
매출액 : 51억 원

가맹사업 현황
가맹점 수 : 100개
• 2005년부터 중국 내 가맹 1호점을 오픈하여 중국과 일본 내 20여 개의 가맹점 보유

가맹점 예상 투자비용
표준매장평수 : 99.2㎡(30평) 기준
가맹비 : 1000만 원
보증금 : 500만 원(물류보증금)
로열티 : 없음
인테리어 : 3600만 원 / 추가 시 120만 원(3.3㎡당)
기타 : 2150만 원
총 소요비용 : 7250만 원
부가세 및 점포 임대비용 별도

★ 가맹계약 내용
• 최초 가맹계약 기간 : 2년, 재계약 시 별도 비용 없음
• 영업에 필요한 매뉴얼 제공, 운영에 필요한 체계적인 교육 및 관리 지원
• 각 가맹점의 영업지역 독점권 보장
• 오픈 시 전문 오픈 프로모션과 방송·언론매체를 이용한 지속적인 홍보 지원
• 조리바이저와 슈퍼바이저를 통한 엄격한 가맹관리
• 정기적인 프로모션과 브랜드 관리, 온·오프라인 연계 분기별 이벤트 실시

★ 브랜드 컨셉
• '참된 먹거리를 통해 몸을 이롭게 하는 맛' 이라는 참이맛 브랜드의 뜻에 맞게 엄격한 재료 선정과 철저한 품질관리로 참된 먹거리 실천
• 감자탕의 차별화 다양화로 남녀노소 누구나 좋아하는 감자탕 브랜드 구현
• 전통식탁보와 웃는 얼굴을 상징하는 CI로 친근하면서도 긍정적인 이미지
• 장학사업과 사회복지시설 후원 및 독도문제 참여 등으로 기업이익을 사회에 환원하는 건강한 기업이미지 구현

★ 차별화 전략 및 경쟁력
① 시스템 경쟁력
• 조리의 간편화·매뉴얼화로 누구나 손쉽게 운영 가능한 교육프로그램 구현
• ARS주문(24시간)을 통한 체계적인 물류 시스템과 합리적인 가격
• 양질의 재료를 기업 공동구매 방식으로 구입해 저렴한 가격에 공급
• 전체 배송차량의 냉동탑 장착으로 신선도 유지
• 지역별 차량을 편성한 일일배송 시스템과 일일검인 시스템
• 편리한 POS 시스템으로 편리하고 합리적인 매출관리
• 어린이 놀이방 운영으로 가족단위 고객도 선호
• 최소의 평수에서 최대의 외식공간 연출
• 주방과 홀의 체계적 동선 연결로 인건비 절감

② 상권·입지 및 출점전략 경쟁력
• 인구 5만 이하 시, 군, 읍의 경우 1개 독점상권으로, 인구 5만 이상 상권은 가맹점 간 거리 1000m 이상을 독점상권으로 보호
• 편안한 부스식 자리와 넓은 룸식 매장으로 고객이 편안하게 식사할 수 있는 공간 창출

③ 메뉴 경쟁력
• 20년 노하우의 기름기 없이 담백하고 깔끔한 육수맛
• 버섯전골, 묵은지, 해물 등으로 다양한 맛의 감자탕을 개발했으며 등뼈찜, 해물찜 등 메뉴선택의 폭을 넓힘
• 다양한 탕 메뉴로 점심시간대 고객유치, 전골과 찜류로 저녁시간대 가족 및 단체모임 가능
• 외식전문가 메뉴개발팀이 수시로 메뉴 업그레이드 및 분기별 신상품 출시
• 간편한 보양식의 점심메뉴와 전골·찜류 등으로 오피스 및 주택가 모두 선호

분류지수

업종	차별화	투자규모	점포형태	경쟁강도	노동강도	전문인력 필요성
서비스	감성적	낮다	무점포	낮다	낮다	없다
도소매		중간	사무실	보통	보통	
외식	기술적	높다	시설형	높다	높다	있다

〈참이맛 감자탕〉은 젊은 층의 수요와 트렌드를 잘 공략한 감성 마케팅으로 성공적인 차별화를 만들었다는 평가를 받으며 2009년도부터 큰 인기를 얻은 외식 브랜드다. 감자탕뿐만 아니라 불고기 버섯전골, 등뼈찜, 묵은지 삼겹찜 등 차별화된 메뉴를 내놓고 있으며, 특화된 메뉴의 특성상 경쟁강도도 상대적으로 높지 않아 창업 아이템으로 호응을 얻고 있다. 특히 주방과 홀의 효율적인 동선으로 인건비 절감이 가능하고, 손쉽게 운영 가능한 체계적인 시스템을 구축해 누구나 쉽게 운영할 수 있다. 하지만 감자탕 외에도 다양한 메뉴를 제공하기 위해서는 주방 전문인력이 필요하며, 업종의 특성상 야간까지 근무해야 하는 관계로 노동강도도 높은 편이라는 점을 유념해야 한다.

평가지수

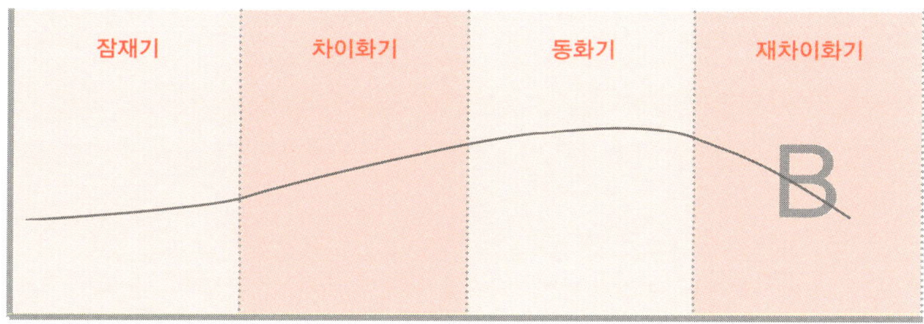

문화화 사이클

〈참이맛 감자탕〉은 B형 재차이화기 업종으로 분류할 수 있다. 감자탕은 오래전부터 프랜차이즈화가 이뤄져 언제 어디서나 손쉽게 만날 수 있는 음식이다. 감자탕의 경우 다른 외식 메뉴에 비해 차별화가 어려워 대부분의 브랜드가 비슷한 조리법으로 음식을 내놓는다. 이런 상황에서 고객들은 특별히 브랜드에 끌려 매장을 찾기보다는 감자탕이라는 메뉴만을 보고 매장을 찾는 경우가 더 많다. 〈참이맛 감자탕〉은 전국 100여 개의 매장을 오픈해 운영하고 있지만, 향후 메뉴의 차별화가 이뤄지지 않으면 발전이 어려울 수 있다. 다만 해물 감자탕 등 특별 메뉴가 고객들의 발길을 새롭게 붙들 수 있다면 B형 업종으로 평가가 바뀔 수도 있다.

식당
샤브샤브 전문점

야채가 신선한 집
채선당

가맹점 기본정보

회사명: (주)다영에프앤비
대표자: 김익수
전 화: 02-907-6191
팩 스: 02-907-6183
주 소: 서울시 노원구 상계동 1021-14번지 3층
이메일: psl0328@naver.com
홈페이지: www.chaesundang.co.kr
회사설립일: 2004년 12월
매출액: 450억 원

가맹사업 현황

가맹점 수: 200개
- 2007년 한국프랜차이즈대상 지식경제부장관상 수상
- 2010년 한국프랜차이즈대상 국무총리 표창 수상
- 100호점 이후 지방 출점 급속 증대

가맹점 예상 투자비용

표준매장평수: 165.3㎡(50평) 기준
가맹비: 500만 원
보증금: 500만 원
교육비: 700만 원
로열티: 월 10만 원
인테리어: 6750만 원 / 추가 시 135만 원(3.3㎡당)
기타: 주방 3250만 원, 간판 800만 원, 포스 200만 원
총 소요비용: 1억 2710만 원
부가세 및 점포 임대비용 별도

★ **가맹계약 내용**
- 최초 가맹계약 기간 : 2년, 연장계약 시 1년
- 영업지역 독점권 보장
- 상품 및 원·부자재 공급 및 조리, 접객 서비스 교육 등 경영지원

★ **브랜드 컨셉**
- 야채가 신선한 샤브샤브 전문점
- 외식시장 주 소비계층인 여성들이 즐겁게 찾을 수 있는 외식공간
- 고급스럽고 깔끔하면서 신선한 이미지

★ **차별화 전략 및 경쟁력**

① 시스템 경쟁력
- 지속적인 메뉴 개선과 신메뉴를 개발하는 R&D센터 운영
- 다양한 이벤트 프로모션, 적극적인 광고·홍보, LSM 지원 시스템
- 본사 물류센터를 통한 일일배송 시스템
- 친환경 농산물 직거래 시스템
- 본사 물류 시스템, 식재료 공급 시스템 구축 완료
- POS, ERP, BSC, SCM, ASP 등 IT 솔루션을 활용한 정보화 시스템

② 상권·입지 및 출점전략 경쟁력
- 주 고객은 30~50대 여성이며 부 고객은 30~40대 직장인
- 주택가와 오피스 및 상가 복합상권이 최적의 입지
- 매장 평수는 165.3㎡(50평)~330.6㎡(100평) 정도의 중형이 적합
- 서울·수도권에서 브랜드 인지도 상승으로 지방에서의 신규 가맹수요 급증

③ 메뉴 경쟁력
- 11가지의 친환경 야채(유기농, 무농약), 호주산 청정육과 신선한 해물
- 굽거나 튀기지 않은 건강한 슬로우푸드로 지방과 칼로리가 낮음
- 계절별 특선메뉴로 다양한 고객층을 흡수
- 야채, 고기·해물, 만두, 칼국수, 죽으로 이어지는 풀코스
- 저렴하고 합리적인 가격으로 비용대비 만족도 높음

Brand Tip

'야채(菜)가 신선한(鮮) 집(堂)' 친환경 샤브샤브 〈채선당〉

〈채선당〉은 화학조미료를 사용하지 않고 각종 채소와 허브 등 친환경 유기농 재료만 쓴다. 신선한 야채와 쇠고기 등심, 샐러드, 삼색김치, 칼국수, 만두, 영양죽 등으로 구성된 푸짐한 메뉴를 샤브샤브 방식으로 저렴하게 즐길 수 있는 것이 특징이다. 경기도 이천 영농조합과 산지 직거래 계약을 맺는 등 야채류 식자재의 90퍼센트를 산지 계약 재배를 통해 안정적으로 공급받는다.

분류지수

업종	차별화	투자규모	점포형태	경쟁강도	노동강도	전문인력 필요성
서비스	감성적	낮다	무점포	낮다	낮다	없다
도소매		중간	사무실	보통	보통	
외식	기술적	높다	시설형	높다	높다	있다

〈채선당〉은 11가지의 친환경 야채로 '야채가 신선한 샤브샤브 전문점' 이라는 평가를 받으며 특히 외식시장의 주 소비계층인 여성들에게 인정받고 있는 브랜드다. 현재 서울과 수도권의 인기를 토대로 전국적인 가맹사업을 활발히 전개하고 있는 중이다. 샤브샤브 전문점의 특성상 기본적으로 중형 이상의 공간이 필요하기 때문에 투자비는 점포비를 제외하더라도 약 1억 3000만 원대로 비교적 높은 편이다. 하지만 샤브샤브 전문 프랜차이즈의 선도업체로서의 고급스럽고 깔끔한 이미지, 합리적인 가격으로 소비자들의 인지도가 높은 편이며, 웰빙 트렌드에 적합한 슬로우푸드라는 점에서 앞으로 더욱 인기를 얻을 것으로 기대된다. 주방 전문인력이 필요 없어 초보창업자도 운영 가능한 시스템을 갖췄으며, 음식점에 관심이 있는 부부창업자와 여성창업자에게 적극 권할 만한 업종이다.

평가지수

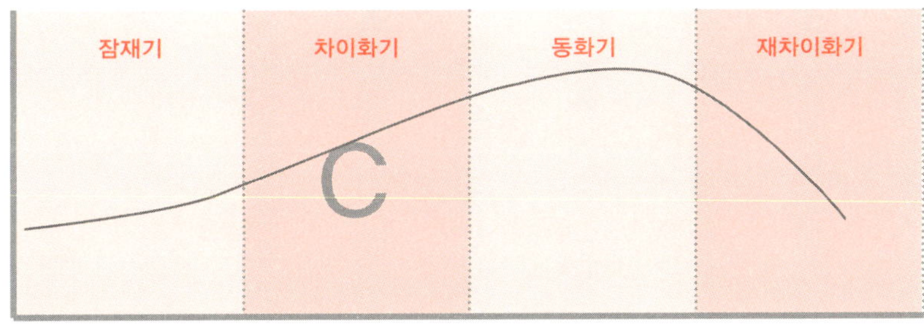

문화화 사이클

〈채선당〉은 샤브샤브 음식점이 한창 인기가도를 달릴 때 탄생해 가장 성공한 브랜드다. 현재 100여 개 이상의 가맹점이 운영되고 있는 등 사업적 규모가 확대됐고, 국내 식문화의 변화에도 일조한 바 있다. 〈채선당〉은 C형 차이화기 업종으로 볼 수 있다. 〈채선당〉은 샤브샤브와 칼국수, 죽을 함께 먹을 수 있는 새로운 식문화를 만들었는데 육식 위주의 외식 문화를 변화시켰을 뿐이니라 고급 일식점에서나 맛볼 수 있었던 샤브샤브 요리를 대중화했다는 점에서 문화적인 가치를 바꿨다고 볼 수 있다. 또한 참살이 업종의 성공 가능성을 보여주었다는 점에서도 주목할 만하다.

코박고 먹을 정도로 맛있는 돈가스와 우동
코바코

가맹점 기본정보

회사명: (주)호경에프씨
대표자: 이용재
전 화: 02-333-5000
팩 스: 02-333-7774
주 소: 서울시 강서구 내발산동 669-5번지
이메일: webmaster@cobaco.com
홈페이지: www.cobaco.com
회사설립일: 1999년 5월
매출액: 78억 원

가맹사업 현황

가맹점 수: 146개
- 2010 우수가맹점 수상
- 지식서비스 최우수기업 선정

가맹점 예상 투자비용

표준매장평수: 49.6㎡(15평) 기준
가맹비: 1000만 원
보증금: 200만 원
로열티: 월 카드매출액의 1%
인테리어: 2250만 원 / 추가 시 22만 원(3.3㎡당)
기타: 간판, 주방설비, 주방집기, 의자·탁자, 음식모형, POS 시스템, 홍보이벤트
총 소요비용: 5990만 원
부가세 및 점포 임대비용 별도

★ 가맹계약 내용
- 최초 가맹계약 기간 : 2년, 연장계약 시 1년
- 본사지원 교육을 수료한 후 가맹점에 증명서 비치해야 함
  (입문과정 교육, 현장교육, 보수교육, 기타교육 등)

★ 브랜드 컨셉
- 깔끔한 인테리어와 메뉴를 통해 젊은 층과 여성들에게 어필하고 있으며 끊임없는 연구개발로 메뉴 선택의 폭을 넓힘
- 자체 개발한 원재료로 〈코바코〉만의 '맛 차별화' 실현, 주요 원재료의 국내산 사용으로 안전한 먹거리 문화에 기여

★ 차별화 전략 및 경쟁력

① 시스템 경쟁력
- 담당 슈퍼바이저를 통한 정기적 가맹점 방문, 운영 지도
- 전문 주방인력이 필요 없는 간편한 운영 시스템
- 돈가스, 우동, 초밥 등 핵심 원재료를 반가공 상태로 생산, 공급
- 온라인 발주 시스템과 자체 배송 체계로 전국 직배송
- 가맹점 사업운영 매뉴얼 제공과 가맹점 운영교육 실시(조리교육, 점포교육, 관리교육, 서비스교육 등)

② 상권·입지 및 출점전략 경쟁력
- 전문가의 정확한 상권분석으로 창업기반 구축
- 매장 특색에 맞는 맞춤형 창업 시스템을 통한 운영전략
- 매장의 70% 정도가 수도권에 집중돼 있으며 지방 가맹점도 증가 추세

③ 메뉴 경쟁력
- 12년 노하우의 깔끔하고 정갈한 일본식 돈가스 전문점
- 본사에서 제공되는 냉동육과 연구 개발된 우동소스의 차별화된 맛
- 전통의 맛을 지키며 새로운 메뉴를 개발해 고객들에게 다양한 선택의 폭 제공 (적셔먹는 돈가스, 굽는 돈가스 등)

Brand Tip
기발한 아이디어로 식감을 자극하다

〈코바코〉를 리뉴얼한 브랜드 〈코바코 베이크하우스〉에서 저칼로리, 저지방, 저콜레스테롤을 강조한 굽는 돈가스를 개발해 큰 호응을 얻고 있다. 기존의 돈가스처럼 기름에 튀기지 않고도 바삭한 식감을 느낄 수 있는 것이 최대 강점이다. 특히 싱싱한 야채나 쫄깃한 얇은 떡에 싸서 먹을 수 있는 쌈 돈가스가 대표적이다. 또한 굽는 돈가스에 상추, 깻잎, 무순, 치커리, 치자, 단무지 등 일곱 가지의 야채를 결합시켜 먹는 메뉴로 알차게 구성했다.

업종	차별화	투자규모	점포형태	경쟁강도	노동강도	전문인력 필요성
서비스	감성적	낮다	무점포	낮다	낮다	없다
도소매		중간	사무실	보통	보통	
외식	기술적	높다	시설형	높다	높다	있다

〈코바코〉는 외식 브랜드로 투자규모는 49.6㎡(15평) 기준으로 약 6000만 원이 소요되는 소자본 창업이다. 매장마다 4인 테이블 4~5개 정도를 비치한 형태이며, 주방은 매장 전체의 1/4을 차지하는 편이다. 돈가스 전문점 특성상 같은 상권 내에 유사 브랜드가 많으며, 개인 돈가스 전문점도 경쟁을 벌이고 있어 경쟁강도는 높은 편이다. 게다가 최근 등장한 돈부리 전문점, 벤또 전문점, 오니기리 전문점 등 신규 일본음식점과의 경쟁도 피할 수 없는 상황이다. 전문 주방인력 없이 부부 창업이나 점주가 직접 주방을 담당하는 경우 노동강도는 높을 수밖에 없다. 본사에서 대부분의 메뉴가 반조리 상태로 공급돼 전문 주방인력이 꼭 필요하진 않지만 점주가 카운터와 홀 서비스를 담당하는 경우가 많아 저렴한 비용으로 주방장을 고용해 노동강도를 줄이는 경우가 많다.

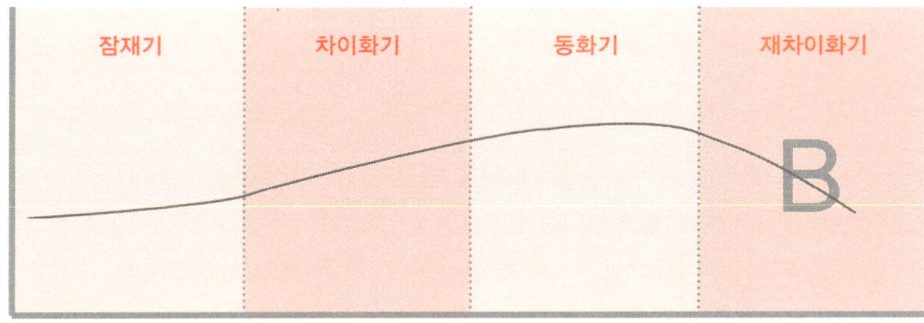

문화화 사이클

〈코바코〉는 일식 돈가스라는 분야에서 높은 인지도를 쌓아온 브랜드다. 10년 전에는 새로운 음식으로 시장 전반을 키워왔고 현재에도 높은 브랜드 인지도를 통해 시장 장악력을 높이고 있다. 다만 최근 새로운 일본 음식이 대량 유입되면서 그 위치가 조금씩 위협받고 있다. 하지만 〈코바코〉는 굽는 돈가스 등 새로운 메뉴를 도입해 대항하고 있다는 점에서 현재 지위를 수성할 가능성이 점쳐진다. 〈코바코〉는 B형 재차이화기 업종으로 분류된다. 돈가스 전문점을 독립적인 사업군으로 만들었으며, 관련 산업군에도 영향을 미친 측면이 있기 때문이다. 하지만 현재는 산업 발전의 잠재력을 모두 소진해 새로운 가치변화를 가져야 할 단계에 돌입했다고 판단된다.

가족과 함께
연인과 함께
토마토아저씨

가맹점 기본정보

회사명 : (주)토아푸드시스템
대표자 : 박승열
전　화 : 031-339-0991
팩　스 : 031-323-0991
주　소 : 경기도 용인시 처인구 유방동 770-10
홈페이지 :
www.uncletomato.co.kr
회사설립일 : 2004년
매출액 : 23억 원

가맹사업 현황

가맹점 수 : 59개
- 2005년 가맹 1호 강남대점 오픈

가맹점 예상 투자비용

표준매장평수 : 82.5㎡(25평) 기준
가맹비 : 550만 원
교육비 : 550만 원
보증금 : 없음
로열티 : 없음
인테리어 : 4500만 원
기타 : 주방설비 및 비품 2500만 원, 홀 집기 및 비품 1500만 원
총 소요비용 : 7900만 원
부가세 및 점포 임대비용 별도

★ **가맹계약 내용**
- 최초 가맹계약 기간 : 3년, 연장계약 시 3년
- 오픈 전 이론교육, 매장교육
- 영업지역 독점권 보장

★ **브랜드 컨셉**
- 자녀에게 안심하고 마음껏 줄 수 있는 깨끗한 음식
- 소스류 및 육가공제품 등 주요 식자재를 직접 생산
- 화이트 원목의 편안하고 세련된 인테리어
- 여성 고객수가 월등히 많은 스파게티 브랜드와 달리 가족단위를 주 타깃층으로 설정(노인부터 어린이까지 즐길 수 있는 메뉴 제공)

★ **차별화 전략 및 경쟁력**

① 시스템 경쟁력
- 판촉 및 마케팅, 인원관리 및 홀·주방관리 등 매장운영 전 부분에 걸쳐 가맹점 매출 지원
- 토아공방이라는 자체 시공 시스템으로 친근하고 가족적인 분위기 연출
- 본사 직원이 예비 창업자에게 요리법 및 운영 노하우 전수
- 실무 중심의 '파스타 성공 창업 투어' 개최

② 상권·입지 및 출점전략 경쟁력
- 대학가, 대단위 주거상권 등 82.6㎡(25평)~132.2㎡(40평) 규모의 매장으로 개설 가능
- 추천 입지는 아파트 밀집지역 및 역세권 등 상권이 형성된 곳
- 푸드코트 등 몰(mall) 창업도 추천됨

③ 메뉴 경쟁력
- 까나로운 이탈리아식 요리법을 내중석이고 합리적인 컨셉으로 새해석
- 무 방부제, 무 색소, 무 인공조미료
- 호텔 주방장 출신 등 다년간 메뉴를 연구해온 우수인력의 지속적 메뉴 개발
- 합리적 가격대의 스파게티, 스테이크, 커틀렛 등 80여 종의 다양한 메뉴

업종	차별화	투자규모	점포형태	경쟁강도	노동강도	전문인력 필요성
서비스	감성적	낮다	무점포	낮다	낮다	없다
도소매		중간	사무실	보통	보통	
외식	기술적	높다	시설형	높다	높다	있다

〈토마토아저씨〉는 6900원에서 1만 2000원대 스파게티와 샐러드, 2만 원대 스테이크를 판매하는 가격파괴형 이탈리아 레스토랑이다. 이전 이탈리아 레스토랑과 비교할 때 가격 저항을 낮추면서 남녀노소 다양한 고객층에 호응을 얻고 있다는 점에서 최근 주목을 받고 있다. 여타 이탈리아 레스토랑에 비해 소규모로 창업이 가능하면서 개설비도 저렴한 편이어서 투자규모의 부담이 적다. 문제는 업종의 경쟁력이다. 〈토마토아저씨〉가 사업을 시작할 때만 해도 가격파괴형 이탈리아 레스토랑은 경쟁력이 있었다. 하지만 최근에는 비슷한 컨셉의 매장이 우후죽순 늘어나며 경쟁강도가 오픈 초기보다 세졌다. 점주교육 프로그램을 통해 점주가 직접 조리를 할 수 있도록 지원하고 있지만, 점주가 조리를 전담하려면 노동강도가 너무 세지기 때문에 조리를 전담할 수 있는 주방인원 1명 채용이 권장된다.

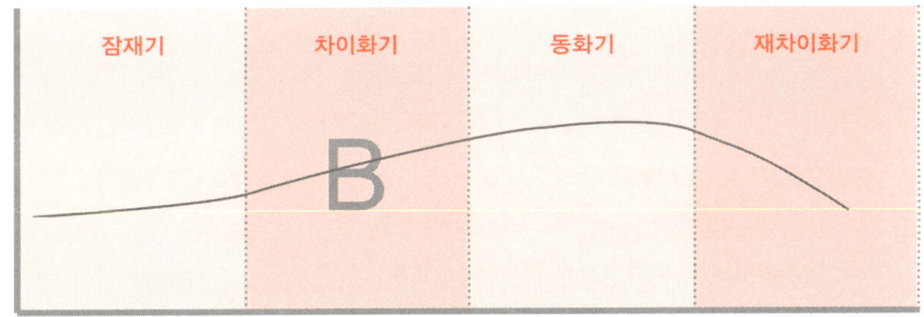

문화화 사이클

〈토마토아저씨〉는 B형 차이화기 업종으로 평가된다. 고급 이탈리아 레스토랑을 서민적인 아이템으로 바꿨다는 점에서 사업적인 규모와 관련 없이 문화적인 가치를 변화시킨 것으로 볼 수 있다. 또한 구매경쟁력 확보와 전문 주방인력 없이도 운영이 가능한 시스템을 만들어내면서 이탈리아 레스토랑 분야를 빠르게 변화시키고 있다. 특히 〈토마토아저씨〉가 차이화기 업종으로 평가되는 이유는 사업을 시작한 2010년 59개 가맹점 중 34개를 오픈할 정도로 빠르게 확장하고 있으며, 스파게티와 스테이크도 저렴한 가격에 즐길 수 있는 음식이라는 점을 고객에게 빠르게 인식시키고 있기 때문이다. 또한 여성에만 한정되었던 고객층을 남녀노소로 확대시킨 점도 특징적이다.

식당
일본식 라멘 전문점

일본 라멘의
풍미와 멋의 세계로
하코야

가맹점 기본정보

회사명 : (주)엘에프푸드
대표자 : 구자민
전　화 : 02-3441-8586
팩　스 : 02-3441-8495
주　소 : 서울시 강남구 신사동 637-7
이메일 :
pjpark6504@lffood.co.kr
홈페이지 : www.hakoya.co.kr
회사설립일 : 2007년 12월
매출액 : 190억 원

가맹사업 현황

가맹점 수 : 51개

- 오피스가와 대형중심가 위주로 출점 중이며, 중형상권으로 출점 범위를 넓히는 중
- 현재 동네상권까지 출점을 진행하고 있는 상황

가맹점 예상 투자비용

표준매장평수 : 49.6㎡(15평) 기준
가맹비 : 1000만 원
보증금 : 300만 원
로열티 : 월 소스 공급액의 15%
인테리어 : 2025만 원 / 추가 시 500~1500만 원(3.3㎡당)
기타 : 주방설비, 간판, 의자·탁자, 오픈비용 2400만 원
총 소요비용 : 5730만 원
부가세 및 점포 임대비용 별도

★ 가맹계약 내용

- 최초 가맹계약 기간 : 3년, 연장계약 시 1년
- 영업지역 독점권 보장
- 양도·양수 가능

★ 브랜드 컨셉

- 장인이 만든 한 그릇의 프리미엄 요리
- 정통 일본생라멘 & 돈부리 전문점
- 일본의 유명한 라멘집 7곳의 맛 그대로 재현
- 도쿄지방 정통소스 방식으로 만든 돈부리

★ 차별화 전략 및 경쟁력

① 시스템 경쟁력

- 일본에서도 유명한 현지의 맛집 요리를 그대로 재현해낸 기술
- 빠른 메뉴 제공으로 고객이 몰리는 시간에 높은 회전율을 올릴 수 있음
- 전문 주방인력이 필요 없는 간편한 운영 시스템
- 투자비용 대비 높은 매출과 수익률
- 본사 물류 시스템 및 식재료 공급 시스템 구축 완료
- 슈퍼바이저 시스템으로 본사와 긴밀한 소통, 관리

② 상권·입지 및 출점전략 경쟁력

- 소규모 소자본 출점 가능
- 빠른 회전율로 매장 규모 대비 매출 높음
- 주 고객층은 20~40대의 젊은층과 직장인
- 대형 주상복합을 중심으로 브랜드 인지도가 상승 중이며 주택가 상권으로 확대 예정

③ 메뉴 경쟁력

- 일본의 유명 라멘집 7곳의 맛을 그대로 재현함
- 일본 정통방식으로 조리한 일본식 덮밥 돈부리 5종
- 일본의 사케와 생맥주를 즐길 수 있는 안주류 구비
- 한국인 입맛에 맞는 생라멘과 돈부리가 가장 큰 특징

Brand Tip

〈하코야〉는 LG패션의 자회사 (주)엘에프푸드가 2008년 초 직영점을 오픈해 현재 60여 개 가맹점을 운영하고 있는 생라면 프랜차이즈다. 〈하코야〉 라멘 직원들은 2~3년에 걸쳐 일본 전국의 유명 라멘집을 돌아다닌 후 제조 비법을 전수받았다. 한국인의 입맛에 잘 맞는 요리만을 골라 메뉴를 구성한 이곳은 일본 현지에서 직접 생산한 돼지 사골 육수는 물론, 가다랭이, 다시마, 생강, 로즈마리, 마늘 등 모든 천연재료를 직접 공수해 사용하고 있다. 까다롭기로 유명한 일본의 식품위생 규정에 맞춰 현지에서 영양이 풍부한 돼지 사골 육수와 천연재료를 배합해 생산하기 때문에 믿을 수 있고, 일본 정통 라멘 맛을 느낄 수 있도록 했다.

업종	차별화	투자규모	점포형태	경쟁강도	노동강도	전문인력 필요성
서비스	감성적	낮다	무점포	낮다	낮다	없다
도소매		중간	사무실	보통	보통	
외식	기술적	높다	시설형	높다	높다	있다

2008년 사업을 시작한 〈하코야〉는 한동안 인기를 끌다가 주춤하던 일본 라멘 시장을 새롭게 부흥시키고, 여기에 더해 다양한 일본 음식점의 흥행으로까지 이어지게 한 브랜드다. 가맹개설을 하려면 점포임대료가 별도로 6000만 원 가량 투자되며, 최근에는 역세권을 대상으로 23㎡(7평)~33㎡(10평)의 소형 상권을 위한 'M-Shop' 창업도 제공하고 있다. 외식 프랜차이즈임에도 조리를 극도로 간소화함으로써 전문 주방인력의 인건비 부담이 적고, 적은 평수에도 개설이 가능하기에 소자본 창업에 적합하다. 전체적으로 투자규모는 낮으면서도 시설형이라 개인이나 부부 창업에 적합하며, 본사의 시스템을 적극 활용한다면 초보창업자에게도 추천이 가능하다.

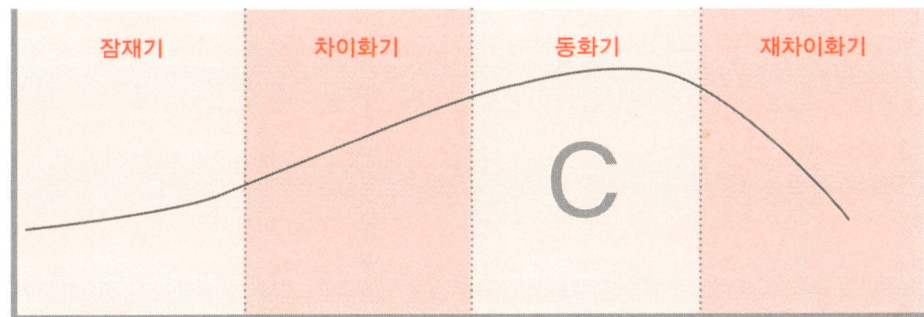

문화화 사이클

〈하코야〉는 일본음식점의 국내 상륙의 선봉에 서서 일본 음식에 대한 새로운 문화를 만들어낸 브랜드로 볼 수 있다. 일본 음식하면 우동이나 돈가스를 떠올리던 고객의 인식을 일본식 라멘과 돈부리로 바꿔 놓았다는 점에서 높이 평가된다. 〈하코야〉는 C형 동화기 업종으로 분류된다. 사업적 규모가 어느 정도 확장됐고 〈하코야〉에서 모티브를 물려받아 최근에는 돈부리 전문점과 일본라멘 전문점, 벤또 전문점, 오니기리 전문점 등이 우후죽순 생겨나고 있기 때문이다. 향후에는 일본식 욕실 문화, 숙박 문화 등 다양한 분야의 진출이 예상되는데, 이는 일본 문화를 한국화하지 않아도 성공할 수 있다는 표본을 〈하코야〉가 어느 정도 제시했기 때문이라고 본다.

한솥 가득
행복을 담았습니다
한솥도시락

가맹점 기본정보

회사명 : (주)한솥도시락
대표자 : 이영덕
전　화 : 02-585-1114
팩　스 : 02-525-2522
주　소 : 서울시 서초구 서초동 1578-1 구산빌딩 4층
홈페이지 : www.hsd.co.kr
회사설립일 : 1993년 7월
매출액 : 261억 원

가맹사업 현황

가맹점 수 : 487개
- 정통 고급 일식 브랜드 〈미타니아〉 운영
- 현재 카페와 편의점의 장점을 도입한 새로운 모델 점포가 확산 중

가맹점 예상 투자비용

표준매장평수 : 33㎡(10평) 기준
가맹비 : 500만 원
보증금 : 200만 원
로열티 : 월 30만 원
인테리어 : 1600만 원 / 추가 시 160만 원(3.3㎡당)
기타 : 광고 판촉비(월 10만 원)
총 소요비용 : 4900만 원
부가세 및 점포 임대비용 별도

★ 가맹계약 내용

- 최초 가맹계약 기간 : 3년, 연장계약 시 추가비용 없음
- 영업지역 독점권 보장
- 3주간의 연수교육

★ 브랜드 컨셉

- '따끈한 도시락으로 지역 사회에 공헌한다' 는 기업이념으로 17년 동안 단일 브랜드 유지
- 도시락 분야 프랜차이즈를 이끈 대한민국 최고의 선도 업체로 인정
- 급부상하고 있는 HMR(Home meal replacement) 시장을 선도하는 외식 프랜차이즈

★ 차별화 전략 및 경쟁력

① 시스템 경쟁력
- 주문 후 2분 이내 식사가 가능한 스피드 서비스
- 카페와 편의점의 장점을 도입한 새로운 모델 점포의 경쟁력
- 전문 주방인력이 필요 없는 간편한 운영 시스템
- 전문 벤더를 통한 식자재의 100% OEM 유통

② 상권·입지 및 출점전략 경쟁력
- 테이크아웃 수요가 많아 매장 규모 대비 매출이 높음
- 주 고객층이 10~50대까지 폭 넓고, 특별한 경쟁 상대 없이 안정된 사업 가능
- 현재 대학가 및 오피스 복합형 상권에 대부분 출점 중임

③ 메뉴 경쟁력
- 70여 종의 다양한 메뉴와 빠른 식사 제공
- 트렌드를 반영해 매월 신메뉴 출시
- 쌀을 주식으로 하는 한국인 입맛에 맞는 메뉴
- 객단가를 높이기 위한 다양한 사이드메뉴 개발
- 편의점식 물판을 이용한 매출 향상

Brand Tip

한솥도시락, 신한은행과 손잡고 무담보로 대출해드려요

국내 도시락업계 1위 〈한솥도시락〉이 신규 창업자와 기존 가맹점주의 재정적 부담을 덜어주고자 신한은행과 함께 '신한 프랜차이즈론' 협약을 맺었다. 지금까지 창업자들을 위한 일반적인 대출 서비스는 담보를 조건으로 했지만 이번 서비스는 이례적으로 '무담보 대출' 로 실시된다. 예비창업자들에게는 창업자금을, 기존 가맹 점주들에게는 운영자금과 인테리어 비용을 무담보로 최대 5000만 원까지 지원해주는 특화 대출 상품이다.

분류지수

업종	차별화	투자규모	점포형태	경쟁강도	노동강도	전문인력 필요성
서비스	감성적	낮다	무점포	낮다	낮다	없다
도소매		중간	사무실	보통	보통	
외식	기술적	높다	시설형	높다	높다	있다

도시락 전문점의 원조격이라 할 수 있는 〈한솥도시락〉은 경쟁업체들이 배달 위주의 영업방식을 고수하는 데 비해 '테이크아웃' 형으로 저가정책을 유지하고 있다. 상품의 단가가 낮은 제품을 배달한다면 고정비가 많이 들어 원가가 높아질 수밖에 없다는 판단에 따른 것이다. 〈한솥도시락〉은 포장판매 위주라 소규모 평형에서도 창업이 가능하며, 투자비용도 비교적 적은 편이라 유리하다. 또한 교육 이수 후 점주가 직접 주방을 맡으면 되기에 가장 지출이 큰 인건비를 줄일 수 있다. 주 고객층이 다양하다는 점 역시 매력적이다. 하지만 작은 규모의 매장이다 보니 점주의 홍보와 영업력에 따라 매출이 달라지는 경향을 보이고 있다. 따라서 창업 시 본인의 적성을 고려해보고 고객 접대와 주방 등을 맡을 자세가 돼 있는지 먼저 생각해봐야만 한다.

평가지수

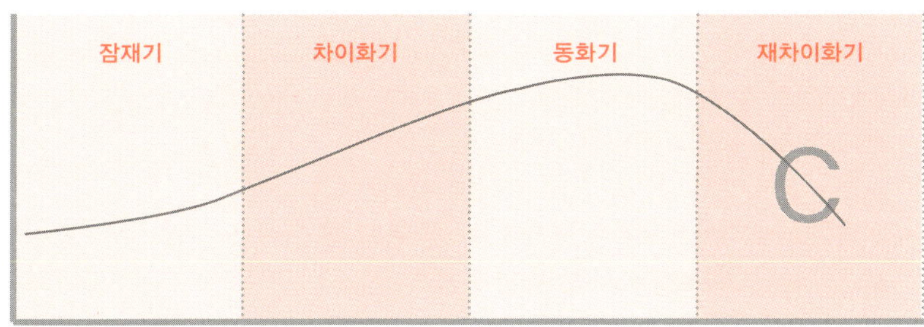

문화화 사이클

〈한솥도시락〉은 1993년 7월 런칭 이래 17년간 테이크아웃 도시락 문화를 선도하며 수많은 동종 업체에 발전적 영향을 준 대표적인 도시락 브랜드다. 사업적 규모는 물론이고 현재 대학가 및 오피스 복합형 상권에 대부분 출점했을 정도로 국내 도시락 시장의 리딩 브랜드로 인정받고 있다. 〈한솥도시락〉은 새로운 가치변화의 제공이 필요한 단계로, C형 재차이화기에 속한다고 볼 수 있다. 하지만 2010년부터 〈한솥도시락〉은 기존 테이크아웃 매장을 카페형 매장으로 리모델링하고, 편의점처럼 점포 안에 음료수나 컵라면 등을 비치하고 있다. 이런 변화를 만든 것은 판매 방식의 다각화를 통해 고객 만족도를 끌어올릴 뿐만 아니라 점포 수익성을 높이기 위한 방안으로 보인다.

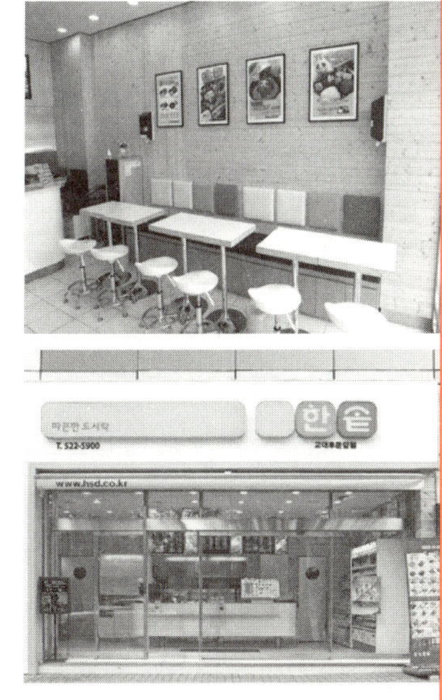

식당
설렁탕 전문점

행복을 담은 미소,
정성을 담은 손길
한촌설렁탕

가맹점 기본정보

회사명: (주)이연에프엔씨
대표자: 정보연
전　화: 02-555-9081
팩　스: 02-555-9082
주　소: 서울시 강남구 역삼동 605-22번지 자운빌딩 3층
홈페이지: www.hanchon.kr
회사설립일: 2006년 5월
매출액: 44억 원

가맹사업 현황

가맹점 수: 19개(직영점 3개)
- 美 FDA 승인으로 세계적 안전한 음식 입증

가맹점 예상 투자비용

표준매장평수: 115㎡(35평) 기준
가맹비: 2000만 원
보증금: 없음
로열티: 월 40만 원
인테리어: 5250만 원(35평 기준) / 추가 시 150만 원(3.3㎡당)
기타: 주방설비 3500만 원, 집기 및 기타 1500만 원, 홍보 및 판촉비 400만 원
총 소요비용: 1억 3700만 원
부가세 및 점포 임대비용 별도

★ **가맹계약 내용**
- 최초 가맹계약 기간 : 3년, 연장계약 시 1년
- 본사 오픈교육(45시간), 현장 OJT(4주)

★ **브랜드 컨셉**
- 1982년 부천 '감미옥'으로 시작한 30년 전통의 맛
- 한촌(韓村) : 누구나 편한 마음으로 즐겁게 식사할 수 있는 밥집을 만들겠다는 의지
- 도깨비 캐릭터 : 언제나 즐거움을 주는 친구이자 따뜻한 이웃이 되겠다는 마음을 표현

★ **차별화 전략 및 경쟁력**

① 시스템 경쟁력
- 설렁탕은 계절과 유행을 타지 않는 안정적이고 건강한 대표 한식 메뉴
- 국내는 물론 뉴욕, 북경 등 해외에서도 인정받는 30년 전통의 정직한 맛
- 주요 식자재를 완제품 형태로 공급하는 CK 시스템으로 전문인력 없이도 운영 가능
- 매장 내 모든 업무의 표준화, 매뉴얼화로 맛과 신선도는 물론 효율성까지 극대화
- SO9001, ISO14001 인증 획득 등 국제기준에 맞는 철저한 위생관리 시행
- FDA 인증을 받은 설렁탕 육수와 안전하고 위생적인 제품으로 고객의 신뢰 제고
- 한식당 특유의 편안함에 세련된 분위기까지 더한 밝고 세련된 매장 인테리어
- 단골고객을 직접 찾아가는 '참' 마케팅 등 참신한 마케팅 기법 개발
- 주문 후 3분 이내 식사가 가능한 스피드 서비스와 높은 회전율

② 상권·입지 및 출점전략 경쟁력
- 115㎡(35평) 규모의 매장으로 출점 가능
- 오피스 상권 70%, 주거지 30% 형태의 복합형 상권 출점
- 현재 오피스 주거지 복합형 상권에 대부분 줄점 중임
- 미국 뉴욕, 중국 북경에 해외가맹점 출점

③ 메뉴 경쟁력
- '숨쉬는 옹기' 뚝배기의 비밀 : 환경호르몬이 없고 인체에 무해한 친환경 뚝배기 사용
- 설렁탕에 말아 제공되는 밥의 비밀 : 밥에서 나오는 전분과 국물이 어우러진 고소한 맛
- 고기의 비밀 : 양지와 머리고기만을 사용해 담백한 맛과 부드러운 식감
- 육수의 비밀 : 영양 성분이 많은 왕사골, 양지, 머리고기에서 나오는 육수의 적절한 비율
- 김치의 비밀 : 가장 맛있는 크기의 배추(3~4kg)와 무(1.5~2kg)만 사용

업종	차별화	투자규모	점포형태	경쟁강도	노동강도	전문인력 필요성
서비스	감성적	낮다	무점포	낮다	낮다	없다
도소매		중간	사무실	보통	보통	
외식	기술적	높다	시설형	높다	높다	있다

〈한촌설렁탕〉은 충북 음성에 소재한 제조 공장에서 육수와 절단된 고기를 대량으로 생산해 가맹점에 공급하며, 원팩 시스템으로 매뉴얼화해 각 가맹점에 제공한다. 이로써 인건비를 효과적으로 절약한 것이 특징적이다. 특히 이곳은 설렁탕 전문 프랜차이즈 최초로 HACCP(위해요소중점관리기준) 인증에 부합하는 시설과 설비기준을 갖춰 동종 업체와 차별화를 이뤘다. CK(central kitchen) 시스템으로 육수와 고기 등 주요 식자재가 90퍼센트 조리 완료된 상태로 진공 포장해 가맹점에 배송되기 때문에 노동강도가 높지 않다. 주방에서 동선을 최대한 줄일 수 있도록 보조 주방 설비가 배치돼 있고, 조리가 완료된 육수와 고기 등을 진공 포장해 가맹점에 배송하기 때문에 전문 주방인력을 두지 않아도 운영이 가능하다.

평가지수

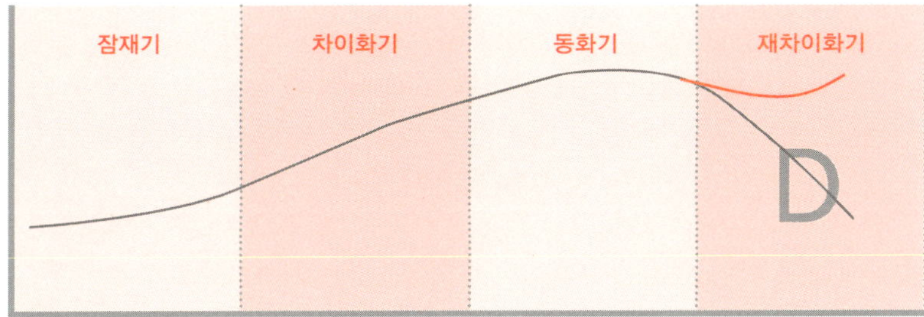

문화화 사이클

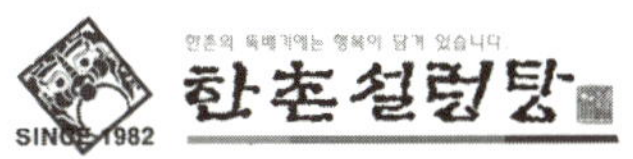

대표적인 전통음식 설렁탕은 남녀노소 누구나 좋아하는 건강식으로 계절에 영향을 거의 받지 않는 외식아이템이다. 이 업종의 장점은 불황기나 호황기에 관계없이 꾸준한 매출을 올리며, 남녀노소 누구에게나 어필한다는 것이다. 각종 파동에 취약한 고기 전문점과 달리 파동에도 강하다. 특히 한식 세계화 붐으로 전통음식 전문점 시장이 트렌드를 형성하고 있다. 또한 '한식=웰빙'이라는 인식으로 인해 전통 음식에 대한 젊은 층의 선호도도 상당히 높아지고 있다. 자동화된 시스템의 도입 및 매뉴얼화, 원팩 시스템 등 설렁탕 프랜차이즈의 과학화를 선언한 이 업종은 D형으로 판단된다.

담백함과 신선함을
잃지 않은 누들 레스토랑
호아센

가맹점 기본정보

회사명 : (주)우리개발
대표자 : 주해성
전 화 : 031-697-5050
팩 스 : 031-697-5052
주 소 : 경기도 성남시 분당구 서현동 254-4 여암빌딩 8층
이메일 : saesik@hanmail.net
홈페이지 : http://hoasen.co.kr
회사설립일 : 2002년 1월
매출액 : 70억 원

가맹사업 현황

가맹점 수 : 41개
- IT업계에서 성공 신화를 이룬 (주)에스피컴켁의 새로운 외식 사업법인 (주)우리개발을 설립해 가맹사업을 성공적으로 전개

가맹점 예상 투자비용

표준매장평수 : 82.6㎡(25평) 기준
가맹비 : 2000만 원
보증금 : 500만 원
로열티 : 월 매출액의 2.5%
인테리어 : 4400만 원 / 추가 시 165만 원(3.3㎡당)
기타 : 주방기기, 간판 , 초도용품 , POS기기
총 소요비용 : 1억 800만 원
부가세 및 점포 임대비용 별도

★ 가맹계약 내용
- 최초 가맹계약 기간 : 3년
- 가맹 문의 및 상담, 상권 분석 후 입점 상가 확정
- 정보공개서(공정위 등록) 열람 14일 후 계약
- 실측 및 도면 협의
- 개점 전 정기교육 진행, 이수 후 오픈 가능
- 영업지역 독점권 보장

★ 브랜드 컨셉
- 한국인의 입맛에 맞춘 비프 스파이스백 개발로 성공적 영업 전개
- 베트남의 국화 연꽃을 결합한 스토리텔링으로 〈호아센〉 브랜드 홍보 광고 판촉
- 오리엔탈풍의 고급스러운 인테리어와 차별화된 공간 연출

★ 차별화 전략 및 경쟁력
① 시스템 경쟁력
- 건실한 모기업의 투자에 따른 성공사업 매뉴얼, 유수의 직·가맹점 출범
- 효율적인 슈퍼바이저의 관리, 최상의 지원 시스템
- 본사 직영 물류·식자재 유통 시스템 구축 완료에 따른 절대수익 우위
- 초보창업자도 성공적으로 운영이 가능한 매뉴얼 제공
- '오리엔탈 캐주얼 레스토랑' 이라는 컨셉의 모던하고 세련된 인테리어

② 상권·입지 및 출점전략 경쟁력
- 업계 대비 최소 단가로 최상의 제품 공급 개발
- 폭넓은 고객층의 확보로 입점 지역의 제약이 미비함
- 현재 오피스 및 복합형 상권에 출점해 시장성 확보
- 브랜드 마케팅을 통한 인지도 상승, 안정적인 시장 확대로 출점 지역 증가
- 웰빙 트렌드와 맞물려 경쟁력 우위, 면 음식으로 높은 회전율

③ 메뉴 경쟁력
- 쌀국수를 기본으로 다양한 음식과 요리 문화를 확대 개발
- 객단가 상승을 위한 다양한 애피타이저와 쌀국수, 월남쌈 등 세트메뉴 지속 출시
- 본사 직영 물류 진행에 따른 편의와 수익성 극대화
- 패밀리레스토랑에서 제공되는 수준의 다양하고 이색적인 메뉴 구성

Brand Tip
사장이 없어도 매장 운영이 가능해요
〈호아센〉은 41개 가맹점 중 30개 매장이 매니저 체계로 운영되고 있다. 점주는 러시아워 때만 매장에 상주하고 한가한 시간에는 퇴근하거나 브레이크 타임을 갖는다. 본사에서는 매니저 채용 시스템을 엄격하게 적용하고 있다. 3~5년 가량의 접객 서비스 경험과 고객불만 대응 능력을 테스트하고, 매출과 마감 관리가 능숙하면서 직원 관리 능력까지 합격점을 받아야 〈호아센〉의 매니저가 될 수 있다.

업종	차별화	투자규모	점포형태	경쟁강도	노동강도	전문인력 필요성
서비스	감성적	낮다	무점포	낮다	낮다	없다
도소매		중간	사무실	보통	보통	
외식	기술적	높다	시설형	높다	높다	있다

1998년 처음 도입된 베트남 쌀국수 전문점은 도입 초기 특유의 향 때문에 몇 차례의 시행착오를 거쳐야만 했다. 그 후 한국인 입맛에 맞게 향을 줄이거나 매운 맛을 더하는 등 지속적인 연구개발을 통해 현재는 안정적으로 쌀국수가 정착됐다. 〈호아센〉은 여기에 체계적인 가맹 관리로 후발 주자임에도 현재 업계 2위를 고수하고 있다. 팔각, 정향, 계피, 산초 등 10여 가지 각종 한약재를 넣어 만든 쌀국수를 판매하고 있으며 이색 볶음밥 요리와 다양한 메뉴로 선택의 폭을 넓혔다. 투자규모는 높은 편에 속하며, 베트남 쌀국수 자체가 가지는 차별성으로 인해 다른 외식업종에 비해 경쟁강도와 노동강도는 높지 않는 편이다. 맛과 향이 중요한 만큼 주방 전문인력이 필요하고, 요리를 즐기는 창업자에게 알맞은 업종이다. 82.7㎡(25평) 정도로 입점 가능하며, 폭넓은 고객층으로 상권의 영향을 크게 받지 않는 장점을 가졌다.

평가지수

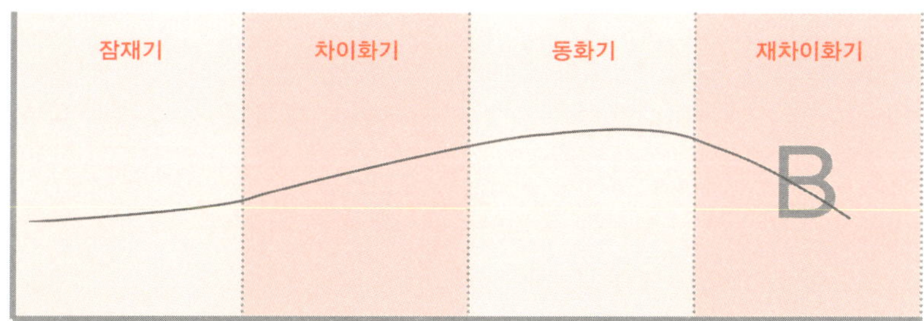

문화화 사이클

〈호아센〉은 베트남 쌀국수 전문점으로 오리엔탈 요리 전문점의 인기를 이끌었다고 해도 과언이 아니다. 동남아시아 음식점이 국내에 도입된 지 비교적 초기인 2003년도에 문을 연 이곳은 이후 몇몇 동종 브랜드들과 경쟁하면서 관련 시장을 성장시키는 역할을 했다. 〈호아센〉은 B형 재차이화기 업종으로 평가된다. 사업 규모는 확대되지 않았지만 이후 등장한 동남아시아 음식점의 모티브가 되었고, 어느 정도 성공 가능성을 열어 관련 산업군의 발전에 이바지했다고 판단되기 때문이다. 다만 베트남 쌀국수는 이미 성장 잠재력을 소진하여 새로운 가치변화가 모색되는 단계에 있는 업종군으로 분류된다.

서비스 업종의 경우 생활편의제공 서비스가 최근 주목받고 있다. 생활 편의제공 서비스는 고객과 소비자들의 생활을 편리하게 해주는 서비스로 세탁편의점, 주택 부분하자 보수업, 자동차관리 등의 업종이 이에 해당된다. 실내 환경관리와 청소업종도 여전히 주목할 만한 업종에 속한다. 일종의 선진국형 아이템으로, 생활여건이 나아지면서 향후 더욱 성장할 것으로 예상되고 있다. 포장이사전문업체 (주)통인의 〈통인리빙〉, 향기관리 업체 〈바이오미스트〉, 실내 환경전문업체 〈반딧불이〉 등이 대표적인 브랜드로 손꼽힌다.

실버세대를 겨냥한 업종도 주목받고 있다. 최근 저출산과 고령화의 영향으로 실버와 유아를 겨냥한 업종이 인기를 끌고 있는데, 특히 베이비붐세대와 맞물려 실버 업종은 더욱 성장할 것으로 예상되고 있다. 실버·복지용품 유통 프랜차이즈 〈이레나〉나 생활케어 서비스를 제공하는 〈비지팅엔젤스〉, 〈아이케어서비스〉 등이 이 같은 실버세대를 겨냥한 프랜차이즈들이다. 이외에도 임대형 창업도 눈여겨볼 만한 분야다.

PART **2** 서비스

서비스
실내환경관리 서비스

실내환경관리 전문가그룹
닥스리빙클럽

가맹점 기본정보
회사명 : 유니텍21
대표자 : 김윤오
전　화 : 02-2093-3366 / 1544-7975
팩　스 : 02-2093-1233
주　소 : 서울 강서구 염창동 240-21 우림블루나인 A-1709
이메일 : well3232@paran.com
홈페이지 : www.daksliving.com
회사설립일 : 1999년 11월
매출액 : 25억 원

가맹사업 현황
가맹점 수 : 58개
• 2008년 중소기업청장상 창업경영인 대상 수상

가맹점 예상 투자비용
무점포 창업 가능
가맹비 : 350만원
로열티 : 월 10만원
교육비 : 250만원
초도물품비 : 980만원
총 소요비용 : 1580만원
부가세 별도

★ 가맹계약 내용
• 최초 가맹계약 기간 : 2년
• 영업지역 독점권 보장 : 행정구역상의 시, 구당 1개(일부지역 제외)
• 가맹개설 소요기간 : 24일 내외(시장상황, 가맹점 사업자의 개인 사정, 교육 이수 정도 등에 따라 그 기간이 늘어날 수 있음)
• 신규교육, 특별교육, 재교육

★ 브랜드 컨셉
• 친환경적이고 체계적인 시스템을 보유한 실내환경관리 서비스의 대표 브랜드
• '고품격 실내환경관리 전문가그룹' 이라는 슬로건처럼 특화된 전문적인 실내환경관리 서비스 제공
• 유니폼, 홍보물, 용품, 장비 등의 고급화된 브랜드 이미지 구축

★ 차별화 전략 및 경쟁력
① 시스템 경쟁력
• KBS, MBC, SBS 등 각종 매체를 통한 업계 최고의 브랜드 인지도 구축
• 임대료, 인건비와 같은 고정비 부담이 없어 안정적인 수익창출 가능
• 다양한 아이템을 통한 수익구조의 다양성 확보
• 서구화된 생활방식과 맞벌이 부부, 알러지질환 증가로 인해 계속적인 수요 증가가 예상되는 아이템

② 상권·입지 및 출점전략 경쟁력
• 지역 내 독자적인 영업권을 보장, 네트워크 공동마케팅 지원
• 1000만 원대 소자본 무점포 1인 창업 시스템으로 소형 차량 한 대만 있으면 사업 가능
• 다양한 마케팅 활동을 통한 가맹점 지원 시스템 구축(KT 쿡맴버쉽제휴, G마켓과 옥션 e쿠폰 제휴, SK 제휴, 유명대형마트 이벤트 등)

③ 서비스 경쟁력
• 알렉스 서비스 : 알러지(Allergy)와 엑스(X)의 합성어로, 알러지를 유발시키는 실내환경 요인들을 해결하는 특화된 서비스(알러지클리닝, 해충방제, 홈케어)
• 수피아 서비스 : '숲의 요정' 이라는 순 우리말로 실내환경을 숲속처럼 맑고 건강하게 만들어주는 서비스(오존케어, 아로마케어, 세탁기청소, 생활가전청소)

Brand Tip
순수익율 높은 뜨는 무점포 창업 아이템
〈닥스리빙클럽〉은 요즘 뜨는 무점포 창업아이템으로 실내환경관리 청소대행을 하고 있다. 점포 없이 창업이 가능해 초기비용이 적게 드는 데다 맞벌이와 아토피·비염 등 환경 문제로 생기는 질환이 갈수록 늘어 수요도 무궁무진하다. 또한 1인 창업이 가능해 순수익율은 90퍼센트 이상으로 매우 높다.

분류지수

업종	차별화	투자규모	점포형태	경쟁강도	노동강도	전문인력 필요성
서비스	감성적	낮다	무점포	낮다	낮다	없다
도소매		중간	사무실	보통	보통	
외식	기술적	높다	시설형	높다	높다	있다

체계적인 친환경 시스템을 통해 실내환경관리 서비스를 제공하는 〈닥스리빙클럽〉은 업계 최고의 브랜드 인지도를 가진 실내환경관리 전문 브랜드다. 알러지크리닝, 해충방제 등 알러지를 유발하는 유해요인들을 제거하는 '알렉스 서비스'와 오존케어, 아로마케어, 세탁기 및 에어컨 청소 등의 '수피아 서비스' 등 개별 브랜딩한 서비스를 제공하고 있다. 무점포로도 창업이 가능하기에 투자규모는 낮지만, 실내환경관리 서비스는 갈수록 그 전문성이 중요한 만큼 창업자 스스로 전문성을 높이지 않으면 도태될 위험성도 가지고 있다. 영업력과 서비스 마인드가 중요하며 친화력과 사교성이 좋은 사람, 활동반경이 넓은 창업자에게 적합한 아이템이다.

평가지수

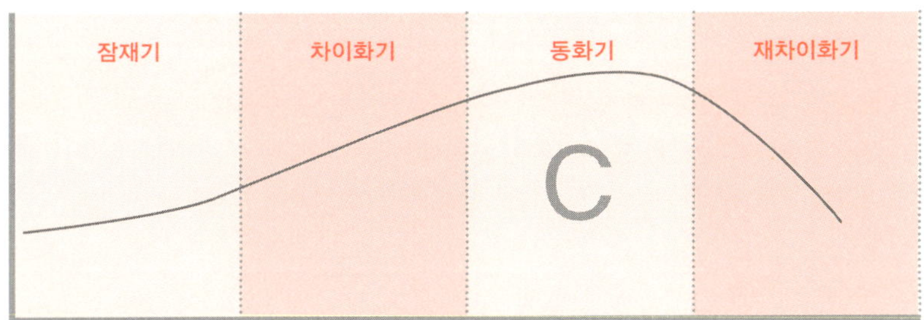

문화화 사이클

청소 서비스업은 미국에서는 수년째 유망 창업아이템 순위에서 상위권을 차지하고 있는 업종이다. 하지만 국내에서는 3D 업종으로 취급받아온 게 사실이다. 그러나 최근에는 친환경 컨셉을 앞세운 청소 서비스 업체가 하나 둘 등장하면서 3D 이미지를 벗고 있다. 그래서 이 업종은 현재 C형 동화기에 있다고 볼 수 있다. 특히 〈닥스리빙클럽〉에서는 생활환경 개선 서비스로서 알러지 크리닝이나 사후관리 시스템 등 선진기술을 도입해 사업적 성공을 이루었다. 이로 인해 연관 산업군의 발전은 물론 수많은 경쟁업체를 동반해 전체 산업 규모를 확대해 나가는 단계에 있다고 판단된다.

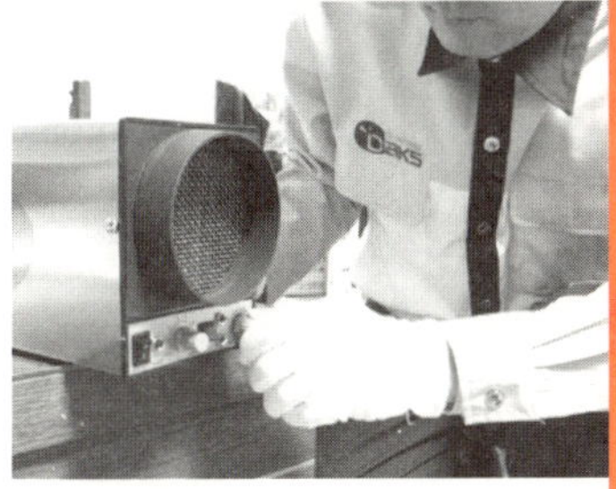

세계 일류 수준의 레져문화 전문기업
디온골프타임

가맹점 기본정보

회사명 : (주)파가니카
대표자 : 이재성
전　화 : 1544-7352
팩　스 : 02-476-0702
주　소 : 서울시 강동구 성내 1동 468-6 현대코랄빌딩 3층
이메일 :
golftime@paganica.co.kr
홈페이지 :
www.theongolftime.co.kr
회사설립일 : 2009년 2월
매출액 : 15억 원

가맹사업 현황

가맹점 수 : 5개
- 2010년 5월 SK마케팅앤컴퍼니와의 업무 제휴

가맹점 예상 투자비용

표준매장평수 : 330.6㎡(100평) 기준
가맹비 : 300만 원
보증금 : 없음
로열티 : 없음
인테리어 : 컨셉에 따라 차등(3.3㎡당 95만 원, 105만 원, 125만 원)
기타 : 평면형 시뮬레이터 장비 1대 1200만 원, 라운드형 시뮬레이터 장비 1대 2200만 원
총 소요비용 : 2억 6000만 원(평면 6대, 라운드 2대 기준)
부가세 및 점포 임대비용 별도

★ 가맹계약 내용
- 최초 가맹계약 기간 : 1년, 연장계약 시 만료 180일 전 서면 통지
- 가맹 본사에서 진행하는 매출 활성화 프로모션에 적극 참가할 의무
- 가맹점 종업원은 본사의 교육 프로그램 과정을 이수해야 함
- 영업지역 독점권 보장(반경 300m)

★ 브랜드 컨셉
- 룸 복합형 매장을 지향해 창업비용을 낮추고 매장 가동률은 높임(100평을 기준으로 장비 수를 기존 5대에서 8대로 늘리고, 투자비용은 9000만 원 가량 절감됨)
- 고객의 필요에 따라서 오픈 및 클로즈 가능(매장의 레슨 프로그램의 단점 보완)
- 룸형 3~4개 자리에 퍼블릭 7~8개 구성이 가능해 게임 가동률 상승
- 골프타임형 스크린 구성으로 피크 타임에도 1~2인 플레이어 부담 없이 라운딩 가능

★ 차별화 전략 및 경쟁력

① 시스템 경쟁력
- 타 장비에 비해 투자비용이 적고 게임 타석 수는 증가돼 가동률 상승효과 발생
- 기존의 식상한 단면에서 현실감을 더하는 라운드형 스크린 도입
- 가맹점 오픈 후 매월 슈퍼바이저 방문(장비교체, 개보수제공 등 업그레이드 서비스 제공)
- KPGA에서 공식인증한 시뮬레이터 장비 보유
- SK마케팅앤컴퍼니에서 인테리어 시공에서 감리까지 일괄 진행

② 상권·입지 및 출점전략 경쟁력
- 전문 컨설턴트의 상권 분석을 통한 프로모션 전략 책정
- 가맹점 오픈 전 개설 정보 시스템을 통해 모든 절차와 진행사항 확인 가능

③ 서비스 경쟁력
- 샷 후 볼이 자동 공급되는 시스템으로 사용자가 지정한 티 높이로 자동 세팅
- 실제 필드처럼 볼이 떨어진 지점의 다양한 경사면을 기준으로 경사도(라이)를 자동 구현
- 스윙모션 분석 시스템으로 리와인드 기능, 조그셔틀 기능, 연속스틸화면 기능 지원
- 다양한 그리기 편집 기능(포인트 연결 및 각도 산출, 사각 혹은 원 그리기 기능, 지우개 기능, 롤백 기능, 선의 컬러 및 두께 지정 기능)과 구간반복 기능, 클럽별 스윙모션 비교 기능 등을 제공하는 정밀한 분석 시스템
- KLPGA 원포트레슨, 정기적인 월간대회 이벤트, 장기고객 유치 및 OK캐쉬백 적립·사용 등 다양한 매장활성화 프로모션 진행

분류지수

업종	차별화	투자규모	점포형태	경쟁강도	노동강도	전문인력 필요성
서비스	감성적	낮다	무점포	낮다	낮다	없다
도소매		중간	사무실	보통	보통	
외식	기술적	높다	시설형	높다	높다	있다

스크린골프방은 서비스업 분야로 노래방과 PC방 등 임대형 창업 중 최근 성장세가 가장 두드러진 분야다. IT 기술과 임대형 창업이 결합되면서 하이테크 업종으로 분류되는데, 3D기술과 모션센서 기술 등 첨단 IT 기술이 적용돼 지속적으로 업그레이드되고 있다. 투자규모는 비교적 높은 편이다. 우선 매장 규모가 330.6㎡(100평) 정도의 수준이기 때문에 인테리어 비용이 적게 잡아도 2억 5000만 원을 상회하고 있다. 투자 내역으로는 매장 인테리어와 장비 구입비가 대부분을 차지한다. 현재 대단위 아파트 단지는 과포화 상태이고, 사무실 인근에서 틈새를 찾을 수 있다고 봐야 한다. 때문에 경쟁강도는 낮지 않다. 서비스 업종이지만 임대형 창업인 만큼 노동강도는 낮은 편이며, 본사의 AS 규정 등에 의거해 전문인력은 별도로 필요 없다. 다만 레슨 등을 시행할 경우는 프로 골퍼를 초빙해 별도의 프로모션을 전개하기도 한다.

평가지수

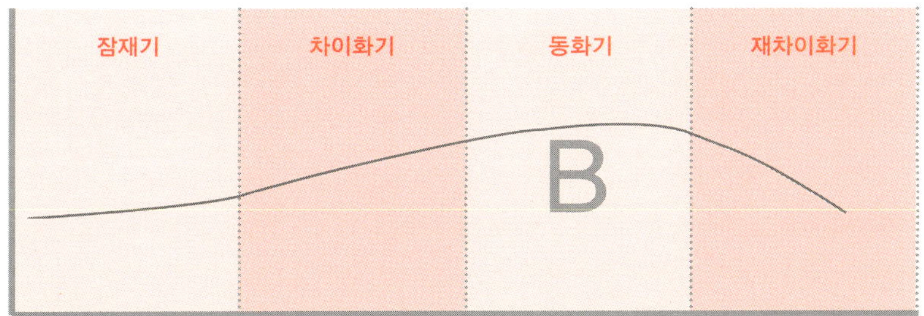

문화화 사이클

IT기술과 여가문화가 결합된 형태의 스크린골프방은 최근 성장세가 두드러진 분야로 평가된다. 특히 프랜차이즈 시스템까지 접목되면서 더욱 대중화되는 추세를 보이고 있다. 일부 상류층의 스포츠로만 여기던 골프에 대한 사람들의 인식 변화 서비스 대중화에 큰 몫을 담당하고 있다. 현재 이 업종은 B형 동화기에 있다고 볼 수 있다. 사업적 성공은 물론 문화적 가치변화까지 확장시키면서 최근에는 아파트 등 고급주택가는 물론 사무실 주변까지 확산되고 있다. 또한 스크린골프방과 연관된 산업군의 동반성장까지 이끌며 수많은 경쟁업체들이 속속 등장하고 있다. 앞으로도 전체적인 산업 규모의 확대가 예상되는 창업아이템이다.

서비스
미술놀이 학원

창의적 사고를
길러주는 신나는
미술 놀이터
미술로 생각하기

가맹점 기본정보
회사명: (주)빅토
대표자: 김시중
전　화: 02-2026-1461
팩　스: 02-2026-1466
주　소: 서울시 금천구 가산동
345-30 남성프라자 704호
이메일: seok0124@nate.com
홈페이지: www.misulo.com
회사설립일: 2002년 11월
매출액: 12억 원

가맹사업 현황
가맹점 수: 국내 120개, 국외 70개
- 제1회 한국교육산업 대상 수상
- 중국 SCFP 2005 어워드상 수상
- 미국, 싱가폴, 말레이시아, 홍콩, 중국 등 가맹계약 체결

가맹점 예상 투자비용
표준매장평수: 99.2㎡(30평) 기준
가맹비: 3300만 원
보증금: 없음
로열티: 월 29만 1000원
인테리어: 2400만 원 / 추가 시 80만 원(3.3㎡당)
기타: 홍보(판촉) 및 집기비품
총 소요비용: 5400만 원
부가세 및 점포 임대비용 별도

★ 가맹계약 내용
- 신규 개원을 위한 초도물품 지원(홍보물 포함)
- 원장 경영교육 및 교사 프로그램 교육 실시
- 프로그램 과정별 매뉴얼 제공

★ 브랜드 컨셉
- 재미있고 쉽게 접할 수 있는 미술놀이를 통해 창의적 사고를 유도하고 미적 표현력을 길러주며 잠재된 재능과 소질을 계발하기 위한 유아 전문 미술놀이 프로그램 브랜드

★ 차별화 전략 및 경쟁력
① 시스템 경쟁력
- 개설 지원 시스템 : 개설제안서 제공, 입지 예정 상가 선정 지원, 우수 교육원 방문 기회 제공
- 홍보 지원 시스템 : 홍보 전단 제공, 온라인 스마트 팝업 제공, 본사 동행 홍보 지원, 마케팅 기본교육 제공
- 교육 지원 시스템 : 원장·교사 신입 OJT 지원, 프로그램 전수 교육, 개설 후 사후 진단 제공, 신임 원장 경영교육 제공
- 매월 1~2회 프로그램 교육 실시
- 본사 물류 시스템과 수업재료 공급 시스템 구축 완료

② 프로그램 사업 경쟁력
- 국내 최초의 유아 미술 프랜차이즈 교육원
- 퍼포먼스 미술의 원조
- 차별화된 프로그램으로 유아 미술 분야 고객 선호도 1위
- 전국적 미술교육 네트워크 형성

Brand Tip
〈미술로 생각하기〉의 주요 프로그램 소개
- STEP1 밤빈아트 : 관찰하기, 소리듣기, 만져보기, 냄새 맡아보기, 맛보기의 5감을 활용한 여러 가지 신체활동을 통해 아이들의 무한한 잠재력과 감성, 창의력을 체계적으로 키울 수 있는 유아기의 필수 교육 프로그램
- STEP2 퍼포먼스 아트 : 국내 최초의 유아 퍼포먼스 미술 프로그램. 유아기 아이들이 자신의 생각을 가장 잘 표현할 수 있는 다양한 미술 활동을 통해 생각의 영역과 폭을 확장할 수 있도록 아이들의 창의력을 자극하는 프로그램으로 특히 유아기에 집중적인 개발이 필요한 우뇌의 활동을 폭발적으로 증폭시킬 수 있는 창의력 증진 프로그램
- STEP3 씽킹아트 : 아이들의 호기심을 자극하고 독창적인 미술 활동을 이끌어냄으로써 풍부한 표현 능력과 창의력 그리고 아이들에게 필요한 종합적인 부면(자신감, 리더십, 사회성 발달 등)을 키워 나갈 수 있게 함

업종	차별화	투자규모	점포형태	경쟁강도	노동강도	전문인력 필요성
서비스	감성적	낮다	무점포	낮다	낮다	없다
도소매		중간	사무실	보통	보통	
외식	기술적	높다	시설형	높다	높다	있다

〈미술로 생각하기〉는 놀이 중심의 교육철학을 기반으로 한 유아놀이 미술교육 프랜차이즈로, 미술적인 기능만 향상시키는 기존 미술교육의 한계를 극복하고 창의력 개발까지 병행해 발달시키는 새로운 교육 사업이다. 교육업의 거품을 제거해 투자비용은 99.2㎡(30평) 규모에 5000만 원 수준으로 낮아서, 3~4억 원대 투자비가 소요되는 타 교육 사업에 비해 경쟁력을 높였다. 〈미술로 생각하기〉는 입지조건에 구애받지 않고 아파트단지 상가 2~3층에서도 영업이 가능하기에 투자규모가 낮다. 하지만 경쟁강도는 높은 편이므로 사전에 교육 커리큘럼 경쟁력을 반드시 확인해야 한다. 또한 교육업 초보보다는 교육업에 대한 경험이나 지식이 있는 창업자에게 알맞은 업종이다. 또한 교육업의 특성상 전문인력의 필요성이 가장 중요한 만큼 학부모들의 호응도가 높은 강사의 장기근속을 이끌어야 매출 변동폭을 줄일 수 있다.

평가지수

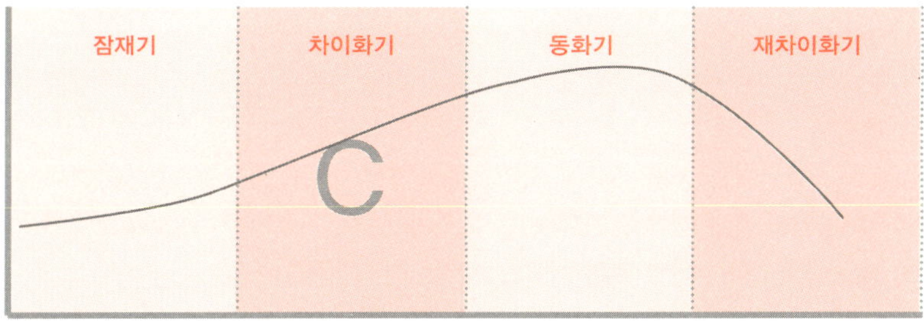

문화화 사이클

〈미술로 생각하기〉는 다양한 신체활동과 미술활동을 통해 아이들의 무한한 잠재력과 감성, 창의력을 체계적으로 키워가는 국내 최초의 유아 퍼포먼스 미술교육 프랜차이즈다. 국내에만 120개 가맹점이 있으며 미국, 중국, 홍콩, 싱가포르, 말레이시아 등 70여 개국에 교육원을 운영하며 글로벌 브랜드로도 성장하고 있다. 이 업종은 C형 차이화기에 해당된다고 판단된다. 놀이를 이용해 창의력을 개발하는 미술교육이라는 문화적 가치변화를 제공하고 있으며, 사업적 성공으로 관련 산업 및 비관련 산업에도 지대한 영향을 미치고 있기 때문이다.

지갑을 열게 하는
향기 마케팅
바이오미스트

가맹점 기본정보

회사명 : (주)바이오미스트테크놀로지
대표자 : 최영신
전　화 : 02-2601-9600
팩　스 : 02-2601-5525
주　소 : 서울특별시 양천구 목동 730-1
이메일 : biomist@biomist.co.kr
홈페이지 : www.biomist.co.kr
회사설립일 : 1996년 7월
매출액 : 24억 원

가맹사업 현황

가맹점 수 : 70개
- 1995년 국내 최초 향기 관리 프랜차이즈 사업 개시
- 1996년 7월 (주)에코미스트 코리아로 법인 전환

가맹점 예상 투자비용

무점포 사업 가능
가맹비 : 특약점 100만 원, 중소도시 200만 원, 광역시 300만 원
보증금 : 없음
로열티 : 없음
초도상품 구입비 : 특약점 400만 원, 중소도시 800만 원, 광역시 1200만 원
총 소요비용 : 500~1500만 원
부가세 별도

★ **가맹계약 내용**
- 최초 가맹계약 기간 : 2년, 연장계약 시 2년
- 계약일 당시 미개설 지역에 한해 개설 가능
- 영업지역 독점권 보장(대리점의 경우 지역 제한 없이 사업 가능, 재택사업 가능)
- 대리점 미개설 지역에 한해 특약점 개설
- 대리점 요건 구비 시 대리점으로 자동 승격
- 개점 전 교육(이틀간 이론과 실무로 나눠 교육)

★ **브랜드 컨셉**
- 국내 최초로 도입된 향기 마케팅의 개념을 소개한 신기술 벤처기업
- 천연항균제 개발 특허, 문화재 및 기록물 소독장비 개발 특허, 수처리기 개발 특허 획득
- 조달청 우수제품 인증 및 특허청장상 수상에서 알 수 있는 기술력
- 지식경제부 신기술 보유기업, 서울시 특허스타기업 선정

★ **차별화 전략 및 경쟁력**

① 시스템 경쟁력
- 국내 최초의 천연살충제 이용 해충관리사업 개시, 업계 최초의 '항균' '안전' 마크 획득, 브라질에 향기관리 시스템 수출, 향기마케팅 프랜차이즈 미국수출계약, 신기술개발 벤처기업 선정, 기록물 및 문화재 소독장비 우수품질인증 획득 등 앞선 기술력으로 시장개척에 앞장
- 방향제 정량배출장치 특허출원, 세계 최초 100% 천연항균제 개발 특허출원, 허브정유를 이용한 기록물 및 문화재 소독장비 특허출원, 항균 및 항진균 작용이 있는 정유조성물 특허 등록, 기록물소독장비 특허획득 등 다양한 특허 보유
- 향기를 통해 사업장의 악취 완벽 제거는 물론 이미지메이킹 가능
- 100여 종 천연향기로 개성 있는 실내공간 연출, 정서적 안정을 주는 아로마 인테리어

② 상권·입지 및 출점전략 경쟁력
- 500~1500만 원이면 개설 가능한 소자본 창업아이템
- 대리점과 특약점 형태 중 선택할 수 있으며, 무점포로도 창업 가능
- 주 고객층은 대기업, 관공서 등을 비롯한 패션매장, 음식점 등으로 광범위함
- 대형 매장뿐 아니라 중소규모 매장, 아파트, 주택 등에서도 꾸준한 수요 창출

③ 상품 경쟁력
- 가정이나 매장, 사무실, 음식점, PC방, 도서관, 병원 등 어느 장소에서나 적용 가능
- 향기로 소비자의 구매욕을 자극하는 향기 마케팅으로 수익 제고
- 컴퓨터 자동분사 시스템과 상품이나 업종에 맞게 특별 고안된 100여 종의 매혹적인 향기
- 앞선 기술력의 다양한 제품 : 자동분사 시스템 6종, 마케팅 향기, 악취제거제, 아로마콜로지, 천연살충제, 천연항균제, 아로마테라피, 문서소독기, 워터마스타 등

업종	차별화	투자규모	점포형태	경쟁강도	노동강도	전문인력 필요성
서비스	감성적	낮다	무점포	낮다	낮다	없다
도소매		중간	사무실	보통	보통	
외식	기술적	높다	시설형	높다	높다	있다

1995년 국내 최초로 향기 관리라는 개념을 국내에 도입해 사업화한 향기 관리 프랜차이즈 〈바이오미스트〉는 높은 기술력을 바탕으로 국내외 시장 개척에 앞장서온 향기 관리의 선두주자다. 향기 관리는 지속적인 구매가 이뤄지는 '리필' 형 사업이므로 영업력만 있으면 안정된 높은 매출을 올릴 수 있는 대표적인 사업으로 평가된다. 특히 향기 관리뿐 아니라 향기 마케팅이 새로운 사업분야로 적극 활용되고 있어 향후 주목해볼 만하다. 〈바이오미스트〉의 가맹점 개설은 특약점 형태로 가입이 가능하며 재택창업도 가능하기 때문에 창업 비용이 매우 저렴한 편이다. 단 가맹점주의 영업력에 따라 매출 및 수익편차가 크므로 영업력과 친화력이 높은 사람에게 권할 만한 업종이다. 특히 직장경험이 많고 대인관계가 좋은 40~50대에게 인기 있는 창업 아이템이다.

평가지수

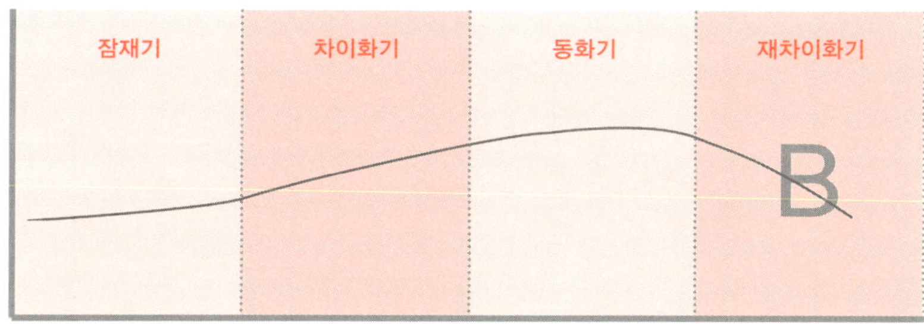

문화화 사이클

〈바이오미스트〉는 향기 관리라는 개념을 국내에 도입한 이래 15년 동안 사업을 유지해오고 있다. 현재 〈바이오미스트〉는 B형 재차이화기 업종으로 볼 수 있다. 산업적 규모는 크지 않지만 향기관리 사업을 선도한 대표적인 브랜드로서 향기관련 사업의 방향을 제시하며 수많은 동종 업체를 만들어냈다. 그러나 각종 특허 확보로 인해 여타 향기 관련 시장에서 쉽게 모방할 수 없어 진입장벽은 높은 편이다. 다만 1995년 새로운 문화적 트렌드를 만들어낸 후 상당한 시간이 지났기에 앞으로 새로운 브랜드 컨셉과 가치변화의 제공이 필요하다는 점을 염두에 두어야 한다.

서비스
이사 서비스

새로운 이사문화를 형성하는 무빙 마스터
비바트랜스

가맹점 기본정보
회사명 : (주)비바트랜스
대표자 : 정경자
전 화 : 1666-4024
주 소 : 서울시 서초구 반포 1동 743-6 그린타운 6차 2층
이메일 : kjo@vivatrans.co.kr
홈페이지 : www.vivatrans.co.kr
회사설립일 : 2010년 3월

가맹사업 현황
가맹점 수 : 20개
- 2010년 모델오피스 개설
- 차량 1대가 가맹점주가 되는 형태로 운영

가맹점 예상 투자비용
가맹비 : 150만 원(1톤), 200만 원 (2.5톤)
보증금 : 80만 원
로열티 : 1톤 월 25만 원, 2.5톤 월 30만 원, 5톤 월 50만 원(이사주문 월 20건 이하 시 조정)
교육비 : 50만 원
초기자재비 : 50만 원
차량도색비 : 270만 원(1톤), 2.5톤과 5톤 차량은 별도 견적
기타 : 스마트폰
총 소요비용 : 600만 원(1톤)
사무실 마련 시 : 간판 100~150만 원, 인테리어 3.3㎡당 30만 원
부가세 및 차량 임대비용 별도

★ **가맹계약 내용**
- 최초 가맹계약 기간 : 2년, 연장계약 시 2년(가맹비 부과)
- 사전교육(경험자는 7일 공통교육, 무경험자는 2개월 직영점 OJT와 7일 공통교육)
- 영업지역 3만 가구 기준으로 보호 설정(단, 독점 권한이 아닌 우선권 부여)
- 100호점까지는 1년간 로열티 면제 혜택 제공

★ **브랜드 컨셉**
- 이사 화물 서비스 최초로 카드결제화, 에스크로 시스템 전면 도입
- 고객 클레임을 사전에 방지하고 신뢰감을 높이는 온라인 시스템
- 정확한 이사비용 표준요금제 도입으로 투명하고 합리적인 가격의 서비스 제공

★ **차별화 전략 및 경쟁력**
① 시스템 경쟁력
- 최첨단 GPS 화물관제 시스템으로 24시간 빠르고 신속한 공차 검색이 가능
- 업계 최초의 전문 슈퍼바이저 도입(경영지도, 상담 지원)
- 체계적인 마케팅·판촉 지원(금융사, 백화점, 쇼핑몰, 웨딩 관련 업체와의 제휴 마케팅과 기업체 대상의 전속 이사)

② 상권·입지 및 출점전략 경쟁력
- 차량별로 가맹비를 차별화해 최소 비용으로 가맹 가능
- 차량만 있으면 무점포로도 가맹이 가능한 유연한 소자본 출점 시스템 구축
- 본사 지역 담당자의 현장조사 및 출점 타당성 검토 등 출점 여부에 대한 정확한 진단 실시

③ 서비스 경쟁력
- 은행, 카드사와의 업무제휴로 이사비용 무이자 3개월 서비스(모든 카드 대상)
- 서비스 완료 후 결제대금을 지급받는 거래안전장치 에스크로 시스템 도입
- 표준요금제 도입으로 주말, 휴일, 손 없는 날에도 투명하고 정확한 비용의 서비스 제공
- 고객이 직접 이사비용을 알아볼 수 있는 셀프 이사견적 시스템
- 베이비시터, 가사도우미 등 생활밀착형 케어링 서비스까지 가능한 홈케어 서비스
- 친환경 시공 : 인체에 무해한 친환경 천연세제 사용
- 1:1:1 시스템 : 1팀 1일 1작업으로 서비스의 질을 높임

Brand Tip
〈비바트랜스〉만의 편리한 결제시스템
이사 및 화물 운송 분야의 경우 비용 부담이 적지 않음에도 신용카드 결제가 되지 않아 현금으로만 비용을 지불해야 하는 문제점이 있었다. 〈비바트랜스〉는 결제 시 신용카드 3개월 무이자 할부와 에스크로 제도를 도입하고 웃돈을 요구하지 않는 표준요금제를 적용해 IT에 기반을 둔 첨단 GPS 물류관제 시스템 구축 등으로 차별화를 시도했다.

분류지수

업종	차별화	투자규모	점포형태	경쟁강도	노동강도	전문인력 필요성
서비스	감성적	낮다	무점포	낮다	낮다	없다
도소매		중간	사무실	보통	보통	
외식	기술적	높다	시설형	높다	높다	있다

국내 최초로 포장이사 서비스를 선보인 40년 전통의 통인익스프레스의 자회사인 (주)비바트랜스는 이사서비스를 전문으로 하는 포장이사 전문 프랜차이즈다. 기본적으로 차량 1대만 있어도 가맹점주가 될 수 있는 유연한 가맹시스템은 무점포 창업이 가능한 소자본 창업아이템으로 새롭게 주목을 받고 있다. 특히 다양한 생활밀착형 서비스를 제공함으로써 발생되는 수익도 적지 않아 적극적인 영업의지만 있다면 얼마든지 부가 수익을 높일 수 있다. 기본적으로 이사 물류 업체는 노동강도가 높고 경쟁도 심한 편에 속한다. 그러나 차량만 있다면 점포 없이도 창업이 가능하고 정액제 로열티와 정률제 수수로로 가맹점주의 부담을 최소화해 소자본 창업자에게는 좋은 아이템이 될 수 있다. 기본적으로 운전이 가능해야 하며 각종 보험가입도 필수적이다. 대체로 활동반경이 넓고 몸을 사리지 않는 성향이 이 업종에 유리하다.

평가지수

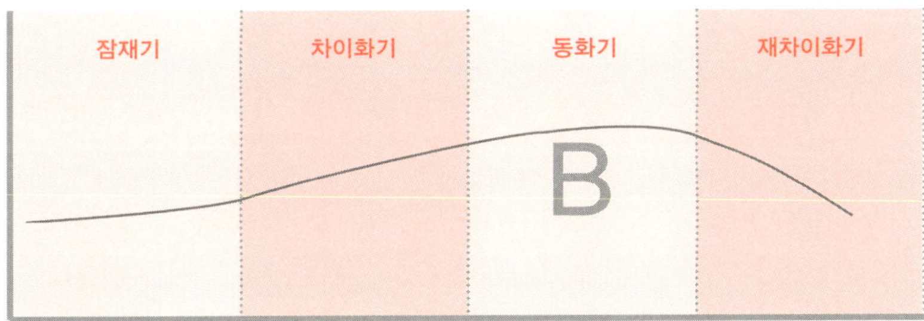

문화화 사이클

〈비바트랜스〉는 이삿짐 물류 분야에서 새로운 결제 시스템과 위성을 활용한 최첨단 GPS 물류관제 시스템 등을 도입해 고객에게 각광받고 있는 브랜드다. 사업 규모는 크지 않지만 이삿짐 물류 분야의 향후 발전 방향을 제시했다는 점에서 B형 동화기 업종으로 판단된다. 더구나 〈비바트렌스〉는 이삿짐 물류 분야 외에도 하드웨어와 소프트웨어 업체와의 연계를 통해 최신 시스템을 도입해 물류 산업뿐 아니라 다른 산업군의 발전에도 긍정적인 영향을 주고 있다. 다만 이삿짐 물류 분야의 특성상 다양한 물류회사들 간의 치열한 경쟁이 존재하고, 프랜차이즈 시스템 또한 견고하게 정착되지 않은 상태이므로 더욱 적극적으로 신규 시스템을 개발·도입할 필요성이 예상된다.

서비스
재가요양 서비스

가정방문 보살핌 서비스의 No.1
비지팅엔젤스

가맹점 기본정보
회사명 : 비지팅엔젤스
대표자 : 김한수
전　화 : 1544-3183
팩　스 : 02-2051-6694
주　소 : 서울 강남구 역삼동 707-1 두꺼비빌딩 804~6호
이메일 : Visiting-Angels.korea@hotmail.com
홈페이지 :
www.visitingangels.co.kr
회사설립일 : 2008년 7월
매출액 : 비공개

가맹사업 현황
가맹점 수 : 60개
- 노인장기요양보험제도 실시와 함께 국내 진출
- 현재 전국에 분포된 가맹지점을 통해 선진화된 돌봄서비스 제공

가맹점 예상 투자비용
가맹비 : 지역별로 차등(A타입 2100만 원, B타입 1700만 원, C타입 1300만 원)
보증금 : 지역별로 차등(A타입 300만 원, B타입 200만 원, C타입 100만 원)
로열티 : 월 매출액의 1~2%(최저 15만 원)
홍보광고비 : 100만 원
총 소요비용 : A타입 2500만 원, B타입 2000만 원, C타입 1500만 원 부가세 및 점포 임대비용 별도

★ 가맹계약 내용
- 최초 가맹계약 기간 : 3년, 연장계약 시 3년
- 지역별 광역상권 부여
- 고객 발굴 및 관리, 요양보호사 지원 희망자 발굴 및 관리

★ 브랜드 컨셉
- 1991년 만들어진 비의료 시니어 홈케어 서비스 전문기업
- 400개 이상의 지점을 두고 있는 세계 최대의 시니어 홈케어 서비스 업체
- 노인장기요양 서비스와 함께 금년 1월부터 국내 최초로 중산층 케어 서비스 제공

★ 차별화 전략 및 경쟁력
① 시스템 경쟁력
- 케어매니저 제도 : 사회복지사나 간호사가 대상자의 가정을 방문해 충분한 상담으로 케어플랜 마련
- 요양보호사 검증 시스템 운영 : 검증된 경력의 요양보호사를 선별해 대상자에 대한 특이사항 교육 후 서비스 제공
- 점검 시스템 및 모니터링 제도 : 담당 케어매니저를 통한 주간별 케어가 정확히 진행되는지 여부를 모니터링
- 총 22개의 국제적인 업체들과의 긴밀한 협력관계를 통해 질병에 걸린 고객들을 위한 맞춤형 서비스 제공
- 낮은 로열티와 합리적인 창업비용으로 창업자의 경제적 부담 최소화
- 요양보호사의 서비스 중 부주의나 과실로 인한 손해 발생 시 보상하는 '전문직업배상책임보험' 가입

② 메뉴 경쟁력
- 전문적인 노하우를 갖춘 요양보호사가 가정에서 제공하는 서비스
- 고객이 직접 실버도우미를 면접하고 선택할 수 있는 기회 제공
- 정부에서 허가받은 재가서비스 기관으로 노인장기요양보험과 관련된 요양서비스 제공
- 국내 최초의 중산층 케어 서비스 실시(개인별 진료, 산책도움, 취미생활 등)
- 기본 서비스 : 위생보조, 식사 준비와 영양 체크, 가사업무, 장보기, 말 벗, 숙식, 통근, 24시간 서비스, 일시적/장·단기적 서비스, 주말 및 공휴일 기간 서비스, 가족구성원 휴가기간의 서비스 등

Brand Tip
'노인장기요양보험' 제도를 통해 환자에게 맞춤 서비스를 제공하는 〈비지팅엔젤스〉는, 기존의 노인들이 요양보호사를 직접 선택할 수 없어 발생했던 문제점들을 해결하기 위해 고객이 직접 본인과 가장 잘 맞는 요양보호사를 선택하도록 시스템을 갖췄다. 〈비지팅엔젤스〉에서는 전문화된 교육을 받고 국가자격증 1급을 수료한 신뢰도 높은 요양보호사들로 이뤄져 있으며, 〈비지팅엔젤스〉의 자체 전산망을 통해 케어매니저(사회복지사)가 요양보호사들의 업무 진행과정을 수시로 확인받기 때문에 작은 문제에도 신속하게 대처할 수 있다.

업종	차별화	투자규모	점포형태	경쟁강도	노동강도	전문인력 필요성
서비스	감성적	낮다	무점포	낮다	낮다	없다
도소매		중간	사무실	보통	보통	
외식	기술적	높다	시설형	높다	높다	있다

〈비지팅엔젤스〉는 단순히 요양보호사를 파견하는 서비스가 아니라 신체·가사 수발은 물론 정서 수발까지 생활 전반을 돌보며 삶의 질 향상에 기여하는 시니어 케어 서비스 업종이다. 이 업종은 현재 국내에서는 도입기 단계에 있지만 이미 국외에서는 성공가능성이 입증된 아이템이다. 특히 다가오는 고령화 사회와 실버세대들의 상당한 수요가 예상됨에 따라 향후 성장가능성이 매우 큰 것으로 평가되고 있다. 전반적으로 창업비용은 낮은 편에 속하며, 노동강도도 높지 않지만 무엇보다 개정 노인복지법에 따라 요양보호사 자격을 취득해야 한다는 점을 유의해야 한다. 따라서 창업희망자의 경우 반드시 사전에 지정 교육기관에서 일정한 교육을 이수하여 요양보호사 자격을 취득할 필요가 있다. 시니어 케어 사업의 특성상 타인에 대한 애정과 케어 사업에 대한 관심은 필수적이다.

평가지수

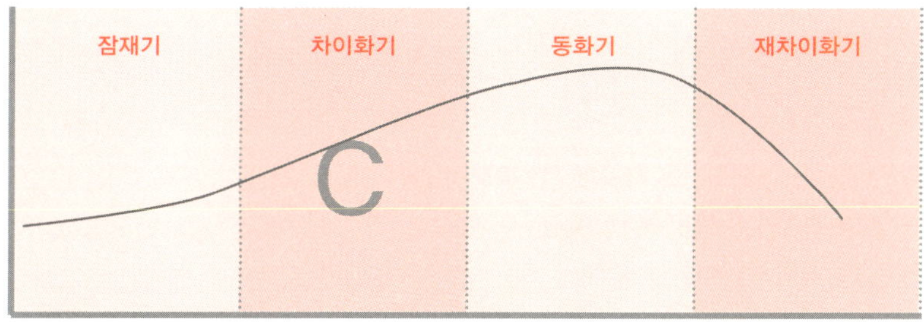

문화화 사이클

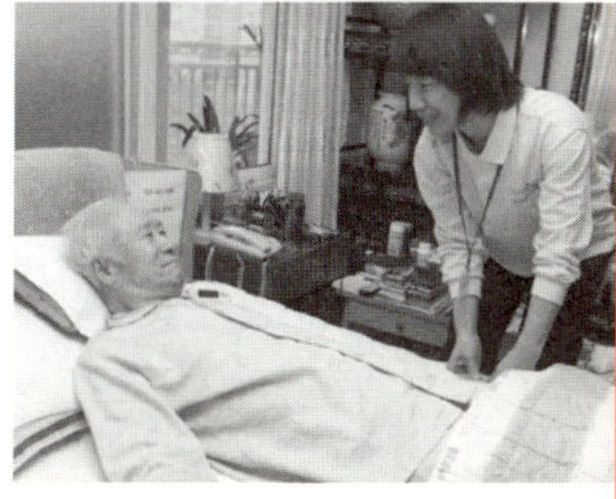

〈비지팅엔젤스〉는 몸과 마음의 건강을 도모하는 전문화된 다양한 서비스는 물론, 선진국에서 앞서 검증된 서비스 시스템까지 모두 갖추고 있어 주목할 만하다. 또한 〈비지팅엔젤스〉는 무한한 성장이 예상되는 실버산업에 특화된 업종으로 C형 차이화기에 있다고 판단된다. 특히 현재 40대 후반부터 50대 중반까지의 베이비부머세대가 본격적으로 실버세대가 되는 상황이 임박한 만큼 향후 관련 산업이 더욱 크게 발전할 것으로 예상된다. 따라서 실버산업의 성장세에 따라 시니어케어 서비스 역시 문화적 가치변화를 빠르게 확장시키며 사업적 성공 상태로 관련 산업군에 발전적 영향을 미칠 것으로 보인다.

디지털 엔터테인먼트 복합 문화공간
스마일

가맹점 기본정보

회사명 : (주)휴먼인터랙티브
대표자 : 심민섭
전　화 : 02-582-0218
팩　스 : 02-6007-1625
주　소 : 서울시 서초구 서초동 1602-7 대성빌딩 12층
이메일 : coolman@hminteractive.com
홈페이지 : www.smilebang.com
회사설립일 : 2008년 8월
매출액 : 31억 원

가맹사업 현황

가맹점 수 : 32개
- 멀티방 업계 선두 브랜드
- 업계 최단기간 30호점 돌파

가맹점 예상 투자비용

표준매장평수 : 165.3㎡(50평) 기준
가맹비 : 1000만 원
보증금 : 없음
로열티 : 월 50만 원
인테리어 : 7900만 원 / 추가 시 158만 원(3.3㎡당)
기타 : 유저인터베이스 솔루션 및 각종 멀티미디어 장비 등
총 소요비용 : 1억 7000만 원
부가세 및 점포 임대비용 별도

★ **가맹계약 내용**
- 최초 가맹계약 기간 : 1년, 연장계약 시 1년
- 영업지역 독점권 보장(반경 200m)

★ **브랜드 컨셉**
- 노래방, DVD방, PC방, 콘솔방의 통합모델로 복합적인 디지털 엔터테인먼트 서비스
- 업계 최다인 70여 가지 인테리어 테마를 보유한 고품격 프리미엄 멀티방
- 온 가족이 함께 이용할 수 있는 건전한 디지털 여가문화 공간

★ **차별화 전략 및 경쟁력**

① 시스템 경쟁력
- IT기술력을 바탕으로 노래방, DVD방, PC방, 콘솔방 및 기타 디지털 엔터테인먼트 서비스가 통합된 선진 비즈니스 모델
- 무료 셀프바 서비스, 저렴한 이용료를 기반으로 한 높은 고객 만족도 창출
- 동일 평수 노래방 대비 평균 2배의 룸 개수 및 낮 시간대 영업을 통한 안정적인 수익구조
- 손쉬운 시설관리 및 스트레스 없는 접객

② 상권·입지 및 출점전략 경쟁력
- 2층 이상 및 지하층 창업이 가능하므로 상대적으로 저렴한 임대비용
- 주 고객층은 10~30대, 특히 10대와 20대 비율이 높음
- 특급상권이 아니어도 안정적인 고객 확보 가능
- UCC 제작, 콘솔게임기·노트북 대여, 출력 서비스 등 부가 매출 극대화로 수익 제고

③ 메뉴 경쟁력
- SK마케팅앤컴퍼니와 사업제휴를 동해 다양한 컨텐츠 제공
- 업계 최초의 셀프바 서비스 제공
- 업계 최초 온돌마루형 룸 구조
- B2C 마케팅 전용 사이트 운영 및 다양한 프로모션과 이벤트 실시
- SK마케팅앤컴퍼니 제휴 멤버십 운영(고객 더블할인/할인금 45% 가맹점 보전)
- 〈스마일〉 전용 어플리케이션 제작 공급 및 QR 등 모바일 마케팅 지원
- SK마케팅앤컴퍼니에서 〈스마일〉 인테리어 시공 담당

Brand Tip

기존의 룸 카페는 법규상 독립적인 공간이 제한돼 있어 문을 달지 못하고 커튼으로 대체하거나 천정이 뚫려 있어 다른 룸을 이용하는 고객과 방음 차단에 어려움을 겪었다. 또한 카페 법규상 멀티서비스를 제공할 수 없어 TV와 닌텐도wii의 한정적인 서비스만 이용 가능했다. 이에 반해 멀티방 〈스마일〉은 복합유통게임제공업으로 구분되어 방음 문제를 완벽히 해결한 독립된 공간에서 노래, 영화, 게임, TV, PC, 인터넷, 보드게임, 닌텐도wii 등 모든 콘텐츠를 자유롭게 이용할 수 있다.

업종	차별화	투자규모	점포형태	경쟁강도	노동강도	전문인력 필요성
서비스	감성적	낮다	무점포	낮다	낮다	없다
도소매		중간	사무실	보통	보통	
외식	기술적	높다	시설형	높다	높다	있다

젊은 층의 트렌드를 잘 공략한 대표적인 아이템 중 하나로 멀티방 프랜차이즈가 주목받고 있다. 〈스마일〉 멀티방은 업계 최초의 온돌마루형 룸 구조와 70여 가지에 달하는 인테리어 테마 등으로 고객들의 만족도가 매우 높다. 특히 시간당 1만 원 내외의 저렴한 이용료에 다양한 컨텐츠와 무료 셀프바 이용이 가능하며, SK마케팅앤컴퍼니와의 전략적 제휴로 고품격 인테리어와 막강한 멤버십 서비스를 이용할 수 있다는 점도 타 멀티방과 차별화된 요소라 할 수 있다. 멀티방의 특성상 인테리어 비용, 장비 구입비 등으로 초기 비용이 상대적으로 높은 편이지만, 특급 상권이 아니어도 되고 지하나 고층에 입점할 수도 있어 임대비용을 아낄 수 있다는 장점이 있다. 노동강도가 낮고 전문인력이 필요하지 않아 초보창업자에게도 권할 만한 아이템이다. 젊은 층의 트렌드에 대한 이해와 멀티미디어 컨텐츠에 대한 관심도 필요하다.

평가지수

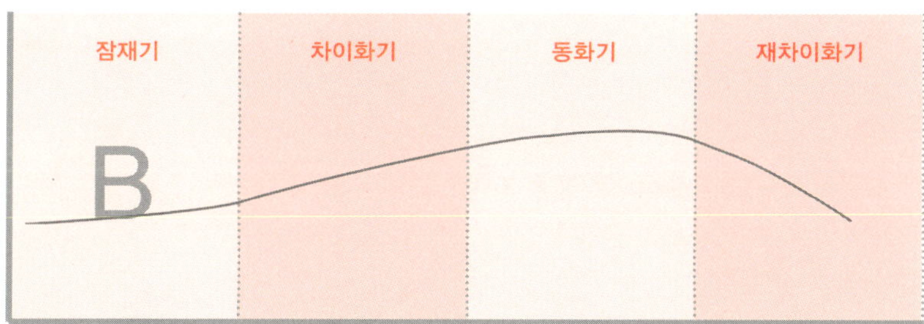

문화화 사이클

멀티방은 노래방·PC방·비디오방·DVD방 등의 기능을 한 데 모은 새로운 창업아이템이다. 다양한 컨텐츠를 마음껏 즐길 수 있을 뿐 아니라 인터넷을 이용한 다양한 부가 서비스도 이용할 수 있어 기존의 노래방, 비디오방, PC방을 상당 부분 잠식시킬 것으로 예상되고 있다. 기존 PC방, 노래방 등이 산업 발전의 잠재력을 다 소진해 가치변화가 필요한 시점에서 등장한 멀티방은 다양한 서비스를 결합시켜 시너지 효과가 기대되는 업종이다. 특히 다양한 디지털기기와 인터넷에 익숙한 젊은 층에게 친화적이라는 점에서 문화적 가치변화를 제공하는 업종으로 볼 수 있다. 하지만 아직 사업적 성공여부가 확인되지 않은 상태라 B형 잠재기에 있다고 판단된다.

최상의 가치와
경험을 제공하는
아이케어서비스

가맹점 기본정보

회사명 : (주)아이서비스
대표자 : 이치삼
전　화 : 1577-8550
팩　스 : 02-2008-8500
주　소 : 서울시 강남구 삼성동 160-28 아이파크타워 II
이메일 : webmaster@i-service.co.kr
홈페이지 : www.i-service.co.kr
회사설립일 : 1992년 1월
매출액 : 1283억 원

가맹사업 현황

가맹점 수 : 38개
- 유통망(실버용품 · 복지용구 판매) 인프라 마련
- 30호점 이후 수도권 상권으로 확대 시도 중

가맹점 예상 투자비용

표준매장평수 : 33㎡(10평) 기준
가맹비 : 300만 원
계약이행보증금 : 300만 원
로열티 : 월 매출액의 2%
인테리어 : 660만 원
기타 : 교육비 100만 원, 상권조사비 · 개점진행비 100만 원, 초도물품 및 홍보물 등
총 소요비용 : 1510만 원
부가세 및 점포 임대비용 별도

★ **가맹계약 내용**
- 최초 가맹계약 기간 : 3년, 연장계약 시 1년(10년까지 갱신 가능)
- 계약 체결 후 30일 이내 영업신고, 인 · 허가 취득 및 교육 이수 필수
- 계약 체결 후 90일 이내 가맹점 개설
- 개점 전 교육(신규 점주교육 5일, 이론실기 교육), 정기교육(연 2회), 특별교육(수시)

★ **브랜드 컨셉**
- 재가 실버케어 사업인 〈아이케어서비스〉는 방문요양에서부터 방문목욕, 방문간호, 복지용품 · 실버용품 판매, 고객맞춤 서비스까지 몸이 불편한 고객에게 자식과 같은 마음으로 최상의 전문적 서비스 제공

★ **차별화 전략 및 경쟁력**

① 시스템 경쟁력
- 제휴 마케팅을 통해 시장 확보 및 고객 발굴, 지속적이고 통일된 광고 및 홍보로 브랜드 파워 제고
- 슈퍼바이저가 정기적으로 방문해 노하우 전수, 부진한 점포 밀착관리
- 직원 및 요양보호사 관련 노무업무와 세무업무 지원
- 정기적 업그레이드 교육, 요양보호사 및 고객의 체계적 관리 시스템
- 소규모 요양시설, 그룹홈, 복지용구사업소 오픈 컨설팅, 부가수익 창출 사업 컨설팅, 사례 관리를 통한 고객맞춤 서비스 등 무료 컨설팅

② 상권 · 입지 및 출점전략 경쟁력
- 최소 16.5㎡(5평) 정도의 소규모 매장으로 출점 가능
- 국민건강보험공단 근처(고객 발굴 루트)에 출점
- 주 고객층은 노인장기요양보험 등급 판정자(65세 이상 노인 및 고령 · 치매 환자 등)
- 딸이나 며느리 고객이 많으므로 중년 여성들을 위한 마케팅 기획 지원
- 교통이 편리한 상권 등으로 출점 확대

③ 서비스 경쟁력
- 정부의 사회보험제도로 간병 비용의 15%만 부담하는 특화된 재가요양 서비스(방문요양, 방문목욕, 복지용구 판매)
- 7가지 레인보우 서비스 : 월 2회 건강 체크, 이 · 미용, 맞춤식단표 제공, 살균 · 탈취 서비스, 차량이송 서비스, 경력직 요양보호사 파견, 등급 무료대행 서비스
- 성인용 프리미엄 기저귀 등 다양한 PB 상품을 기획 · 공급함으로써 질 높은 제품을 경쟁력 있는 단가로 공급

업종	차별화	투자규모	점포형태	경쟁강도	노동강도	전문인력 필요성
서비스	감성적	낮다	무점포	낮다	낮다	없다
도소매		중간	사무실	보통	보통	
외식	기술적	높다	시설형	높다	높다	있다

현대산업개발의 계열사인 아이서비스의 〈아이케어서비스〉는 복지용구 등 실버용품 판매에 전문 요양보호사의 재택 간병서비스를 결합한 프랜차이즈 사업이다. 16.5㎡(5평) 소규모 매장과 1500만 원 정도면 창업이 가능하다는 점에서 소자본 창업자에게 안성맞춤인 아이템이다. 실버산업을 겨냥한 서비스라는 점에서 향후 전망이 매우 밝은 편이며, 아직까지는 경쟁강도도 낮다. 하지만 요양보호사 자격증이 필수적이며, 서비스 마인드가 확실한 사람이 창업해야 한다는 점을 유의할 필요가 있다. 사회복지사나 간호사 및 간호조무사, 요양보호사 자격증 취득자는 물론 향후 1년 이내에 요양보호사 자격증 취득이 가능한 사람에게 권할 만한 업종이다.

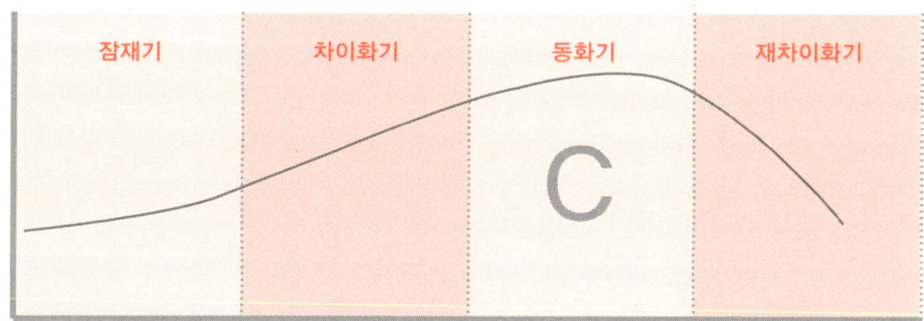

문화화 사이클

〈아이케어서비스〉는 무한 성장이 예상되는 실버산업에 특화된 업종으로, 실버용품 판매와 전문 요양보호사의 시니어케어 서비스가 결합돼 있어 시너지 효과가 기대되는 브랜드다. 문화화 사이클 상으로는 C형 동화기 업종으로 분류할 수 있다. 실버 업종의 경우 시간이 갈수록 더욱 성장할 것으로 예상되며, 특히 베이비부머세대가 시니어세대로 진입하면 더욱 확대될 것으로 보인다. 따라서 향후 사업적 규모는 물론 문화적 가치변화를 제공하며 연관 산업군의 동반성장이 기대되며 전체 산업규모를 확대하는 데에도 기여할 것으로 보인다.

아이케어서비스

영어 전용 도서관의 혁명
와이즈리더

가맹점 기본정보

회사명: 와이즈리더
대표자: 차우현
전 화: 1644-0581
팩 스: 031-202-0516
주 소: 경기도 수원시 영통구 영통동 998-4 이폴리스빌딩 605호
홈페이지: www.wisereader.co.kr
회사설립일: 2010년 3월
매출액: 비공개

가맹사업 현황

- 2010년 3월부터 직영점 운영 시작

가맹점 예상 투자비용

표준매장평수: 99.2㎡(30평) 기준
가맹비: 1500만 원
보증금: 500만 원
교육비: 200만 원
로열티: 월 매출액 5%
인테리어: 2400만 원 / 추가 시 88만 원(3.3㎡당)
기타: 간판 300만 원, 도서비 2000만 원, 용품비 400만 원, 네트워크비용 2000만 원, AR비용 500만 원, 컴퓨터 · 기자재 150만 원, 냉 · 난방기 500만 원, 전단지 300만 원
총 소요비용: 1억 750만 원
부가세 및 점포 임대비용 별도

★ 가맹계약 내용

- 최초 가맹계약 기간 : 2년, 연장계약 시 1년
- 개원 전 원장교육, 개원 10일 전 지도교사 본사 교육
- 영업지역 독점권 보장
- 영업양도 시 가맹금 명목으로 교육비(200만 원)와 보증금 납부
- 분기당 1회 이상 가맹점 운영 점검 및 자료 제공 · 허용
- 본사가 정한 상품(교재)을 주 교재로 사용해야 하며, 승인 없이 타 교재 사용 불가
- 개원 전 교육(10일), 정기 및 비정기교육, 특별교육

★ 브랜드 컨셉

- 수준별 · 주제별 엄선된 영어도서를 비치한 '영어 도서관' 운영
- 영어 독서능력 진단에 의한 '맞춤형 영어 독서 지도', 원어민 영어 교사와 함께하는 다양한 '영어 독서 프로그램' 등 운영
- 다양한 주제의 영어도서를 통해 영어능력은 물론 올바른 인격과 시각 훈련에도 효과적

★ 차별화 전략 및 경쟁력

① 시스템 경쟁력

- 영어 독서의 재미와 즐거움을 선사하는 국내 최대의 무제한 영어도서 대여 시스템
- 투자금과 교사의 인건비 부담이 적은 소자본 창업아이템
- 교사 파견 시스템 등을 통해 영어초보자나 운영 경험이 없는 창업자 지원
- 정기적인 가맹점 방문 및 운영지도, 멘토링, 가맹점 특성에 맞는 전략수립 및 관리 등 차별화된 운영지원 시스템
- 모니터링을 통한 인큐베이팅 시스템으로 부진점포 원인분석 및 활성화 지원
- 매장 운영은 물론 가맹점 시스템과 접객 등 현장에 맞는 철저한 실전교육 프로그램 운영

② 상권 · 입지 및 출점전략 경쟁력

- 가맹점의 경영, 손익, 광고 등 지속적인 관리 및 지원
- 다양한 상권에 입점 가능하며 90% 이상 재등록 비율을 기록하는 높은 경쟁력
- 최소 비용과 인원으로 창업 가능한 체계적인 관리 · 운영 시스템

③ 서비스 경쟁력

- 다독 프로그램과 연계해 4가지 기본기(Reading, Writing, Listening, Speaking)를 훈련할 수 있는 체계적인 독서 방법
- 책읽기를 통한 사고력 증진과 좋은 글쓰기를 위해 개발되어 미국의 5만 5000여 개 이상 학교에서 시행하는 독서관리 및 동기부여 프로그램 채용
- 유아용 영어그림책에서부터 고등학교 수준까지 다양한 도서 보유
- 미국도서관협회(ALA) 수상작과 미국 어린이들이 즐겨보는 잡지 등 학교 영어 교육 과정을 지원하는 다양한 자료 비치
- 교육 과정을 통해 엄선된 교사를 지원해 업그레이드된 영어 교육 가능

업종	차별화	투자규모	점포형태	경쟁강도	노동강도	전문인력 필요성
서비스	감성적	낮다	무점포	낮다	낮다	없다
도소매		중간	사무실	보통	보통	
외식	기술적	높다	시설형	높다	높다	있다

영어 도서관 프랜차이즈 〈와이즈리더〉는 현재 미국의 도서관 및 교육기관에서 실제 활용되는 독서관리 및 동기부여 프로그램 'AR Program'에 기반을 두고 운영되는 영어교육을 실시하고 있다. 무엇보다 다양한 영어서적을 통해 자연스럽게 영어를 접하면서 영어능력을 강화할 수 있다는 점이 특징적이다. 초기 투자비용은 상대적으로 저렴한 편이며, 서적과 미디어를 주 내용으로 한 커리큘럼으로 교육 사업에서 가장 큰 비중을 차지하는 강사 인건비 부담을 줄였다는 점도 장점이다. 영어교육의 특성상 어느 정도 차별화가 될 경우 꾸준한 수요가 발생될 수 있지만 워낙 많은 브랜드가 경쟁하고 있어 아직 성장 속도가 느린 편니다. 따라서 창업자 본인의 적극적인 마케팅 노력과 관심이 절대적으로 중요하다는 점을 놓쳐서는 안 된다.

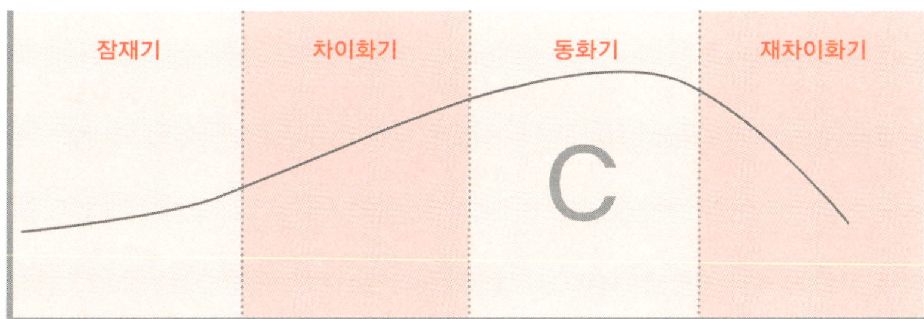

문화화 사이클

〈와이즈리더〉는 약 40조 원에 이르는 사교육 시장 중 가장 큰 영어교육 시장을 겨냥한 새로운 개념의 영어 도서관 프랜차이즈다. 특히 전문 강사진을 구성해 레벨테스트와 읽기 및 쓰기 능력 향상, 말하기 및 듣기 강화 등 단계별 학습을 반복함으로써 최대의 학습효과를 내도록 하는 데 중점을 두고 있다. 이 업종은 C형 동화기에 해당된다고 판단된다. 관련산업은 물론 비관련 산업에도 지대한 영향을 미치며 산업의 동반성장과 수많은 경쟁업체를 동반하여 전체 산업규모가 지속적으로 확대되는 단계에 있기 때문이다.

서비스
당구장

100% 성공 보장
당구장 프랜차이즈
월드빌리아드클럽

가맹점 기본정보

회사명 : (주)JS 월드
대표자 : 권정세
전　화 : 1644-6253
팩　스 : 02-831-4085
주　소 : 서울시 영등포구 대림3동 688-2 광림빌딩 504호
홈페이지 : www.js-world.co.kr
회사설립일 : 2010년 11월
매출액 : 1억 6000만 원

가맹사업 현황

가맹점 수 : 3개(직영점 5개)
- 15년간 300여 곳을 100퍼센트 성공 창업한 노하우를 바탕으로 2010년 11월 런칭

가맹점 예상 투자비용

표준매장평수 : 165.3㎡(50평) 기준
가맹비 : 없음
로열티 : 없음
인테리어 : 2000만 원
교육 · 홍보비 : 500만 원(교육비, 홍보비, 전문인력 2인 2주 파견 인건비)
당구대 및 집기 : 약 2100만 원(풀세트 기준 1대당 300만 원)
기타 : 냉난방기, 간판, 전자제품 별도
총 소요비용 : 4600만 원
부가세 및 점포 임대비용 별도
초기 100개 오픈점까지 가맹비 면제, 월 특별장려금 20만 원 지급

★ **가맹계약 내용**
- 최초 가맹계약 기간 : 1년, 연장계약 시 1년(자동 연장)
- 점포 계약 후 정화구역 여부 확인 및 건물 하자와 설비시설 하자 점검 이후 본계약 체결
- 본계약 체결 이후 소방시설 허가, 인 · 허가 및 영업장 허가 취득 필수
- 개점 전 운영교육, 수시교육

★ **브랜드 컨셉**
- 확실한 A/S와 철저한 운영 시스템을 통해 차별화된 운영을 보장하는 당구장 프랜차이즈
- 덤핑견적과 과다견적을 제시하지 않아 불필요한 비용 낭비가 없음
- '부드러운 편안함'을 강조한 인테리어로 화려하지만 질리지 않는, 쾌적한 환경 제공

★ **차별화 전략 및 경쟁력**

① 시스템 경쟁력
- 지속적인 사후 관리 : 오픈 이후 3일간 운영매니저 파견, 1개월까지 주 1회, 3개월까지 월 1회 방문 점검
- 전문 운영교육 매니저가 매장 운영에 필요한 직원 관리, 비품 관리, 고객 서비스 요령 등 운영에 필요한 모든 노하우 교육 실시
- CCTV와 인터넷, 스마트폰 등을 통해 부재 시에도 매장을 한 눈에 파악할 수 있는 매장 안심 운영 서비스
- 초보 창업자를 위해 (주)JS월드가 운영을 직접 책임지는 형태의 책임 위탁경영 시스템
- 15년간 한 군데도 실패하지 않고 300여 곳 모두 성공 창업한 노하우 보유
- 최소 비용의 고품격 인테리어과 유통단계 최소화로 당구재료 노마진 공급

② 상권 · 입지 및 출점전략 경쟁력
- 당구대 8대를 기준으로 매장의 기준평수는 165.3㎡(50평) 이상은 되어야 출점 가능
- 주 고객층은 10~20대 및 직장인
- 역세권, 사무실 및 상가밀집 지역, 먹자골목 등에 주로 입점했으며, 주거밀집 지역 등 주택가 상권으로 출점 확대 예정

③ 상품 및 서비스 경쟁력
- (주)JS월드 소속 프로리그, 실업리그 선수를 오픈 후 2주간(이후 정기적) 파견해 영업 지원
- 레이싱걸 수준의 여성매니저를 오픈 후 2주간(이후 정기적) 파견해 차별화된 고객 서비스 제공
- 메인당구대에 카메라 설치 및 TV 연동 시스템으로 대형 TV를 통한 리플레이스 서비스 제공

업종	차별화	투자규모	점포형태	경쟁강도	노동강도	전문인력 필요성
서비스	감성적	낮다	무점포	낮다	낮다	없다
도소매		중간	사무실	보통	보통	
외식	기술적	높다	시설형	높다	높다	있다

〈월드빌리아드클럽〉은 확실한 A/S, 철저한 운영 및 관리시스템을 통해 차별화된 운영을 보장하는 당구장 프랜차이즈다. 일반 당구장과 달리 전문 운영·교육 매니저와 여성매니저의 파견을 통한 지속적이고 체계적인 사후관리, 초보창업자를 위한 책임 위탁경영 시스템 등으로 성공적인 운영을 지원하는 점이 특징이다. 기본적으로 165.3㎡(50평) 이상의 공간이 필요하지만 초기 투자비용이 4600만 원 정도로 저렴하고, 지하 또는 2층 이상으로 개점 가능하므로 임대료 등을 절약할 수 있다는 장점이 있다. 하지만 일반적으로 14시간 영업을 하는 경우가 많아 노동강도가 낮지 않은데다 큐 손질 및 각종 용품 사용방법, 당구대 관리 및 청소방법 등에 대한 지식과 서비스 정신이 필요한 업종이라는 점을 간과해서는 안 된다. 또한 초·중·고교와의 거리가 직선거리 기준 200미터 이상 떨어져야 하는 등 관련 법규도 잘 살펴야 한다.

평가지수

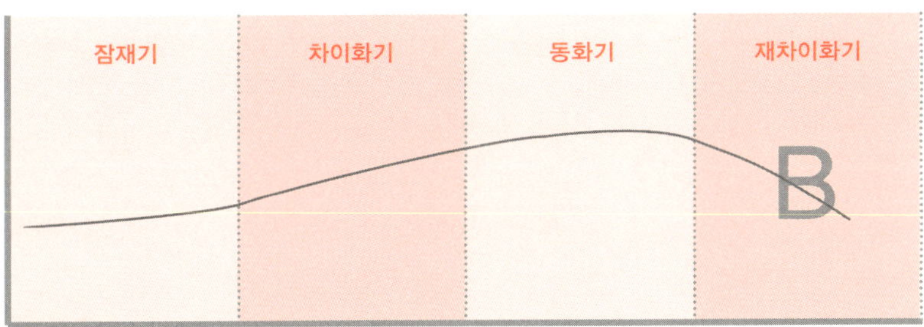

문화화 사이클

〈월드빌리아드클럽〉은 체계적인 관리, 운영 지원 시스템, 편안한 인테리어, 당구재료의 거품을 제거한 합리적인 가격 등으로 차별화를 꾀하고 있는 당구장 프랜차이즈다. 이 업종은 기본적으로 새로운 산업 발전의 잠재력과 가치 변화의 제공이 필요한 B형 재차이화기 단계에 있다고 판단된다. 경쟁업체를 동반해 전체 산업규모는 확대됐지만 문화적 가치변화까지는 제공하지 못한 업종으로 볼 수 있기 때문이다. 최근 체계적인 시스템을 갖추고 가격의 거품을 제거한 프랜차이즈가 속속 등장하고 있는데, 이는 지속적인 수요가 있기 때문이다. 이 같은 시도가 향후 가치 차별화를 통해 새로운 문화적 가치변화 제공으로 이어질지 주목된다.

우리 동네 만능 해결사,
토탈 생활편의 서비스
집안디자인

가맹점 기본정보

회사명 : (주)디케이모드
대표자 : 김흥수
전 화 : 1544-5575
팩 스 : 051-853-4117
주 소 : 부산시 연제구 연산동 964-8
이메일 : ineeds@naver.com
홈페이지 : www.jipann.com
회사설립일 : 2006년
매출액 : 10억

가맹사업 현황

가맹점 수 : 2개

가맹점 예상 투자비용

▶ 집안디자인

표준매장평수 : 16.5㎡(5평) 기준
가맹비 : 500만 원
교육비 : 500만 원
인테리어 : 800만 원
기타 : 장비 및 공구, 철거비, 냉난방설비
총 소요비용 : 1800만 원

▶ 집안디자인 에코

표준매장평수 : 33㎡(10평) 기준
가맹비 : 700만 원
교육비 : 700만 원
인테리어 : 1800만 원
총 소요비용 : 3200만 원

▶ 집안디자인 플라워

표준매장평수 : 49.6㎡(15평) 기준
가맹비 : 1000만 원(무점포형 700만 원)
교육비 : 800만 원(무점포형 700만 원)
인테리어 : 2700만 원
총 소요비용 : 4500만 원
부가세 및 점포 임대비용 별도
무점포형 창업 가능

★ 가맹계약 내용

- 최초 가맹계약 기간 : 3년, 연장계약 시 3년
- 계약 체결 후 30일 이내 영업신고, 인 · 허가 취득 및 교육 이수 필수
- 개점 전 3주 기술교육, 정기교육(수시), 특별교육

★ 브랜드 컨셉

- 토탈 생활편의 서비스 전문점 〈집안디자인〉과 웰빙 생활 디자인 편의점 〈집안디자인 에코〉, 플라워샵 및 꽃배달 서비스 〈집안디자인 플라워〉 등 3가지 유형으로 창업 가능
- 각종 수리 · 보수 등에서부터 전문적인 인테리어, 리모델링, 필수 생활용품 판매, 꽃배달 서비스까지

★ 차별화 전략 및 경쟁력

① 시스템 경쟁력

- 누구나 소정의 교육을 통해 소자본으로 창업 가능
- 다양한 추가 아이템 및 창업유형 선택으로 부가수익 창출
- 본사 차원의 지속적인 기술 · 서비스 · 경영 교육 및 성공사례 발표회 개최
- 다양한 거점지역 내 지속적인 홍보 및 디자인 · 마케팅 지원
- 전문 디자인그룹이 지원하는 실질적인 창업 및 경영 · 서비스 지원

② 상권 · 입지 및 출점전략 경쟁력

- 총 가구 · 총 인구, 경쟁상대, 지리적 · 문화적 특징 등을 지역정보 시스템으로 분석해 최적의 입지 선정
- 고객의 자금사정 및 상황에 맞는 맞춤형 창업 점포 개발
- 집이나 사무실, 상점 등 일상생활에서 발생되는 수리 · 보수 · 생활편의 서비스는 지속적인 수요가 발생함
- 수리 · 보수, 인테리어, 리모델링, 필수 생활용품 서비스는 물론 다양한 수익모델 창출

③ 서비스 경쟁력

- 간단한 수리 · 보수는 물론 인테리어, 리모델링, A/S대행 서비스 및 각종 생활편의 서비스 제공
- 우리 동네 만능해결사 〈집안디자인〉 : 기본적인 기술창업으로 수리, 보수, 인테리어, 리모델링, A/S대행, 필수 생활용품 판매 등의 서비스 제공
- 우리 동네 웰빙 생활디자인 편의점 〈집안디자인 에코〉 : 〈집안디자인〉에 각종 웰빙생활 제품을 시공 · 설치 · 판매하는 웰빙 패키지 서비스를 결합한 웰빙샵
- 꽃을 든 행복한 디자이너 〈집안디자인 플라워〉 : 〈집안디자인〉에 꽃 소매 및 꽃배달서비스를 결합시킨 플라워샵으로 전국 온라인 꽃배달 쇼핑몰 제공
- 〈집안디자인 에코〉 : 부모님용 황토방 꾸미기, 아토피 예방을 위한 아이방 꾸미기, 건강 욕실 꾸미기, 친수 공간 꾸미기 등 친환경 공간 제공

분류지수

업종	차별화	투자규모	점포형태	경쟁강도	노동강도	전문인력 필요성
서비스	감성적	낮다	무점포	낮다	낮다	없다
도소매		중간	사무실	보통	보통	
외식	기술적	높다	시설형	높다	높다	있다

〈집안디자인〉은 생활편의 서비스 전문점 '집安디자인' 과 웰빙 생활 디자인 편의점 '집安디자인 에코', 플라워샵 및 꽃배달 서비스 '집安디자인 플라워' 등 3가지 유형으로 창업이 가능한데다 창업자의 자금 사정에 따라 무점포형 또는 점포형 창업을 선택 가능한 유연한 시스템을 갖추고 있다. 무점포형의 경우 1000~1400만 원, 점포형의 경우에도 1800~4500만 원 정도면 창업 가능한 저렴한 투자비용도 장점이다. 일상생활에서 발생하는 다양한 문제 해결을 주요 서비스로 하는 이 업종은 지속적인 수요가 발생하는 장점을 가지고 있다. 활동반경이 넓고 서비스 마인드를 갖춘 창업자에게 적합하며, 체계적인 교육과 지원 시스템이 마련돼 있어 소정의 교육과정만 이수하면 운영이 가능하다는 점에서 초보창업자도 도전할 수 있는 업종이다. 하지만 기본적으로 기술형 창업에 해당하므로 꾸준한 정보 및 기술 습득, 적극적인 서비스가 기본이다.

평가지수

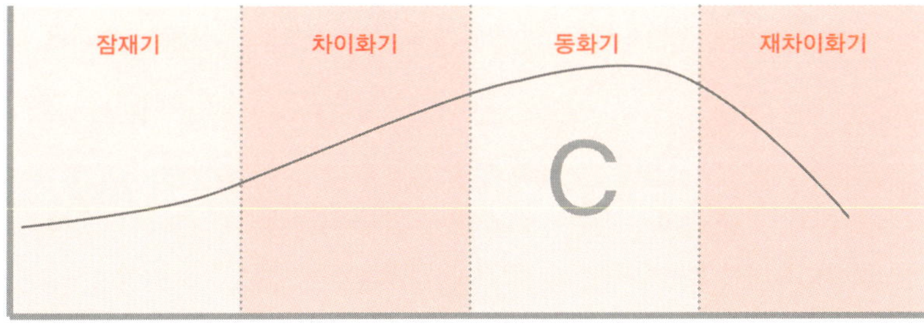

문화화 사이클

〈집안디자인〉은 각종 수리 · 보수 등의 대리형 생활밀착 서비스를 제공하는 점에서 향후 그 발전 방향이 무궁무진한 업종이다. 우선 경기 변화 및 유행에 크게 영향을 받지 않으면서 지속적인 수요가 발생되는 사업인데다, 기본적인 대리형(생활밀착형) 서비스에 전문적인 인테리어와 리모델링, 꽃배달서비스까지 추가해 다양하고 전문화된 서비스를 제공함으로써 차별화할 수 있다는 점에서 주목할 만한 아이템이다. 이 업종은 관련 산업은 물론 비관련 산업에까지 영향을 미치면서 계속적으로 그 서비스 영역이 확대될 것으로 예상되는 C형 동화기 업종으로 판단된다. 또한 앞으로도 계속 산업 전반의 규모가 확대될 것으로 예상된다.

서비스
여성전용 피트니스

430만 여성회원이 함께 하는 순환운동
커브스

가맹점 기본정보

회사명 : 커브스코리아
대표자 : 김재영
전 화 : 02-3463-4242
팩 스 : 02-3463-4248
주 소 : 서울 서초구 양재동 3-15 풍국빌딩 7,8층
이메일 :
franchise@curveskorea.co.kr
홈페이지 :
www.curveskorea.co.kr
회사설립일 : 2006년 7월
매출액 : 50억 원

가맹사업 현황

가맹점 수 : 96개
- 저비용 프랜차이즈 1위(7년 연속)
- 최우수 휘트니스 프랜차이즈 1위

가맹점 예상 투자비용

표준매장평수 : 132.2㎡(40평) 기준
가맹비 : 4900만 원
보증금 : 없음
로열티 : 월 매출액의 5%
인테리어 : 3200만 원 / 추가 시 80만 원(3.3㎡당)
기타 : 초도물품 700만 원, 집기 및 비품 600만 원
총 소요비용 : 1억 원
부가세 및 점포 임대비용 별도

★ **가맹계약 내용**
- 최초 가맹계약 기간 : 5년(10년 보장)
- 본사 사업팀에서 입지 선정, 부동산 개발
- 가맹계약일로부터 6개월(180일) 이내 개점
- 운영시간 : 오전 10시~오후 8시(1~4시 쉬는 시간) (공휴일 휴무, 토요일 오전 운영)
- 신규오픈 시 클럽캠프 2주 교육 필수
- 양도 시 본사 사전 승인 필수, 양수인 600만 원 납입(교육비 100만 원, 오픈 지원비 500만 원)
- 영업지역 독점권 보장(반경 500m)

★ **브랜드 컨셉**
- 재미있고 빠르고 안전한 30분 순환운동
- 근력운동, 유산소운동, 스트레칭 등 필요한 모든 운동 요소를 30분 만에 끝내는 프로그램
- 짧은 시간, 저렴한 비용, 신나는 분위기와 뛰어난 운동효과가 각종 방송매체를 통해 수차례 입증됨
- 다이어트, 성인병 예방, 스트레스 해소 등의 효과로 여성들의 호응도가 높음

★ **차별화 전략 및 경쟁력**

① 시스템 경쟁력
- 멘토 지원 시스템 : 오픈 전문가의 가맹점 사전 사후 관리 지원
- 지속적인 교육 지원 : 분기별 워크샵, 정기 세미나, 연간 컨벤션 진행
- 커브스 아카데미 운영 : 상시 직원 수급과 인재 양성을 위한 교육기관 운영
- 마케팅, 프로모션 지원 : 지속적인 언론 홍보, 제휴 프로모션, 물품 협찬 지원

② 상권·입지 및 출점전략 경쟁력
- 주거단지, 내단위 아파트 밀집시역(6000세대 이상) 중심으로 출점
- 실평수 115.7㎡(35평)~148.8㎡(45평)의 매장에서 출점 가능, 2층 이상 입점
- 30~50대 여성 상주 인구 5000명 이상(반경 500m) 지역에 출점 중

③ 서비스 경쟁력
- 30분의 짧은 시간, 신나는 분위기, 합리적 비용으로 탁월한 운동효과를 보장
- 30~50대 중장년 여성의 틈새시장을 공략해, 전 세계 480만 여성의 폭발적인 지지
- 창업자의 70% 이상이 회원 출신이며, 회원의 50% 이상이 추천과 입소문 효과임

Brand Tip

여성전용 휘트니스클럽 〈커브스코리아〉의 가장 큰 특이점은 30분 순환운동이다. 오랫동안 운동에 시간을 투자하지 않아도 비만 관리 및 근력을 키울 수 있는 운동법으로 지루한 반복 운동에 지친 많은 고객에게 어필하고 있다.

업종	차별화	투자규모	점포형태	경쟁강도	노동강도	전문인력 필요성
서비스	감성적	낮다	무점포	낮다	낮다	없다
도소매		중간	사무실	보통	보통	
외식	기술적	높다	시설형	높다	높다	있다

〈커브스코리아〉는 여성전용 휘트니스클럽이다. 최근 남녀가 구분된 전용 공간이 고객에게 인기를 끌고 있는데, 이런 트렌드에 특화된 업종으로 볼 수 있다. 휘트니스클럽만 놓고 보면 경쟁강도가 높은 편이지만, 여성전용의 공간이라는 점에서 경쟁강도는 중간 정도로 볼 수 있다. 고객의 운동 시간 단축은 점주에게도 노동강도를 낮춰주고, 고객의 회전율을 높여 매출의 극대화를 꾀할 수 있다. 점주는 고객에게 운동법을 설명한다든지, 상담 업무를 하게 되는데, 휘트니스클럽인 만큼 전문 강사를 보유해야 한다. 본사에서는 아카데미를 활용해 점주에게 알맞은 트래이너를 지속적으로 공급하고 있다. 때문에 고급인력은 필요하지만 고용 안정성이 높은 장점이 있다. 투자 규모는 대형 휘트니스클럽에 비해 저렴한 편이다.

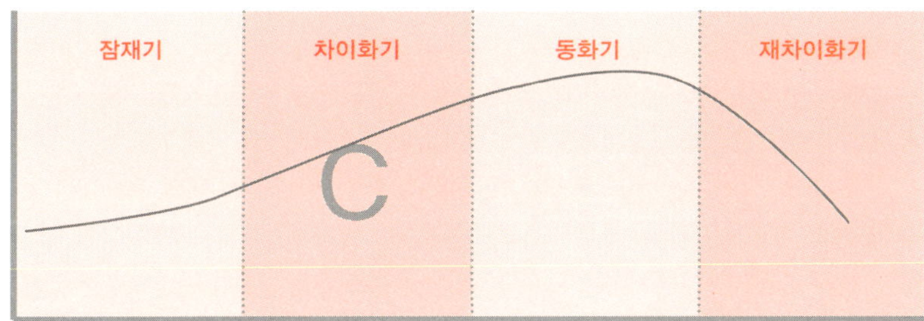

문화화 사이클

〈커브스코리아〉는 일반 휘트니스 클럽이 아닌 여성만을 위해 특화된 여성전용 휘트니스클럽이라는 점에 주목할 필요가 있다. 미국과 해외에서 1만 개 이상의 가맹 클럽을 보유한 세계적 프랜차이즈의 한국 지사로서 고객 관리와 응대, 서비스, 운동법 등 선진화된 시스템을 활용할 수 있다는 점에서 주목된다. 현재 〈커브스코리아〉가 진출한 지 4년 이상이 지났는데 아직 이렇다 할 경쟁자가 나타나지 않은 점도 진입장벽이 높음을 잘 보여주고 있다. 이 업종은 C형 차이화기에 있다고 판단된다. 사업적 규모는 물론 문화적 가치변화까지 이끌며 여러 산업군에 영향을 미치고 있다. 단계별로는 사업적 성공 상태로 문화적 가치변화를 빠르게 확장시키는 차이화기에 있다고 보여진다.

서비스
애완견 관리 전문점

신개념 원스탑
펫 케어 토탈 서비스
쿨펫

가맹점 기본정보
회사명 : (주)쿨펫
대표자 : 박효철
전 화 : 02-3446-7593
팩 스 : 02-3446-7592
주 소 : 서울시 강남구 삼성동 35-3
홈페이지 : www.coolpet.com
회사설립일 : 2003년 10월
매출액 : 18억 원

가맹사업 현황
가맹점 수 : 100개
- 1998년 국내 최초로 Shop in Shop 개념의 동물병원을 도입
- 2007년 '쿨펫통상' 설립
- 현재 국내 최대의 동물병원 및 고급 펫 스토어 프랜차이즈

가맹점 예상 투자비용
표준매장평수 : 49.6㎡(15평) 기준
가맹비 : 3000만 원
보증금 : 2000만 원
로열티 : 월 매출액의 3%
인테리어 : 3500만 원 / 추가 시 230만 원(3.3㎡당)
기타 : 기기 및 비품 1000만 원, 초도물품 1000만 원
총 소요비용 : 1억 500만 원
부가세 및 점포 임대비용 별도

★ 가맹계약 내용
- 최초 가맹계약 기간 : 2년, 연장계약 시 3년(재가맹비 1500만 원)
- 상속인의 가맹점 운영권 인정, 임대 및 대리경영은 불가
- 신규교육(7일), 정기교육(연 1회)

★ 브랜드 컨셉
- '진료＋미용＋분양＋호텔＋용품' 등을 동시에 서비스받을 수 있는 신개념 고급 펫 스토어 사업
- 고객 편의를 위해 대형마트와 백화점, 쇼핑센터에 주로 입점
- 다양한 용품의 수입과 유통 사업도 활발히 전개

★ 차별화 전략 및 경쟁력
① 시스템 경쟁력
- 국내 최대 규모의 의료센터 운영으로 수준 높은 의료 서비스 지원
- 업계 최초 동물 전용 MRI 기기 도입
- 본사 직영 동물병원에서 진료, 수술 등 개업 수의사의 자질점검 및 보충교육 실시
- 쿨펫 전문 의료진의 수준 향상을 위한 지속적인 세미나 주최
- 지점 직원의 교육 및 구인 알선 서비스 제공
- 쿨펫 전용 용품·사료 도매사이트 운영으로 저렴하고 질 좋은 제품 및 PB 상품 독점 공급
- POS 및 동물병원 관리 프로그램, CCTV 구입비용 보조, 무료교육 실시
- 지점별 우수매장 및 직원 포상, 모범적인 매장의 해외연수 기회와 자녀장학금 제공

② 상권·입지 및 출점전략 경쟁력
- 브랜드 가치 제고로 대형마트와 쇼핑몰에 브랜드 매장 형태의 입점 가능
- 대형 유통업체와의 사업제휴를 통해 차별화된 애견용품 및 약품 제공
- 현재 Shop in Shop 형태로 지점을 오픈하고 있으며, 향후 대형 로드매장 운영 계획

③ 상품 및 서비스 경쟁력
- 서정대학과 산학협약 통해 산업인력관리공단의 '중소기업직업훈련컨소시엄' 구성
- 직원들의 철저하고 체계적인 교육 수료로 전문성과 서비스 역량 강화
- 강아지 분양팀 운영을 통해 편리하고 안전한 분양 강아지 공급 시스템 완비

Brand Tip
펫 비즈니스의 성장 잠재력은?

1960년대 들어서며 본격적으로 형성된 한국의 펫 비즈니스산업의 규모는 2000년대 초반에 이미 1조 원에 이르렀고 현재는 4~5조 원대의 시장이 형성된 것으로 추정된다. 앞으로도 반려동물 관련 산업은 꾸준히 성장할 것으로 예견하고 있다. 핵가족화, 고령화, 이혼율 증가 등 변화하는 사회구조 자체가 애완동물이 아닌 반려동물 수요를 창출하고 있기 때문이다. 또한 서비스나 재화의 유형도 지금보다 훨씬 고급스러워질 것으로 점쳐진다.

분류지수

업종	차별화	투자규모	점포형태	경쟁강도	노동강도	전문인력 필요성
서비스	감성적	낮다	무점포	낮다	낮다	없다
도소매		중간	사무실	보통	보통	
외식	기술적	높다	시설형	높다	높다	있다

미국과 일본 등의 비즈니스 모델을 벤치마킹해 1998년 국내 최초로 Shop in Shop 개념의 동물병원을 도입한 〈쿨펫〉은 국내 1위의 프랜차이즈 동물병원이자 고급 펫 스토어로 진료·분양·미용·용품·호텔 등의 서비스를 원스톱으로 제공하고 있다. 현재 전국 100개 지점과 국내 최대 규모의 의료센터 운영 등을 통해 수준 높은 의료 서비스를 인정받고 있다. 〈쿨펫〉은 펫 스토어의 특성상 전문인력의 필요성이 큰 사업이다. 따라서 관련 분야에 전문성과 관심이 필수적이다. 수의사나 수의사 자격을 준비하는 사람에게 적합하며, 대형마트와 백화점 혹은 쇼핑센터 등 고객의 접근성이 좋거나 관련 수요가 많은 곳에 입점하는 것이 중요하다.

평가지수

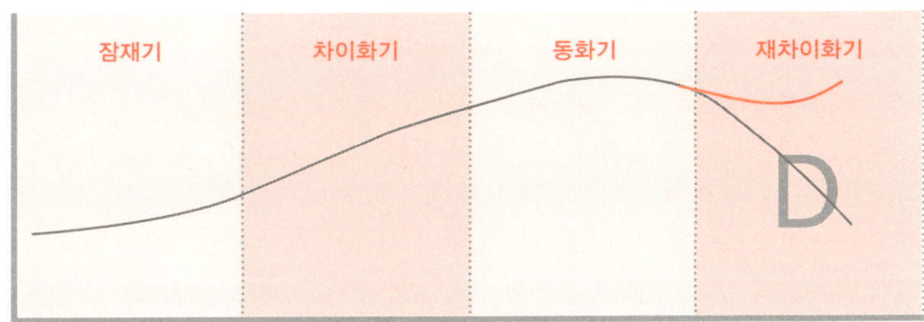

문화화 사이클

펫 비즈니스는 2000년대 초반 이미 1조 원을 넘어섰으며 현재는 4~5조 원대의 시장으로 평가될 정도로 크다. 기존에는 동물병원이나 사료·용품 등을 판매하는 전통적인 비즈니스 모델에 국한됐지만 최근에는 반려동물 카페와 보험, 탁아소, 목욕탕, 장례식장 등의 다양한 신모델들이 속속 등장하고 온라인 쇼핑몰의 발전으로 시장 규모가 급속히 확대되고 있다. 전반적으로 이 업종은 C형의 파생업종으로 새로운 문화적 가치변화를 제공하는 D형으로 볼 수 있다. 특히 핵가족화, 고령화, 이혼율 증가 등으로 애완동물이 아닌 반려동물 수요가 커지고 있어 향후 서비스 유형이 더욱 다양해지고 고급스러워질 것으로 예상된다.

최상의 서비스로 최대의 만족을 드리는 크리니트

가맹점 기본정보

회사명: (주)크리니트
대표자: 오훈
전 화: 031-999-7176
팩 스: 031-999-7160
주 소: 경기도 김포시 양촌면 학운리 2979번지 이젠테크노존 311호, 312호
이메일: stmtbno7@naver.com
홈페이지: www.clineat.com
회사설립일: 2003년 8월
매출액: 30억 원

가맹사업 현황

가맹점 수: 60개
- 본사에서 지사에 거래처를 제공해 고정 거래처가 확보돼 있음
- 지사의 안정적 매출 수익으로 타사에 비해 폐업률이 적음

가맹점 예상 투자비용

무점포 창업 가능
가맹비: 600만 원
보증금: 없음
영업비: 1000만 원
장비비: 700만 원
로열티: 월 매출액의 5%
기타: 차량 별도 구매
총 소요비용: 2300만 원
부가세 및 점포 임대비용 별도

★ 가맹계약 내용

- 최초 가맹계약 기간 : 3년, 연장계약 시 3년
- 계약 체결 후 30일 이내 영업신고, 인·허가 취득 및 교육 이수 필수
- 계약 체결 후 90일 이내 가맹점 개설
- 개점 전 이론교육 1주, 현장 실무교육 3주

★ 브랜드 컨셉

- 10여 년간 전문청소업체로 사업을 진행, 전국조직망을 만들고 청소 시스템 개발
- 세계적인 기업들과 안정적인 공급계약을 맺어 지사들에게 수익원을 확보해주는 시스템 구축
- 세계적인 청소장비·약품제조업체인 〈카처〉, 〈존슨다이버시〉 등과의 대리점 계약으로 지사에 장비 및 약품 공급

★ 차별화 전략 및 경쟁력

① 시스템 경쟁력
- 경쟁 상대 없이 본사에서 영업을 수주해 제공
- 전국에 조직망을 갖추고 있어 전국적인 대형 영업수주가 가능
- 날씨, 계절에 관계없이 고정적인 수입이 가능
- 세계적으로 우수한 장비와 약품을 저렴하게 공급할 수 있는 물류 시스템 구축 완료

② 서비스 경쟁력
- 국내 최초로 개발한 저층(1~5층) 유리창청소기를 사용해 수익 극대화
- 1~5층 사이에 있는 모든 점포들을 경쟁상대 없이 거래처로 확보
- 매장에 대한 방역 및 청소를 장기계약해 고정적이고 안정적인 고수익 가능
- 품질보증시스템(Q. A. S)과 이중관리시스템(D. C. S : Double Check System)으로 고객 만족도 높음
- 오피스 클리닝, 홈 클리닝, 스페셜 클리닝 등 모든 클리닝 서비스를 월·분기 단위의 청소까지 본사 시스템을 통해 체계적으로 관리
- 주택, 상업용 건물 등의 실내클리닝, 옥외광고물, 건물의 벽, 자동차 실내청소 등 다양한 서비스 제공

Brand Tip

최초 계약 시 나뉘는 두 가지 플랜

① 독립적 가맹점 : 독립적 영업형태의 서비스 가맹점으로 모든 교육과 마케팅교육 이수 후 독립적 영업활동을 통해 사업장을 수주하고, 본사의 일회성작업 수주물량 배분과 가맹점의 영업활동을 통해 안정된 수익기반을 만들어 나가는 프로그램

② 직영 지사 : 지사 활동 관련된 모든 교육과 마케팅교육 이수 후 본사의 영업활동을 통해 수주된 빌딩, 병원 등의 건물을 제공받아 지사 활동을 하고, 이후에 어느 정도 수준의 영업활동이 가능하게 되는 시점에서부터는 직접 영업을 병행해가는 프로그램

업종	차별화	투자규모	점포형태	경쟁강도	노동강도	전문인력 필요성
서비스	감성적	낮다	무점포	낮다	낮다	없다
도소매		중간	사무실	보통	보통	
외식	기술적	높다	시설형	높다	높다	있다

점포와 사무실의 청소대행 사업인 〈크리니트〉는 장비와 가맹비, 교육비로 투자되는 1000만 원 이하의 비용으로 창업이 가능하다. 휴대폰과 차량만 있으면 사업이 가능하기 때문에 점포 임대비용을 절약할 수 있다. 다만 하나의 시·도를 관장하는 지사 개념으로 사업영역을 확장할 경우에는 사무실을 마련하는 경우가 많다. 하지만 다른 외식업이나 도소매업에 비해 장소의 제약이 없기 때문에 사무실 임대료는 낮은 편이다. 청소대행 사업은 기존 파출부나 환경미화원 등과 같은 시장이지만 3D 업종에 대한 기피 현상 등으로 경쟁강도가 점점 낮아지고 있어 기대 이상의 매출이 가능하다. 또한 약품을 활용해 다양한 바닥재질에 대한 전문적인 청소가 이뤄지기 때문에 특화된 사업이라고도 볼 수 있다. 직접 청소를 해야 하는 만큼 노동강도가 높은 편이며, 한 달간 교육으로 전문성을 갖춘 후에야 창업이 가능하다.

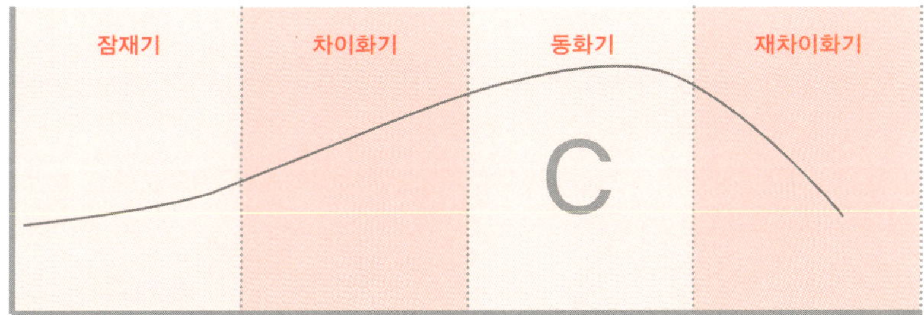

문화화 사이클

〈크리니트〉는 국내 청소산업에서 뚜렷한 족적을 남긴 업체로 볼 수 있다. 그동안 주먹구구식으로 이뤄지던 청소산업 전반에 사후관리 시스템 등을 도입했고, 미국의 선진 청소기술을 국내에 도입해 서비스의 고급화를 이뤘다는 점도 높이 평가된다. 〈크리니트〉의 경우는 C형 동화기 업종으로 볼 수 있다. 현대인들은 삶이 복잡해지면서 잡다한 일들은 전문가에게 위탁하고 자신의 여가시간을 최대로 활용하려는 경향이 많아졌다. 때문에 일상적인 일거리를 대신해주는 전문 업종의 성장은 앞으로도 지속적일 것이라 예상된다. 동화기에 들어선 업종인 만큼 연관 산업군은 물론 수많은 경쟁업체를 동반하여 산업 규모를 확대해 나가는 단계에 있다고 판단된다.

세탁편의점과
코인세탁을 접목시킨
크린토피아 멀티샵

가맹점 기본정보

회사명 : (주)크린토피아
대표자 : 이범택
전 화 : 1577-4560
팩 스 : 031-733-1995
주 소 : 경기도 성남시 중원구 상대원동 64번지 크린토피아 본사
이메일 : master@cleantpoia.com
홈페이지 : www.cleantopia.com
회사설립일 : 1992년 1월
매출액 : 1300억 원

가맹사업 현황

가맹점 수 : 크린토피아 멀티샵
가맹사업 특징
- 드라이크리닝과 대형이불 등의 물세탁이 동시에 가능한 부부형 창업모델

가맹점 예상 투자비용

표준매장평수 : 49.6㎡(15평) 기준
가맹비 : 500만 원
보증금 : 300만 원
로열티 : 월 매출액의 1.5%
인테리어 : 1500만 원
총 소요비용 : 7800만 원
부가세 및 점포 임대비용 별도

★ 가맹계약 내용
- 최초 가맹계약 기간 1년, 연장계약 시 1년(자동 갱신)
- 이론교육 및 실습(5일), 현장실습(3일)

★ 브랜드 컨셉
- 세상을 깨끗하게 생활을 풍요롭게'라는 기업이념으로 선진형 세탁시스템을 처음 선보인 대표 세탁전문 기업
- 전국 89개 지사와 약 1430여 개의 대리점을 운영하는 대한민국 NO.1 세탁전문 기업으로서 최고의 브랜드 파워

★ 차별화 전략 및 경쟁력

① 시스템 경쟁력
- 세탁편의점 내 물세탁 전용 세탁기와 건조기를 설치하여 독신자 또는 맞벌이 부부 등이 저렴한 가격에 개인세탁물 및 물세탁 가능 품목을 매장에서 직접 신속하게 세탁
- 편의점이나 음식점처럼 밤늦게까지 영업하지 않아도 됨
- 크리닝 스쿨을 통한 체계적이고 지속적인 서비스 교육 실시
- 1일 2~3회 세탁배송을 통한 빠른 서비스 가능
- 경험이 없어도 가맹 본사 교육을 통해 오픈 가능
- 소득증대 및 생활수준의 향상으로 세탁의뢰 증가
- 의류의 고급화, 다양화로 드라이 품목 증가
- 온라인 전산관리를 통한 자동화 시스템 구축
- TV, 라디오, 신문 등 대중매체를 통한 지속적인 광고마케팅 지원

② 상권·입지 및 출점전략 경쟁력
- 원룸, 투룸, 다세대 등 세탁 수요가 높은 주택밀집 지역이나 주택가와 혼합된 대학, 고시촌 등 학생 고객 수요가 높은 곳
- 맞벌이 부부가 많이 거주하는 아파트 대단지나 스포츠센터, 찜질방 주변 등 물세탁 수요가 높은 곳

③ 서비스 경쟁력
- 의류 보관 서비스 : 철 지난 옷을 쾌적한 보관시설에서 세탁 · 보관
- 당일 세탁 서비스 : 아침에 맡기고 저녁에 찾는 당일 초특급 서비스 실현
- 항균, 탈취가공 : 자체 개발한 탈취제 '숲속의 아침'으로 냄새 제거
- 깨끗한 세정액 : 증류식 세탁, 첨단 필터링 시스템으로 깨끗한 세액 유지
- 운동화, 구두세탁 : 무좀균, 냄새 제거
- 가죽 염색, 곰팡이 제거 : 가죽의류 원래의 색으로 염색, 곰팡이 얼룩 제거
- 코인세탁 : 이불빨래 등 부피가 큰 세탁물 물빨래
- 코인건조 : 장마철이나 겨울철 세탁건조가 어려울 때 편리한 건조 가능

분류지수

업종	차별화	투자규모	점포형태	경쟁강도	노동강도	전문인력 필요성
서비스	감성적	낮다	무점포	낮다	낮다	없다
도소매		중간	사무실	보통	보통	
외식	기술적	높다	시설형	높다	높다	있다

국내 대표 세탁기업인 크린토피아가 만든 〈크린토피아 멀티숍〉은 기존 세탁 편의점 기능에 코인빨래방을 결합하여 시너지 효과를 내도록 한 새로운 아이템이다. 기준 평수는 49.6㎡(15평)~66.1㎡(20평)이며, 물세탁 전용 세탁기와 건조기 설치비를 포함해 약 7000만 원의 투자비가 든다. 매장을 찾은 고객들이 직접 동전을 투입해 사용하기 때문에 인건비와 점포 관리비가 전혀 들지 않는다. 세제투입에서부터 세탁, 행굼, 탈수까지 알아서 척척 해주는 대형 전자동 세탁기와 살균과 건조기능의 대형 건조기, 동전교환기와 세탁용품 자판기 등의 시설만 있으면 운영이 가능해 노동강도가 낮다. 생활밀착형 사업의 특성상 이용자들이 시간에 구애받지 않고 편리하게 이용할 수 있도록 주거지나 자취생의 수요가 많은 대학가, 원룸촌, 오피스상권 등에 입점하는 것이 좋다.

평가지수

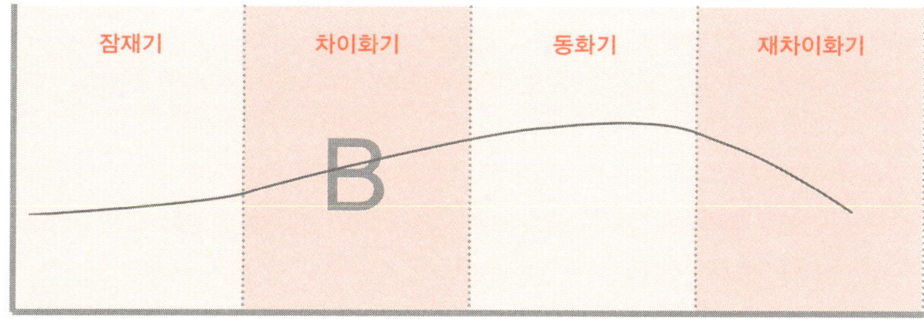

문화화 사이클

최근 저렴한 가격으로 짧은 시간 안에 세탁, 건조, 살균까지 한 자리에서 해결할 수 있는 세탁 멀티숍이 등장해 직장인, 싱글족들 사이에서 인기다. 미국, 일본, 대만에서는 이미 대중화된 창업아이템으로 버튼 하나만 누르면 모든 빨래 과정이 완료돼 바쁜 현대인들의 워너비 아이템이 되기 충분하다. 〈크린토피아 멀티숍〉의 경우에는 B형 차이화기 업종으로 볼 수 있다. 국내 세탁업종의 대표 업체인 크린토피아의 새로운 브랜드로 사업적 인지도는 물론, '세탁 멀티숍'이라는 컨셉을 국내에 처음 소개한 이곳은 국내 세탁업종의 한 트렌드가 되어 앞으로 관련 산업의 동반성장과 더불어 향후 많은 경쟁 브랜드가 생기게 될 가능성이 클 것으로 예상된다.

서비스
타이어 전문점

드라이빙
스타일을 높이는
금호타이어의 약속
타이어프로

가맹점 기본정보

회사명 : (주)금호타이어
대표자 : 김종호
전 화 : 02-6303-0114
팩 스 : 02-6303-8398
주 소 : 서울특별시 종로구 신문로
1가 115번지 금호아시아나 본관
홈페이지 : www.tirepro.co.kr
회사설립일 : 1960년 9월
매출액 : 2조 293억 원

가맹사업 현황

가맹점 수 : 211개
- 2007년 10월 100 호점 돌파,
  2010년 10월 200호점 돌파
- 수도권 광역시 중심에서 군소단위로
  확대 적용
- 전 세계 9개 법인 13개 지사를 갖
  춘 글로벌 기업 금호타이어의 프랜
  차이즈

가맹점 예상 투자비용

표준매장평수 : 148.7㎡(45평) 기준
가맹비 : 없음
보증금 : 없음
로열티 : 없음
인테리어 : 1500만 원
전문장비 : 직기비 1000만 원, 리프트
수공구비 2500만 원
기타 : 간판 무상지원, 기자재 2~3종 지원
총 소요비용 : 5000만 원
부가세 및 점포 임대비용, 초도물량 별도

★ 가맹계약 내용
- 최초 가맹계약 기간 : 7년
- 2종 근생, 수리점 허가 취득
- 지원 기자재의 25% 담보 설정
- 개점 전 교육, 정기교육(연 1회), 특별교육

★ 브랜드 컨셉
- 국내 최초의 타이어 전문점으로 전문 기술력의 차별화된 서비스 제공
- 타이어 교체를 프리미엄 샵에서 프리미엄 서비스로 제공

★ 차별화 전략 및 경쟁력

① 시스템 경쟁력
- 표준화 서비스 8단계를 통한 체계적인 서비스 제공
- 동종업계 최고 수준의 시설과 세련된 인테리어, 최고 수준의 기자재 제공
- 생필품에 준한 아이템으로 지속적인 구매 발생
- 본사 물류 및 전산 시스템 구축으로 체계적 서비스 제공
- 원활한 운영을 위한 경영컨설팅 등 종합적인 운영지원 시스템
- 최고의 타이어전문 기술교육, 서비스교육 등 체계적인 전문교육 시스템
- 최상의 서비스를 제공하기 위한 국내외 기술 서비스와 연수 시행

② 상권·입지 및 출점전략 경쟁력
- 리프트 3개, 고객대기실, 창고 구비 필수(바닥면적 148.7㎡(45평) 수준, 단독건
  물 선호)
- 시인성, 진출입, 시장 세 가지 관점에서 철저한 입지 분석
- 주 고객층은 30~40대, 직장인 및 전문직 종사자
- 매장 운영이 안정될 때까지 창업컨설팅 지원 등 체계적인 개설지원 시스템 구축

③ 서비스 경생력
- 벤츠, BMW 등 세계 명차 브랜드가 인증한 최고의 장비를 보유해 국내외 모든
  차량에 최적화된 차륜정렬 서비스 제공
- 타이어 & 휠 조립 시 밸런스는 물론 휠과 타이어의 변형량까지 측저해 미세진동
  을 교정하는 진동조정 기술력으로 최상의 승차감 제공
- 20인치 이상 타이어도 안전하게 장착할 수 있는 옵션장치로 탈부착 중 타이어
  와 휠 손상 없음
- 표준화된 작업 절차에 의해 타이어 장착 후 사후점검까지 최상의 서비스 제공

분류지수

업종	차별화	투자규모	점포형태	경쟁강도	노동강도	전문인력 필요성
서비스	감성적	낮다	무점포	낮다	낮다	없다
도소매		중간	사무실	보통	보통	
외식	기술적	높다	시설형	높다	높다	있다

〈타이어프로〉는 또 하나의 생활공간으로도 일컬어지는 자동차에서 가장 중요한 요소인 타이어에 대한 모든 서비스를 제공하는 브랜드다. 즉, 타이어 및 휠 등 회전체의 진동을 제거해 최상의 드라이빙 환경을 만드는 전문가이자 1:1 매니저의 역할을 대신하는 브랜드다. 자동차 전반이 아닌 오직 타이어에만 집중함으로써 기존 자동차정비소와의 차별화를 이룬 '선택과 집중' 전략을 추구했다. 또한 금호타이어의 높은 브랜드 파워가 경쟁력을 높이는 요인으로 작용했다. 가맹점 인테리어 등의 투자비용은 높지 않으나 기본적으로 교통량이 많은 대로변 등에 리프트 3개, 고객대기실, 창고 등을 포함해 148.8㎡(45평) 수준의 점포가 필요하므로 창업비용은 높은 편에 속한다. 또한 타이어 및 자동차 정비에 대한 기본적인 이해와 지식의 필요성이 큰 만큼 전문인력으로 보강해야 하거나 경험이 있는 창업자에게 유리한 업종이다.

평가지수

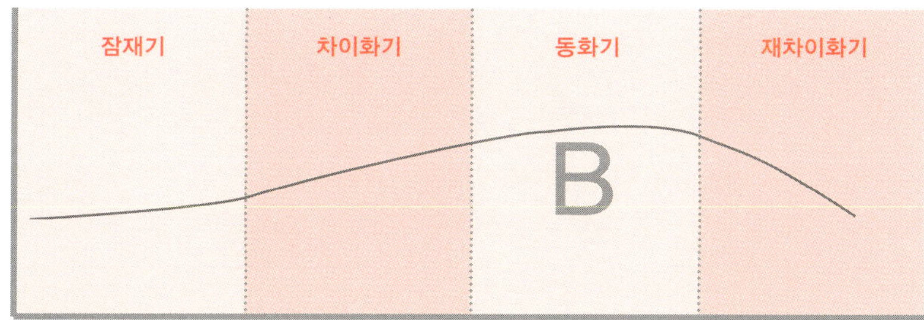

문화화 사이클

글로벌 타이어기업 금호타이어가 운영하는 국내 최고의 타이어 전문 프랜차이즈 〈타이어프로〉는 세계 명차 브랜드도 인정한 최고의 장비와 차별화된 차륜정렬 및 차체진동 제거 서비스로 운전자들의 만족도가 높은 편이다. 〈타이어프로〉는 B형 동화기에 해당된다고 볼 수 있다. 타이어 전문 프랜차이즈라는 새로운 문화적 가치변화를 제공하며 관련 산업군에 발전적인 영향을 미쳤기 때문이다. 특히 글로벌 타이어기업으로서 일반 정비업체와는 다른 특화된 서비스를 제공함으로써 타이어 및 차륜정렬, 경정비만으로도 충분히 사업이 가능하다는 가능성을 보여줬다.

서비스
토탈 생활 서비스

마음까지 통하는 사람들
서비스 마스터
통인

가맹점 기본정보

회사명: (주)통인서비스마스터
대표자: 정영희
전　화: 1577-0123
팩　스: 02-571-6637
주　소: 서울시 서초구 반포1동
743-6 그린타운 6차 2층
홈페이지: www.tonginnet.com
법인설립일: 2004년 11월
매출액: 27억 원

가맹사업 현황

가맹점 수: 60개

가맹점 예상 투자비용

▶ 무빙(Moving)

가맹비: 2000만 원(서울/수도권),
1000만 원(광역시), 500만 원(기타)
로열티: 지역에 따라 60~90만 원 차등
인테리어: 1500만 원
총 소요비용: 3908만 원(서울/수도권),
2908만 원(광역시), 2012만 원(기타)

▶ 리빙(Living)

가맹비: 1000만 원
장비비 / 부대비용: 500만 원(하우스),
920만 원(홈케어)
총 소요비용: 1500만 원(하우스), 1920
만 원(홈케어), 1000만 원(홈데코)

▶ 케어링(Caring)

표준매장평수: 19.8㎡(6평) 기준
가맹비: 1000만 원
로열티: 지역에 따라 20~25만 원 차등
장비비 / 부대비용: 500만 원(하우스),
홈케어(920만 원)
총 소요비용: 1000만 원
부가세 및 점포 임대비용 별도

★ **가맹계약 내용**
- 최초 가맹계약 기간 : 2년, 연장계약 시 2년
- 매월 말일 로열티 지급, 연 회원 월 입금액의 20% 지급
- 개점 전 교육(미수료 시 개점 불가), 수시교육, 특별교육, 재교육
- 지점 정기 간담회를 통한 발전 방향 모색

★ **브랜드 컨셉**
- 1987년 시작된 국내 최초의 포장이사 서비스 업체로서 토탈 홈케어 서비스로 그 영역을 확대한 선진국형 서비스 제공

★ **차별화 전략 및 경쟁력**

① 시스템 경쟁력
- 1972년부터 약 40년간 쌓아온 풍부한 포장이사 노하우
- 전문교육을 이수한 전문인력에 의한 체계적인 운영
- 철저한 A/S 처리, 업계 최초 사후 서비스 시행
- 에이프런 서비스 : 이사 후 알러지클리닝과 오존살균클리닝 제공
- 체계적 고객관리를 위한 전자시스템 구축
- 창업자의 미흡한 부분에 대한 단계적 교육 '교육리콜제' 운영
- 분야별 우수기업과의 마케팅 제휴, 국내외 100여 개 기업과의 전속계약
- 매출관리, 영업관리, 포상제도, 정기간담회 등 사후관리 시스템 운영

② 상권·입지 및 출점전략 경쟁력
- 슈퍼바이저가 시장상황을 분석해 경쟁방안 마련
- 가맹점 개설 및 작업에 따른 절차 안내 및 지원
- 홈페이지 및 고객관리(CS) 프로그램 지원
- 건설회사와의 전략적 제휴를 통해 신규아파트 및 재개발 이주 시 대량이사 물량 확보
- 기업제 선속이사 계약 제결을 통한 임식원 이사물량 확보

③ 서비스 경쟁력
- 무빙(Moving) 서비스 : VIP 이사, 표준 이사, 싱글 이사, 사무실 이사, 보관 이사, 해외 이사, 패키지 이사
- 리빙(Living) 서비스 : 홈케어, 하우스클리닝, 인테리어, 홈데코, 학원관리, 건물관리, 소독 및 방역
- 케어링(caring) : 베이비시터, 유아마사지, 산모도우미, 가사도우미, 실버도우미, 홈매니징 서비스, 멤버쉽 서비스
- 에이프런 서비스(30만 원 상당) 제공, 크린토피아 세탁 30% 할인권 제공
- 지정 부동산업체와 법무법인 이용 시 중개수수료의 30%, 등기수수료의 15% 지원
- 삼성카드로 결제 시 50만 원까지 선포인트로 결제 가능

업종	차별화	투자규모	점포형태	경쟁강도	노동강도	전문인력 필요성
서비스	감성적	낮다	무점포	낮다	낮다	없다
도소매		중간	사무실	보통	보통	
외식	기술적	높다	시설형	높다	높다	있다

〈통인익스프레스〉를 시작으로 포장이사 업체의 선두주자로서 위치를 굳건히 다지고 있는 〈통인〉은 최근 토탈 홈케어 서비스로 그 영역을 확대하며 선진국형 생활 서비스를 전개하고 있다. 이처럼 기존 이사·운송 분야의 개념을 바꾸고 새로운 생활 밀착형 서비스 문화를 만들고 있는 〈통인〉은 무빙, 리빙, 케어링 등 서비스별로 선택 가능한 창업 시스템을 갖추고 있으며, 무점포로도 창업이 가능해 소자본 창업아이템으로 주목된다. 무엇보다 창업자의 적극적인 의지와 영업능력만 있다면 얼마든지 수익을 높일 수 있는 장점이 있다. 기본적으로 이사/물류에 비해 생활 클리닝, 케어링 서비스는 전문성이 필요하기 때문에 이에 대한 정보습득이나 인력관리 능력이 필요하다. 아무리 시스템이 좋아도 자신의 적성과 관심사에 적합한지를 먼저 꼼꼼히 살필 필요가 있다.

평가지수

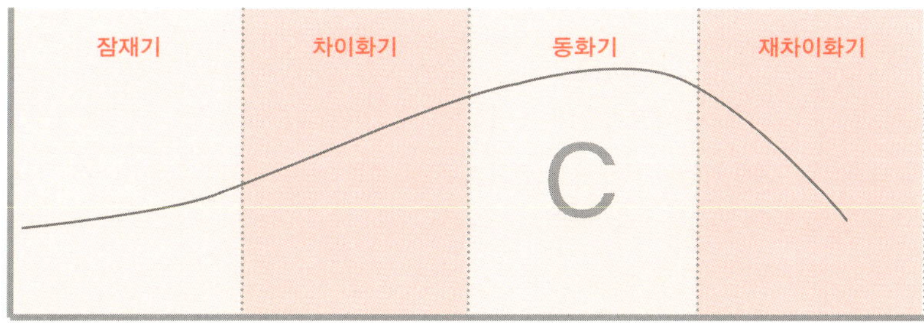

문화화 사이클

이사 및 화물 운송 등의 선도업체인 〈통인〉이 최근 무빙 서비스는 물론 리빙, 케어링에 이르기까지 바야흐로 토탈 생활 서비스 전문업체로 변화를 시도하고 있다. 40년간 쌓아온 노하우를 기반으로 한 이 같은 〈통인〉의 차별화 전략은 기존 이사업계에 적잖은 영향을 미칠 것으로 예상된다. 특히 선도업체들의 경우 생활 클리닝 서비스를 이미 접목하고 있는 만큼 향후 케어링 등의 부가적인 서비스를 접목시킬 가능성이 높다. 이 업종은 C형 동화기 업종으로 볼 수 있다. 기존의 수많은 영세한 이사업체와는 달리 문화적 가치변화를 제공하며, 관련 산업군에 발전적 영향을 미치고 있기 때문이다.

서비스
PC방

**시대에 앞선 생각,
전략이 있는 실천**
퍼플카우 PC방

가맹점 기본정보

회사명: (주)휴먼인터웍스
대표자: 정성욱
전　화: 02-582-0219
팩　스: 02-581-1625
주　소: 서울시 서초구 서초동
1602-7 대성빌딩 12층
이메일:
purplecow@hminterworks.com
홈페이지:
www.purplecowpc.com
회사설립일: 2010년 10월
매출액: 비공개

가맹사업 현황

가맹점 수: 1개
- 2010년 12월 브랜드 런칭
- 450여 개 이상의 PC방 점포개발
  경험과 차별화된 컨텐츠를 바탕으로
  시작한 브랜드

가맹점 예상 투자비용

표준매장평수: 165.3㎡(50평) 기준
가맹비: 1000만 원
보증금: 없음
로열티: PC 1대당 월 8500원
인테리어: 4250만 원
최초공급기기: PC 55대 7470만 원
기타: 의자·탁자, 감식카메라, 홍보마
케팅 등 2360만 원
총 소요비용: 1억 4080만 원
부가세 및 점포 임대비용 별도

★ 가맹계약 내용
- 최초 가맹계약 기간 : 1년, 연장계약 시 1년
- 착공 후 45일 이내 완공, 오픈
- 개점 전 교육, 정기교육(연 1회), 특별교육
- 본사 월별 이벤트 프로모션 지원, SK 연계 마케팅 지원, 멤버십 프로그램 지원,
  제휴 마케팅 지원, 웹 마케팅 지원

★ 브랜드 컨셉
- 특급호텔의 VVIP 라운지를 연상시키는 고급스러운 인테리어
- 한국인에게 친숙한 마루형 좌식 시스템 배치로 편안한 공간 연출
- 커피, 녹차, 간단한 스낵 등을 유·무료로 이용할 수 있는 셀프바 서비스
- 보라색을 이용한 은은하고 따뜻한 느낌과 한정된 소수를 위한 마케팅 강조

★ 차별화 전략 및 경쟁력

① 시스템 경쟁력
- 12개월마다 추가비용 없는 PC업그레이드로 최고사양의 경쟁력 유지
- 듀얼 모니터 배치와 이를 위한 공간 및 테이블 구조 매뉴얼 구축
- SK그룹 인테리어를 총괄하는 전문팀이 만든 혁신적 공간구조
- 성공적 창업 안정화를 위해 〈퍼플카우PC방〉의 특화된 5단계 매니저 시스템

② 상권·입지 및 출점전략 경쟁력
- 정확한 상권분석, 인·허가 사항 확인 등 과학적 점포개발 지원 시스템
- 2층 이상 및 지하층 창업이 가능하므로 상대적으로 저렴한 임대비용
- 주 고객층은 10~30대이며, 전략적인 타깃 마케팅으로 고객 유입 효과 극대화
- 트위터, 페이스북 등 소셜네트워크를 활용해 가맹점 홍보

③ 서비스 경쟁력
- SK마케팅앤컴퍼니와 전략적 사업제휴(OK캐쉬백 적립, 문화·공연 서비스 제
  공, BF캐쉬백 더블할인, 가맹점 할인금액의 45% 보상 등)
- 업계 최초 프리미엄 셀프바를 제공
- 업계 최초 독자적인 유저인터페이스(UI)를 통해 차별화된 컨텐츠와 프로모션 제
  공(인기 콘솔게임, 사진과 동영상 촬영·편집, 사진인화, P2P, 운세, 영화·TV
  등의 컨텐츠 서비스)
- 업계 최초 온돌 마루형 좌석구조 적용
- 전문 엔지니어가 직접 방문해 정확하고 신속하게 유지보수 서비스 지원
- 자동 게임 설치 및 패치 서비스, 자동복구 서비스, 원격지원 서비스 등 최첨단
  유지보수 서비스 제공
- 독자적인 모바일 웹과 어플리케이션, QR코드, 위치기반 서비스, 모바일 쿠폰
  등 스마트 기반의 모바일 마케팅 지원

분류지수

업종	차별화	투자규모	점포형태	경쟁강도	노동강도	전문인력 필요성
서비스	감성적	낮다	무점포	낮다	낮다	없다
도소매		중간	사무실	보통	보통	
외식	기술적	높다	시설형	높다	높다	있다

PC방은 특별한 경험과 노하우가 없어도 자금만 있으면 손쉽게 창업할 수 있는 업종에 속하는 만큼 진입장벽이 낮아 경쟁이 치열한 편이다. 따라서 무작정 상권만 보고 뛰어들었다가는 경쟁업체들의 등장과 요금할인, 지속적인 PC사양 업그레이드 필요성 등으로 수익성이 크게 저하될 수 있다. 하지만 지속적인 고객 수요가 있는 만큼 새로운 서비스와 가치, 시스템 등이 뒷받침된다면 경쟁력을 가질 수도 있다. 〈퍼플카우 PC방〉은 차별화된 인테리어와 컨텐츠, PC방 창업자의 부담을 덜어주는 렌탈 서비스와 모바일 마케팅 전략 등으로 새로운 차별화 전략을 제시한 경우에 해당된다. 특히 게임산업의 성장·발전, IT와 컨텐츠 산업에 대한 육성 정책 등으로 향후 환경이 나아질 것으로 예상되는 만큼 보다 적극적인 컨텐츠와 경쟁력 확보를 위한 노력이 중요하다.

평가지수

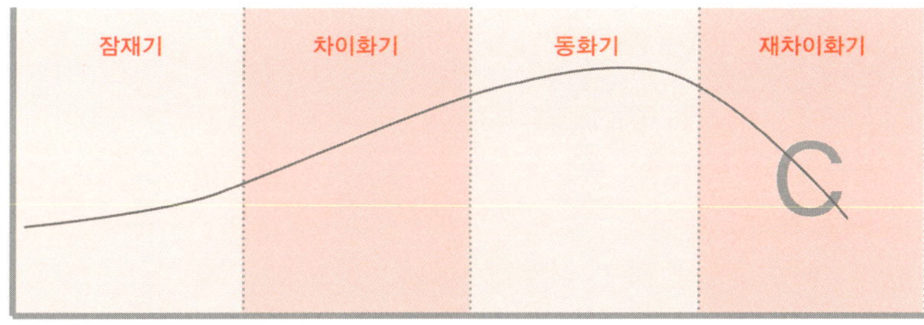

문화화 사이클

한때 우후죽순처럼 생겼던 PC방 프랜차이즈들이 수많은 경쟁업체들의 등장과 지속적인 재투자 필요성, 수익성 악화 등으로 사라지고 이제는 건실한 운영을 하는 몇몇 브랜드들만이 살아 있다. 이는 진입장벽이 낮은데다 PC방의 특성상 지속적인 PC의 업그레이드가 필수적이었기 때문이다. 수많은 사업자들의 폐업으로 레드오션으로 지적받던 PC방은 산업발전의 잠재력을 다 소진해 새로운 변화가 필요한 단계인 C형 재차이화기에 해당된다. 그러나 〈퍼플카우 PC방〉의 경우 기존 업종과의 차별화를 시도하고 있는 D형으로 볼 수 있으며, 이 같은 시도가 새로운 문화적 가치 제공으로 이뤄질 수 있을지 귀추가 주목된다.

서비스
토탈 생활 서비스

적은 비용으로
최대의 편의 제공
'토탈생활서비스'
핸디페어

가맹점 기본정보

회사명: (주)고려디앤아이건설
대표자: 방석기
전 화: 02-2299-1288
팩 스: 02-2291-7753
주 소: 서울시 성동구 하왕십리 2동 966-21 기문당빌딩 3층
이메일: webmaster@handipair.com
홈페이지: www.handipair.com
회사설립일: 2005년 9월
매출액: 45억 원

가맹사업 현황

가맹점 수: 372개
- 브랜드 런칭 6개월 만에 50호점 돌파
- 대기업 업무제휴를 통한 브랜드 가치 상승(alleh KT Club 서비스 업무협약 체결)

가맹점 예상 투자비용

표준매장평수: 16.5㎡(5평) 기준
가맹비: 500만 원
보증금: 없음
로열티: 오픈 3년차부터 월 10만 원
인테리어: 700만 원 / 추가 시 90만 원(3.3㎡당)
기타: 교육비 500만 원
총 소요비용: 1700만 원
부가세 및 점포 임대비용 별도

★ 가맹계약 내용
- 최초 가맹계약 기간 : 1년, 상호 이의가 없을 시 자동연장
- 안정된 영업을 위해 1577-7728 콜센터 가입 필수(매월 사용료 14300원 KT에 지불)
- 점포개설 후 연속 7일 이상 영업 중단 시 가맹계약 해지 사유가 됨
- 타인에게 양도 시 2개월 전 본사에 서면 통지해야 함
- 가맹계약 체결 후 2개월 이내에 반드시 기술교육을 신청해야 함
- 영업지역 설정 기준은 행정구역상 '읍, 면, 동' 단위가 기준

★ 브랜드 컨셉
- 청소, 수리 · 보수, 인테리어 등 주거에 대한 모든 서비스를 원스톱으로 지원
- 주거의 특성상 수리와 보수가 필수적이므로 시장이 무한한 사업
- 주택, 아파트, 사무실, 상가 등 생활전반에 걸친 폭넓은 수요
- 1000만 원대의 소자본으로 창업할 수 있는 부가가치 높은 사업 아이템
- 포화상태의 경쟁 창업이 아닌 모방할 수 없는 기술 서비스업으로 평생사업 가능
- 유행이나 경기, 계절의 영향 없이 사업 리스크가 적은 안정적 사업

★ 차별화 전략 및 경쟁력
① 시스템 경쟁력
- 최소 수준의 저자본 창업비용
- 경쟁이 없고 안정적인 기술형 창업
- 공동전화망 가동 등 전국 네트워크를 통한 기술적 지원 시스템
- 본사의 지속적인 홍보와 대기업 협력 시스템 구축으로 브랜드 가치 상승

② 상권 · 입지 및 출점전략 경쟁력
- 최소 평수로 매장 운영 가능
- 상권의 구애를 받지 않으며 무점포 창업도 가능

③ 서비스 경쟁력
- 수리 · 보수 서비스 : 하우스 서비스, 욕실 · 주방 서비스, 창호 · 샤시 서비스
- 클리닝 서비스 : 하우스 청소, 에어컨 청소, 세탁기 · 욕실 청소
- 주거 공간, 상업 공간, 사무 공간 등 전문적인 노하우로 시공
- 협력업체 및 네트워크 구축으로 저렴하고 믿을 수 있는 서비스 제공
- 세탁수 살균약품, 씽크대 세척기 서비스 등 실생활에 필요한 신기술 서비스

Brand Tip
도배도 해야 하고 방충망도 새로 설치해야 하고, 고장난 문을 손보는 일까지 이사를 하면 이곳저곳 손가는 곳이 한두 군데가 아니다. 이런 일들이 번거롭다면 토탈 생활서비스 업체 〈핸디페어〉를 이용하는 게 좋다. 〈핸디페어〉는 사소한 못질에서부터 수리, 보수, 집안 곳곳의 청소, 하수구 악취제거, 인테리어 등 갖가지 번거로운 일들을 대행한다. 집안 구석구석 손길이 필요한 일들을 한곳에서 해결할 수 있어 주부들의 수고를 덜어준다.

분류지수

업종	차별화	투자규모	점포형태	경쟁강도	노동강도	전문인력 필요성
서비스	감성적	낮다	무점포	낮다	낮다	없다
도소매	중간		사무실	보통	보통	
외식	기술적	높다	시설형	높다	높다	있다

〈핸디페어〉는 '원스톱 생활토탈 서비스'를 모토로 주거환경에서 일어날 수 있는 수리·보수, 청소, 인테리어까지 한 번에 해결할 수 있어 맞벌이부부 등 편리함을 추구하는 요즘 트렌드에 적합한 서비스 아이템이다. 특히 상권의 구애를 받지 않아 주택가 골목에 간단한 사무실을 마련하거나 무점포로도 창업이 가능해 투자비용이 저렴한다. 또한 기술이나 관련 경력이 없어도 본사의 현장중심 기술교육과 체계적인 운영교육 전수로 창업에 큰 무리가 없다. 하지만 기술형 창업이므로 꾸준한 기술습득 노력이 필수적이며, 서비스 만족도를 높이기 위해서는 적극적인 노력과 함께 영업 및 마케팅에도 신경을 써야 한다. 따라서 창업자의 성향을 진단해볼 필요가 있다. 대체로 다양한 생활환경이나 기술 습득에 관심을 갖고 있거나 손재주가 있는 사람이 적합하다. 영업이나 적극적인 홍보·판촉은 물론 서비스 마인드가 필수이다.

평가지수

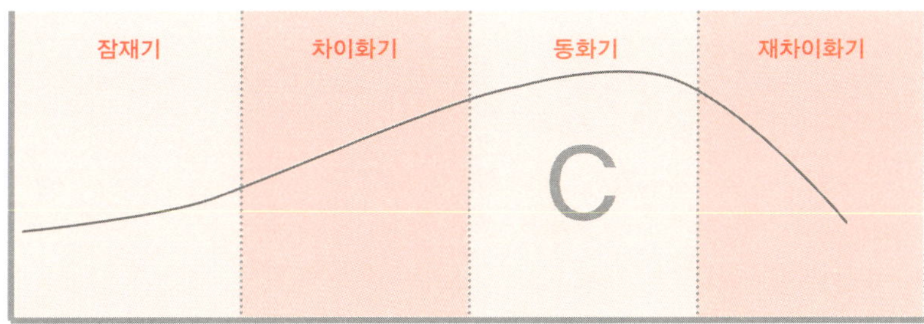

문화화 사이클

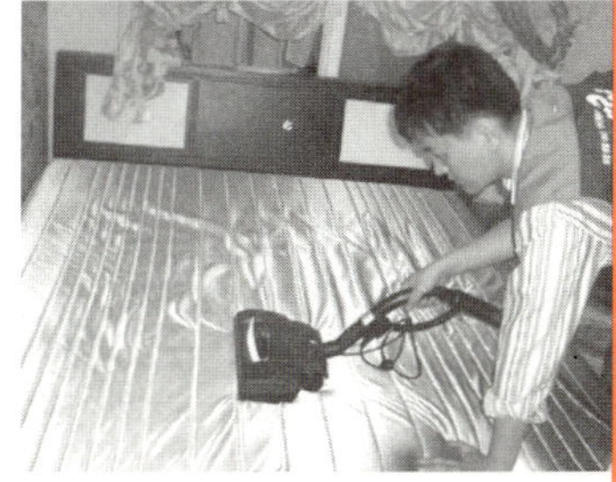

〈핸디페어〉는 무엇이든 대신해주는 대리형 사업의 결정체로 볼 수 있다. 현재 젊은 층과 독립된 생활을 하는 여성들은 벽에 못을 박거나 램프를 교환하는 등의 일조차도 익숙지 않아 곤란해하는 경우가 많다. 이런 자질구레한 일에서부터 청소나 인테리어처럼 혼자서는 엄두내기 힘든 일들까지 도맡아 해주는 심부름 서비스 업체가 바로 〈핸디페어〉다. 컴퓨터 수리에서 시작된 이런 업종들은 향후 그 발전 방향이 무궁무진하다고 볼 수 있는데, 〈핸디페어〉는 C형 동화기 업종으로 분류된다. 현재 사업적 규모가 커진 상태에서 문화적인 가치 변화를 만들어가고 있으며, 여러 산업군에도 지대한 영향을 미치고 있다. 또한 산업 전반의 규모까지 키우고 있다는 점 역시 주목할 필요가 있다.

국내 최초의 스팀 케이크&도넛 카페 〈락쉬미〉의 케이크와 도넛은 고온으로 쪄서 만들기에 100그램 도넛이 120칼로리밖에 되지 않아 튀긴 도넛의 절반보다 낮은 수준이다. 살아 있는 식물성 유산균을 도넛에 넣은 〈웬즐리〉, 천연 효모와 탕종법으로 한국인의 체질에 맞는 자연주의 베이커리를 선보이고 있는 〈브레드앤코〉 등도 웰빙 트렌드에 맞는 제품으로 인기를 끌고 있다. 고객이 직접 선택하고 만들어 볼 수 있는 소위 '체험 업종'도 새로운 트렌드로 인기를 끌고 있다. 고객이 제품을 직접 제작하기 때문에 구입비가 저렴하고 재미까지 있는 일석이조의 효과를 얻을 수 있어 개성이 강한 10~20대 고객들을 중심으로 호응도가 높다. 대표적인 업체가 나만의 케이크DIY숍 〈단하나〉로, 2010년 한 해에만 40개 이상의 가맹점을 오픈할 정도로 인기를 얻었다. 커피 및 아이스크림 전문점의 경우 카페풍 인테리어와 멀티화 경향은 필수적인 요소가 되었다고 해도 과언이 아니다. 인터넷 사용은 물론 회의 및 세미나 공간을 제공하고, 책을 읽을 수 있는 공간을 따로 마련해두는 경우가 많다. 또한 커피 외에 고객이 원하는 메뉴를 접목해 추가 수익을 내기도 한다.

휴게음식점

휴게음식점
아이스크림 전문점

맛도 영양도 매출도
프리미엄으로
구스띠모

가맹점 기본정보

회사명 : (주)구스띠모
대표자 : 정해용
전 화 : 02-3443-8050
팩 스 : 02-3443-8058
본사 주소 : 서울시 강남구 신사동 644-9
공장 주소 : 경기도 성남시 분당구 야탑동 148 테크노파크B동 107호
이메일 : dhkim@gusttimo.com
홈페이지 : www.gusttimo.com
회사설립일 : 2004년 12월
매출액 : 31억 원

가맹사업 현황

가맹점 수 : 32개
- 현재 싱가포르에 매장이 개점됐으며 2012년까지 국내 150개 해외 50개 매장 확보 예정

가맹점 예상 투자비용

표준매장평수 : 49.6㎡(15평) 기준
가맹비 : 2000만 원
보증금 : 없음
로열티 : 월 매출액의 4~5%
인테리어 : 4200만 원 / 추가 시 280만 원(3.3㎡당)
기타 : 쇼케이스 2500만 원, 냉동고 300만 원, 커피머신 600만 원, POS 300만 원, 비품 등
총 소요비용 : 1억 1000만 원
부가세 및 점포 임대비용 별도

★ 가맹계약 내용

- 최초 가맹계약 기간 : 3년, 연장계약 시 1년(로열티 2%)
- 계약 체결 후 영업 개시일 이내에 영업신고, 인·허가 취득 및 교육 이수 필수
- 계약 체결 후 14일 이내 가맹점 개설
- 개점 전 교육, 정기교육(연 1회), 특별교육
- 쇼케이스, 커피머신, POS, 냉장/냉동고 1년 이내 무상 A/S

★ 브랜드 컨셉

- 이태리, 프랑스, 벨기에 등에서 수입한 최고급 재료 사용
- 국내 소비자의 입맛에 맞는 젤라또 레시피 개발(260여 가지 보유)
- 높은 원재료 함유(60%)로 천연재료 고유의 풍미를 느낄 수 있음
- 폭넓은 고객층을 만족시키는 고풍스러운 인테리어

★ 차별화 전략 및 경쟁력

① 시스템 경쟁력
- 젤라또 매장의 특성상 빠른 회전율
- 주문 후 생산 방식으로 신선한 젤라또 공급(주 2회 배송)
- 영업개시 전 1주일간 교육 후 매장 운영 가능
- 타 젤라또(아이스크림) 브랜드 대비 저렴한 창업비용
- 본사 물류 시스템 구축 완료, HACCP 인증 준비 중
- 연세대학교 식품영양학과와 공동연구를 통한 젤라또 레시피 개발 중
- 무재고와 재살균을 원칙으로 매일 신선한 젤라또를 만들어 즉시 판매

② 상권·입지 및 출점전략 경쟁력
- 소규모 매장으로 출점 가능
- 테이크아웃 수요가 많아 매장 규모 대비 매출이 높음
- 주 고객층은 20대 중반~30대 초반 여성
- 현재 백화점 및 오피스 복합형 상권에 출점 중
- 2012년까지 국내 30개 매장 확보 예정
- 2012년까지 해외 50개 매장 확보 예정

③ 메뉴 경쟁력
- 국내 소비자 입맛에 맞게 지방과 당분 함량을 낮춘 건강한 아이스크림
- 천연재료로 매일 만들어 공급하는 신선한 수제 젤라또 아이스크림
- 젤라또 레시피의 지속적인 연구·개발
- 고급 원재료 사용으로 재료의 식감과 부드러운 풍미를 느낄 수 있음
- 계절, 소비자의 기호 등에 따라 206가지 종류의 다양한 맛을 구비하고 있어 유동적인 운영이 가능함

분류지수

업종	차별화	투자규모	점포형태	경쟁강도	노동강도	전문인력 필요성
서비스	감성적	낮다	무점포	낮다	낮다	없다
도소매		중간	사무실	보통	보통	
외식	기술적	높다	시설형	높다	높다	있다

이탈리아의 젤라또 아이스크림을 국내 소비자 입맛에 맞게 260여 가지 레시피로 선보이고 있는 프리미엄 젤라또 브랜드 〈구스띠모〉는 이탈리아에서 공수한 고급 제조기를 사용해 매일 아침 천연재료로 만든 신선한 수제 젤라또를 판매한다. 국내에 젤라또 열풍을 일으킨 브랜드이기도 한 〈구스띠모〉는 49.6㎡(15평) 정도의 소규모 매장으로 출점이 가능하며, 타 젤라또 브랜드에 비해서는 창업비용이 저렴한 편이지만 전반적인 창업비용은 적지 않은 편이다. 부부창업이나 여성창업으로 적당한 아이템이며, 테이크아웃 수요가 많은 만큼 주변의 유동인구 및 주거인구 등을 사전에 면밀히 조사할 필요가 있다.

평가지수

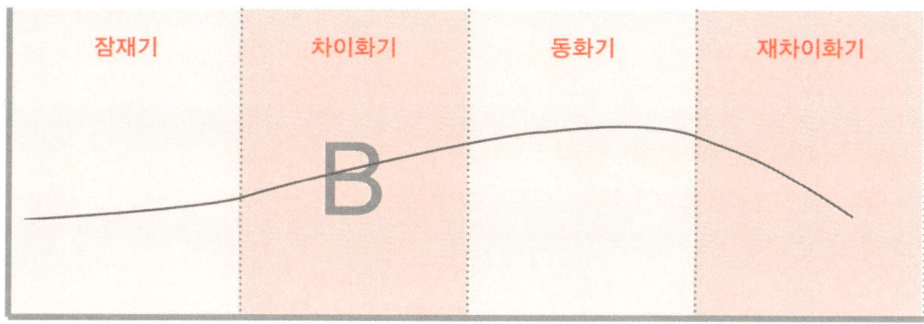

문화화 사이클

젤라또는 2000년대 들어서면서 '저칼로리 홈메이드 아이스크림'이라는 장점으로 젊은 층으로부터 큰 인기를 구가했다. 〈구스띠모〉는 천연재료로 젤라또를 만든 웰빙먹거리로서 현재 남녀노소 모든 연령층의 입맛을 사로잡으며 창업 시장에서 그 위치를 확고히 다지고 있다. 무엇보다 고급화된 디저트 전문숍으로 젊은 층을 사로잡으며 사계절 사랑받을 수 있는 메뉴를 선보이고 있어 계절적 한계성을 뛰어넘었다. 젤라또를 주메뉴로 내세운 이곳은 B형 차이화기 업종으로 판단된다. 현재 가맹점 수는 30여 개로 산업적 규모는 크지 않지만, 젤라또 전문점을 선도하는 대표적인 브랜드로서 인정받으면서 관련 산업군에 발전적 영향을 미치고 있다.

휴게음식점
즉석 소시지버거 전문점

숯불향이 가득한
고품격 수제철판버거
날아라 철판버거

가맹점 기본정보

회사명: 샌드앤푸드
대표자: 윤재준
전　화: 1544-4718
팩　스: 02-324-0678
주　소: 서울시 마포구 합정동
413-9 J.하우트 3층
홈페이지: www.flyburger.co.kr
회사설립일: 2001년 10월
매출액: 8억 원

가맹사업 현황

가맹점 수: 2개
- 샌드위치 전문 브랜드 샌드앤푸드가 2010년 10월 런칭한 버거 전문 브랜드
- 샌드앤푸드의 오랜 운영 경험을 바탕으로 메뉴개발 및 현장 시범운영을 거쳐 런칭

가맹점 예상 투자비용

매장보다는 가판사업 권장
가맹비: 없음
보증금: 없음
로열티: 없음
기타: 주방집기, 시설비, 홍보 판촉비
총 소요비용: 380만 원
부가세 및 점포 임대비용 별도

★ 가맹계약 내용

- 최초 가맹계약 기간 : 2년, 연장계약 시 2년
- 계약 체결 후 30일 이내 영업신고, 인·허가 취득 및 교육 이수 필수
- 계약 체결 후 90일 이내 가맹점 개설
- 개점 전 교육, 특별교육

★ 브랜드 컨셉

- 별도의 기술 없이 소자본으로 손쉽게 1인 창업이 가능한 버거 전문 브랜드
- 가맹비, 물품·계약이행보증금, 로열티, 교육비가 없어 최소비용으로 창업 가능
- 공룡의 모습을 의인화한 캐릭터로 소비자에게 더욱 친근하게 다가가는 모습을 표현
- 복합매장은 물론 테이크아웃이나 Shop in Shop, 부스형, 매대형 등 다양한 형태로 맞춤 창업 가능

★ 차별화 전략 및 경쟁력

① 시스템 경쟁력
- 50~70%의 마진율이 보장돼 우수한 수익성
- 전문 주방인력이 필요 없는 간편한 운영 시스템
- 조리 매뉴얼화 및 간단한 조리방법으로 재고 부담, 인건비 부담이 없어 소규모 형태로 운영 가능
- CJ프레시웨이와의 물류계약으로 주 2~4회 안정적이고 위생적인 식자재 배송
- 본사의 체계적인 오픈 지원 시스템과 창업자를 위한 현장 위주의 교육 시스템

② 상권·입지 및 출점전략 경쟁력
- 매장 평수에 제한이 없으며, 소규모 매장으로 출점 가능
- 테이크아웃 수요가 많아 매장 규모 대비 매출 높음
- 남녀노소 누구나 좋아하는 아이템으로 학교인근이나 사무실 밀집지역, 외국인 밀집지역, 쇼핑몰 상권 등 매장 입지 범위가 다양함
- 기자재 입고일부터 본사 직원이 합류해 현장 위주의 실습 및 교육 실시
- 영업지역 독점권 보장(각 지역별로 1개의 매장만 개설 가능)

③ 메뉴 경쟁력
- 순수 국내산 원료육(선진포크)을 사용해 만든 숯불향이 나는 고품격 수제 철판버거
- 버거메뉴, 도시락메뉴, 커피메뉴, 여름메뉴 등 다양한 구성으로 계절 영향을 받지 않음
- 다년간의 노하우와 꾸준한 연구개발로 지속적인 신메뉴 공급
- 10여 년의 노하우로 개발한 독창적인 9가지 소스와 5가지 토핑재료
- 고품질의 버거를 저가에 제공하고 콜라까지 무료로 제공해 가격경쟁력이 높음

분류지수

업종	차별화	투자규모	점포형태	경쟁강도	노동강도	전문인력 필요성
서비스	감성적	낮다	무점포	낮다	낮다	없다
도소매		중간	사무실	보통	보통	
외식	기술적	높다	시설형	높다	높다	있다

〈날아라 철판버거〉는 샌드위치 전문 프랜차이즈인 샌드앤푸드가 10여 년의 노하우로 개발한 버거 전문 브랜드로, 9가지 소스와 5가지 토핑재료로 맛을 낸 철판버거를 저렴한 가격에 판매한다. 장점은 평수에 제한이 없고, 복합매장은 물론 테이크아웃, Shop in Shop, 부스형, 매대형 등 다양한 형태로 창업이 가능하다는 점이다. 특히 가맹비, 보증금, 로열티, 교육비가 없어 380만 원이라는 최소비용으로 창업이 가능하다는 점은 소자본 창업자의 관심을 끌 수 있는 부분이다. 적은 투자비에도 체계적인 조리 매뉴얼과 간단한 조리 시스템을 갖춰 별도의 기술이 없어도 누구나 손쉽게 나홀로 운영도 가능하므로 초보창업자나 본격적인 창업을 준비하는 젊은층에게 적합한 아이템으로 볼 수 있다. 특히 메뉴의 단가가 낮아 큰 수익을 기대하기보다는 적극적인 마케팅을 통해 고객들에게 어필하려는 자세가 바람직하다.

평가지수

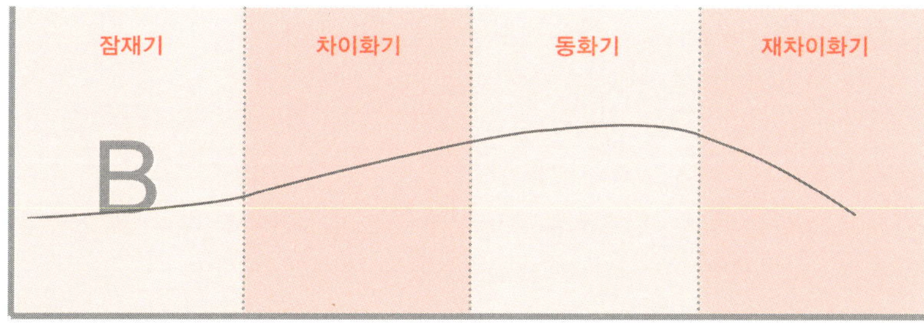

문화화 사이클

〈날아라 철판버거〉는 대형 글로벌 브랜드가 주도하는 햄버거 시장에서 저렴한 가격 대비 높은 만족도를 무기로 하는 버거 전문 브랜드다. 저렴한 가격을 빼곤 큰 경쟁력이 없었던 브랜드와 달리 〈날아라 철판버거〉는 본사의 오랜 사업 노하우를 바탕으로 체계적인 시스템과 다양한 창업방식, 저렴한 창업비용 등 소자본창업아이템으로 최적화시킨 브랜드라는 점에 차이가 있다. 이 업종은 B형 잠재기에 해당된다. 즉 사업적 성공 여부에 관계없이 글로벌 브랜드와 소위 1000원 버거로 대별되는 버거 시장에서 나름대로의 문화적 가치를 제공하며 소자본창업아이템이자 외식문화의 한 트렌드로 성장할 가능성이 높지만 아직 사업초기 단계라 검증된 상태는 아니다.

내가 만든
단 하나뿐인 케이크
단하나

가맹점 기본정보

회사명 : 파티시에
대표자 : 박성민
전 화 : 031-411-0149
팩 스 : 031-411-0149
주 소 : 경기도 안산시 상록구 장상동 369-6
이메일 : msp81@naver.com
홈페이지 : www.cakedan.com
회사설립일 : 2008년 10월
매출액 : 14억 원

가맹사업 현황

가맹점 수 : 40개
- 2002년 11월 가맹사업 개시

가맹점 예상 투자비용

표준매장평수 : 66.1㎡(20평) 기준
가맹비 : 500만 원
보증금 : 100만 원
로열티 : 월 10만 원
교육비 : 100만 원
인테리어 : 2200만 원
기타 : 의자 · 탁자, 기계설비, 간판, 포스 등등
총 소요비용 : 4295만 원
부가세 및 점포 임대비용 별도

★ 가맹계약 내용
- 최초 가맹계약 기간 : 2년, 연장계약 시 2년(별도 비용 없음)
- 영업지역 독점권 보장 : 서울지역 구 단위(강남구 제외), 지방 소도시 시 단위, 기타지역은 자체적으로 구역 설정
- 개점 전 교육(이론 및 매장실습), 수시교육, 특별교육
- 계약기간 중 자신 및 제3자 명의의 동종 업종 경업 금지

★ 브랜드 컨셉
- 누구나 쉽게 만들 수 있는 깨끗하고 맛있는 케이크
- 개성 있는 창작 욕구를 충족시키는 DIY 케이크
- 여성들이 꿈꾸는 행복한 다이닝 룸을 컨셉으로 누구나 파티쉐가 되는 새로운 경험

★ 차별화 전략 및 경쟁력

① 시스템 경쟁력
- 차별화된 경쟁력 있는 신개념 창업아이템
- 비수기가 없는 안정된 수익사업
- 자체 생산공장 운영을 통한 원가 경쟁력 확보
- 간단한 업무 시스템으로 인건비 절감
- 다이닝 룸을 컨셉의 인테리어

② 상권 · 입지 및 출점전략 경쟁력
- 찾아오는 시스템으로 B급지 상권도 가능(대부분 매장 2층 입점)
- 계약 이전부터 상권 분석, 매장 계약까지 지원
- 10~20대 유동인구가 많은 지역이면 어디든 오픈 가능
- 전국 단위 물류 시스템을 갖춰 전국 모든 지역에서 창업 가능
- 개점 전 직영점을 운영해보는 체험 시스템 맞춤교육 실시

③ 메뉴 경쟁력
- 케이크가 만들어지는 전 과정을 고객이 볼 수 있어서 위생에 대한 신뢰도 상승
- 수십 가지의 특별한 데커레이션 재료로 고객만족 극대화
- 정기적으로 새로운 데커레이션 재료 출시, 지속적인 케이크 개발
- 제과점에서 파는 케이크보다 20~30% 저렴
- 정기적인 신메뉴 출시와 계절에 따른 이벤트 메뉴 출시

Brand Tip

〈파리바게트〉, 〈뚜레쥬르〉 등 인지도가 높은 기업들이 독점하고 있는 제과 시장과 달리 케이크 시장은 주도적인 브랜드가 없으며, 어디에서나 제품의 큰 차이점을 느끼지 못하고 있는 실정이다. 특히 케이크를 이벤트 소품의 하나로 생각하는 소비자의 욕구를 충분히 충족시켜 주지 못하고 있다. 하지만 〈단하나〉의 케이크는 고객 스스로 만드는 단 하나의 케이크라는 컨셉으로 기존까지의 케이크 의미를 뛰어 넘었다는 점에서 새로운 블루오션 시장을 개척한 사례라고 할 수 있다.

분류지수

업종	차별화	투자규모	점포형태	경쟁강도	노동강도	전문인력 필요성
서비스	감성적	낮다	무점포	낮다	낮다	없다
도소매		중간	사무실	보통	보통	
외식	기술적	높다	시설형	높다	높다	있다

〈단하나〉는 자신만의 개성을 추구하는 최근 트렌드에 맞춰 자기가 '직접 만드는 케이크'라는 컨셉으로 인기를 끌고 있는 케이크 전문샵이다. 외식업종에 속하지만 투자규모가 적고, 노동강도도 낮으며, 제빵기술이 전무한 초보자라도 간단한 기술 습득만으로 1인 운영이 가능한 시스템을 구축해 전문인력 구인에 대한 부담이 없다. 특히 본사에서 일반 제과점보다 저렴하게 케이크를 제공하기에 데커레이션만 추가하면 별다른 일손이 필요 없다는 점도 매력적이다. 기본적으로 시설형이지만 젊은 여성층을 공략한 감성과 영업력이 매출과 직결된다는 점에서 여성창업자나 젊은 창업자들에게 더 알맞은 아이템이다. 실제로 현재 매출이 높은 가맹점 대부분은 여자고등학교나 여자대학을 상대로 성공적인 영업을 하고 있다.

평가지수

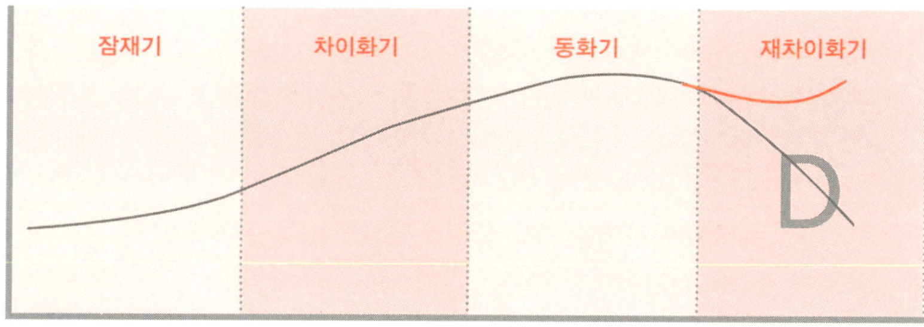

문화화 사이클

〈단하나〉는 기존의 베이커리와 차별화를 시도한 틈새업종으로, 한마디로 '선택과 집중' 전략에 따라 틈새시장을 블루오션으로 개척한 사례다. 기본적으로 이 업종은 베이커리 시장을 기반으로 새롭게 차별화를 만들었다는 점에서 D형에 속한다고 판단된다. 기존 베이커리에서 가장 높은 가격대인 케이크에 집중하면서 단순 판매만 하는 게 아니라 새로운 부가가치를 창출하며 새로운 시장을 개척했기 때문이다. 또한 케이크에 개성을 추구하는 젊은층들의 기호와 문화를 가미했다는 점도 성공적인 차별화로 평가받고 있다. 하지만 지속적인 사업 잠재력을 만들기 위한 노력이 필요하며, 그렇지 않을 경우 치열해지는 경쟁 속에 수익을 내지 못하는 한계에 부닥칠 수도 있다.

휴게음식점
커피 전문점

가격경쟁력 1등의
최고급 커피
더카페

가맹점 기본정보

회사명 : (주)이랜드 월드
대표자 : 석창현
전 화 : 02-323-0456
팩 스 : 02-856-0809
주 소 : 서울시 금천구 가산동 371-12
이메일 : thecaffe@thecaffe.co.kr
홈페이지 : www.thecaffe.co.kr
회사설립일 : 1980년 9월
매출액 : 5조 3000억 원

가맹사업 현황

가맹점 수 : 150개
- 2002년 8월 이천일아울렛 중계점을 기점으로 1호점 오픈
- 국내 굴지의 패션·유통 전문기업인 이랜드그룹이 만든 커피 프랜차이즈

가맹점 예상 투자비용

표준매장평수 : 33㎡(10평) 기준
가맹비 : 500만 원
보증금 : 1000만 원
로열티 : 없음
인테리어 : 3000만 원/추가 시 300만 원(3.3㎡당)
기기 장비 : 1400만 원(베이커리 매장의 경우 600만 원 추가)
기타 : 초도물품 400만 원, 교육비 70만 원(3인 기준)
총 소요비용 : 6370만 원
부가세 및 점포 임대비용 별도

★ 가맹계약 내용
- 최초 가맹계약 기간 : 2년, 연장계약 시 3년
- 영업지역 독점권 보장
- 가맹점 교육, 정기교육

★ 브랜드 컨셉
- 최적화된 인테리어를 통해 최소의 규모로 최대의 효율 발휘
- 산지에서 직구매한 품질 좋은 생두를 자체 CK(Central Kitchen)를 통해 로스팅한 뛰어난 맛
- 1500~3300원의 합리적인 가격대와 직영·가맹점의 강력한 구매력

★ 차별화 전략 및 경쟁력
① 시스템 경쟁력
- 최적의 매장 레이아웃 설계(주문에서 음료 제공까지 1분 이내)
- 매뉴얼을 통해 누구라도 쉽게 매장 운영 가능
- 저렴한 창업비용과 주 3회 전국배송 물류 시스템 구축
- 체계적인 프랜차이즈 관리 시스템(모델 업그레이드, 상권분석, 각종 교육인프라 제공 등)
- 오픈팀 별도 운영, 전문화된 영업 전담팀 별도 운영으로 경영 컨설팅 제공
- 초보창업자를 위한 바리스타 양성교육, 매장 운영교육 시스템
- 중앙 물류 시스템을 통해 매장 운영에 필요한 모든 식부자재 공급
- 가맹점을 정기적으로 모니터하는 커피코디 관리 시스템 구축

② 상권·입지 및 출점전략 경쟁력
- 초소형 매장에서 중대형 매장까지 어떤 입지에서든 4가지 컨셉으로 매장 구성 가능
- 현재 대학가 및 오피스 복합형 상권에 대부분 출점 중이나 향후 주거상권 등으로 출점 확대 예정
- 테이크아웃 수요가 많아 매장 규모 대비 효율성이 높음
- 고품질의 최고의 가격경쟁력 우위

③ 메뉴 경쟁력
- 100% 아라비카 원두를 독자적으로 블랜딩하고 로스팅해 15일 이내 판매
- 주 3회 전국배송으로 항상 신선함을 유지
- 1500원~3000원 대의 합리적인 가격경쟁력
- 시즌별 새로운 메뉴를 개발해 고객들에게 늘 새롭고 신선한 커피 제공

Brand Tip

국내 순수 커피 브랜드 〈더카페〉는 100퍼센트 아리비카 원두로 브랜딩하고 있으며, 로스팅 원두를 15일 이내로 판매하고 있다. 또한 이곳은 바리스타 인증교육 시스템을 도입해 양성교육을 지속적으로 진행하고 있다. 본사는 고객 만족도와 가맹점들의 매출을 동시에 높이기 위해 상권 특색과 주요 고객층에 따라 9.9㎡(3평) 규모의 테이크아웃 전용 매장, 33㎡(10평) 이상의 카페 숍, 49.6㎡(15평) 이상의 카페&베이커리 숍으로 구분해 다양한 인테리어로 출점 중에 있다.

업종	차별화	투자규모	점포형태	경쟁강도	노동강도	전문인력 필요성
서비스	감성적	낮다	무점포	낮다	낮다	없다
도소매		중간	사무실	보통	보통	
외식	기술적	높다	시설형	높다	높다	있다

패션·유통 전문기업인 이랜드그룹 식품사업부가 만든 〈더카페〉는 맛 좋은 커피를 저렴한 가격에 선보이고 있다. 또한 기업의 유통 및 물류 노하우로 인해 주목을 받고 있는 커피 전문점이기도 하다. 〈더카페〉는 어떠한 입지에서도 상권과 매장 규모에 맞게 매장 구성이 가능한 시스템을 갖추고 있어 창업자가 자신의 상황과 자금에 맞게 개점할 수 있다는 장점이 있다. 또한 체계적인 매뉴얼과 바리스타 양성교육, 매장 운영교육 등을 통해 초보자도 안심하고 운영할 수 있다. 특히 매장마다 바리스타 인증교육 시스템을 도입해 아르바이트생에게 의존하는 타 브랜드와 차별성을 갖도록 했다. 한편 커피 전문점의 특성상 경쟁강도가 높은 편이므로 입지 선정에 신중할 필요가 있으며, 무엇보다도 친절한 서비스가 관건이라는 점을 잊지 말아야 한다.

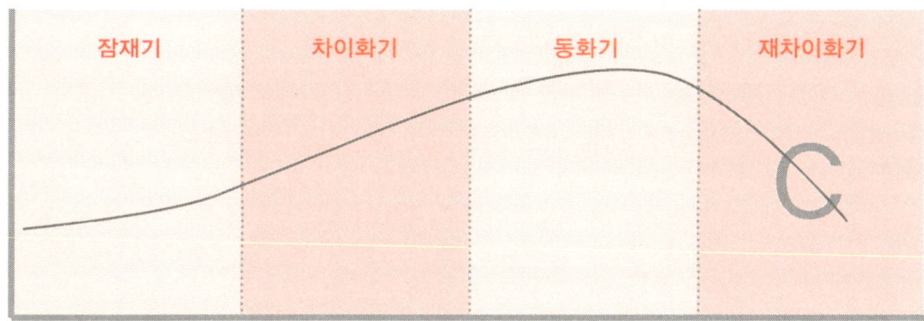

문화화 사이클

〈더카페〉는 경쟁이 치열한 커피 전문점 시장에서 유통 전문 기업의 신뢰도와 노하우, 체계적인 관리시스템으로 차별화를 시도하고 있는 브랜드다. 이미 안정기를 넘어 포화상태에 진입했다는 평가를 받고 있는 커피 전문점 시장은 대학가 및 오피스 상권은 물론 주택가까지 확산되고 있는 추세를 보이고 있다. 이 업종은 C형 재차이화기에 있다고 판단된다. 사업적 규모는 물론이고 문화적 가치변화를 제공하며 관련 산업은 물론 비관련 산업군에까지 지대한 영향을 미친 업종이지만 수많은 경쟁업체의 치열한 경쟁으로 인해 산업발전의 잠재력을 소진해 새로운 가치변화의 제공이 필요한 단계이기 때문이다.

휴게음식점
베이커리

매일 갓 구워낸
신선한 베이커리
뚜레쥬르

가맹점 기본정보

회사명: CJ푸드빌
대표자: 김의열
전 화: 1577-0700
팩 스: 02-6244-0099
주 소: 서울시 서초구 방배동 3250번지 구산타워 6~8층
이메일: foodville@cj.net
홈페이지: www.tlj.co.kr
회사설립일: 2000년 7월
매출액: 6490억 원

가맹사업 현황

가맹점 수: 1500개
• 1996년 베이커리 가맹사업 시작

가맹점 예상 투자비용

표준매장평수: 56.2㎡(17평) 기준
가맹비: 500만원
보증금: 1000만 원
로열티: 없음
인테리어: 4250만 원 / 추가 시 230~250만 원(3.3㎡당)
기타: 교육비 100만 원, 설계비 300만 원, 가구비 80만 원(3.3㎡당), 설비비 6200만 원, 간판비 1000만 원, 전기증설/냉난방 1100만 원
총 소요비용: 1억 5470원~1억 5810원
부가세 및 점포 임대비용 별도

★ **가맹계약 내용**
• 최초 가맹계약 기간 : 3년, 연장계약 시 1년(추가비용 없음)
• 영업지역 독점권 보장
• 2010년 공정거래위원회 약관심사 완료된 가맹계약서로 체결

★ **브랜드 컨셉**
• 홈메이드 스타일의 빵과 케익을 제공하는 맛있고 건강한 베이커리
• 프랑스어로 '매일(Tous Les Jours)'이라는 뜻으로, 매장에서 매일 직접 빵을 구워 제공
• 오픈 키친으로 정통 유럽 베이커리의 친근하고 편안한 매장 분위기 추구

★ **차별화 전략 및 경쟁력**

① 시스템 경쟁력
• 신선함을 유지하는 콜드체인 시스템
• 제빵기술자 운영에 대한 본사의 지원관리
• 반품지원제도를 통한 점포 지원
• 매장운영 시스템(CJFES)을 통한 매출관리, 영업관리, 발주관리
• 점포 운영관리에 필수적인 교육 지원
• CJ그룹 통합 멤버십(CJ원카드) 운영을 통한 체계적인 고객관리

② 상권·입지 및 출점전략 경쟁력
• 주 고객층 : 30~40대 주부 / 확장 고객층 : 20~30대 여성
• 매장 기준평수는 56.2㎡(17평) 이상이며, 카페형은 82.6㎡(25평) 이상으로 출점 가능(단, 주변 상권 및 지역 특성에 따라 차등)
• 테이크아웃 수요 및 다양한 제품 구색으로 매장 규모 대비 높은 매출 가능
• 크리스마스, 가정의 달 등의 시즌 성수기에는 더 높은 매출 확보

③ 메뉴 경쟁력
• 홈메이드 스타일로 매장에서 직접 구운 맛있는 빵
• CJ의 제분 기술력으로 만든 〈뚜레쥬르〉만의 밀가루를 사용해 더욱 부드럽고 맛있는 식빵
• 원재료와 맛 본질에 충실한 홈메이드 스타일의 케이크
• 전문점 수준의 커피와 샌드위치 등 다양한 메뉴 구성
• 연아빵, 구름빵, 뽀로로 케이크 등 스타와 인기 캐릭터를 활용한 제품 운영

Brand Tip

경쟁업체인 〈파리바게트〉가 매일 배송된 빵을 판매하는 것과 달리 〈뚜레쥬르〉는 80퍼센트 이상의 빵을 매장에서 손수 구워서 팔고 있다. 때문에 전통적인 베이커리 〈뚜레쥬르〉는 도소매와 외식이 혼합된 업종으로 볼 수 있다.

분류지수

업종	차별화	투자규모	점포형태	경쟁강도	노동강도	전문인력 필요성
서비스	감성적	낮다	무점포	낮다	낮다	없다
도소매		중간	사무실	보통	보통	
외식	기술적	높다	시설형	높다	높다	있다

〈뚜레쥬르〉는 빵 굽는 공간과 판매 공간이 나뉘어 운영되고 있어 매장 규모가 최소 56.2㎡(17평) 이상이 되어야 하며 설비비용이 커 초기 투자가 높은 편에 속하는 아이템이다. 최근에는 복합매장의 특성을 가진 카페풍 인테리어를 갖춘 매장도 제공하고 있다. 전국 1500여 개의 매장이 동네와 역세권 등 상권에 상관없이 입점해 성황을 이루고 있다. 매장 수가 많은 만큼 경쟁업소의 수도 많은 편인데 점진적으로 영세한 개인 베이커리 숫자가 줄면서 경쟁강도는 조금씩 낮아지는 추세다. 80퍼센트 이상 빵을 손수 굽는 시스템이기 때문에 2명 정도의 제빵사를 고용해야 하며, 점주는 판매와 함께 재고량 측정, 고객 관리, 샌드위치 제작 등의 업무를 수행해야 한다. 브레이크 타임이 존재하는 매장이기 때문에 오전이나 오후에 잠시 쉴 수 있는 점은 노동강도를 낮추는 요소다.

평가지수

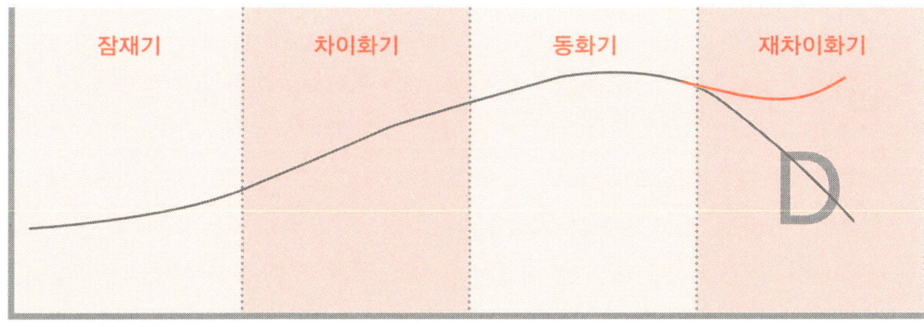

문화화 사이클

〈뚜레쥬르〉는 국내의 대표적인 베이커리 브랜드의 하나로 타 브랜드에 비해 인지도와 마케팅 능력이 탁월하다고 평가받는다. 현재 베이커리 업종은 재차이화기의 D형 그래프를 형성하고 있다. 베이커리 업종은 이미 포화상태에 놓여 있고, 빵 하나를 특화한 소형 카페들이 등장해 주 고객층인 여성들에게 호응을 얻고 있기 때문이다. 이런 상황에서 〈뚜레쥬르〉는 베이커리 카페로 창업 방식을 선회하면서 빵 판매 외에도 고객들에게 문화 공간을 제공하고 있다. 앞으로 등장할 소형 카페와도 지속적인 경쟁이 불가피한 상황이지만, 베이커리 문화가 생활의 일부가 되어가고 있다는 점에서 큰 위협 요소는 없다고 평가할 수 있다.

국내 최초의 스팀 케이크&도넛 카페
락쉬미

가맹점 기본정보

회사명 : (주)월비FC
대표 : 김승재
전 화 : 02-335-3010
팩 스 : 02-786-8408
주 소 : 서울시 마포구 마포동 34-1 신화빌딩 6층
이메일 : webmaster@laksheme.com
홈페이지 : www.laksheme.com
회사설립일 : 2010년 4월
매출액 : 비공개

가맹사업 현황

가맹점 수 : 2011년부터 가맹 사업 시작
- 런칭 이후 100호점까지 A급 상권을 중심으로 출점 예정

가맹점 예상투자비용

표준매장평수 : 33㎡(10평) 기준
가맹비 : 500만 원
보증금 : 200만 원
로열티 : 없음
인테리어 : 1500만 원 / 추가 시 150만 원(3.3㎡당)
기타 : 초도물품비 300만 원, 주방집기 900만 원, 마케팅비 500만 원
총소요비용 : 4200만 원
부가세 및 점포 임대비용 별도

★ 가맹계약 내용
- 최초 계약 기간 2년, 연장계약 1년
- 계약 체결 후 30일 이내 영업신고, 인·허가 취득 및 교육 이수 필수
- 계약 체결 후 90일 이내 가맹점 개설
- 개점 전 교육, 정기교육(연 1회), 특별교육

★ 브랜드 컨셉
- 〈락쉬미〉는 여성들에게 건강, 힘과 에너지, 풍요와 즐거움을 주는 인도여신의 이름에서 따온 조어로서, LAK은 즐거울 락(樂)과 행운의 'LUCK'을 의미하며, SHEME는 She loves me의 약자
- 증기로 쪄 칼로리가 기존 도넛에 비해 1/3(120kcal) 수준인 저칼로리 식품
- 방부제와 기름, 버터 등을 넣지 않고 자연을 가득 담은 재료로 만들어 다이어트와 건강에 안성맞춤
- 편백나무 찜기에서 매일 아침 신선하게 쪄내 쫀득하고 촉촉한 식감의 도넛

★ 차별화 전략 및 경쟁력
① 시스템 경쟁력
- 베이커리와 함께 커피 등 다양한 음료 판매로 수익 극대화
- 매장 판매와 함께 선물용과 특판용 테이크아웃 병행
- 저렴한 창업비용과 창업자의 형편에 맞는 맞춤형 창업 가능
- 가맹점 매출 증진 특별지원반 운영 및 조기정착 프로그램 시행
- 점주의 성공마인드 개발을 위한 '락쉬미대학' 운영 및 '쉬미연구소'의 지속적인 연구개발
- SK 제휴 마케팅 실시 등 고객을 대상으로 강화된 로열티 프로그램 운영
- 가맹점 20개당 1명의 수퍼바이저와 조리바이저 지원 시스템 운영
- 기업가 정신을 기초로 한 새로운 교육 시스템 '락쉬미 아카데미' 운영

② 상권·입지 및 출점전략 경쟁력
- 33㎡(10평) 정도의 소규모 매장에서 창업 가능
- 세트 판매와 단체 주문 등 테이크아웃 수요가 많아 매장 규모 대비 매출 높음
- 건강한 먹을거리를 원하는 주부와 아이들, 몸매 관리에 관심이 많은 젊은 여성은 물론 중장년층까지 폭넓은 고객층

③ 메뉴 경쟁력
- 건강에 좋은 각종 야채와, 곡류를 혼합한 반죽, 과일과 견과류 등의 자연주의 토핑으로 웰빙에 최적
- 매일 아침 매장에서 직접 편백나무 찜기로 쪄낸 신선한 케이크와 도넛
- 학교, 교회, 기업체, 각종 교육·세미나 등의 식사 대용 및 간식으로도 인기
- 과하게 달거나 자극적이지 않고 질리지 않는 맛으로 고객들의 재구매율 높음
- 쉬미연구소의 지속적인 메뉴 개발과 다양한 이벤트 등으로 수익 창출

분류지수

업종	차별화	투자규모	점포형태	경쟁강도	노동강도	전문인력 필요성
서비스	감성적	낮다	무점포	낮다	낮다	없다
도소매		중간	사무실	보통	보통	
외식	기술적	높다	시설형	높다	높다	있다

스팀케이크&도넛 전문점 〈락쉬미〉는 기존 도넛과 케이크처럼 기름과 버터, 마가린을 사용하여 튀기거나 굽지 않았다. 대신 편백나무 찜기로 쪄내는 방식을 선택해 차별화를 이루었고, 이로 인해 칼로리가 기존 도넛과 케이크에 비해 1/3 수준으로 낮아 다이어트나 건강을 추구하는 사람들에게 큰 호응을 얻고 있다. 올해부터 가맹사업을 시작할 예정인 〈락쉬미〉는 33㎡(10평) 정도의 소규모 매장으로도 출점이 가능하며, 상권이나 점포 규모에 따라 테이크아웃과 카페형으로 선택할 수 있다. 매일 매장에서 직접 쪄내므로 노동강도는 적은 편이 아니지만, 본사에서 반죽을 제공하기 때문에 전문인력의 필요성은 없어 초보창업자도 도전해볼 만한 아이템이다. 또한 테이크아웃 수요가 많아 적극적인 응대와 친절한 서비스 마인드는 기본이다.

평가지수

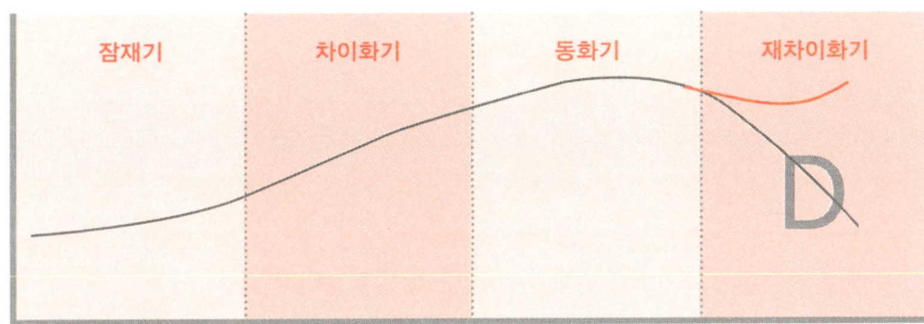

문화화 사이클

최근 도넛전문점에 웰빙 열풍이 거세다. 일반적인 도넛, 케이크와 차별화하기 위해 다양한 웰빙 재료를 추가하거나, 제조방식 자체에 차별화를 시도한 브랜드들이 속속 등장하고 있다. 〈락쉬미〉 역시 기름에 튀기거나 굽지 않고 고온의 스팀으로 쪄서 만든 케이크와 도넛을 내놓으며 차별화한 브랜드다. 찐빵을 연상시키는 맛과 쫄깃한 식감, 다양한 건강식 견과류와 과일 토핑으로 자연주의와 웰빙 트렌드에 적합하며 식사대용으로도 손색이 없다. 커피는 물론 다양한 음료를 곁들여 카페를 찾는 젊은 층의 기호에도 안성맞춤이다. 전반적으로 이 업종은 C형의 파생업종으로 기존 업종과의 가치 차별화를 통해 새로운 문화적 가치변화를 제공하는 D형에 해당된다.

포테이토의
유혹에 빠지다
미스&
미스터 포테이토

가맹점 기본정보

회사명 : (주)도연에프엔씨
대표자 : 손진호
전 화 : 02-1566-5392
팩 스 : 02-3439-0888
주 소 : 서울 영등포구 문래동 3가 55-20 에이스하이테크시티 4동 101호
이메일 :
cphong0924@naver.com
홈페이지 :
www.missmrpotato.com
회사설립일 : 2009년 4월
매출액 : 15억 원

가맹사업 현황

가맹점 수 : 37개
- 가맹사업 1년 만에 37호점 오픈, A급과 B급 상권 중심으로 출점
- 2011년까지 200호점 출점 계획

가맹점 예상 투자비용

표준매장평수 : 33㎡(10평) 기준
가맹비 : 500만 원
보증금 : 계약이행보증금 100만 원, 물류보증금 200만 원
로열티 : 월 10만 원
인테리어 : 1300만 원 / 추가 시 130만 원(3.3㎡당)
기타 : 교육비, 주방집기 및 설비, 오픈·영업물품, 간판 등 3600만 원
총 소요비용 : 5700만 원
부가세 및 점포 임대비용 별도

★ **가맹계약 내용**
- 최초 가맹계약 기간 : 3년
- 점주 자체 인테리어 시공 시 감리비 발생(서울·수도권 300만 원, 그 외 지역 400만 원)
- 영업지역 독점권 보장 : 상권에 따라 300~500m(특수상권의 경우는 제외)
- 가맹점주 개점 전 교육·훈련 3일 실시
- 가맹점 영업시간은 상권에 따라 탄력적으로 운영(일반적인 경우 10:00~22:00)
- 기본공사 외 철거·전기증설, 어닝, 의자·탁자 등은 별도 공사비임

★ **브랜드 컨셉**
- 젊은 층을 타깃으로 한 신개념 포테이토 메뉴 제공
- 간편한 조리와 서비스로 매장관리가 용이(POS 시스템 도입)
- 캐주얼하면서도 내추럴한 매장 분위기
- 슈퍼바이저 시스템으로 개점 후 본사에서 주기적으로 사후관리 진행

★ **차별화 전략 및 경쟁력**

① 시스템 경쟁력
- 주문 후 1분 이내 식사가 가능한 스피드 서비스
- 회전율이 높아 소형매장 창업 가능
- 전문 주방인력이 필요 없는 간편한 운영 시스템
- 본사의 지속적인 마케팅 활동(온·오프라인 매체 활용)
- 본사 물류 시스템 및 식재료 공급 시스템 구축 완료(POS 이용)
- 조리과정을 고객이 볼 수 있도록 하는 등 위생적인 관리체계로 운영

② 상권·입지 및 출점전략 경쟁력
- 일 매출 50만 원 판매가 가능한 상권 위주로 점포 개설
- 특수매장(극장가, 쇼핑몰 등)의 경우 16.5㎡(5평) 이상 출점 가능
- 49.6㎡(15평) 이상의 경우 식사메뉴도 판매 가능한 카페 타입 매장으로 운영
- 테이크아웃 수요가 많아 매장 규모 대비 매출 높음
- 주 고객층은 10~30대 및 직장인
- 현재 극장가, 대학가 및 로데오 상권으로 출점 중이며 100호점 이후 동네상권으로 확대 예정

③ 메뉴 경쟁력
- 다양한 소스 개발로 포테이토의 맛 차별화 : '내 스타일대로 먹는 포테이토' 컨셉 구축
- 미국산 프리미엄 포테이토를 사용하는 등 주재료의 품질 향상과 함께 새로운 소스의 개발 시스템
- 테이크아웃 제품은 물론 포테이토를 이용한 식사메뉴 개발로 매출 극대화
- 주문과 동시에 바로 조리가 돼 신선하고 고소한 맛을 살릴 수 있음

분류지수

업종	차별화	투자규모	점포형태	경쟁강도	노동강도	전문인력 필요성
서비스	감정적	낮다	무점포	낮다	낮다	없다
도소매		중간	사무실	보통	보통	
외식	기술적	높다	시설형	높다	높다	있다

〈미스&미스터 포테이토〉는 주문 즉시 조리를 시작해 1분 내 고객에게 제공하기에 신선하고 고소한 포테이토의 맛을 한껏 느낄 수 있으며, 다양한 소스 개발 및 식사메뉴 추가 등으로 여러 고객층의 수요를 충족시켜 젊은 층이 많은 대학가와 극장가 등을 중심으로 최근 가맹점이 늘고 있다. 외식 프랜차이즈이지만 조리를 극도로 간소화해 고정비 부담이 적고 작은 평수로도 개설이 가능하다는 점 때문에 소자본 창업 희망자에게 추천할 만한 업종이다. 물론 49.6㎡(15평) 이상의 경우에는 식사메뉴를 추가한 카페형으로도 창업할 수 있다. 기본적으로 〈미스&미스터 포테이토〉는 외식업종이며, 소자본 창업의 경우 주방장을 따로 고용하기 어렵기 때문에 조리와 요리에 대한 관심 있는 창업자에게 어울린다.

평가지수

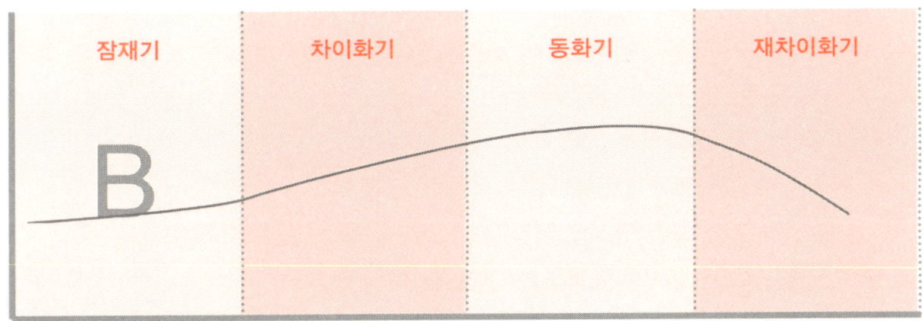

문화화 사이클

〈미스&미스터 포테이토〉는 기존 햄버거의 사이드메뉴로 볼 수 있었던 후라이드 포테이토를 메인메뉴로 탈바꿈시켰다. 따라서 B형 잠재기 업종으로 판단할 수 있다. 메인메뉴를 돋보이게 하던 사이드메뉴를 하나의 브랜드로 만들어 관심을 불러일으킨 〈미스&미스터 포테이토〉는 향후 이런 비슷한 브랜드가 탄생할 수 있도록 모티브를 제공한 셈이다. 하지만 사업적인 성공과 문화화 가능성 여부는 아직 미지수다. 이곳의 메뉴는 백화점이나 젊은 고객이 드나드는 골목 어귀에서 쉽게 눈에 뛰는 간식이지만, 길거리 간식은 유행에 민감하기 때문에 성공을 낙관하기에는 아직 이른 감이 있다. 또한 진입장벽이 낮아 쉽게 유사한 브랜드가 출현할 가능성도 배제하기 어렵다.

세계 1%만이 즐기던
세계적 명품 커피를!
벨라빈스

가맹점 기본정보

회사명: (주)벨라빈스커피
대표자: 이진원
전　화: 02-521-1019
팩　스: 02-538-1056
주　소: 서울시 강남구 삼성동 35-26번지 혜성빌딩 4층
이메일: bella@bellabeans.co.kr
홈페이지: www.bellabeans.co.kr
회사설립일: 2009년 8월
매출액: 30억 원

가맹사업 현황

가맹점 수: 15개
- 서초, 종로, 압구정 등 A급 주요 상권에 가맹점 유치
- 2011년부터 전국적으로 가맹점 확대 예정

가맹점 예상 투자비용

표준매장평수: 99.2㎡(30평) 기준
가맹비: 1000만 원
보증금: 200만 원
로열티: 월 50만 원
인테리어: 7200만 원 / 별도 비용은 현장 상황에 따라 다름
기타: 주방기기 및 내외부사인물 등 6800만 원
총 소요비용: 1억 5200만 원
부가세 및 점포 임대비용 별도

★ 가맹계약 내용

- 최초 가맹계약 기간 : 3년
- 계약 체결 후 30일 이내 영업신고, 인·허가 취득 및 교육 이수 필수
- 계약 체결 후 40일 이내 가맹점 개설 및 오픈
- 개점 전 바리스타 및 운영교육 20시간(매장실습 서비스교육 포함)
- 분기별 1회 정기 운영교육 및 매니저교육, 특별교육

★ 브랜드 컨셉

- 세계 1%만이 즐길 수 있는 최상급 커피 코피루왁의 향과 맛을 살려냄
- 100% 인증된 인도네시아의 최고 커피농장에서 자연 그대로 채집되어진 코피루왁 커피빈과 아프리카산 최상의 원두만을 선별해 블렌딩한 프리미엄 커피, 그리고 홈베이킹 패스트리 판매
- 자연친화적이며 품격 높은 실내 인테리어로 고객 만족

★ 차별화 전략 및 경쟁력

① 시스템 경쟁력
- 국내 유일의 코피루왁 블렌딩 커피 전문점
- 개점 전 본사에서 직접 바리스타·운영교육 실시
- CJ물류 시스템으로 신선한 식재료 확보, 주 2회 이상의 유통망 확보
- 커피제조와 음료제공 등으로 원가 대비 마진율이 70% 이상 가능
- 전문 바리스타가 필요 없는 전자동 시스템
- 본사의 전문 바리스타 지원
- 매장마다 지역적 특색, 고객층 등을 고려해 매장 컨셉을 개성 있게 적용

② 상권·입지 및 출점전략 경쟁력
- 매장 구조상 테이크아웃 수요 확보 가능
- 최근 커피수요가 크게 늘면서 주 고객층이 크게 확산
- 서초구 강남구를 비롯한 A급 상권 중심으로 출점돼 인지도 상승
- 오피스 상권에서 회사원들의 미팅 장소로 이용됨
- 대학생 및 가족단위 고객이 많음

③ 메뉴 경쟁력
- 코피루왁을 함유한 최고급 아라비카 커피빈을 블렌딩
- 벨라빈스만의 방법으로 로스팅해 최상의 프리미엄 커피
- 매장에서 직접 발효하고 오븐에 갓 구워낸 따뜻한 홈베이킹 패스트리
- 계절쥬스와 요거트 등 다양한 사이드 음료
- 아침대용으로 먹을 수 있는 패스트리와 샌드위치

분류지수

업종	차별화	투자규모	점포형태	경쟁강도	노동강도	전문인력 필요성
서비스	감성적	낮다	무점포	낮다	낮다	없다
도소매		중간	사무실	보통	보통	
외식	기술적	높다	시설형	높다	높다	있다

최근 커피 시장에서 커피의 품질개발과 다양한 메뉴, 합리적인 가격을 내세운 토종 커피 브랜드들의 움직임이 활발하다. 〈벨라빈스〉 역시 커피의 맛과 품질 등에서 경쟁력을 인정받고 있는 토종 커피 브랜드다. 이곳의 경쟁력은 무엇보다 커피전문점의 핵심인 원두의 차별화에 있다. 전 세계 단 1퍼센트의 애호가들만이 즐기는 명품 커피 '코피루왁(kopiLuwak)'을 함유한 커피를 합리적인 가격으로 제공하고 있다. 커피전문점의 특성상 시설비 투자는 큰 편이다. 또한 커피전문점의 경우 워낙 경쟁이 치열하므로 유동인구와 경쟁업체 등을 꼼꼼히 고려할 필요가 있다. 일반적으로 바리스타를 희망하는 창업자나 커피 창업에 관심 있는 여성창업자에게 좋다. 또한 직접 매장을 운영하기 어려울 경우 오토운영 또는 위탁운영이 가능하므로 투자형 창업을 생각하는 베이비부머 등 50~60대 중장년층에게도 적합하다.

평가지수

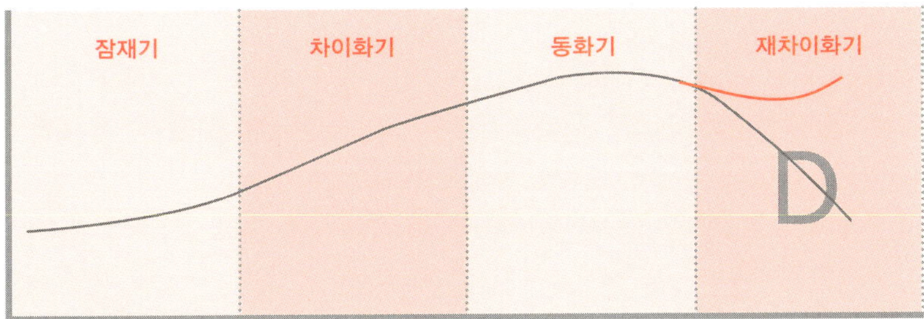

문화화 사이클

최근 국내외 수많은 브랜드가 뜨거운 경쟁을 펼치고 있는 커피 시장에서 차별화 시도가 가열차다. 특히 작년 초부터는 커피의 품질개발과 다양한 메뉴, 합리적인 가격을 앞세운 국내 순수 커피 브랜드업체들이 등장해 차별화를 시도하고 있다. 〈벨라빈스〉 역시 커피의 맛과 품질 등 차별화된 경쟁력으로 충성 고객들을 확보하며 커피전문 프랜차이즈로서의 인지도를 높이고 있다. 특히 애호가들만이 즐기는 명품 커피 '코피루왁'을 함유한 커피를 국내 고객들에게 합리적인 가격으로 내놓고 있다는 점이 매력적이다. 현재 〈벨라빈스〉는 C형 재차이화기에서 프리미엄 커피로 차별화를 시도하고 있는 D형에 해당된다고 볼 수 있다.

신라명과가 만든 자연주의 베이커리
브레댄코

가맹점 기본정보

회사명 : (주)브레댄코
대표자 : 홍평우
전 화 : 02-532-6419
팩 스 : 02-532-6420
주 소 : 서울시 서초구 방배4동 875-2 한승빌딩 3층
이메일 : bnc01@breadnco.kr
홈페이지 : http://breadnco.kr
회사설립일 : 2009년 5월
매출액 : 40억 원

가맹사업 현황

가맹점 수 : 50개
• 신라명과의 베이커리 프랜차이즈로 한국적인 자연주의 베이커리 추구

가맹점 예상 투자비용

표준매장평수 : 49.6㎡(15평) 기준
가맹비 : 500만 원
보증금 : 1000만 원
로열티 : 없음
인테리어 : 260~280만 원
기타 : 장비/기기, 간판, 공조 별도
총 소요비용 : 1억 원~1억 500만 원 부가세 및 점포 임대비용 별도

★ 가맹계약 내용

• 최초 가맹계약 기간 : 3년, 연장계약 시 1년
• 계약 체결 후 오픈 전 영업신고, 인·허가 취득 및 교육 이수 필수
• 개점 전 필수교육, 정기교육(연 1회 이상), 특별교육(선택)
• 매장 인테리어 리뉴얼은 본사와 가맹점과의 협의 하에 진행

★ 브랜드 컨셉

• 자연을 담은 웰빙 베이커리 : 우리 땅의 제철 과일과 채소를 사용한 메뉴 개발과 한국인 체질에 맞는 건강한 빵 생산방식을 연구
• 주문자생산방식(OEM)은 최대한 배제하고, 맛과 품질을 관리할 수 있는 직접생산방식 고수

★ 차별화 전략 및 경쟁력

① 시스템 경쟁력
• 삼성 에버랜드(식재료 공급 시스템)의 물류 시스템과 콜드체인 구축 완료
• POS 시스템을 통한 매장과의 빠른 커뮤니케이션
• 국가공인 제빵훈련원을 운영해 전문인력을 매장에 지원
• 신라명과 기술교육원(서울, 수원) 운영 및 우수한 강사진에 의한 교육훈련
• 정확하고 자세한 업무매뉴얼과 생산매뉴얼
• 입지와 상권의 과학적인 조사를 바탕으로 한 상권 분석 시스템
• 최고 실력 연구개발진의 지속적 신제품 개발
• 현장을 잘 아는 영업·마케팅 직원이 '신제품 개발위원회'에 참석해 고객 입장에서 제품을 선택하고 개선사항 제안

② 상권·입지 및 출점전략 경쟁력
• 지역 내 우수 상권에 적절한 투자비를 분석 후 출점
• 주 고객층이 20~40대의 여성 및 직장인으로 오피스와 주택가에 대부분 출점
• 기존의 베이커리 단독형과 함께 키페형 점포도 출점 가능
• 주요 고객의 80%가 여성이며, 중상층 주부, 회사원, 학생 등이므로 입지와 상권의 제약을 받지 않음

③ 메뉴 경쟁력
• 천연효모 사용으로 풍미가 깊고 향긋하며 결이 촉촉한 부드러운 빵 생산
• 탕종법(빵 반죽을 끓는 물로 반죽한 후 저온에서 장시간 숙성시키는 방식) 도입으로 한국인 체질에 맞는 웰빙 베이커리
• 오픈 키친 형태의 매장에서 매일 직접 구워낸 신선한 빵
• 복분자·석류·우엉·연근·호박·유자·흙마늘을 넣은 빵, 된장·간장·연겨자 등 다양한 우리 재료를 활용한 자연주의 메뉴
• 당도는 낮추고 유화제를 넣지 않아 담백하고 부드러운 빵과 케익
• 로스팅한 원두를 2주 이내에 사용해 은은한 원두의 향 유지

업종	차별화	투자규모	점포형태	경쟁강도	노동강도	전문인력 필요성
서비스	감성적	낮다	무점포	낮다	낮다	없다
도소매		중간	사무실	보통	보통	
외식	기술적	높다	시설형	높다	높다	있다

천연효모 사용 및 탕종법 방식으로 한국인 체질에 맞는 웰빙 베이커리를 선보이고 있는 〈브레댄코〉는 27년 전통의 신라명과가 만든 베이커리 전문 브랜드다. 몸에 좋은 베이커리를 만들기 위한 지속적인 연구개발과 우리나라의 다양한 천연 재료를 활용한 자연주의 메뉴로 웰빙과 건강을 추구하는 트렌드에 적합한 아이템으로 평가된다. 매장 규모와 입지 환경에 따라 베이커리 단독형과 카페형으로 선택해 개점할 수 있으며, 교육훈련과 운영 시스템이 잘 갖춰져 있어 초보창업자나 부부창업에 적합하다. 기본적으로 시설형이며, 창업비용이 1억 원 가량 소요되므로 퇴직자나 중년여성에게 적합하다고 할 수 있다. 주변 상권과 거주인구 및 유동인구 등을 꼼꼼히 살핀 후 알맞은 형태로 창업하는 게 좋다. 본사 지원으로 전문인력 필요성은 없지만, 아침 일찍 열어야 하고 매일 빵을 굽기 때문에 노동강도는 낮지 않다.

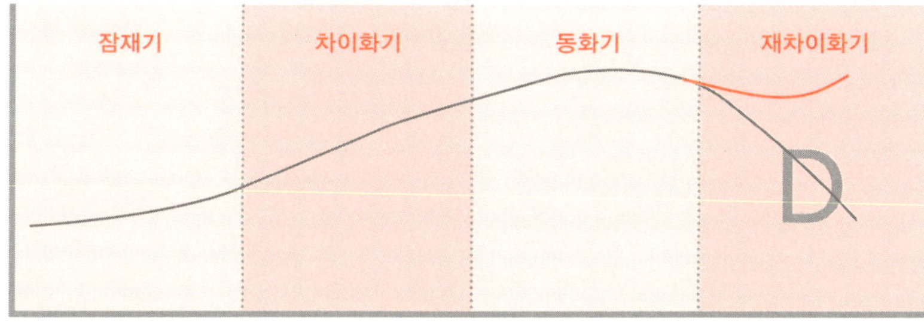

문화화 사이클

신라명과가 만든 브랜드 〈브레댄코〉는 천연효모와 자연주의 국내산 재료 사용, 탕종법 도입 등 한국인의 체질에 맞는 '자연주의 웰빙 베이커리' 라는 컨셉으로 차별화하고 있는 베이커리 전문점이다. 〈브레댄코〉는 포화상태인 베이커리 시장에 뒤늦게 합류했지만 카페형 인테리어와 오픈형 키친에서 매일 갓 구워낸 신선한 빵을 주력으로 내세우며 고객들의 관심을 모으고 있다. 현재 베이커리업종은 재차이화기의 D형에 해당된다고 판단된다. 이미 포화상태에 있는 베이커리 시장에서 카페형을 통해 새로운 문화적 가치 변화를 제공하는 시도가 대표 업체들을 중심으로 이뤄지고 있기 때문이다.

휴게음식점
샌드위치 전문점

No 1.
National Brand
샌드앤푸드

가맹점 기본정보
회사명 : 샌드앤푸드
대표자 : 윤재준
전 화 : 02-2057-2788
팩 스 : 02-324-0678
주 소 : 서울시 마포구 합정동 413-19 J.하우트 3층
홈페이지 : www.sandNfood.co.kr
회사설립일 : 2001년
매출액 : 8억 원

가맹사업 현황
가맹점 수 : 52개(직영점 3개, Shop in Shop 11개)
- 2009년 4월 런칭 이래 2009년에만 50호점 돌파
- 런칭 이후 100호점까지 A급 상권 중심으로 출점
- 100호점 이후 동네 상권으로 확대 시도 중

가맹점 예상 투자비용
표준매장평수 : 26.4㎡(8평) 기준
가맹비 : 300만 원
보증금 : 없음(물류 보증보험 가입)
로열티 : 없음
교육비 : 200만 원
인테리어 : 1040만 원 / 추가 시 140만 원(3.3㎡당)
기타 : 기기 및 설비 1850만 원, 집기류 150만 원, LED 간판 450만 원
총 소요비용 : 3990만 원
요거트 아이스크림 추가 시 700만 원, 가구 3.3㎡당 30만 원 등 별도
부가세 및 점포 임대비용 별도

★ 가맹계약 내용
- 최초 가맹계약 기간 : 3년, 연장계약 시 1년
- 계약 체결 후 현장 위주의 실습 및 교육(2일) 실시
- 개점 전 교육, 수시교육

★ 브랜드 컨셉
- 국내 유일의 '샌드위치+요거트 아이스크림+에스프레소 커피' 전문 브랜드
- 샌드위치는 물론 요거트 아이스크림, 에스프레소 커피, 베이글 등 다양한 메뉴를 판매하는 카페형 멀티 매장
- 한국인의 식문화와 입맛에 맞춘 신토불이 '쌀빵 샌드위치' 출시

★ 차별화 전략 및 경쟁력
① 시스템 경쟁력
- 매뉴얼에 따른 매장운영과 메뉴 제조로 주방이 필요 없음
- (주)CJ프레쉬웨이와 식자재 공급계약 체결로 주 2~4회의 안정적인 전국 배송 시스템 구축
- 현대적인 감각과 최소한의 동선으로 설계한 능률적인 주방과 홀 시스템
- 체계적인 매장 운영을 위한 지속적인 교육, 서비스 질 향상을 위한 트레이닝 제도

② 상권·입지 및 출점전략 경쟁력
- 33㎡(10평) 내외의 소규모 매장으로 출점 가능
- 테이크아웃 수요가 많아 매장 규모 대비 매출 높음
- 주 고객층은 10대 후반~20대 초반의 대학생과 20~30대 직장인 여성
- 유동인구 밀집지역과 학교·학원, 대형 아파트단지와 상가 등을 중심으로 출점 중임
- 기존 커피 전문점, 음식점, 주유소와 행사장 등에 Shop in Shop 매장 개점 가능
- 기본적으로 샌드위치와 에스프레소 메뉴를 공통으로 하고, 상권이나 평수에 따라 요거트 아이스크림 메뉴도 판매 가능

③ 메뉴 경쟁력
- 계절의 영향을 받지 않는 다양한 메뉴로 지속적인 매출 가능
- 저지방, 저칼로리 웰빙 건강식 베이글에 자체개발한 7가지 크림소스로 차별화
- 흑미와 백미를 사용한 샌드앤푸드만의 쌀빵 샌드위치
- 젊은층의 새롭고 다양한 욕구를 충적시킬 수 있는 다양한 맛과 모양의 와플
- 엄선된 고품질의 100% 아라비카 원두만을 사용해 디지털 전자제어 로스터로 품질 준수
- 영양 많은 곡물 시리얼과 과일조각을 토핑한 저지방 요거트 아이스크림
- 지속적인 메뉴 개발과 책임지도로 안정적인 운영 가능

업종	차별화	투자규모	점포형태	경쟁강도	노동강도	전문인력 필요성
서비스	감성적	낮다	무점포	낮다	낮다	없다
도소매		중간	사무실	보통	보통	
외식	기술적	높다	시설형	높다	높다	있다

국내 유일의 '샌드위치+요거트 아이스크림+에스프레소' 전문 브랜드를 표방하는 〈샌드앤푸드〉는 샌드위치는 물론 요거트 아이스크림, 에스프레소 커피, 베이글, 와플 등 다양한 메뉴를 판매하는 카페형 멀티 매장이다. 특히 2005년 국내산 쌀로 만든 신토불이 '쌀빵 샌드위치'를 출시하는 등 웰빙 트렌드에 적합한 컨셉 도입으로 새롭게 발전하고 있는 중이다. 〈샌드앤푸드〉는 특히 매뉴얼에 따른 매장운영과 메뉴 제조로 주방이 필요 없어 초보창업자도 쉽게 운영할 수 있다는 장점이 있다. 초기 투자비 또한 매우 저렴해 소자본 창업을 희망하는 젊은 층이나 여성창업자에게 적합한 브랜드다. 하지만 다양한 메뉴를 다루어야 하므로 인력 운용에 어려움이 있을 수 있고, 주변 상권의 구매자 및 경쟁업종 존재 여부 등도 꼼꼼히 살필 필요가 있다.

평가지수

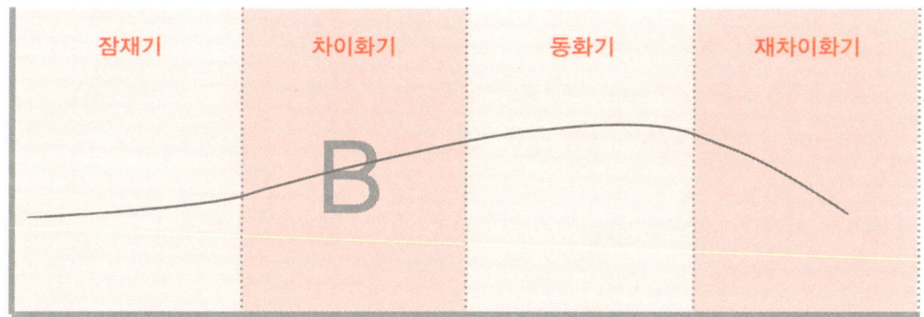

문화화 사이클

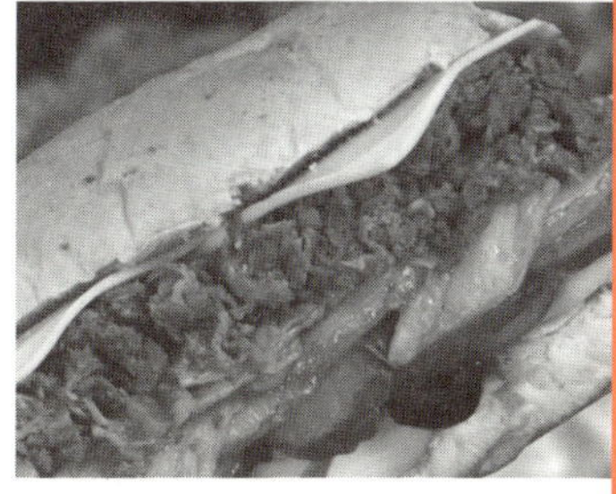

다양한 간편식과 함께 요거트 아이스크림과 에스프레소 커피까지 판매하는 이 업종은 여러 가지 메뉴를 취급하기에 남녀노소 누구나 취향대로 즐길 수 있다는 장점이 있다. 〈샌드앤푸드〉는 기존 샌드위치 전문점이 유독 우리나라에서 고전했던 것을 거울삼아 웰빙 메뉴와 국내 최초 드라이브인 매장 등을 다양하게 시도하고 있다. 이런 점에서 〈샌드앤푸드〉는 B형 차이화기 업종에 해당된다. 즉, 앞으로 외식문화의 한 트렌드가 되어 관련 산업의 성장을 이끌 것으로 보이며 많은 경쟁 브랜드가 생길 가능성이 높다. 그러나 토스트 전문점은 물론 와플, 요거트 아이스크림 전문점 등과 경쟁해야 한다는 점에서 아직 사업적 성공 여부를 판단하기 힘들다.

휴게음식점
요거트&샌드위치 전문점

식물성 유산균이
살아 있는 도넛
웬즐리

가맹점 기본정보

회사명: (주)웰빙엘에스
대표자: 이득식
전 화: 033-646-2738
팩 스: 033-646-2735
주 소: 강원도 강릉시 대전동
921-3 해양바이오 제1벤처공장
103호
이메일: deuk0522@hanmail.net
홈페이지:
http://www.wellbeingls.co.kr
회사설립일: 2006년 7월
매출액: 7억 5000만 원

가맹사업 현황

가맹점 수: 1개
• 현재 춘천 강원대학교 후문에 안테나
샵 개설 중
• A급 상권 중심으로 출점돼 있으며
100호점 이후 동네 상권으로 확대 중

가맹점 예상 투자비용

표준매장평수: 33㎡(10평) 기준
가맹비: 700만 원(부가세 포함)
보증금: 500만 원
로열티: 없음
교육비: 120만 원
인테리어: 2500만 원 / 추가 시 250
만 원(3.3㎡당)
기타: 주방기기 3350만 원, 그 외 그
릇, 탁자·의자, POS, 오픈물품 등
총 소요비용: 8390만 원 (카페형 : 1억
3090만 원)
점포 임대비용 별도

★ **가맹계약 주요내용**
• 최초 가맹계약 기간 : 3년(특약 없는 경우 2년), 별도 통지 없을 시 동일 조건으
로 자동갱신
• 가맹사업자의 귀책사유로 사업이 중단된 경우 잔여기간분의 가맹비 반환
• 영업지역 독점권 보장 및 영업 양도 시 양수인의 가맹비 면제
• 점포 인테리어 시공업자 임의 선정 가능
• 물품의 불량 또는 부족 시 6개월 이내에 교환 가능(계약종료 시 출고 가격으로
반품)

★ **브랜드 컨셉**
• 〈Whenzly 웬즐리〉란 'Whenever언제나＋Dazzle새로운＋Yearly일 년 내내'
의 합성어로, 일 년 내내 언제 어디서나 신선하고 새로운 도넛를 즐기자는 의미
• 바이오 기술을 접목한 첨단발효공법으로 식물성 유산균을 생존하게 만든 도넛

★ **차별화 전략 및 경쟁력**
① 시스템 경쟁력
• 매장 내 쇼룸 설치로 도넛 생산 전 과정을 공개 : 안심하고 먹을 수 있는 도넛
• 매장에서 직접 생산하므로 당일 판매량에 따라 생산량을 조정해 재고 최소화
• 도넛을 반자동 생산하는 기계를 통해 자동화 시스템을 구축하여 편안한 매장
운영 가능
• 수년간 연구개발해 최적화된 도넛의 키믹스(Key-Mix) 제공으로 어디서나 동
일한 맛

② 상권·입지 및 출점전략 경쟁력
• 33㎡(10평) 정도의 소규모 매장으로 출점 가능
• 테이크아웃 수요가 많아 매장 규모 대비 매출 높음
• 주 고객층은 10~30대 및 직장인
• 대학가를 중심으로 출점해 있으며, 주택가 상권 등으로 확대 예정
• 전문 매체를 통한 지속적인 홍보 및 광고 실행

③ 메뉴 경쟁력
• (주)웰빙엘에스의 첨단발효공법으로 탄생한 세계 최초의 유산균이 살아 있는 도넛
• 일반 도넛과 다르게 기름기가 적고, 탄수화물의 노화를 지연시켜 시간이 지나도
부드러운 맛이 지속되는 신개념 도넛
• 쌀, 현미, 흑미를 첨가시킨 도넛으로 바쁜 현대인들의 아침식사 대용으로 인기
• 커피 전문기업에서 볶은 원두를 공급받아 최상급의 커피 제공

업종	차별화	투자규모	점포형태	경쟁강도	노동강도	전문인력 필요성
서비스	감성적	낮다	무점포	낮다	낮다	없다
도소매		중간	사무실	보통	보통	
외식	기술적	높다	시설형	높다	높다	있다

식물성 유산균이 살아 있는 웰빙 도넛 〈웬즐리〉는 식물성 유산균 생산 전문 기업인 (주)웰빙엘에스의 첨단발효공법으로 탄생한 도넛 전문 브랜드다. 일부 지역에서 테스트한 결과 기대 이상의 평가를 받으면서 사업화를 추진한 사례에 해당된다. 2010년 11월 가맹사업을 시작한 웬즐리는 일반 도넛과 달리 기름기가 적고 탄수화물의 노화를 지연시켜 시간이 지나도 부드러운 맛을 지속되는 신개념 도넛이다. 쌀, 현미, 흑미 등을 첨가하여 젊은층과 바쁜 직장인들의 식사대용으로도 손색이 없으며, 커피 등 다양한 음료와 함께 즐길 수 있다. 〈웬즐리〉는 33㎡(10평) 정도의 소규모 매장으로 출점 가능하며, 상권이나 점포의 규모에 따라 테이크아웃과 카페형으로 선택할 수 있어 적은 자본으로 카페형 창업을 희망하는 사람에게 권장할 만한 업종이다. 위치선정 시 대학가 등 젊은 층의 유동인구가 많은 지역을 선택하는 게 좋다.

평가지수

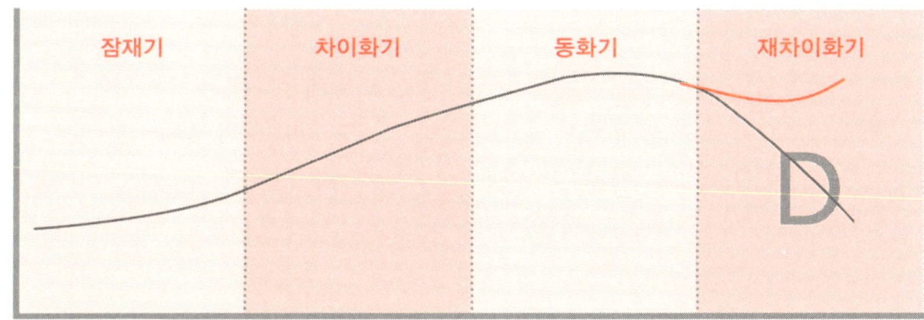

문화화 사이클

베이커리와 마찬가지로 도넛 전문점에도 웰빙 열풍이 강하게 불고 있다. 베이커리 전문점과 비슷한 듯 하면서도 도넛 전문점은 일찌감치 카페형 방식을 채택하며 차별화를 시도했는데, 최근에는 웰빙 컨셉에 맞는 다양한 시도가 이뤄지고 있다. 〈웬즐리〉 역시 식물성 유산균 생산 전문 기업의 첨단발효공법을 통해 기존의 도넛에 살아 있는 식물성 유산균을 첨가한 웰빙 도넛을 내세웠다. 게다가 테이크아웃형이나 카페형으로 창업 방식을 선택할 수 있도록 하고 쇼룸을 설치해 도넛 생산의 전 과정을 공개함으로써 고객의 신뢰를 높이는 전략을 선택했다. 이 업종은 C형의 파생 업종으로 기존 업종과의 가치 차별화를 통해 새로운 문화적 가치변화를 제공하는 D형에 해당된다.

따뜻하게 구워낸 통호두가 입안 가득히
코코호도

가맹점 기본정보

회사명 : (주)샤마
대표자 : 권기택
전 화 : 1588-1303
팩 스 : 031-728-2456
주 소 : 031-728-2456
홈페이지 : 경기도 성남시 분당구 구미동 24-1 현대벤처빌 330호
이메일 : cocohodo@cocohodo.co.kr
홈페이지 : www.cocohodo.co.kr
회사설립일 : 2004년 5월
매출액 : 비공개

가맹사업 현황

가맹점 수 : 203개
- 2004년 개인사업자로 본점 오픈 후 5년 만에 200호점 돌파, 현재 미국 LA, 캐나다, 중국 오픈 진행 중

가맹점 예상 투자비용

표준매장평수 : 26.4㎡(8평) 기준
가맹비 : 500만 원
보증금 : 없음(재료 보증금 없음)
로열티 : 없음
인테리어 및 시설물 집기류 : 3500만 원 / 추가 시 100만 원(3.3㎡당)
기계구입 : 2550만 원
총 소요비용 : 6600만 원
부가세 및 점포 임대비용 별도

★ 가맹계약 내용
- 최초 가맹계약 기간 : 3년, 연장계약 시 4년

★ 브랜드 컨셉
- '호두'의 어원격인 '호도'를 응용해 부르기 편하고 기억되기 쉽게 만든 브랜드
- 모던한 포장과 디자인으로 남녀노소 모두에게 사랑받는 맛을 추구
- 최초의 호두과자 전문점으로 단기간 전국 최다 가맹점 확보
- 매장에서 직접 반죽해 구워 우수한 맛의 품질 보증
- 고급 펄프지 개별 포장과 수분방지를 위한 특수제작 봉투, 선물용 케이스와 마무리 선물포장, 보관용 지퍼백 동봉 서비스

★ 차별화 전략 및 경쟁력
① 시스템 경쟁력
- 〈코코호도〉 전용 재료와 레시피의 전수 및 교육
- 가장 오랜 노하우 전수 : 호두과자 전문점의 고객접대 및 매장운영 노하우 전수
- 슈퍼바이저 모니터링 : 각 가맹점별 담당 슈퍼바이저의 월 2회 모니터
- 효율적인 물류 시스템 : 주재료와 부자재의 주 1회 배송 시스템

② 상권·입지 및 출점전략 경쟁력
- 26.4㎡(8평) 정도의 소규모 매장으로 출점 가능
- 선물용 구매 수요가 많아 매장의 규모 대비 매출 높음
- 성별과 세대를 가리지 않고 폭넓게 분포된 고객층으로 매출이 꾸준함
- 전국 200여 개 매장으로 브랜드 파워가 높음

③ 메뉴 경쟁력
- 캘리포니아산 청정호두를 사용한 탁월한 미감의 수제 호두과자
- 타 호두과자에 비해 쉽게 굳지 않으며 냉동 시에도 맛이 살아 있음
- 고급스러운 포장으로 선물용 아이템 인기
- 호주와 미국에서 직수입한 다양한 종류의 최상급 넛츠 판매

Brand Tip

어려운 경기에서도 호황을 이어가는 〈코코호도〉의 인기 요인은 호두과자 한 품목만 취급하는 '선택과 집중' 전략과 핵심 재료인 호두를 기존 제품에 비해 두 배 이상 넣은 점 등을 꼽을 수 있다. 〈코코호도〉의 호두과자는 미국 캘리포니아산 통호두 4분의 1을 넣기 때문에 씹히는 맛이 좋다. 호두에는 오메가3 지방이 많이 함유돼 있고 단백질, 비타민 B2, 비타민 B1 등이 풍부해 식용과 약용으로 두루 쓰인다. 또한 단백질 비타민 등 영양성분이 풍부하고 각종 성인병 예방에 효과가 있는 것으로 알려져 수요층이 확대되고 있다. 〈코코호도〉 제품은 포만감이 적고 소화가 잘 되다 보니 어린이들이나 나이든 중·장년층에게도 큰 인기를 끌고 있다.

업종	차별화	투자규모	점포형태	경쟁강도	노동강도	전문인력 필요성
서비스	감성적	낮다	무점포	낮다	낮다	없다
도소매		중간	사무실	보통	보통	
외식	기술적	높다	시설형	높다	높다	있다

주로 고속도로 휴게소에서 판매되던 호두과자를 이제는 전국 어디에서나 쉽게 맛볼 수 있게 됐다. 호두과자 전문점으로는 최초의 브랜드인 〈코코호도〉는 단순한 간식 정도로 취급되던 호두과자를 고급스런 선물용으로 업그레이드해 상품성을 높였다. 특히 최고 품질의 미국 캘리포니아산 청정 호두를 재료로 매장에서 직접 반죽해 구워내는 〈코코호도〉의 호두과자는 고객의 입맛과 품격 모두를 만족시키며 인기를 끌고 있다. 〈코코호도〉는 소규모 매장으로도 입점할 수 있고, 일반적인 외식 업종과 비교할 때 운영이 간편한 편이다. 또한 본사에서 주재료와 부재료 공급은 물론 레시피까지 제공하므로 초보창업자도 어렵지 않게 운영할 수 있다. 하지만 테이크아웃 판매 비중이 높아 점포의 위치 선정이 매우 중요하다. 주로 대로변 1층에 입점하는 것이 유리하며 유동인구나 거주인구 등에 대해 꼼꼼한 조사가 필요하다.

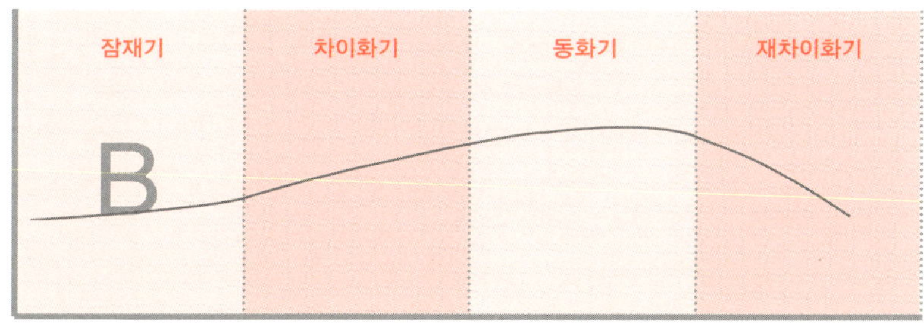

문화화 사이클

〈코코호도〉는 길거리 간식이었던 호두과자를 특화해 판매하는 브랜드다. 최근 등장한 후라이 포테이토 전문점과 같이 전문화가 어렵다고 판단된 호두과자를 하나의 업종으로 탄생시켰다는 점에서 의외로 좋은 반응을 얻고 있다. 그래서 〈코코호도〉는 B형 잠재기 업종으로 판단된다. 메인 메뉴를 돋보이게 하던 사이드메뉴를 특화해 성공적으로 정착시켰으며, 그로하여 대중의 관심을 촉발시켰기 때문에 향후에도 이와 비슷한 브랜드가 탄생할 수 있는 모티브를 제공한 셈이다. 하지만 사업적인 성공과 문화화 가능성 여부는 아직 미지수다. 길거리 간식은 유행에 민감하기 때문에 성공을 낙관하기는 이르다고 볼 수 있다. 또한 진입장벽이 낮아 유사한 브랜드의 출현이 예상된다.

휴게음식점
피자 전문점

로열티 부담을 없앤
합리적인 가격경쟁력
피자에땅

가맹점 기본정보
회사명: 피자에땅
대표자: 공재기
전 화: 02-785-4844
팩 스: 02-2606-8377
주 소: 서울시 양천구 신월1동 212-21, 22
이메일: rinooo@pizzaetang.com
홈페이지: www.pizzaetang.com
회사설립일: 2000년 12월
매출액: 1050억 원

가맹사업 현황
가맹점 수: 340개
• 2002년 물류센터 및 전국 물류 시스템 구축 완료

가맹점 예상 투자비용
표준매상평수: 66.1㎡(20평) 기준
가맹비: 1000만 원
보증금: 500만 원(해지 시 환불)
로열티: 없음
인테리어: 3400만 원
기타: 주방설비 2490만 원, 교육비 400만 원
총 소요비용: 1억 190만 원
부가세 및 점포 임대비용 별도

★ **가맹계약 내용**
• 최초 가맹계약 기간 : 3년, 연장계약 시 2년
• 개점 전 교육, 정기교육(연 1회), 특별교육

★ **브랜드 컨셉**
• '원 플러스 원' 마케팅으로 성공을 거둔 순수 국내 피자브랜드
• 양질의 제품과 서비스, 합리적인 가격으로 외식업 시장에서 새로운 위상 정립
• 'MVP(Most Valuable Person, Most Valuable Pizza)' 슬로건을 기반으로 피자의 국산화와 대중화 선도

★ **차별화 전략 및 경쟁력**
① 시스템 경쟁력
• 본사 물류 시스템, 식재료 공급 시스템 구축 완료
• QSC(Quality, Service, Clean) 실천으로 내실 경영에 주력
• 가맹점을 위한 지속적인 지원프로그램, 단계별 교육프로그램

② 상권·입지 및 출점전략 경쟁력
• 66.1㎡(20평) 정도의 중소형 매장으로 출점 가능
• 배달 중심의 수요 집중
• 주 고객층은 10~20대이며 학교, 학원가 단체주문 수요가 많음
• 배달 전문점의 특성상 아파트 주택가 등 주거상권에 대부분 출점
• 대형 상권 Dine-in 매장 출점 예정

③ 메뉴 경쟁력
• 원 플러스 원 서비스 : 라지 사이즈 피자 한 판 가격으로 다른 종류의 피자 두 판을 즐긴다
• 합리적인 가격 : 순수 국내 피자 브랜드로서 로열티 지불 대신 가격 거품을 뺐다
• 프리미엄 메뉴 개발 : 파스트라미 피자, 한우송이 피자, 스피나치오 크레마 피자 등
• 핫팩 시스템(배달가방 보온장치) 도입으로 배달 도착 때까지 온도 유지

Brand Tip
도우 생산 과정 일원화로 전국 어디서나 같은 맛 즐긴다

〈피자에땅〉은 최근 피자 도우 전문 생산 공장 (주)헤스텍과 업무 제휴를 맺고 도우 생산 과정을 일원화시켰다. 이에 따라 피자에서 가장 중요한 요소인 도우의 제조 매뉴얼과 생산 공정을 통일해 어느 매장에서나 고소하면서도 쫄깃쫄깃한 〈피자에땅〉 고유의 도우 맛을 동일하게 낼 수 있게 됐다. 최신 생산라인을 갖춘 (주)헤스텍은 첨단 도우 제조 공정 시스템을 완벽하게 보유해 생산과정에서부터 도우가 최적의 상태를 유지할 수 있도록 도와준다.

분류지수

업종	차별화	투자규모	점포형태	경쟁강도	노동강도	전문인력 필요성
서비스	감성적	낮다	무점포	낮다	낮다	없다
도소매		중간	사무실	보통	보통	
외식	기술적	높다	시설형	높다	높다	있다

〈피자에땅〉은 글로벌 브랜드가 주도하던 국내 피자시장에 '원 플러스 원' 마케팅을 최초로 시도해 큰 성공을 거둔 순수 국내 피자 브랜드다. 양질의 제품과 서비스, 합리적인 가격으로 대표적인 국내 피자 브랜드로 인정받고 있는 〈피자에땅〉은 신규 출점의 90퍼센트 이상이 기존 가맹점주의 소개로 이루어지고 있다. 즉 많은 점주들이 본사 지원 시스템과 매출에 만족하고 있다는 얘기다. 기본적으로 피자 업종의 경우 배달을 겸하거나 배달 위주로 운영되는 만큼 창업자가 피자제조에서부터 배달까지 직접 관심을 갖고 꼼꼼히 챙기는 열정이 필요하다. 브랜드와 시스템만 믿고 무턱대고 창업하기보다는 고객을 위한 서비스 마인드의 중요성을 인식하고 서비스 품질 제고에 주력하는 것이 중요하다. 오랜 운영 노하우에 따른 시스템이 잘 갖춰져 있어 노동강도 및 전문인력 필요성은 낮은 편에 속한다.

평가지수

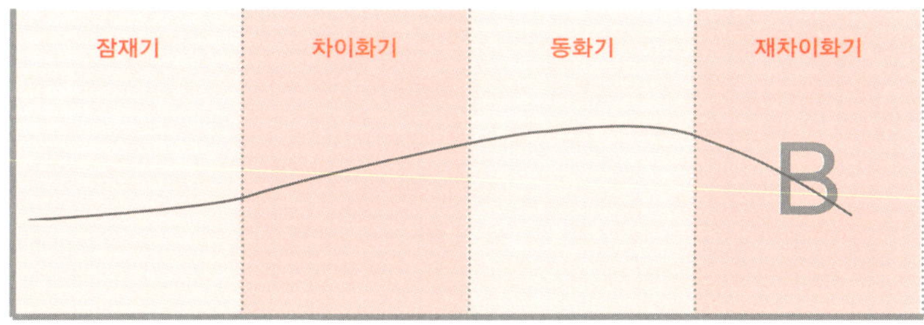

문화화 사이클

〈피자에땅〉은 양질의 제품과 서비스 그리고 합리적인 가격으로 국내 피자 시장에서 새로운 위상과 피자의 대중화를 이끌었다는 평가를 받고 있다. 이 업종은 기본적으로 B형 재차이화기에 접어들었다고 판단된다. 사업적 규모와 관련 없이 문화적 가치변화를 제공하며 관련 산업군에 발전적 영향을 미치는 업종으로 볼 수 있기 때문이다. 하지만 피자 업종이 전체적으로 품질에 비해 가격이 하향 평준화되고 가격 파괴 브랜드가 다수 등장하면서 시장이 양분화되는 경향을 보이고 있는데다, 일부 브랜드를 제외하고는 매출이 줄고 있어 새로운 가치 변화가 필요한 시점으로 보인다.

휴게음식점
샌드위치 전문점

사과식빵으로 만든
붕어빵 토스트
해피소뿡이

가맹점 기본정보
회사명: (주)행복한일터안
대표자: 김영길
전 화: 1577-6380
팩 스: 02-774-7761
주 소: 서울특별시 강남구 청담동
122-8 2층
이메일: nith38@naver.com
홈페이지:
www.happysopong.com
회사설립일: 2008년 3월
매출액: 비공개

가맹사업 현황
가맹점 수: 25개
- 런칭 4개월 만에 25개 가맹점 개점
- 2011년 말까지 100호점 입점 계획 중

가맹점 예상 투자비용
표준매장평수: 33㎡(10평) 기준
가맹비: 500만 원
교육비: 300만 원
보증금: 200만 원(부가세 없음)
로열티: 없음
인테리어: 2500만 원
주방기기(설비, 집기): 약 2500만 원
총 소요비용: 약 6000만 원
부가세 및 점포 임대비용 별도

★ 가맹계약 내용
- 최초 가맹계약 기간 : 2년, 연장계약 시 2년
- 상권은 기존 상권과 겹치지 않는 범위 내에서 본사와 협의해 결정
- 개점 전 5일간 점주 지원교육(경영노하우, 서비스교육, 기계조작 및 커피 제조교육)
- 동종 업종 경업 및 양도 금지

★ 브랜드 컨셉
- 소자본 창업 트렌드에 걸맞은 최적의 아이템
- 사과식빵 사용 등 기존의 토스트에서 한 차원 업그레이드된 토스트
- 웰빙 개념에 맞는 신선한 속재료의 다양한 퓨전 토핑
- 맛은 물론 먹는 재미를 더해주는 차별화된 모양과 서비스 마케팅

★ 차별화 전략 및 경쟁력
① 시스템 경쟁력
- 주문 후 5분 이내 다양한 종류의 토스트를 15~20개 만들어낼 수 있는 공급량의 파워
- 전문 주방인력이 필요 없는 간편한 운영 시스템
- 소자본 창업으로 창업자 부담 최소화
- 본사 물류 시스템 및 식재료 공급 시스템 구축 완료

② 상권·입지 및 출점전략 경쟁력
- 33㎡(10평) 정도의 소규모 매장으로 출점 가능
- 테이크아웃 수요가 많아 매장 규모 대비 매출 높음
- 주 고객층은 20~30대 직장인이지만 다양한 연령층 소화 가능
- 오픈 후 3일간 전담 슈퍼바이저의 지원 시스템
- 현재 대부분 대학가 및 오피스 복합형 상권, 지하철 역사 내에 출점 중이지만 향후 주택가 상권 등으로 출점 확대 예정

③ 메뉴 경쟁력
- 철저한 검증 과정 끝에 레시피화된 다양한 퓨전 토핑
- 일반 식빵이 아닌 사과향이 첨가된 사과식빵 사용
- 귀여운 붕어모양의 토스트로 시각적 재미 극대화
- 단팥, 단호박, 고구마 등 달콤한 앙금이 든 소뿡이와 아이스크림을 함께 즐기는 이색적인 디저트 메뉴

Brand Tip
〈해피소뿡이〉는 소비자들의 관심을 끄는 붕어빵 모양의 토스트에 다양한 웰빙 식재료로 만든 퓨전 토핑 등을 접목시켜 맛과 재미를 동시에 잡았다는 평가를 받고 있다. 특히 추억의 간식거리 중 하나인 붕어빵과 식사대용으로 좋은 토스트를 접목시켜 차별화된 아이템으로써 간식과 식사대용의 수요를 동시에 충족시킨다는 점에서 젊은 층과 직장인들에게 인기가 높다.

분류지수

업종	차별화	투자규모	점포형태	경쟁강도	노동강도	전문인력 필요성
서비스	감성적	낮다	무점포	낮다	낮다	없다
도소매		중간	사무실	보통	보통	
외식	기술적	높다	시설형	높다	높다	있다

'행복을 즐기는 작은 붕어'라는 뜻을 가진 토스트 전문 프랜차이즈 〈해피소뿡이〉는 차별화된 모양과 신선한 식재료, 그리고 다양한 토핑으로 최근 고객들의 관심을 받고 있다. 뿐만 아니라 해피소뿡이는 밀가루 반죽이나 일반 식빵이 아닌 사과향이 함유된 웰빙 사과식빵 등 건강한 식재료를 사용해 맛의 퀄리티를 높였으며, 원팩 시스템의 다양한 토핑 재료로 조리를 극도로 간소화해 초보자도 쉽게 맛과 모양을 낼 수 있도록 했다. 또한 소형 평수로도 창업이 가능해 창업비용 역시 최소화했으며 노동강도와 전문 주방인력 필요성이 낮기 때문에 소자본 초보창업자에게 적합하다. 하지만 토스트 전문점의 특성상 주변의 식사대용에 대한 수요와 유동인구 등을 잘 파악한 후 창업해야 한다는 점을 간과해서는 안 된다.

평가지수

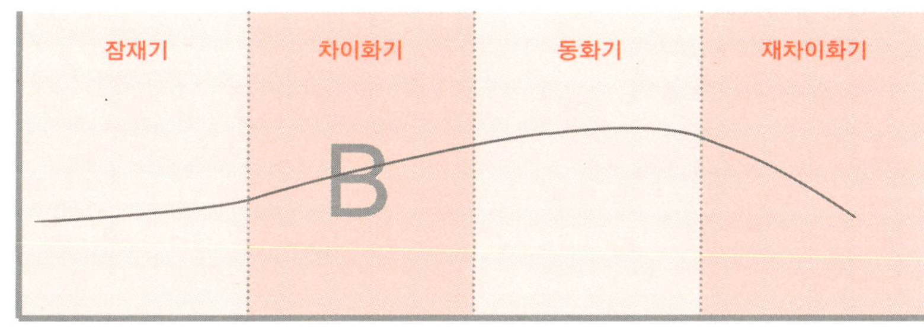

문화화 사이클

〈해피소뿡이〉는 기존의 토스트점과 다른 차별화된 모양과 웰빙 트렌드에 부합하는 식재료를 사용하는 토스트 전문 프랜차이즈다. 4~5년 전부터 〈이삭토스트〉, 〈빵파네〉, 〈토스피아〉 등 유사한 브랜드가 많이 생겨났는데, 〈해피소뿡이〉는 이들 브랜드의 좋은 점만을 차용해 고객들의 입맛과 취향에 맞게 탄생했다. 따라서 B형 차이화기 업종으로 평가된다. 고객에게 친숙한 토스트를 다양한 모양과 방법으로 즐기고 싶다는 고객의 니즈에 적절히 보답해 성공한 케이스이기 때문이다. 한편 〈해피소뿡이〉가 인기를 끌면서 재미있는 방식으로 토스트를 먹는 새로운 문화가 만들어졌다고 판단되며, 토스트 관련 산업군 역시 발전하고 있는 상황이다. 이에 따라 향후 경쟁도 치열해질 것으로 예상된다.

최근 알코올 도수가 낮은 술 선호 현상에 따라 막걸리 판매량이 꾸준히 늘고 있다. 막걸리는 특히 건강에 좋은 웰빙 술이라는 인식이 확대되면서 창업아이템으로도 인기다. 최근 주점 분야에서 가장 두각을 나타내는 것은 클럽식 감성주점이다. 이자카야와 룸식 주점의 인기를 이어받아 최근 성장세가 눈부시다. 클럽식 감성주점은 퓨전주점의 업그레이드 버전으로 홍대나 강남의 클럽 분위기를 주점에 접목한 것이 특징이다. 인테리어는 물론 클럽 사운드, 현란한 조명, 벽면을 둘러싼 풀 스크린에는 파노라마 와이드 영상이 상영된다. 대표적인 업체로는 〈블루케찹〉이 있다. 이곳은 영상과 음향 기술로 특허를 받았으며, POS 단말기를 통해 매장 내부에 상영되는 영상과 음향을 자유롭게 제어할 수 있어 감성을 중시하는 20~30대 대학생과 직장인들에게 폭발적인 인기를 끌고 있다. 특히 최근 주 소비층으로 부각되는 여성 고객의 비율이 70퍼센트 이상인 점도 주목할 만한 부분이다.

한국식 수제 프리미엄
꼬치구이 주점
꼬지마루

가맹점 기본정보

회사명 : (주)이안에프앤비
대표자 : 임은경
전 화 : 031-715-9296
팩 스 : 031-715-9287
주 소 : 경기도 성남시 분당구 정자동 158-6 모선빌딩 3층
이메일 : service@cozymaru.com
홈페이지 : www.cozymaru.com
회사설립일 : 2009년 8월
매출액 : 12억 원

가맹사업 현황

가맹점 수 : 22개
- 2010년 한국프랜차이즈 대상 KOTRA 사장상 수상

가맹점 예상 투자비용

표준매장평수 : 66.1㎡(20평) 기준
가맹비 : 500만 원
보증금 : 200만 원
로열티 : 월 10만 원(평수, 계약조건에 따라 상의함)
인테리어 : 평당 150만 원
총 소요비용 : 5980만 원
부가세 및 점포 임대비용 별도

★ 가맹계약 내용
- 최초 가맹계약 기간 2년 : 연장계약 시 1년
- 오픈 전 이론교육, 매장교육
- 영업지역 독점권 보장
- 조리바이저, 슈퍼바이저를 통한 가맹관리

★ 브랜드 컨셉
- 손으로 직접 만드는 수제꼬치구이 주점
- 고추장소스, 마늘, 양파 등을 이용한 한국식 꼬치와 건강을 고려한 웰빙꼬치
- 어둡고 칙칙한 꼬치집이 아니라 밝고 세련된 분위기의 꼬치구이 주점

★ 차별화 전략 및 경쟁력
① 시스템 경쟁력
- 냉동꼬치가 아닌 신선한 재료를 즉석에서 굽는 수제꼬치구이 주점
- 용인, 대구, 익산 등 전국 3곳의 자체 물류센터 운영
- 유통, 프랜차이즈, 경영컨설팅 등 각 분야에서 오랜 노하우를 지닌 전문가로 구성
- 원목과 파벽돌을 이용한 밝고 세련된 인테리어로 고급스러움과 편안함 강조

② 상권·입지 및 출점전략 경쟁력
- 중심상권, 역세권, 대학가, 주거상권 등 다양한 상권에 출점 가능
- 주방 1명, 홀 2명 등 최소인원으로 운영 가능한 소자본 창업아이템
- 전국 단위 물류 시스템과 사업소 구축으로 지역의 제한 없이 출점 가능

③ 메뉴 경쟁력
- 신선한 재료의 즉석 수제꼬치
- 삼겹살, 소갈비살, 해물 등의 재료에 고추장소스, 마늘소스를 이용한 한국식 꼬치구이
- 구운 양파와 통마늘, 양송이를 곁들여 건강을 고려한 웰빙 꼬치구이
- 꼬치구이뿐만 아니라 샐러드, 튀김, 탕 등 다양한 사이드메뉴 구비
- 정기적인 신메뉴 출시, 계절에 따른 이벤트 메뉴 출시

Brand Tip

〈꼬지마루〉는 저가형 꼬치주점에서 흔히 볼 수 있는 냉동꼬치를 쓰지 않는다. 신선한 재료를 주문 즉시 그릴에서 구워낸다. 여기에 꼬치 굽는 모습을 매장에서 볼 수 있게 만들어 놓아, 보는 재미까지 더했다. 특히 삼겹살, 소갈비살 등 한국인이 좋아하는 재료에 매콤 고추장 소스, 마늘 소스 등으로 맛을 낸 한국식 꼬치구이를 완성했다는 평가를 받고 있다. 꼬치메뉴에는 구운 마늘과 양파, 양송이가 곁들여지기 때문에 건강식으로도 손색이 없다. 여기에 숯불 등갈비 같은 숯불구이와 샐러드, 탕, 볶음, 튀김 요리 등 연령과 취향에 따라 다채롭게 요리를 구성 했다. 다양한 메뉴와 함께 생맥주, 기네스, 소주, 정종, 사케, 양주, 와인, 막걸리 등 주류 역시 폭넓게 구비해 술이 약한 고객들도 즐겁게 음주를 즐길 수 있는 게 특징이다.

업종	차별화	투자규모	점포형태	경쟁강도	노동강도	전문인력 필요성
서비스	감성적	낮다	무점포	낮다	낮다	없다
도소매		중간	사무실	보통	보통	
외식	기술적	높다	시설형	높다	높다	있다

66.1㎡(20평) 규모의 수제꼬치 주점인 〈꼬지마루〉는 6000만 원대에 개설이 가능한데다 가족단위 고객에게 인기가 많아 비교적 점포구입비가 저렴한 아파트 단지 상가에도 입점 가능한 창업아이템이다. 점포에는 9.9㎡(3평) 정도의 주방이 필요하고, 여기에 꼬치를 굽는 공간을 따로 배치해야 한다. 소형 주점인 만큼 노동강도는 높다고 봐야 한다. 500m 상권을 분석했을 때 평균적으로 10여 개의 주점이 존재해 경쟁강도 역시 높은 편이다. 소자본 창업아이템이므로 직원수를 풍족하게 들이는 것보다는 가족이나 부부창업이 어울리고, 접객부터 조리까지 모든 일을 담당해야 하는 만큼 노동량이 많다는 걸 염두에 둘 필요가 있다. 대신 가맹 본사에서 대부분의 식자재를 손질해 공급하기 때문에 꼬치 굽는 노하우만 생기면 운영이 수월하다. 그러므로 전문인력에 대한 부담감은 없다.

평가지수

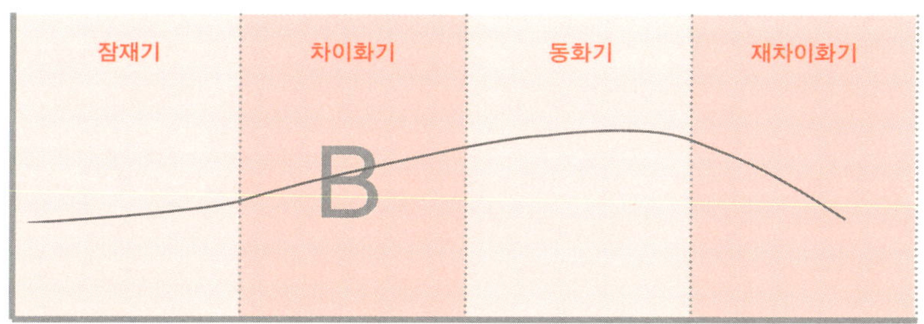

문화화 사이클

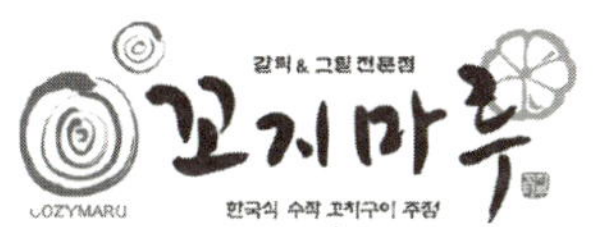

〈꼬지마루〉는 영세한 선술집이나 꼬치주점에서 판매했던 냉동꼬치 대신 신선한 재료를 즉석에서 굽는 수제꼬치구이 전문 주점이다. 체계적인 물류 유통 시스템으로 신선한 식자재를 공급하고 고객 서비스와 인테리어를 강화해 대형 퓨전 요리주점 일색이던 주점 시장에 저가형 주점으로 새로운 컨셉을 제시했다는 평가를 받고 있다. 현재 〈꼬지마루〉는 B형 차이화기에 진입한 업종으로 판단된다. 아직 산업적 규모는 크지 않지만, 수제꼬치요리 주점 시장을 선도하는 대표적 브랜드로 인정받으며 경쟁업체가 점차 늘고 있기 때문이다. 신규시장이라기보다는 주점 시장의 틈새시장으로 볼 수 있으며, 타 주점 업체에서 쉽게 뛰어들 수 있다는 점에서 C형 업종이라고 보기는 아직 어렵다.

낭만과 즐거움이 있는
포장마차
버들골이야기

가맹점 기본정보

회사명 : (주)행진프랜차이즈
대표자 : 문준용
전　화 : 02-529-2615
팩　스 : 02-529-2619
주　소 : 경기도 성남시 중원구 상대
원동 442-5
홈페이지 : www.bdgstory.co.kr
회사설립일 : 1999년
매출액 : 8억 원

가맹사업 현황

가맹점 수 : 52개
- 2007년 인테리어 PREART 파트너십 체결
- 2009년 방이직영, 이수직영 등 60호점 개설, 성남 물류센터 설립
- 2010년 R&D 센터설립(물류, 생산, 교육)

가맹점 예상 투자비용

표준매장평수 : 49.6㎡(15평) 기준
가맹비 : 500만 원
교육비 : 300만 원
보증금 : 물류보증금 100만 원, 물류예치금 100만 원
로열티 : 없음
인테리어 : 1950만 원
기타 : 주방 시스템, 집기, 비품, 그릇류 등 825만 원
총 소요비용 : 3575만 원
부가세 및 점포 임대비용 별도

★ 가맹계약 내용
- 최초 가맹계약 기간 : 2년, 연장계약 시 2년
- 가맹금 예치제 시행
- 영업지역 독점권 보장
- 오픈 전 30일 교육

★ 브랜드 컨셉
- 해산물 전문 실내포장마차
- 장사는 첫째도 둘째도 정성! 손님과 보이지 않는 약속을 지켜서 신용을 쌓는다
- 예비 창업자 실정에 맞는 합리적인 창업비용

★ 차별화 전략 및 경쟁력
① 시스템 경쟁력
- 포장마차 사관학교 운영 : 점주의 자생능력 배양을 지원하는 교육 시스템 제공
- 점주 대상 '제주도 올레길 감성교육 체험' 등 매장 대신 봐주기 이벤트
- 전문적인 가맹점주 만들기를 위한 가맹점주 재교육 시스템

② 상권·입지 및 출점전략 경쟁력
- ABC 상권분석 시스템 : 입점 점포의 예상 매출을 ABC 상권분석을 통해 비교 분석함으로써 유동인구별 비교적 저렴한 점포를 구할 수 있도록 지원
- 지역별 상권분석 : 입점 예정 상권을 관할 구별로 분석하여 버들골과 어울리는 점포를 사전에 확보하고 동시에 상권의 변화를 측정해 빠르고 안정적인 입점 지원

③ 메뉴 경쟁력
- 포장마차에서 맛보던 메뉴의 고급화
- 멍게, 해삼, 소라 등을 신선한 회로 즐길 수 있음
- 맛은 기본 맛깔스런 데코레이션으로 먹는 재미와 함께 보는 재미도 제공
- 신선한 재료를 쉽고 빠르게 요리하는 방법을 전수
- 신선한 해산물 요리를 푸짐한 양과 독특한 서비스로 제공해 최고의 만족도 제공

Brand Tip
7평 가게에서 가맹점 70개 프랜차이즈 사장으로

프랜차이즈를 시작한 것은 17번째 제자가 가게를 차린 후부터였다. 누가 우스갯소리로 "포장마차 사관학교를 세워볼까" 하는 말이 씨가 된 것이다. 지난 2007년에 시작한 프랜차이즈 사업이 4년이 지난 2011년 2월 현재 70여 개를 웃도는 가맹점 규모를 갖췄다. 연내 100개 돌파는 무난할 것으로 보인다. 개업 후 1년 동안 최고 매출이 고작 17만 원이었던 문준용 대표는 이제 어엿한 기업의 사장이 된 것이다.

분류지수

업종	차별화	투자규모	점포형태	경쟁강도	노동강도	전문인력 필요성
서비스	감성적	낮다	무점포	낮다	낮다	없다
도소매		중간	사무실	보통	보통	
외식	기술적	높다	시설형	높다	높다	있다

〈버들골이야기〉는 포장마차 안주와 분위기를 고급화해 매장에 접목한 브랜드다. 포장마차 메뉴를 신선한 식자재로 맛깔스럽게 제공함으로써 고객에게 어필하고 있다. 〈버들골이야기〉는 포차주점으로 외식업에 속하므로 기본적으로 시설형이며, 49.6㎡(15평) 규모 매장을 오픈하는 데 점포구입비를 제외하고 3000만 원 안팎의 개설비가 소요되므로 소자본 창업에 해당한다. 소자본 주점인 만큼 경쟁강도가 만만치 않고, 점주가 조리부터 서빙까지 담당하는 경우 노동강도가 높을 수밖에 없다. 점주가 직접 조리를 담당할 것을 권장하고 있으며, 이를 위해 30일간 체계적인 교육을 전수하므로 전문인력은 필요 없다. 〈버들골이야기〉를 창업하려는 예비 창업자라면 가맹점 본사의 인생경험을 이해하고 선택하는 것이 좋다. 가맹 본사 사장의 경우 인생의 끝자락에서 포장마차를 운영해 성공을 이끈 인생 2막의 주인공으로도 유명하다.

평가지수

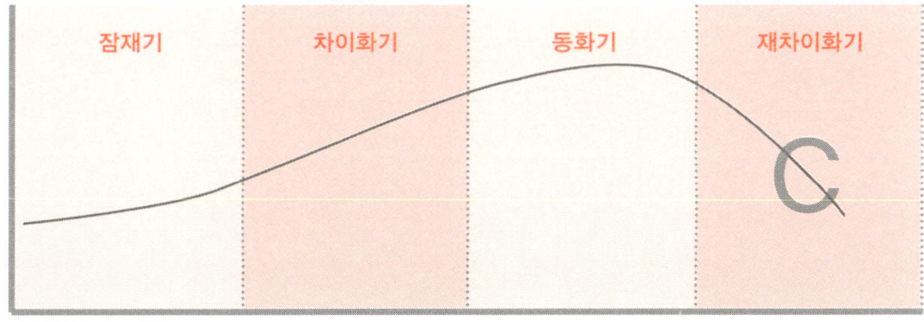

문화화 사이클

〈버들골이야기〉는 C형 재차이화기 업종이라고 볼 수 있다. 길거리 창업인 '포장마차' 를 로드숍에 적용하였다는 점에서 기존 업종의 가치를 차별화해 새로운 문화적 가치 변화를 제공했다고 할 수 있다. 특히 가맹점주에게 포장마차의 운영 노하우를 그대로 전수해 자립형 창업자로 만든다는 컨셉은 프랜차이즈 시스템의 목적이지만 다른 브랜드에서 제공하지 못하던 가치라는 점이 주목할 만하다. 다만 포장마차 메뉴는 사업적인 잠재력을 모두 소진한 분야라고 볼 수 있다. 때문에 가맹 본사는 메뉴와 시스템, 고객층의 다변화 등 다른 소자본 창업과 차별화할 수 있는 부분을 보완해야 할 것이다.

명품 독립공간 요리주점
수리야

가맹점 기본정보

회사명 : (주)퍼스트에이엔티
대표자 : 백호근
전　화 : 1588-0672
팩　스 : 031-717-9972
주　소 : 서울시 마포구 신수동 103-4번지 FA 빌딩
이메일 : hgbaik@firstant.co.kr
홈페이지 : www.suriya.co.kr
회사설립일 : 2002년 8월
매출액 : 36억원

가맹사업 현황

가맹점 수 : 70개
· 2007년 4년 연속 프랜차이즈 대상 중소기업청장상 수상

가맹점 예상 투자비용

표준매장평수 : 99.2㎡(30평) 기준
가맹비 : 500만 원
보증금 : 200만 원
로열티 : 월 10만 원
교육비 : 200만 원
인테리어 : 4500만 원 / 추가 시 150만 원(3.3㎡당)
기타 : 주방집기 1200만 원, 홀 집기 450만 원, 가구 900만 원, 홍보·판촉 200만 원
총 소요비용 : 8150만 원
부가세 및 점포 임대비용 별도

★ 가맹계약 내용

· 최초 가맹계약 기간 : 2년 연장계약 시 2년
· 영업지역 독점권 보장
· 오픈 전 가맹점 교육, 정기교육

★ 브랜드 컨셉

· '명품 독립공간 요리주점'을 표방하며 고품격 인테리어와 웰빙퓨전요리로 주점의 새로운 개념을 제시
· 인테리어 특허를 가진 디자인 연구소 전문가들이 설계한 개성 강한 독립공간으로 경쟁력 확보

★ 차별화 전략 및 경쟁력

① 시스템 경쟁력
· 〈존앤존PC방〉, 〈한우동〉 등을 운영하며 축적한 유통, 경영 컨설팅 노하우
· 숍매니저가 매장 오픈부터 가맹점 매출이 안정될 때까지 상주하며 안정적인 운영 지원
· 슈퍼바이저는 서비스 만족도와 매장 청결상태 등을 점검해 사후 교육과 맞춤형 컨설팅 제공
· 주방장 등 요리사와 서빙 전문인력 본사지원 시스템, 자체 조리개발 연구소 보유
· 주 고객층인 여성들을 위해 담요, 핸드폰 충전, 여성용품, 냄새 제거제 등을 무상 제공하는 '다정다감' 서비스
· 2개의 특허와 품질 규격인 ISO 9001, ISO 14001을 보유

② 상권·입지 및 출점전략 경쟁력
· 밝고 세련된 인테리어로 중심상권, 역세권, 대학가, 주거상권 등 다양한 상권에 출점 가능
· 전국 단위 물류 시스템과 사업소 구축으로 전국 어느 지역이라도 출점 가능

③ 메뉴 경쟁력
· 기존 주점의 저렴하고 복잡한 메뉴 대신 양식, 중식, 일식, 한식 등을 활용한 다양한 퓨전 고급요리를 안주로 제공
· 궁중요리 및 한국 고유의 건강식 안주 등 타 브랜드에서 찾아볼 수 없는 웰빙요리 제공
· 각 분야별 메뉴 전문가들이 퓨전 요리군, 웰빙 요리군, 주점 요리군, 식사 요리군 등 4가지 테마의 50여 개 메뉴 제공

업종	차별화	투자규모	점포형태	경쟁강도	노동강도	전문인력 필요성
서비스	감성적	낮다	무점포	낮다	낮다	없다
도소매		중간	사무실	보통	보통	
외식	기술적	높다	시설형	높다	높다	있다

이곳은 최소 99.2㎡(약30평) 이상만 개설이 가능하며, 오피스나 아파트, 주택가 밀집지역 등 유동인구가 많은 상권에 입점해야 하므로 투자비용이 적지 않은 편이다. 또한 인력 관리와 식자재 관리는 이 사업의 필수 요소다. 〈수리야〉는 전문주방장이 없어도 조리가 가능한 간편한 조리 매뉴얼 지원과 효율적인 POS 시스템으로 운영이 간편하며, 차별화된 상권 분석보호 시스템으로 투자비용에 따른 최적의 창업을 선택할 수 있도록 하고 있다. 하지만 주변 퓨전주점과의 경쟁이 불가피하기 때문에 경쟁강도가 높은 편이다. 특히 주점업종의 특성상 늦은 시간까지 매장을 관리해야 하므로 타 업종에 비해 노동강도가 높은 편에 속한다.

평가지수

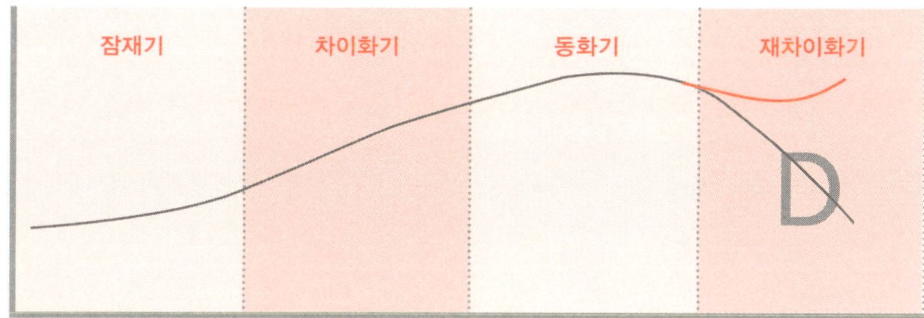

문화화 사이클

2000년 초반부터 시작된 퓨전요리주점은 프랜차이즈화가 활발한 업종 중 하나로 소비자의 욕구에 맞게 다양한 모습으로 진화를 거듭하고 있다. 최근엔 수제요리와 다양한 주류를 중심으로 독특한 인테리어와 개성을 최대한 살려 점차 고급화·대형화되는 경향을 보이고 있다. 칸막이와 커텐, 조명 등 다양한 소품을 활용해 독립 공간을 제공하는 '룸식 공간 주점'은 D형 업종으로 볼 수 있다. 기존 퓨전주점 업종의 가치 차별화를 통해 새로운 트렌드를 제시하며 주점 시장을 선도하는 대표적인 브랜드로서 인정받고 있기 때문이다. 하지만 신규시장이라기보다는 주점 시장의 틈새시장이고, 타 주점 업체에서 쉽게 뛰어들 수 있다는 점에서 새로운 문화적 트렌드를 만들어 내는 C형 업종은 아니다.

프리미엄 수제꼬치
아부라

가맹점 기본정보

회사명 : (주)이수푸드빌
대표자 : 이병억
전 화 : 02-516-1930
팩 스 : 02-540-5890
주 소 : 서울시 서초구 서초동 1443-13 서초성모빌딩 5층
이메일 : k10@hanmail.net
홈페이지 : www.abura.co.kr
회사설립일 : 2009년 8월
매출액 : 3억 원

가맹사업 현황

- 〈오마이치킨〉 가맹사업 성공 노하우 보유
- 2008년 〈하이트비어플러스〉를 인수해 주점 브랜드 경쟁력 갖춤
- 〈진달래꽃마차〉, 〈아부라〉 등 제2, 제3의 브랜드 가맹사업 전개 중

가맹점 예상 투자비용

표준매장평수 : 49.5㎡(15평) 기준
가맹비 : 500만 원
교육비 : 200만 원
보증금 : 없음
로열티 : 없음
인테리어 : 2550만 원
기타 : 주방설비 및 비품 등 100만 원
총 소요비용 : 4250만 원
부가세 및 점포 임대비용 별도

★ **가맹계약 내용**
- 최초 가맹계약 기간 2년 : 연장계약 시 1년
- 오픈 전 이론교육, 매장교육

★ **브랜드 컨셉**
- 1000원에서 9000원까지 저렴한 가격의 메뉴
- 1000가지 메뉴 중 해당 매장의 상권과 고객을 분석해 적당한 메뉴로 변신시킴
- 해당 상권에 어울리도록 소형, 중형, 대형 등 타입별로 차별화한 인테리어

★ **차별화 전략 및 경쟁력**

① 시스템 경쟁력
- 냉동꼬치가 아닌 신선한 재료를 즉석에서 굽는 수제꼬치구이 주점
- 〈하이트비어플러스〉 운영 경험을 바탕으로 자체 물류센터 운영, 가격 협상력 탁월
- 유통, 프랜차이즈, 경영컨설팅 등 각 분야의 전문가 구성
- 점주를 위한 인센티브 제도 시행
- 본사의 방침에 잘 따르고 매출이 향상된 점주에게 저렴한 가격으로 식자재 제공

② 상권·입지 및 출점전략 경쟁력
- 중심상권, 역세권, 대학가, 주거상권 등 다양한 상권에 출점 가능
- 주방 1명, 홀 2명 등 최소인원으로 운영 가능한 골목상권 권장

③ 메뉴 경쟁력
- 신선한 재료로 만든 요리를 저렴하게 제공
- 기존 주점 브랜드 운영 경험을 바탕으로 1000가지 메뉴를 가맹점에 제공
- 1000가지 레시피 중 고객의 반응이 좋은 식자재를 추가·삭제할 수 있는 유연한 물류 시스템 구축
- 정기적인 신메뉴 출시, 계절에 따른 이벤트 메뉴 출시

Brand Tip

최근 주점 업계는 역세권과 동네 상권의 경계가 무너지면서 통합되고 있다. 역세권에는 대형 주점이, 동네에서는 선술집이 인기를 끌던 상황이 바뀌고 있다. 과거 동네 선술집은 영세성을 면치 못했었다. 소자본 창업을 지향하다보니 인테리어 퀄리티는 떨어지고, 게다가 조리를 간소화하다 보니 맛좋은 안주를 기대하는 것은 불가능했던 것이다. 하지만 최근 가족이나 이웃사촌끼리 술 한 잔 기울이는 음주 문화가 확산되면서 동네 주점이 변화하고 있다.

분류지수

업종	차별화	투자규모	점포형태	경쟁강도	노동강도	전문인력 필요성
서비스	감성적	낮다	무점포	낮다	낮다	없다
도소매		중간	사무실	보통	보통	
외식	기술적	높다	시설형	높다	높다	있다

1000원대 수제꼬치로 잘 알려진 수제꼬치주점 〈아부라〉는 가격파괴 주점으로도 정평이 나 있다. 퀄리티가 떨어지는 냉동꼬치 주점과 달리 〈아부라〉는 저렴한 가격에도 100퍼센트 수제로 만든 꼬치만을 사용해 경쟁력을 높였다. 대부분 소형 주점인 〈아부라〉는 개설비가 49.5㎡(15평) 기준 5000만 원 이하인 소자본 창업아이템이다. 특히 영업 중이던 매장의 경우 기존 주점의 인테리어를 그대로 쓸 수 있도록 배려하고 있어 개설비를 크게 절감할 수 있다. 〈아부라〉는 기본적으로 경쟁강도가 높고, 꼬치를 굽는 등의 조리과정 때문에 노동강도 역시 높은 노동 집약적 업종에 속한다. 특별히 전문인력은 필요 없지만 높은 노동강도에 따른 문제가 늘 상존한다는 점을 유의해야 한다. 특히 종업원을 따로 고용해 운영하는 경우 매출 대비 고정비 부담이 커질 수 있으므로 어느 정도 경험을 갖춘 창업자에게 알맞다.

평가지수

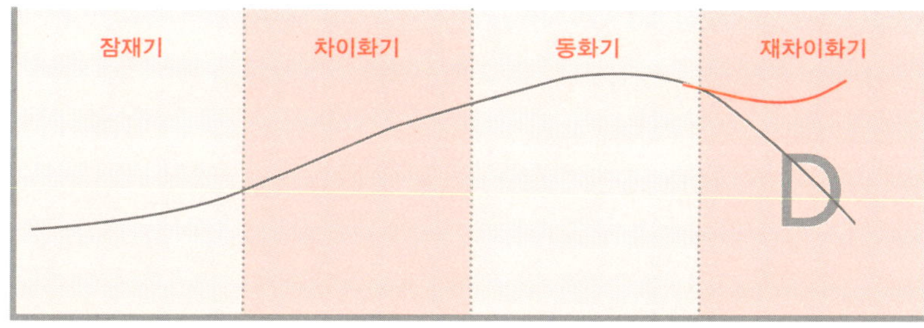

문화화 사이클

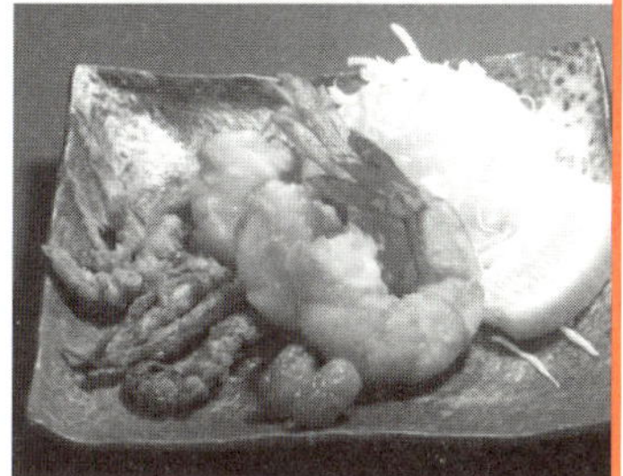

〈아부라〉는 C형 업종의 파생 업종으로, D형으로 분류할 수 있다. 꼬치주점은 1990년대부터 〈칸〉과 〈투다리〉 등의 브랜드가 등장하면서 고객들에게 친숙한 업종이다. 대표적인 브랜드 〈투다리〉의 경우 메뉴가 저렴하지만 냉동꼬치를 사용하고 있다. 하지만 〈아부라〉는 후레쉬푸드로 만든 꼬치를 사용하며 메뉴의 경쟁력을 높였다. 특히 기존 브랜드 운영 경험을 바탕으로 1000가지 메뉴를 제공하는 특별한 노하우는 주목할 만한 부분이다. 향후 〈아부라〉처럼 신선한 요리를 저렴한 가격에 제공하는 주점들이 지속적으로 등장할 것으로 예상되지만, 이런 시도들이 아직 검증되지 않았기 때문에 〈아부라〉의 성공 여부가 관련 산업의 가능성에 지표가 될 것으로 보인다.

색다른 수작요리와
우리만의 독립 공간
야무야무

가맹점 기본정보

회사명 : (주)미드미

대표자 : 김연임

전 화 : 1577-1688

팩 스 : 02-336-4520

주 소 : 서울특별시 마포구 서교동 386-6 태정빌딩 1층

홈페이지 : www.yamuyamu.co.kr

회사설립일 : 2007년 12월

매출액 : 30억 원

가맹사업 현황

가맹점 수 : 50개

- 수도권, 경상권 지역 내 A급 상권 중심으로 출점 중
- 100호점 이후부터 동네상권에 맞게 변형해 확대 시도 예정

가맹점 예상 투자비용

표준매장평수 : 165.2㎡(50평) 기준

가맹비 : 500만 원

보증금 : 없음

로열티 : 월 10만 원

인테리어 : 1억 500만 원 / 추가 시 80만 원(3.3㎡당)

기타 : 없음

총 소요비용 : 1억 4500만 원 부가세 및 점포 임대비용 별도

★ 가맹계약 내용

- 최초 가맹계약 기간 : 2년, 연장계약 시 1년
- 개점 전 교육(14일), 점주평가 후 추가교육, 정기교육(연 1회), 특별교육
- 영업지역 독점권 보장(반경 500m)
- 계약 체결 후 30일 이내 영업신고, 각종 인·허가 취득 및 교육 이수 필요
- 계약 체결 후 45일 이내 가맹점 개설(공사 면적에 따른 가감 발생)

★ 브랜드 컨셉

- 식(食), 도(道), 락(樂) 3가지 테마를 중심으로 새롭게 구성된 주점
- 인스턴트 음식을 탈피한 고급 호텔식 수작요리 주점
- 고급스러운 독립식 룸, 다양한 소품, 화려한 커튼 등으로 안락한 휴식 공간 제공
- 10여 가지 세심한 배려 서비스 실시로 친근함과 편안함 제공
- 매장별 다양한 이벤트와 놀이가 있는 문화공간 제공
- 지속적인 마케팅과 정기적인 신메뉴 프로모션으로 매출 극대화

★ 차별화 전략 및 경쟁력

① 시스템 경쟁력
- 창업전문가를 통한 입지 선정부터 오픈 후 사후관리까지 일괄적인 시스템화
- 각 분야별 경쟁력 있는 전문가 집단이 이끄는 창업 절차 시스템
- 룸식 주점의 회전율 문제를 단숨에 해결한 웨이팅 공간 확보
- 본사 논스톱 주방인력 지원 시스템
- 전국 물류 시스템과 식재료 공급 시스템 구축 완료

② 상권·입지 및 출점전략 경쟁력
- 상층 및 지층에서도 안정적이며 높은 매출 기록
- 메인 상권, 로얄층 입지에서 탈피해 고정비 절감(컨셉형 매장)
- 주 고객층은 20~30대, 직장인
- 현재 유흥상권 및 대학상권, 오피스 복합형 상권에 대부분 출점 중

③ 메뉴 경쟁력
- 주 고객층의 성향을 파악한 메뉴 구성과 고퀄리티·고단가로 안주의 양과 질 모두 충족
- 지속적인 접객 서비스 교육 및 시스템 개발로 충성 고객층의 확대
- 독립된 공간의 부각으로 회식 등의 모임 유치 편의공간 제공

Brand Tip

〈야무야무〉의 가장 큰 특징은 가공식품이나 인스턴트식 조리법을 사용하지 않고 전문 조리사들이 직접 만드는 다양한 메뉴로 변별력을 갖추었다는 점이다. 또한 아늑하고 럭셔리한 개별 독립형 공간을 구성해 고객의 프라이버시를 최대한 보호하기 때문에 20~30대 여성들에게 큰 호응을 얻고 있다.

업종	차별화	투자규모	점포형태	경쟁강도	노동강도	전문인력 필요성
서비스	감성적	낮다	무점포	낮다	낮다	없다
도소매		중간	사무실	보통	보통	
외식	기술적	높다	시설형	높다	높다	있다

2009년부터 큰 인기를 얻기 시작한 식도락 주점 〈야무야무〉는 젊은층의 수요와 트렌드를 잘 공략한 감성마케팅으로 성공적인 차별화를 이룬 외식 브랜드다. 특히 바쁜 직장인들과 학생들의 라이프 스타일에 맞게 신속하고 간편한 식사메뉴를 구성하고, 그와 어울리는 내부 인테리어를 갖췄다. 〈야무야무〉는 어느 정도 투자가 필요한 시설형 업종이지만 차별화된 본사의 상권분석 보호시스템으로 투자비용에 따른 최적의 창업을 선택할 수 있도록 했다. 가공식품이나 인스턴트식 조리방법을 일체 배제한 80~90가지의 수작요리 안주를 내놓고 있는 이곳은 체계적인 주방인력지원 시스템으로 주방인력관리에 대한 점주들의 부담을 없앴다.

평가지수

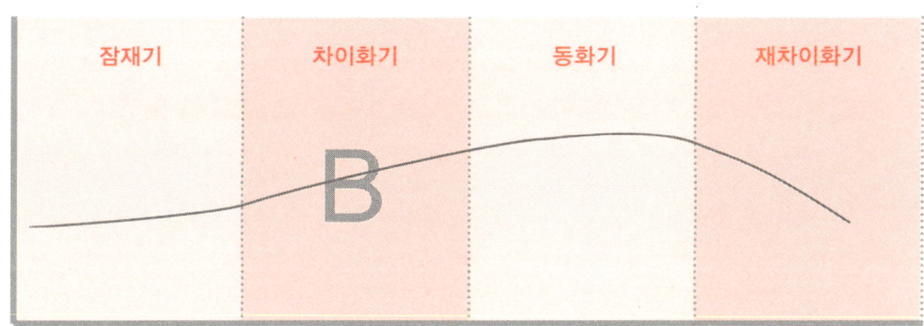

문화화 사이클

〈야무야무〉는 퓨전주점 업계에 공주풍 인테리어와 서비스 바람을 몰고 온 브랜드로 남성 중심의 주점 문화를 여성 중심으로 바꾸는 데 일조한 바가 크다. 여성들은 카페와 패밀리 레스토랑 등을 만남의 장소로 활용해왔었다. 하지만 최근 들어 주점에 대한 선호도가 높아지면서 주점 브랜드 역시 여성 고객에게 어필하는 인테리어와 서비스를 갖추기 시작했다. 이런 점을 종합해볼 때 〈야무야무〉는 B형 차이화기 업종으로 판단된다. 사업적 규모와 관계없이 문화적인 가치변화를 이끌고 있으며 관련 산업군의 모습 역시 바꿔나가고 있다. 또한 산업적 성공으로 문화적 가치 변화를 빠르게 확장시키는 단계에 있다.

한식 전문가가 만든
신개념 모던주막
월선네

가맹점 기본정보

회사명: (주)맛있는 상상
대표자: 오원자
전 화: 031-322-4611
팩 스: 031-322-4908
주 소: 경기도 용인시 처인구 모현면 능원리 137-11
홈페이지: www.wolsunne.com
회사설립일: 1991년 1월
매출액: 16억 원

가맹사업 현황

가맹점 수: 41개
- 1991년 설립 이후 토속 한정식 음식을 기초로 〈좋구먼〉, 〈찌개애감동〉, 〈우리미〉, 〈월선네〉 총 4개의 브랜드 운영 중

가맹점 예상 투자비용

표준매장평수: 49.6㎡(15평) 기준
가맹비: 1000만 원
보증금: 200만 원
로열티: 월 20만 원
인테리어: 1800만 원 / 추가 시 120만 원(3.3㎡당)
기타: 1500만 원
총 소요비용: 4500만 원
부가세 및 점포 임대비용 별도

★ 가맹계약 내용
- 최초 가맹계약 기간 : 3년, 연장계약 시 1년
- 개점 전 신규교육비 200만 원

★ 브랜드 컨셉
- 국내 최고의 한식전문가가 만든 프리미엄 요리주막
- 어머니의 손맛을 살려낸 국밥, 전, 막걸리 메뉴의 모던주막
- 우리의 전통적인 장으로 만들어낸 국밥, 솥뚜껑에 구워낸 전
- 역대 대통령이 즐기던 귀한 막걸리

★ 차별화 전략 및 경쟁력
① 시스템 경쟁력
- 주방장 없는 쿡리스 시스템으로 인건비 절감
- 원팩 포장 시스템으로 주문 후 5분 이내 식사 가능한 간편한 조리
- 모든 물류를 자체 개발·생산하고 유통·배송하는 시스템
- 탁월한 R&D(식품관 운영)와 창업교육관 운영
- 오랜 직영점 운영을 통한 노하우와 레시피 및 매뉴얼 전수 시스템

② 상권·입지 및 출점전략 경쟁력
- 소규모(테이블 9석) 매장으로 출점 가능
- 모든 메뉴의 테이크아웃이 가능하며, 매장 규모 대비 매출 높음
- 남녀노소 누구나 즐기는 식문화로 특히 직장인 회식이나 가족 모임으로 인기
- 현재 주택가 부근 및 오피스 복합형 상권에 대부분 출점
- 매출 부진에 따른 업종변경 시 비용 지원, 창업자금 대출제도 등 운영

③ 메뉴 경쟁력
- 축적된 노하우의 조리 관리 시스템
- 〈좋구먼〉, 〈찌개애감동〉, 〈우리미〉의 운영으로 축적된 노하우 지원
- 직접 제조한 재래식 된장으로 차별화된 맛과 메뉴 제공
- 국밥, 전, 주류 판매로 점심과 저녁의 균형적인 매출
- 주기적인 서비스 교육, 고객과 일치된 마케팅 실시

Brand Tip

창업자를 위한 〈월선네〉의 독특한 시스템 구축
- 3驗(험) 성공기원 프로젝트 – 예비창업자가 소비자로서 맛과 서비스를 평가하고, 예비 점주로서 실제 직영점 매장에서 창업의 실전체험을 시행함으로써 오픈 시 발생하는 리스크를 최소화하도록 해준다.
- 자가 맞춤형 창업 시스템 – 창업자들이 가맹비 등 창업 시 필요한 최소조건을 충족할 시 인테리어와 각종 집기, 주방설비 등의 항목을 창업자의 입장에 맞게 조절할 수 있는 시스템으로 업계 최초로 도입됐다.

업종	차별화	투자규모	점포형태	경쟁강도	노동강도	전문인력 필요성
서비스	감성적	낮다	무점포	낮다	낮다	없다
도소매		중간	사무실	보통	보통	
외식	기술적	높다	시설형	높다	높다	있다

한식 전문가가 만들어 전통의 맛을 느낄 수 있는 프리미엄 요리주막 〈월선네〉는 국밥, 전, 막걸리를 주메뉴로 인기를 끄는 모던주막이다. 옛날 솥뚜껑에 노릇하게 구워낸 전통 방식 그대로의 전과 우리의 장으로 맛을 낸 국밥, 그리고 다양한 종류의 막걸리를 맛있게 즐길 수 있는 〈월선네〉는 올 한해 막걸리의 인기와 함께 남녀노소 모두에게 많은 사랑을 받았다. 창업아이템으로도 〈월선네〉는 매력적인 부분이 많다. 우선 본사의 원팩 포장 시스템으로 조리가 간편해 주방 전문인력이 필요 없는 쿡리스 시스템을 실현했다. 매장 테이블이 9석 정도의 소규모 매장으로도 출점이 가능하며, 모든 메뉴의 테이크아웃이 가능해 규모 대비 매출이 매우 높은 편이다. 국밥과 전, 주류 판매로 점심과 저녁의 균형적인 매출이 가능하다는 점도 빼놓을 수 없는 장점이다. 하지만 다양한 컨셉의 주점들과 경쟁해야 하므로 경쟁강도는 높은 편이다.

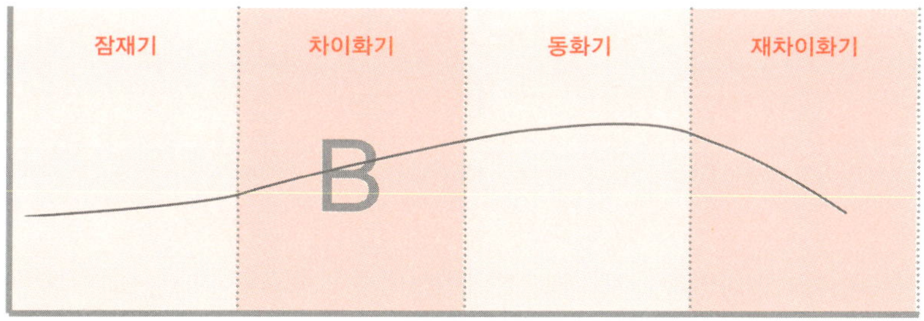

문화화 사이클

최근 막걸리주점의 인기와 함께 〈월선네〉 역시 인기를 끌고 있다. 〈월선네〉 창업의 매력 중 하나는 비용을 줄일 수 있도록 리모델링 창업을 권장한다는 것이다. 〈월선네〉는 여타 막걸리주점처럼 B형 차이화기 업종으로 분류된다. 최근 정부의 다양한 지원책이 나와서 쌀 가공식품에 대한 관심이 집중되고 있는데, 그 중심에 있는 것이 바로 막걸리다. 막걸리주점의 활성화에 부응해 맥주와 소주로 나뉘던 주점 시장에서 막걸리가 커다란 한 축으로 성장할 가능성이 높다. 다만 〈월선네〉가 다양한 브랜드의 성장과 발전 속도를 따라가지 못하고 치열한 경쟁에서 밀린다면 성장 동력이 꺾일 수 있는 유행 업종이라는 것도 명심해야 한다.

맥주로 떠나는
나만의 세계여행
세계맥주전문점
와바

가맹점 기본정보

회사명 : (주)인토외식산업

대표자 : 이효복

전　화 : 1588-0581

팩　스 : 02-733-5552

주　소 : 서울시 강동구 길동 388-3번지 와바빌딩 3층

이메일 : WABAR@WABAR.co.kr

홈페이지 : www.WABAR.com

회사설립일 : 2001년

매출액 : 1155억 원

가맹사업 현황

가맹점 수 : 296개

- 2003년 중국에 6호점 개점 및 홍콩 법인 설립
- 한국프랜차이즈 대상, 대한민국 퍼스트브랜드 대상, 올해의 브랜드 대상
- 싱가포르 Master Franchise M.O.U 체결(2010년 10월)

가맹점 예상 투자비용

표준매장평수 : 99.2㎡(30평) 기준

가맹비 : 최초 1000만 원(재계약 시 1년마다 200만 원)

보증금 : 300만 원

로열티 : 월 매출액의 1%

교육비 : 200만 원

인테리어 : 4800만 원 / 추가 시 160만 원(3.3㎡당)

기타 : 간판 500만 원, 의자·탁자 570만 원, 주방집기 400만 원, POS 등 각종 기자재 1500만 원, 오픈준비물

총 소요비용 : 9870만 원

부가세 및 점포 임대비용 별도

★ 가맹계약 내용

- 최초 가맹계약 기간 : 2년, 연장계약 시 2년
- 계약 체결 후 30일 이내 영업신고, 인·허가 취득 및 교육 이수 필수
- 계약 체결 후 90일 이내 가맹점 개설
- 개점 전 기본교육(서비스, 조리, 세무 등), 매장별 맞춤형 수시교육, 직원 서비스 교육

★ 브랜드 컨셉

- 'WOW' + 'BAR'의 합성어로 '누구나 만족해 감탄한다'는 의미
- 독특하고 다양한 200여 종의 맥주를 즐길 수 있는 세계맥주전문점
- 아이스바를 채택해 자연스럽게 맥주에 대한 고객의 호기심 자극
- 2010년 발리와 싱가폴 출점 등 글로벌 브랜드 전략 추진

★ 차별화 전략 및 경쟁력

① 시스템 경쟁력

- 주류 및 각종 식자재의 온라인 주문 시스템과 전문화된 물류 시스템으로 일일 배송 가능
- 본사와 가맹점 간 소통을 위해 도입된 ERP 등의 정보화 시스템
- 눈 내리는 스노우바, 아이스바, 맥주신전 등 재미와 문화가 가득한 인테리어
- 전문 주방인력 없이도 누구나 운영이 가능한 간편한 조리 시스템
- 최고의 입지를 선정하는 〈와바〉만의 상권분석보호 시스템

② 상권·입지 및 출점전략 경쟁력

- 직장, 주택 근처에 입점하는 고객중심형 입지전략 채택
- 〈와바〉만의 독특한 컨셉을 바탕으로 투자형 출점 가능
- 매장 오픈 전문가에 의한 창업 준비 및 시공감리
- 매장별 지정 MA(Management Advisor)를 통한 지속적이고 체계적인 관리
- 주 고객층은 20~30대의 직장인과 대학생
- 오피스 밀집지역, 역세권 중심상권, 4000세대 이상 주거지역에 입점

③ 메뉴 경쟁력

- 급변하는 소비자의 취향을 고려해 연 2회 이상 신메뉴 개발 제공
- 완제품 공급을 통해 모든 매장에서 균일한 맛과 품질 유지
- 맥주와 잘 어울리는 스타일 음식 등 특화된 메뉴 개발

Brand Tip

와바, 중소기업청 우수 프랜차이즈 선정

세계맥주전문점 〈와바〉가 중소기업청이 주최한 프랜차이즈 수준평가를 통해 첫 우수 브랜드로 선정됐다고 밝혔다. 수준평가에 참여한 기업들은 직영점 1개 이상, 1년 이상 영업 중인 프랜차이즈로서 공정거래위원회에 정보공개서를 등록한 가맹본부다. 가맹본부·가맹점·계약·시스템·관계 특성·성과 등 6개 부분에서 평가를 받은 29개 업체 가운데 70점 이상을 받은 기업들이 우수 프랜차이즈로 선정됐다.

업종	차별화	투자규모	점포형태	경쟁강도	노동강도	전문인력 필요성
서비스	감성적	낮다	무점포	낮다	낮다	없다
도소매		중간	사무실	보통	보통	
외식	기술적	높다	시설형	높다	높다	있다

〈와바〉는 2001년 이후 10년간 꾸준히 사랑받고 있는 세계맥주전문점으로 현재 국내외 290여 개 매장을 운영하고 있는 대표적인 프랜차이즈 중 하나다. 전 세계 200여 종의 맥주를 한 자리에서 접할 수 있다는 〈와바〉만의 독창성으로 인기가 높다. 〈와바〉는 최소 82.6㎡(25평) 이상의 규모로 개설이 가능하며, 오피스나 아파트, 주택가 밀집지역 등 유동인구가 많은 상권에 입점해야 하므로 투자비용이 비교적 높은 편이다. 하지만 전문 주방인력이 없어도 조리가 가능한 시스템과 효율적인 정보화 시스템으로 운영이 간편하며, 다양한 유형의 맞춤형 창업 시스템과 차별화된 상권분석보호 시스템을 채택해 투자비용에 따른 최적의 창업을 선택할 수 있다는 장점이 있다. 공동투자 창업방식을 도입하므로 투자형 창업에도 적합하다.

평가지수

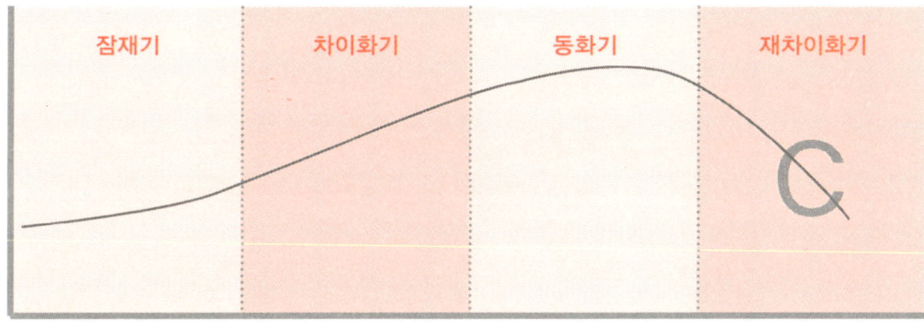

문화화 사이클

〈와바〉는 국내 맥주전문점 시장에 새로운 문화를 만들어낸 대표적 주점 브랜드로 평가된다. 즉 C형 업종으로 볼 수 있다. 〈와바〉의 등장으로 인해 국내 맥주전문점 시장의 인테리어가 한층 깔끔해질 수 있었다. 또한 해외 진출 1호 주점으로 국내 주점 브랜드가 해외에 진출할 수 있다는 가능성을 보여주었다는 점에서도 높게 평가되고 있다. 그럼에도 재차이화기 업종으로 분류되는 까닭은 산업 발전의 잠재력을 모두 소진해 새로운 가치 변화가 필요한 단계로 판단되기 때문이다. 이런 경우 계속해서 10년 이상 롱런하는 브랜드로 거듭나기 위해서는 매장의 리모델링 단행은 물론 새로운 메뉴와 주류를 도입하는 것을 모색해봐야 할 것이다.

우리 술,
우리 전 復古酒煎
잘살아보세

가맹점 기본정보

회사명 : (주)우리땅푸드
대표자 : 현관식
전　화 : 1644-1661
팩　스 : 032-678-1661
주　소 : 부천시 오정구 삼정동 80-31번지
이메일 : misthh@naver.com
홈페이지 : www.woorijeon.co.kr
회사설립일 : 2009년 4월
매출액 : 60억 원

가맹사업 현황

가맹점 수 : 75개

- 일산 라페스타를 시작으로 A급 상권에 75호점 개점
- 가맹점 매출 및 순수익(3개월분) 등을 POS시스템을 통해 예비 창업자들에게 투명하게 공개

가맹점 예상 투자비용

표준매장평수 : 66.1㎡(20평) 기준
가맹비 : 550만 원
보증금 : 없음
로열티 : 월 10만 원
인테리어 : 2800만 원 / 추가 시 140만 원(3.3㎡당)
기타 : 주방기기, 간판, 초도용품, POS기기
총 소요비용 : 6500만 원
부가세 및 점포 임대비용 별도

★ **가맹계약 내용**

- 최초 계약기간 2년, 연장계약 2년
- 교육 : 오픈 전 이론교육, 매장교육
- 상권, 영업지역 독점권 보장

★ **브랜드 컨셉**

- 막걸리와 동동주, 모듬전, 파전, 옛날보쌈, 국수 등 옛날 시골 잔칫집에서 먹을 수 있었던 음식을 1960~70년대 분위기로 살려낸 복고주점 프랜차이즈
- 옛날을 그리워하는 장년층은 물론 독특한 칵테일 막걸리를 맛보려는 20~30대 젊은이들도 선호하는 분위기
- 3년 동안 각 분야의 프랜차이즈 전문가들과 요리연구진이 개발한 브랜드

★ **차별화 전략 및 경쟁력**

① 시스템 경쟁력

- 본사 물류 시스템, 식재료 공급 시스템 구축 완료
- 전문 주방인력이 필요 없는 간편한 운영 시스템
- 기존 업체보다 30% 정도 원가 절감 및 균일한 맛으로 경쟁력 제고
- 〈잘살아보세〉 창업아카데미를 운영하며 가맹점주 교육 진행

② 상권·입지 및 출점전략 경쟁력

- 20대 젊은 층에서부터 50대까지 넓은 연령대의 고객 확보
- 대학가 및 오피스 복합형 상권 중심으로 출점 중
- 아파트단지나 주거지를 낀 주택가, 동네 상권에도 입점 가능

③ 메뉴 경쟁력

- 점심식사와 저녁(고기, 주점) 매출도 높은 1석 2조의 아이템
- 시장여건과 소비자 취향 분석 결과를 토대로 주점과 고깃집을 결합한 아이템
- 홍합탕, 굴전, 굴 초무침 등 입맛 당기는 계절식 출시
- 모든 식재료(각종 반죽, 보쌈용 고기, 김치, 양념 등)를 자체 공장에서 직접 제조해 반·완제품 원팩 상태로 공급
- 열전도 및 보전성이 뛰어난 무쇠주물 전판을 자체 개발해 옛날 부침개의 맛 그대로를 재현
- '잘살아보세 100% 쌀 막걸리' '동동주' '제주 보리막걸리' 출시
- '제주 보리막걸리'는 기존의 보리막걸리보다 식이섬유와 항암물질인 베타-클루칸이 다량 함유되어 있어 성인병 예방과 장 기능 개선, 몸 속 노폐물 배출에 효과가 큼

Brand Tip

[2010 한국프랜차이즈대상] KOTRA 사장상

복고주점 〈잘살아보세〉가 한국프랜차이즈 대상 2010 신생브랜드부문 KOTRA 사장상을 수상했다. 〈잘살아보세〉를 운영하고 있는 (주)우리땅푸드는 자체 육가공 및 물류센터를 운영하며 각 가맹점에 양질의 제품을 저렴한 가격으로 공급하는 경쟁력을 갖춘 회사다.

분류지수

업종	차별화	투자규모	점포형태	경쟁강도	노동강도	전문인력 필요성
서비스	감성적	낮다	무점포	낮다	낮다	없다
도소매		중간	사무실	보통	보통	
외식	기술적	높다	시설형	높다	높다	있다

〈잘살아보세〉는 지갑이 가벼운 일반 서민이나 식사와 술을 함께 해결하려는 직장인 등 남녀노소 관계없이 다양한 타깃층에게 어필하는 서민형 주점이다. 특히 전통 주류인 '생막걸리' 등과 같은 주류에 중점을 두고, 안주로 잘 어울리는 종로 피맛골식 부침개를 선보이며 차별화했다. 매장 분위기 역시 60~70년대의 새마을운동 컨셉으로 옛날의 향수를 그리워하는 중장년층의 큰 호응을 받고 있다. 〈잘살아보세〉는 서민을 대상으로 하는 외식 브랜드를 지향하고 있어 소자본창업자, 생계형창업자들이 도전해볼 만한 브랜드다. 본사에서 반죽 상태로 공급된 전과 생막걸리는 물론 제품별 특제소스를 가맹점에 공급하기 때문에 식자재 구매와 조리에 대한 부담이 없어 조리 전문인력에 대한 고정비 비용을 절감할 수 있으며, 노동강도 또한 낮은 편이다.

평가지수

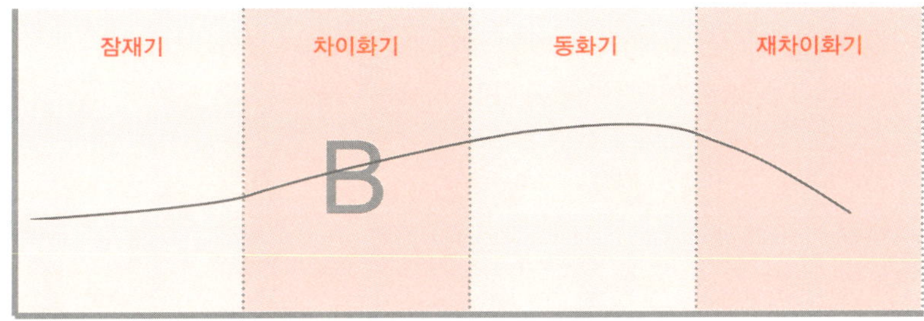

문화화 사이클

2009년부터 불기 시작한 막걸리 열풍에 힘입어 막걸리와 동동주, 모듬전, 파전, 옛날보쌈, 국수 등을 주메뉴로 한 복고주점 프랜차이즈다. 지난날을 그리워하는 장년층은 물론 막걸리 칵테일과 제주보리막걸리 등으로 젊은층에게도 어필하며 가맹사업도 크게 신장되고 있다. 고기와 전, 주점을 결합한 〈잘살아보세〉는 B형 차이화기에 있다고 판단된다. 막걸리를 필두로 하는 연관산업군의 확산과 수많은 경쟁업체들의 등장에서 알 수 있듯 어느 정도의 사업적 규모는 만들어내며 문화적 가치변화를 빠르게 확산시키고 있다. 하지만 향후 막걸리의 인기가 식을 경우 타 주점과의 차별성을 부각하기 위한 노력이 필요할 것이다.

주점
생맥주 전문점

호텔급 요리안주와
함께하는 레스펍
치어스

가맹점 기본정보

회사명 : (주)치어스
대표자 : 정한
전　화 : 031-719-6250
팩　스 : 031-719-6255
주　소 : 경기도 성남시 분당구 정자동 158-6 모선빌딩 4층
이메일 :
service@cheerskorea.com
홈페이지 :
www.cheerskorea.com
회사설립일 : 2003년 10월
매출액 : 140억 원

가맹사업 현황

가맹점 수 : 240개
• 2002년 11월 가맹사업 개시

가맹점 예상 투자비용

표준매장평수 : 99.2㎡(30평) 기준
가맹비 : 800만 원
보증금 : 300만 원
로열티 : 월 10만 원(평수, 계약조건에 따라 상이함)
교육비 : 110만 원
인테리어 : 1700만 원 / 추가 시 160만 원(3.3㎡당)
기타 : 주방기물, 그릇, 탁자·의자, POS, 오픈물품
총 소요비용 : 9000만 원
부가세 및 점포 임대비용 별도

★ 가맹계약 내용
• 최초 가맹계약 기간 : 2년, 연장계약 시 1년(가맹비의 30%)
• 영업지역 독점권 보장(반경 500m)
• 주 6일 이상, 월 25일 이상 개점(연속 5일 이상 휴업 불가)
• 개점 전 교육(이론 및 매장실습), 수시교육(필요 시), 특별교육
• 경업금지 의무

★ 브랜드 컨셉
• 호텔급 요리메뉴와 함께 즐기는 생맥주 전문 프리미엄 레스펍
• 남녀노소 다양한 연령층이 즐기는 레스토랑풍 생맥주전문점

★ 차별화 전략 및 경쟁력
① 시스템 경쟁력
• 조리아카데미를 통한 주방인력의 체계적인 구인, 파견, 교육, 관리
• 전문 주방인력을 상시 투입할 수 있는 헬퍼 시스템 운영
• 용인, 대구, 익산 등 전국 3곳의 자체 물류센터를 통한 물류경쟁력
• ERP 시스템을 통한 전체적인 매장 관리
• 자체 개발한 POS 시스템을 통한 정확한 매출 분석 및 관리
• 홍경민, 김정민으로 이어지는 스타마케팅을 업계 최초로 시도

② 상권·입지 및 출점전략 경쟁력
• 메뉴바이저와 슈퍼바이저, 인테리어 팀장의 유기적인 오픈 지원
• 레스펍 컨셉으로 중심상권, 대학가, 역세권 등 다양한 상권에서 출점 가능
• 특히 가족과 여성 고객이 많아 아파트 단지나 주거지역 출점이 양호
• 고급스러운 인테리어로 투자형 창업아이템으로 각광
• 전국 단위 물류 시스템을 갖춰 전국 모든 지역에서 창업 가능
• 4단계 매장관리 시스템(점포·주방·식자재·매장운영 클리닉) 등 체계적인 가맹점 관리

③ 메뉴 경쟁력
• 전문요리사가 만드는 70여 가지 호텔급 요리메뉴로 고객만족 극대화
• 자체 물류를 통한 신선하고 안전한 식자재 사용
• 메뉴 품질에 비해 가격대는 1~2만 원대로 저렴
• 정기적인 신메뉴 출시와 계절에 따른 이벤트 메뉴 출시로 고객 니즈 충족
• 조리실장 체험교육 시스템을 통한 주방인력의 전문성 및 조리능력 제고

Brand Tip
〈치어스〉는 '레스펍(패밀리 레스토랑과 호프가 결합된 용어)'이라는 컨셉을 유행시킨 생맥주 전문점 업계의 리딩브랜드로 평가받고 있다. 밝고 화사한 인테리어로 다양한 연령층이 즐길 수 있도록 함으로써 가족과 여성고객들에게도 인기가 많아 아파트와 주거지역에도 많이 출점되는 추세다.

분류지수

업종	차별화	투자규모	점포형태	경쟁강도	노동강도	전문인력 필요성
서비스	감성적	낮다	무점포	낮다	낮다	없다
도소매		중간	사무실	보통	보통	
외식	기술적	높다	시설형	높다	높다	있다

〈치어스〉는 기존의 맥주전문점과 달리 호텔 수준의 요리를 즐길 수 있는 생맥주 전문점의 대표주자다. 이 업종의 경우 대형매장이나 치킨 전문점 형태의 소형매장이 대부분인데, 〈치어스〉는 그 틈새시장을 잘 공략해 인기 브랜드로 자리매김했다. 하지만 맥주 전문점 자체가 워낙 경쟁이 치열한 업종인데다 초기투자가 어느 정도 필요한 시설형이며 호텔급 요리가 가능한 전문인력의 필요성을 염두에 두어야 한다. 우선적으로 저녁 매출이 높은 맥주 전문점의 특성상 자신의 적성과 생활패턴에 잘 맞는지를 신중하게 고려한 후 창업을 결정하는 게 좋다. 또한 창업자 본인이 적극적인 자세로 요리에 관심을 기울이는 게 바람직하다.

평가지수

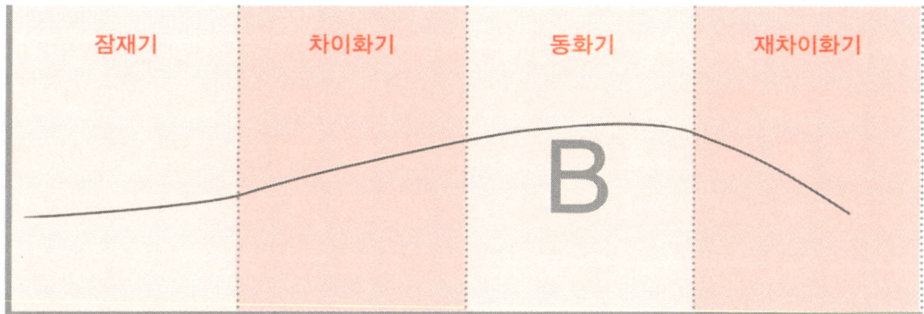

문화화 사이클

기존 맥주 전문점과의 차별화를 통해 새로운 시장을 개척하고 있는 〈치어스〉는 B형 동화기에 있는 업종으로 판단된다. 기존 소규모 독립점 형태의 맥주 전문점이 대기업들과 제휴해 체계화되면서 한 단계 업그레이드되었다고 평가받고 있지만, 사실상 인테리어 외에는 그다지 큰 변화가 없다는 지적도 있었다. 그 뒤를 이어 치어스가 '레스펍' 이라는 새로운 개념으로 차별화를 모색해 시장의 규모 자체를 확대시키고 있다. 하지만 맥주 전문점 자체가 워낙 경쟁이 심한데다 향후 수많은 경쟁업체의 등장이 예상돼 지속적 성장을 위해서는 유동적인 변화에 어떻게 대응하는지가 관건이다.

주점
세계맥주 전문점

현대인을 위한 사랑방,
세계맥주전문점
펍앤펍스

가맹점 기본정보

회사명 : (주)홉앤호프
대표자 : 손우빈
전 화 : 02-518-8633
팩 스 : 02-456-8125
주 소 : 서울시 강남구 신사동 644-8
홈페이지 : www.pubnpubs.com
법인설립일 : 2010년 2월
매출액 : 비공개

가맹사업 현황

가맹점 수 : 11개
- 2010년 3월 런칭 이후 A급 상권 중심으로 출점

가맹점 예상 투자비용

표준매장평수 : 132.2㎡(40평) 기준
가맹비 : 500만 원(단, 40평 이상 700만 원 / 뮤직룸형 1000만 원)
보증금 : 300만 원
로열티 : 월 20만 원(단, 본사 제시 품목 모두 공급받을 시 면제)
인테리어 : 6800만 원 / 추가 시 160만 원(3.3㎡당)
기타 : 주방설비 및 기기 1000만 원, 주방 및 홀 집기 800만 원, 간판 500만 원, 교육비 100만 원
총 소요비용 : 1억 300만 원
부가세 및 점포 임대비용 별도

★ **가맹계약 내용**
- 최초 가맹계약 기간 : 2년, 연장계약 시 2년(갱신가맹비 300만 원)
- 영업지역 독점권 보장(보행도보거리 300m)
- 영업시간은 16:00~06:00(14시간)이며, 연중무휴(명절 제외)
- 개점 전 교육(사전체험교육, 운영교육), 개점 후 교육(수시교육, 특별교육, 재교육), 조리교육(3~5일), 매장실무교육(1~2일), 정기교육(연 2~4회)

★ **브랜드 컨셉**
- 세계 각국의 다양한 프리미엄 맥주를 저렴한 가격에 즐길 수 있는 공간
- 유럽풍의 깔끔하고 세련된 인테리어, 나만을 위한 특별한 독립공간에서 즐기는 '유럽형 룸식 주점'
- 모던함을 기본으로 따뜻한 느낌의 원목과 강렬한 붉은 철 구조물이 극명한 대비를 이루며 이국적 분위기 연출

★ **차별화 전략 및 경쟁력**

① 시스템 경쟁력
- 성공창업을 위한 철저하고 체계적인 전문교육 시스템(사전체험 · 운영 · 조리 · 매장실무 · 정기교육)
- 초보창업자에게도 손쉬운 원팩 물류 시스템 구현
- 본사 직영 물류센터로 효율적이고 안정적인 배송
- 체계화된 식자재 구매 및 유통 시스템으로 중간 마진이 없어 가격경쟁력 높음
- 전국 부동산 네트워크와 과학적인 분석을 통한 상권분석 노하우
- 운영 · 조리 · 접객 등 분야별 전문가 파견을 통한 실전 지원, 전담 슈퍼바이저의 오픈 리허설 지원
- 매장 운영에만 전념할 수 있도록 무이자 및 저리 대출 등 다양한 대출 시스템 운영

② 상권 · 입지 및 출점전략 경쟁력
- 본사 마케팅팀과 전문 슈퍼바이저의 사전조사 및 맞춤형 프로모션으로 매출활성화 지원
- 주 고객층은 20~30대 젊은 직장인이지만 독특한 인테리어와 룸식 주점이라는 차별화로 고객의 연령대가 다양함
- 독특한 인테리어와 메뉴, 마케팅 강점 요소로 상권의 영향을 거의 받지 않음
- 오픈 리허설 지원 및 상시 프로모션을 통한 지역 맞춤형 홍보 · 마케팅 실시

③ 메뉴 경쟁력
- 세계 각국의 대표 맥주는 물론 각종 칵테일과 위스키, 코냑까지 구비함
- 2030 트렌드에 딱 맞는 메뉴로 고객 재방문율이 높음
- 급변하는 고객 니즈에 맞춰 조리전문가가 연 2회 신메뉴 개발 공급

업종	차별화	투자규모	점포형태	경쟁강도	노동강도	전문인력 필요성
서비스	감성적	낮다	무점포	낮다	낮다	없다
도소매		중간	사무실	보통	보통	
외식	기술적	높다	시설형	높다	높다	있다

세계의 프리미엄 맥주를 저렴한 가격에 즐길 수 있는 〈펍앤펍스〉는 유럽풍 인테리어와 나만을 위한 특별한 독립공간으로 차별화한 유럽형 룸식 주점이다. 성공창업을 위한 철저하고 체계적인 전문교육 시스템과 초보창업자도 손쉽게 운영 가능한 원팩 물류 시스템 구현으로 초보창업자에게 추천 가능한 업종이다. 전국 부동산 네트워크와 과학적인 분석을 통한 상권분석 노하우 제공, 무이자 및 저리 대출 등 다양한 대출 시스템 운영 등 창업자를 위한 다양한 시스템을 갖추고 있어 은퇴자에게도 적합하다. 다만 업종의 특성상 심야시간대까지 근무해야 하고, 노동강도가 높다는 점에서 자신의 라이프스타일과 기호 등을 고려하여 신중히 선택하는 게 좋다. 주점 업종의 특성상 시설형이며, 차별화된 인테리어와 독립공간 구성으로 투자비용은 높은 편에 속한다.

평가지수

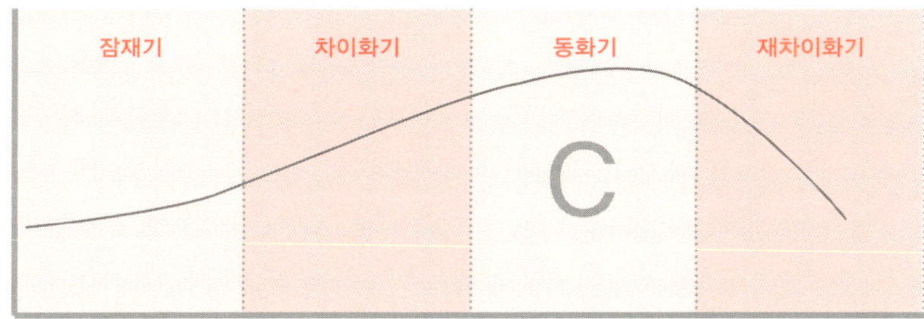

문화화 사이클

〈와바〉로 대표되는 세계맥주전문점은 기존 맥주전문점과 차별화된 컨셉으로 특히 젊은층들의 큰 사랑을 받고 있다. 최근에는 다양한 주류와 함께 고급 음식과 안주를 맛볼 수 있는데다 고객의 다양한 니즈를 반영한 세련된 인테리어와 바, 독립된 룸 제공 등으로 진화하고 있어 고객들의 연령대가 더욱 확대되고 있는 추세다. 이 업종은 C형 동화기 업종으로 판단된다. 독창적이고 새로운 공간으로 사업적 성공은 물론 문화적 가치변화까지 제공했다고 볼 수 있기 때문이다. 또한 연관 산업군과 수많은 경쟁업체들의 동반 성장으로 전체 산업규모가 확대되고 있다. 향후 고객들의 취향과 최신 트렌드에 맞는 차별화 전략을 통해 고객 만족을 위한 지속적인 노력이 필요한 단계다.

여성 전용 업종과 틈새 업종에 주목하라

패션뷰티 시장에서 틈새 업종이 주목받으면서 큰 기류를 형성할 것으로 예상된다. 패션 시장의 틈새 업종으로는 키가 작거나, 몸집이 거대한 고객들을 위한 의류전문점이 인기를 끌어왔다. 여기에 더해 고객의 콤플렉스를 해소할 수 있는 패션·뷰티숍 역시 틈새 업종으로 꾸준한 고객들의 사랑을 받고 있는 중이다. 네일아트가 대표적인 사례라고 할 수 있다. 최근에는 여성들의 부족한 머리숱에 대한 고민을 해결해주는 가발이 패션 아이템으로 부상하고 있다. 패션가발 판매점 〈모양〉은 30~50대 여성을 타깃으로 합리적인 가격의 명품 패션가발을 판매한다. 여성 빈모 인구가 300만 명으로 급증하는 가운데 여성의 사회진출이 증대하면서 패션가발의 수요는 계속해서 늘어날 것으로 전망된다. 2011년에는 한걸음 더 나아가 여성만을 위한 상품의 인기가 '여성만을 위한 매장'의 인기로 이어질 전망이다. 여성전용 피트니스클럽 〈커브스〉가 대표적이다. 현재 전 세계 84개국, 1만 800여 개 클럽, 430만 여성회원들이 이용하는 〈커브스〉는 '30분 순환운동'을 내세워 유산소 운동과 근력 운동을 동시에 진행할 수 있는 프로그램으로 각광받고 있다. 〈커브스〉는 '여성이 주체가 되어 여심을 읽는다'라는 마케팅 전략으로 성공했고, 현재 국내에 100호점이 운영 중이다.

PART 5 뷰티

선진국형 네일샵 창업 시스템
골든네일

가맹점 기본정보

회사명 : (주)인이엔티
대표자 : 안익선
전 화 : 02-2065-0744
팩 스 : 02-2695-0744
주 소 : 서울시 강서구 화곡동 379-49 세진빌딩 2층
이메일 : golden_nail@naver.com
홈페이지 : www.golden-nail.co.kr
회사설립일 : 2009년 4월
매출액 : 40억 원

가맹사업 현황

가맹점 수 : 50개

가맹점 예상 투자비용

표준매장평수 : 26.4㎡(8평) 기준
가맹비 : 300만 원
보증금 : 없음
로열티 : 없음
인테리어 : 1000만 원 / 추가 시 150만 원(3.3㎡당)
총 소요비용 : 2450만 원
부가세 및 점포 임대비용 별도

★ 가맹계약 내용

- 최초 가맹계약 기간 : 2년, 연장계약 시 2년
- 계약 체결 후 30일 이내 영업신고, 인·허가 취득 및 교육 이수 필수
- 계약 체결 후 90일 이내 가맹점 개설
- 개점 전 교육, 정기교육(연 1회), 특별교육

★ 브랜드 컨셉

- 유럽의 카페를 모티브로 한 인테리어로 기존 네일샵과의 차별화
- 소자본 여성창업의 전유물이던 네일샵 창업을 다양한 컨셉으로 체계화해 매출 극대화
- 선진 프랜차이즈 시스템을 접목해 안정된 창업아이템으로 발전시킴
- 20~30대 여성들을 겨냥해 국내 최초로 네일샵과 카페를 접목시킨 〈카페 골든네일〉 운영

★ 차별화 전략 및 경쟁력

① 시스템 경쟁력

- 본사 네일아트 아카데미를 통한 교육사업과 인력 확보
- 실제 매장에서 실질적인 교육을 받을 수 있는 실전 창업교육
- 직원 구인 및 매니저 파견 시스템 운영으로 초보창업자도 성공적으로 운영 가능
- 본사 물류 시스템 구축으로 오픈 후 안정된 물류 공급 가능
- 타 업종 대비 물류의 유통기한이 길고 로스율이 적어 초도 입고 후 추가 구입률이 낮음

② 상권·입지 및 출점전략 경쟁력

- 소규모 매장으로 출점 가능
- 회원제 시스템과 예약제 시스템을 통해 작은 점포에도 불구하고 높은 매출 기록
- 주 고객층은 20~40대 여성으로 폭 넓은 연령대
- 유동이 낮은 중심상권뿐 아니라 오피스, 아파트 상가, 주택 밀집 시역에노 안정적 매출 가능

③ 서비스 경쟁력

- 손관리 : 실버(케어+컬러), 골드(케어+컬러+각질+수분팩), 스페셜(케어+컬러+각질+마스크+마사지+보습팩)
- 발관리 : 골드(케어+컬러), 스페셜(케어+컬러+스크럽+마스크+마사지+보습팩)
- 판매제품 : 탑코트, 베이스코트, 손톱영양제, 큐티클오일, 리무버, 여성용품, 손관리 제품, 발관리 제품 등

Brand Tip

〈골든네일〉의 핵심 경쟁력은 바로 고객들의 시선을 사로잡는 각기 다른 인테리어다. 여성 유동인구가 많은 상권에는 '카페형', 학생들이 주요 고객인 상권에는 '러블리형', 회사 및 직장인들이 많은 상권에는 '심플형'을 적용해 고객들의 만족도를 최대로 높이고 있다.

업종	차별화	투자규모	점포형태	경쟁강도	노동강도	전문인력 필요성
서비스	감성적	낮다	무점포	낮다	낮다	없다
도소매		중간	사무실	보통	보통	
외식	기술적	높다	시설형	높다	높다	있다

네일샵의 경우 보통 규모가 작고 영세한 경우가 대부분이다. 그렇다 보니 전형적인 소자본 여성창업의 대명사격으로 지칭됐지만 실상은 폐업도 부지기수일 정도로 부침이 심했다. 그러나 대표적인 네일아트 전문 프랜차이즈인 〈골든네일〉의 경우 유럽의 카페를 모티브로 한 인테리어로 기존 네일샵들과의 차별화를 시도한데다 선진 프랜차이즈 시스템을 접목시켜 안정된 창업아이템으로 발전시켰다. 특히 네일샵과 카페를 접목시킨 〈카페 골든네일〉은 20~30대 여성들에게 큰 호응을 얻고 있다. 〈골든네일〉은 본사의 네일아트 아카데미를 통해 실제 매장에서와 동일한 수준의 교육을 받을 수 있어 초보창업자도 부담 없이 창업이 가능하다. 또한 꾸준한 인력 확보 노력으로 인력난에 대한 부담을 최소화했다. 실제 창업비용도 26.4㎡(8평) 기준에 2450만 원으로 저렴해 소자본 창업에 적합하다.

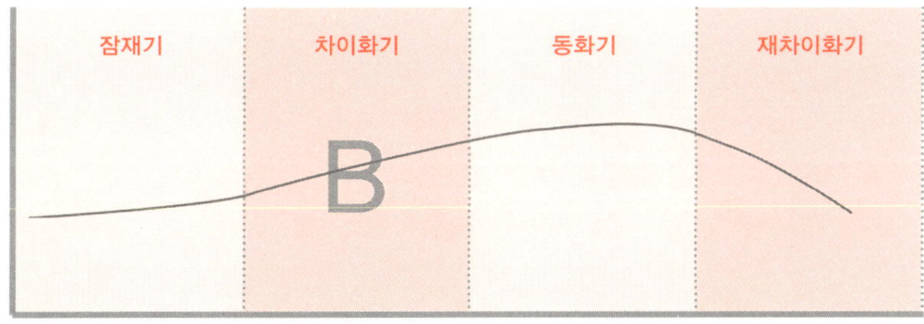

문화화 사이클

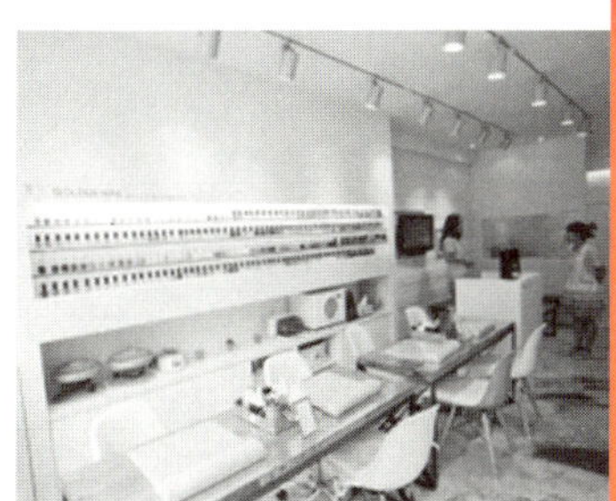

〈골든네일〉은 B형 차이화기 업종으로 판단된다. 즉 유행으로 끝나지 않고 향후에도 틈새 패션시장에서 어느 정도 영역을 확보할 것으로 예상되는 업종이다. 최근 급신장한 틈새 패션시장은 뚱뚱한 사람을 위한 의류판매점이라든지, 키 작은 사람을 위한 구두판매점 등과 같은 업종을 말한다. 〈골든네일〉의 경우에는 네일샵 분야의 높은 폐점율을 감안하여 교육 수준을 높이고 고객의 만족도 제고에 주력했기 때문에 성공할 수 있었다. 또한 네일샵과 카페를 결합시킨 〈카페 골든네일〉로 새로운 차별화를 추구하고 있는 등 향후 가맹사업 성공은 물론 관련 산업군의 발전에 영향을 끼칠 확률이 높다고 보여진다.

탈모두피 토탈케어
시스템의 선구자
모발로

가맹점 기본정보

회사명 : (주)에스이 얼라이언스
대표자 : 구민경
전 화 : 02-2263-5910
팩 스 : 02-2263-5837
주 소 : 서울시 중구 을지로 5가
39-1 삼성파크빌 4층
이메일 : sws4586@hanmail.net
홈페이지 : www.mobalro.com
회사설립일 : 2004년
매출액 : 23억 원

가맹사업 현황

가맹점 수 : 국내 25개점 및 국외 5개점
• 2008년 신지식인 기업상, 2009년
신지식인상 · 중소기업청장상, 2010
년 지식서비스 최우수기업상 수상

가맹점 예상 투자비용

표준매장평수 : 99.2㎡(30평) 기순
가맹비 : 800만 원
보증금 : 500만 원
로열티 : 월 20만 원
교육비 : 200만 원
인테리어 : 5100만 원 / 추가 시 170
만원(3.3㎡당)
장비 및 제품 : 3500만 원, 기타
500만 원
총 소요비용 : 1억 600만 원
제휴점 기준 : 1240만 원
부가세 및 점포 임대비용 별도

★ 가맹계약 내용
- 최초 가맹계약 기간 : 2년, 연장계약 시 1년
- 계약 체결 후 30일 이내 영업신고, 인 · 허가 취득 및 교육 이수 필수
- 계약 체결 후 90일 이내 가맹점 개설
- 정기교육(월 2회), 두피관리사, 두피상담사교육(3개월), 특별교육

★ 브랜드 컨셉
- 두피와 모발의 원스톱 관리
- 카페 분위기의 인테리어와 고급 조명으로 고객만족 극대화
- 젊은층의 탈모인구 증가로 인한 지속적인 수요층 확대

★ 차별화 전략 및 경쟁력
① 시스템 경쟁력
- 국내 최초 뷰티와 웰빙 메디컬을 혼합한 시스템
- 두피모발전문가 협의회 시스템 참여
- 최신 관리기기 장비와 효과가 탁월한 제품으로 매뉴얼 적용
- 모발검사와 맞춤영양제 처방으로 새로운 부가가치 창출 시스템
- 모발이식 전문병원과의 연계 시스템
- 두피관리 교육 시스템 구성

② 상권 · 입지 및 출점전략 경쟁력
- 소규모 매장으로 출점 가능
- 기존 미용실, 피부관리숍, 병원 등의 Shop in Shop 입점 가능
- 대형 매장은 미용실과 메이크업 등과 병행 가능

③ 서비스 경쟁력
- 전문자격증을 소지한 관리사의 헤어 마무리
- 지속적인 CS 교육을 동한 효과직인 고객 응대
- 경영, 교육, 관리부분의 최고 전문가 집단의 지원

Brand Tip
병원과 견고한 협력을 통해 이뤄지는 〈모발로〉의 시스템은 고객들에게 과학적인 분석과 진단을 제공한다. 여기에 자체 개발한 장비인 '테라뷰티'와 두피 케어 제품으로 탈모두피관리를 손쉽게 할 수 있도록 매뉴얼을 만들었다. 더불어 예방과 관리를 위한 두피관리 프로그램과 병의원을 통한 치료 프로그램도 갖추고 있다. 〈모발로〉를 방문하면 가장 먼저 두피전문진단 프로그램으로 두피 상태를 파악하게 된다. 이는 모발분석을 통해 독성중금속과 영양미네랄 과부족을 검사하고, 맞춤영양요법으로 탈모의 문제가 되는 증상을 회복 · 예방하는 것이다.

분류지수

업종	차별화	투자규모	점포형태	경쟁강도	노동강도	전문인력 필요성
서비스	감성적	낮다	무점포	낮다	낮다	없다
도소매		중간	사무실	보통	보통	○
외식	기술적	높다	시설형	높다	높다	있다

〈모발로〉는 전형적인 서비스 업종으로 정확한 진단 및 통합 케어가 가능한 최첨단 장비를 두고 영업해야 하는 하이테크 업종이다. 투자규모는 여타 서비스업 개설 수준보다 낮은 편인데 66.1㎡(20평) 규모 기준으로 점포구입비를 빼고 7700만 원이 든다. 이중 4000만 원 가량이 장비와 물품비에 소요되기 때문에 실제 개설비는 3700만 원 수준이다. 모발이식 등의 특별한 서비스로 경쟁강도는 낮은 편이고, 고급 서비스 위주로 상품을 구성해 노동강도 역시 낮다. 점주 스스로 매월 2회 정기교육과 두피관리사 및 두피상담사 교육을 3개월간 유료로 이수해야 한다. 점주가 이런 업무를 하지 않고 종업원을 고용할 때는 전문인력이 필요하므로 별도의 비용이 발생할 수 있다.

평가지수

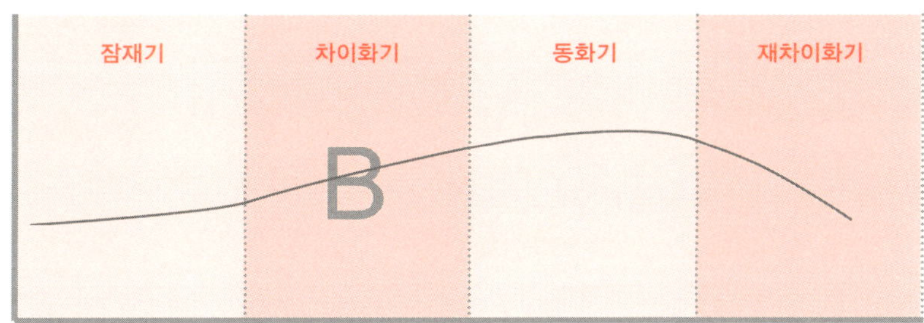

문화화 사이클

〈모발로〉는 B형 차이화기 업종으로 볼 수 있다. 이 업체는 자격증 없이 주먹구구식으로 운영되던 기존의 두피케어센터 시스템을 표준화해 전국 어디서나 양질의 서비스를 받을 수 있도록 체계화했다. 향후 다른 두피케어센터도 〈모발로〉를 벤치마킹해 프랜차이즈화가 적극 이뤄질 것으로 예상된다. 다만 매장을 오픈할 때 개점 비용과 교육 과정을 부담스럽게 여기는 창업자들이 있어서 확대 속도가 더딜 수도 있다. 또한 병원 피부과 등이 모발 관련 의료 시술에 적극 나서는 상황이어서 관련 산업 전반이 정부 정책으로 인해 큰 변화를 맞이할 우려도 있다.

헤어 패션의 중심!
스타일 가발
모양

가맹점 기본정보

회사명 : (주)엠프파트너스
대표자 : 이민경
전 화 : 02-730-0780
팩 스 : 02-730-0783
주 소 : 서울시 종로구 누하동 217
이메일 : happydayjsw@naver.com
홈페이지 : www.moyangkorea.com
회사설립일 : 2006년 5월
매출액 : 10억 원

가맹사업 현황

가맹점 수 : 9개
- 국내 최초 여성 패션가발 전문 프랜차이즈
- 현대백화점, NC백화점 입점, 롯데백화점 납품, CJ 오쇼핑 런칭
- 유망 소상공인 프랜차이즈 선정
- 벤처기업 인증, 한국가발협회, 국제 두피가발전문가연합 창업 추천업체

가맹점 예상 투자비용

표준매장평수 : 33㎡(10평) 기준
가맹비 : 550만 원
보증금 : 300만 원
로열티 : 월 15만 원
인테리어 : 1400만 원 / 추가 시 140만 원(3.3㎡당)
기타 : 초도물품 2000만 원, 홍보비 300만 원, 교육비 300만 원
총 소요비용 : 4800만 원
부가세 및 점포 임대비용 별도

★ **가맹계약 내용**
- 최초 가맹계약 기간 : 2년
- 정보공개서 제공
- 영업지역 독점권 보장
- 전문 헤어큐레이터 인력지원

★ **브랜드 컨셉**
- 패션아이콘 명품가발의 대중화
- 30~50대 여성에게 합리적인 가격으로 공급

★ **차별화 전략 및 경쟁력**

① 시스템 경쟁력
- 진입장벽이 높은 차별화된 아이템
- 고급스럽고 세련된 컨셉의 인테리어
- 한올수제 기법과 다양한 종류의 제품 디자인 개발
- 높은 수익률과 낮은 재고부담
- 저렴한 창업비용(1인 창업, 여성창업)

② 상권·입지 및 출점전략 경쟁력
- 소규모 매장으로 출점 가능
- 주 고객층은 30~50대 여성
- 중심상권(백화점, 아울렛, 마트), 역세권, 아파트 밀집지역 중심으로 출점 중

③ 서비스 경쟁력
- 50여 종의 다양한 제품 디자인
- 한올수제 기법으로 높은 품질력
- 최상급 퀄리티의 100% 버진헤어만을 사용
- 스위스 하이테크밍을 사용해 뛰어난 통풍과 위생으로 탁월한 착용감

Brand Tip

〈모양〉, 2011년 블루오션 창업아이템으로 선정

여성 빈모 인구가 300만 명으로 급증하는 가운데 여성의 사회진출이 증대하면서 패션 가발의 수요는 늘어날 것으로 전망된다. 〈모양〉은 주로 온라인에서 거래되던 가발을 오프라인 매장으로 옮겨온 것이 특징이다. 쇼핑몰을 통해 가발을 구매하는 경우 제품의 퀄리티를 제대로 확인할 수 없어 초저가 상품만 판매됐었고, 기존의 오프라인 가발 판매점의 경우는 맞춤 가발만을 취급해 가격대가 만만치 않았다. 〈모양〉은 고급스러운 인모가발을 판매하면서도 대량생산으로 가격대를 다운시켰고, 50~100만 원대의 가발을 통으로 대여해 5~6만 원에 체험해볼 수 있다. 가발업계에서는 최초로 시도되는 렌털서비스로 주목받고 있다.

분류지수

업종	차별화	투자규모	점포형태	경쟁강도	노동강도	전문인력 필요성
서비스	감성적	낮다	무점포	낮다	낮다	없다
도소매		중간	사무실	보통	보통	
외식	기술적	높다	시설형	높다	높다	있다

최근 급부상하고 있는 업종이 바로 남성과 여성으로 특화된 섹슈얼 매장이다. 가발시장 역시 마찬가지다. 남성용 가발시장이 기능성으로 성장하는 것과 달리 여성용 가발시장은 패션가발을 중심으로 발전하는 양상을 보이는데, 그 중심에 〈모양〉이 있다. 여성용 패션가발 시장의 가장 큰 장점은 경쟁강도가 낮다는 점이다. 하루에 3~4명의 고객만 상대해도 안정적 매출을 올릴 수 있을 만큼 노동강도가 낮다. 〈모양〉은 인테리어 비용이 저렴하고 초도물품 비용 역시 저렴해 5000만 원 안팎으로 개설이 가능하다. 게다가 Shop in Shop 형태로 창업한다면 점포구입비를 더욱 낮출 수 있다. 그러나 기본적으로 점주가 헤어스타일에 대한 지식이 필요하며, 그렇지 않은 경우엔 헤어 큐레이터를 고용해야 하므로, 이에 따른 비용도 고려할 필요가 있다. 물론 초보자라도 3개월간의 교육으로 관련 기술을 마스터할 수는 있다.

평가지수

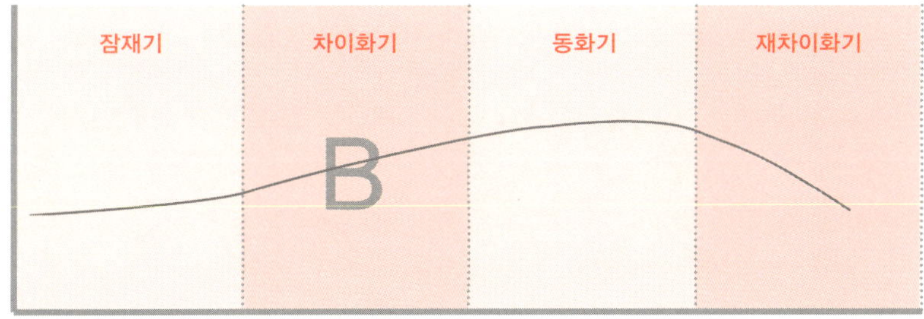

문화화 사이클

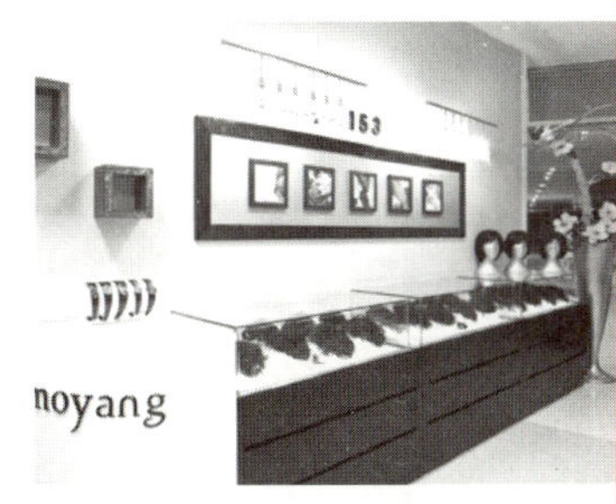

최근 여성 패션가발 시장의 성장과 함께 새로운 스타일의 가발사업을 제시하고 있는 스타일 가발 프랜차이즈 〈모양〉은 현재 B형 차이화기 업종으로 판단된다. 기존 가발판매점의 영세한 매장 분위기에서 탈피한 고급스런 인테리어와 가발 업계에서는 최초로 렌털 서비스를 시행하는 것, 게다가 판매에만 그치지 않고 헤어큐레이터가 헤어스타일을 제안하는 부띠끄를 표방하는 점 등으로 가발 산업군의 가치변화를 빠르게 확장시키고 있다.

최저가격, 최고효과의 셀프 피부관리숍
벨스킨

가맹점 기본정보

회사명 : (주)제너럴사이언스
대표자 : 이영재
전 화 : 1544-5433
팩 스 : 02-2202-2829
주 소 : 서울시 강남구 논현동 119-2 H&S타워 5층
이메일 : belleskin@gsinter.com
홈페이지 :
www.belleskincare.co.kr
회사설립일 : 2000년 3월
매출액 : 23억 원

가맹사업 현황

가맹점 수 : 56개
- 런칭 이후 100호점까지 A급 상권 중심으로 출점
- 100호점 이후 동네 상권으로 확대 시도 중

가맹점 예상 투자비용

표준매장평수 : 66.1㎡(20평) 기준
가맹비 : 700만 원
보증금 : 200만 원
로열티 : 월 20만 원
인테리어 : 3000만 원 / 추가 시 150만 원(3.3㎡당)
기타 : 초도물품, 장비 및 소품
총 소요비용 : 7000만 원
부가세 및 점포 임대비용 별도

★ **가맹계약 내용**
- 브랜드 사용권 및 지역상권 권리 부여
- 영업지역 독점권 보장(반경 500m)

★ **브랜드 컨셉**
- 국내 최초로 도입된 고주파 셀프 피부관리 프로그램
- 기기 및 화장품 판매를 통한 수익 극대화
- 타 업종(카페) 복합형의 새로운 프랜차이즈
- 향장업 계열사의 기능성 제품 지속 공급

★ **차별화 전략 및 경쟁력**

① 시스템 경쟁력
- 국내 최초 고주파 셀프 피부관리 시스템
- 가격대비 높은 고객만족도로 신뢰도 제고
- 세분화된 프로그램에 의한 효과 위주의 관리 포인트
- 셀프 시스템으로 회전율 높음
- 전문 관리인력이 필요 없고, 최소인건비로 운영 가능
- 고정비용 낮고 직원 수급 용이
- 투자 대비 수익성 높아 기대 수익 도달 용이
- 지속적인 마케팅을 통한 브랜드 활성화(온·오프라인)

② 상권·입지 및 출점전략 경쟁력
- 66㎡(20평) 정도의 중소형 매장으로 창업 가능
- 주 고객층이 10~60대로 다양함
- 상권의 영향을 크게 받지 않아 아파트, 오피스, 주택가, 복합형 상권, 역세권 입점 가능
- 고층 매장 임대도 가능(권리금 절약 가능)

③ 서비스 경쟁력
- 지속적인 개발을 통한 다양한 관리프로그램 제공
- 본사 제품에 대한 철저한 A/S 및 관리
- 셀프 시스템에 의한 인건비 절감
- 저가의 피부관리 비용으로 고객 확보 용이
- 릴렉스 시스템으로 고객만족도 제고

Brand Tip

〈벨스킨〉은 현재 지금과 같은 형태의 피부관리숍 외에 '스킨카페'를 준비 중이다. 건물 2층에 40평 정도의 매장으로 구상 중인 '스킨카페'는 커피숍과 피부관리숍이 함께 가는 형태로, 이미 논현동 인근에 직영사업을 준비 중에 있다. 조현준 부장은 "앞으로는 멀티브랜드 아니면 안 될 것"이라며 (주)제너럴사이언스에서 현재 진행 중인 이 사업의 브랜드 이름은 "아마도 〈스킨카페 벨스킨〉으로 가게 될 것"이라고 밝혔다.

분류지수

업종	차별화	투자규모	점포형태	경쟁강도	노동강도	전문인력 필요성
서비스	감성적	낮다	무점포	낮다	낮다	없다
도소매		중간	사무실	보통	보통	
외식	기술적	높다	시설형	높다	높다	있다

국내 최초의 고주파 셀프 피부관리 사업을 시작한 〈벨스킨〉은 저렴한 가격에도 큰 효과를 주는 초저가 피부관리 시장을 개척했다는 평가를 받고 있다. 또한 뷰티산업은 특성상 장기적인 경기침체에도 불구하고 불황 없는 사업이며, 셀프체제로 운영돼 경험이 없는 초보자도 본사의 체계적인 교육프로그램만 받으면 창업이 가능해 큰 주목을 받고 있다. 〈벨스킨〉의 가장 큰 장점은 전문 관리사가 필요 없어 고정비용이 적고 인력수급에 어려움이 없다는 점이다. 또한 웰빙 트렌드와 멀티형 카페를 선호하는 고객의 증가 추세에 맞게 신개념 멀티형 카페인 '스킨카페 벨스킨' 이라는 컨셉을 도입한 것도 차별화 전략으로 작용했다. 〈벨스킨〉과 같은 피부관리 사업의 경우 기본적으로 피부관리 및 뷰티산업에 대해 관심이 있는 여성창업자에게 적극 추천할 만한 아이템이다.

평가지수

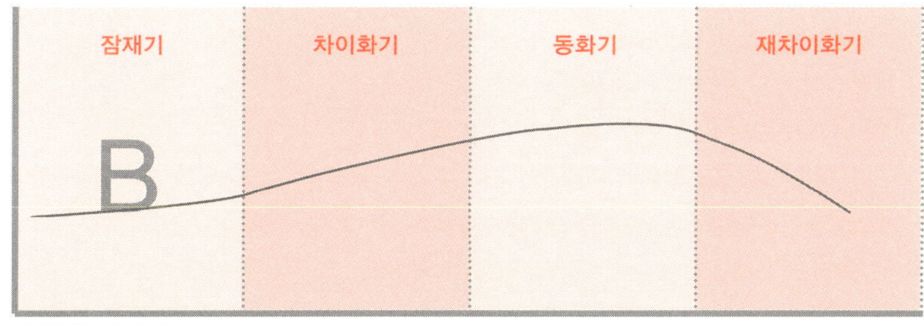

문화화 사이클

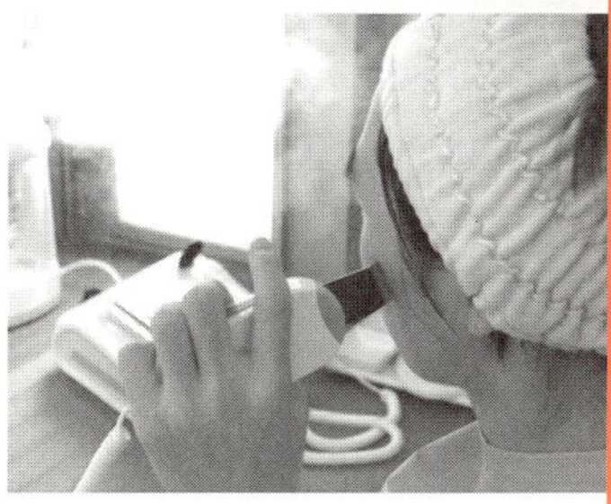

〈벨스킨〉은 피부관리 분야에 셀프 시스템을 도입해 주목을 끈 프랜차이즈점이다. 셀프 시스템 도입을 통해 원가를 낮춰 고객의 비용 부담을 줄인 것이 특징이다. 〈벨스킨〉은 B형 잠재기 업종으로 판단된다. 피부관리 분야에 셀프 시스템을 도입해 사업적 규모와 관련 없이 문화적 가치 변화를 제공했고, 관련 산업군에도 발전적인 영향을 미쳤다고 평가된다. 다만 피부관리 분야는 고급 서비스로서 고부가가치를 창출하는 산업인데, 이를 원가 절감으로만 접근하였기 때문에 산업 규모의 확장 여부는 아직 불투명하다.

대한민국 대표 남성뷰티케어전문점
블루클럽

가맹점 기본정보

회사명 : (주)토마토디앤씨
대표자 : 박대성
전　화 : 02-592-5818
팩　스 : 02-592-5819
주　소 : 서울시 서초구 방배2동 421-23 명림빌딩 2층
이메일 : blueclub@blueclub.co.kr
홈페이지 : www.blueclub.co.kr
회사설립일 : 1997년 11월
매출액 : 40억 원

가맹사업 현황

가맹점 수 : 450개
- 30개월 만에 245호점 오픈으로 '기네스북 최단기간 최대 프랜차이즈' 인증
- 3년 연속 한국우수프랜차이즈 선정, 2년 연속 Hit상품 선정 등 다수의 대외 수상
- 2010년 12월부터 전가맹점 리뉴얼 확대 중

가맹점 예상 투자비용

표준매장평수 : 33㎡(10평) 기준
가맹비 : 1100만 원
보증금 : 500만 원
로열티 : 월 35만 원
인테리어 : 2600만 원 / 추가 시 170만 원(3.3㎡당)
기타 : 미용물류, 오픈행사, 판매용 상품 준비 등 1300만 원
총 소요비용 : 5500만 원
점포 임대비용 별도

★ 가맹계약 내용
- 최초 가맹계약 기간 : 2년, 계약연장 시 추가부담 없음
- 영업시간 10 : 00~21 : 00(11시간)
- 가맹사업자의 영업 상황 분기별 1회 감독(회계처리, 각종 설비관리, 제품 및 상품관리, 가맹본부 운영지침 준수 여부 등)
- 오픈 전 교육, 지점장 교육, 발전협의회 의무교육, 지점장 경영회의, 디자이너 집체교육, 기술교육, 지점방문 의무교육
- 계약이 종료된 경우 〈블루클럽〉 관련된 모든 기호 사용금지
- 영업지역 독점권 보장

★ 브랜드 컨셉
- 13년 전통의 장수 브랜드
- 동종업계 내 시장점유율 압도적 1위
- 국내 최초 남성전문 헤어숍에서 남성뷰티케어전문점으로 진화
- 남성만을 위한 합리적인 저가 헤어숍 컨셉
- 남성을 상징하는 컬러 'BLUE' 모티브
- 국내 최초 셀프샴푸 시스템 도입
- 국내 유일의 벤처 미용 프랜차이즈 승인
- 〈블루클럽〉 자체 PB 상품 판매유통

★ 차별화 전략 및 경쟁력
① 시스템 경쟁력
- 고객 마일리지제도 운영을 통한 서비스 강화
- 디자이너 유니폼 착용 근무로 통일된 청결 이미지 제공
- 10여 가지 남성헤어스타일 제안으로 기술력 유지 및 고객관리
- 헤어 서비스 후 본사에서 독자개발한 헤어마스터기 사용
- 고객 기술클레임 발생에 대한 헤어리콜제도 시행
- 고객만족 및 가맹점과 디자이너의 수입증대를 위한 남성미용용품 판매
- 디자이너의 갑작스런 퇴사를 대비한 블루마스터 제도 시행
- 가맹점의 서비스질과 시스템 준수체크를 관리하는 암행어사제도 운영

② 상권·입지 및 출점전략 경쟁력
- 33㎡(10평) 정도의 소규모 매장으로 출점 가능
- 전 연령층의 남성을 대상으로 운영하는 폭넓은 고객층 사업
- 아파트, 주택 밀집상권, 오피스타운, 대학가 상권 등 유동인구가 많은 곳 어디든 출점 가능

③ 서비스 경쟁력
- 셀프샴푸 시스템 도입으로 합리적인 가격의 컷, 펌, 염색시술 가능
- 기존 헤어 관리숍의 절반 가격 수준으로 두피 스켈링 서비스 제공
- 남성을 위한 남성화장품, 헤어제품 등 다양한 판매
- 기존 클리닉 메뉴 전면 재정비를 통한 업그레이드 준비 중(2011년부터 시행 예정)

분류지수

업종	차별화	투자규모	점포형태	경쟁강도	노동강도	전문인력 필요성
서비스	감성적	낮다	무점포	낮다	낮다	없다
도소매		중간	사무실	보통	보통	
외식	기술적	높다	시설형	높다	높다	있다

'남성 전용 헤어숍'이란 컨셉을 내세우며 기존 미용업체와 차별화를 시도한 〈블루클럽〉은 개점 당시부터 폭넓은 연령대의 남성들에게 주목을 받았다. 1998년 인천에 1호 매장을 낸 후 성장을 거듭해 현재 450여 개 가맹점을 운영하고 있는 〈블루클럽〉은 현재 남성 헤어컷뿐만 아니라 두피관리, 탈모방지 등 토탈 서비스를 도입하고 남성을 위한 다양한 헤어 스킨케어 제품을 판매하는 등 남성 생활공간으로 진화하고 있다. 전체적으로 리모델링 창업이 가능해 투자규모는 낮으면서도 시설형이라 개인이나 부부창업에 적합하다. 가맹점주가 직접 시술을 한다면 노동강도가 높은 편이지만 전문 헤어디자이너를 두고 매니저 체제로 매장을 운영한다면 노동강도는 낮아지기 때문에 자신의 상황에 따라 선택이 가능하다.

평가지수

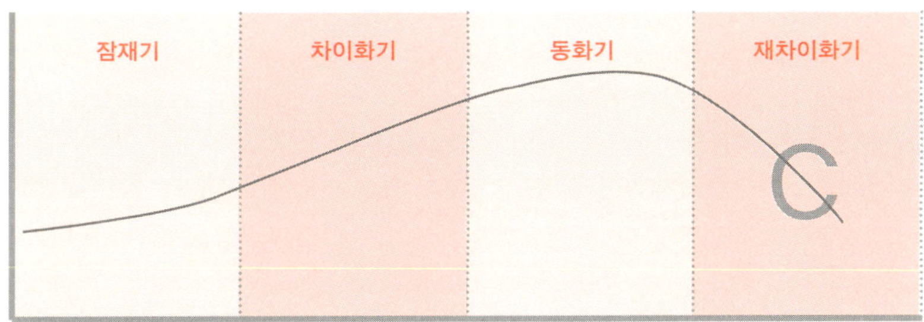

문화화 사이클

〈블루클럽〉은 C형 재차이화기에 속한다고 볼 수 있다. 전국적으로 사업 규모는 물론이고 남성전용미용실이라는 문화적 가치변화를 제공, 미용 산업군에 발전적인 영향을 미치는 대표 브랜드라 볼 수 있다. 하지만 13년간 시장을 선도했기 때문에 새로운 변화가 필요한 단계에 있다고 판단된다. 현재 〈블루클럽〉은 남성 헤어컷 전문점에서 토탈 헤어 서비스를 도입, 남성을 위한 다양한 헤어 스킨케어 제품을 판매하는 등 남성 토탈 뷰티 공간으로 진화하고 있다. 이 같은 차별화를 통해 새로운 문화적 가치를 만들지 주목된다.

피부관리의 대중화, 새로운 여성휴게공간
이지은 레드클럽

가맹점 기본정보

회사명 : (주)케이에스엔비
대표자 : 이명훈
전 화 : 02-581-7151
팩 스 : 02-581-7253
주 소 : 서울시 관악구 남현동 1060-4 동일빌딩 4, 5층
이메일 : hhnation99@naver.com
홈페이지 : www.leeredclub.co.kr
회사설립일 : 2003년 8월
매출액 : 14억 원

가맹사업 현황

가맹점 수 : 84개
- 2004년 6월 대한민국 프랜차이즈 기대브랜드 선정
- 2007년 7월 중국 진출에 이어 2009년 8월 몽골 진출
- 2005년 소비자신뢰기업 대상 및 프랜치이즈 대상
- 2008년 한국프랜차이즈 최우수상 수상

가맹점 예상 투자비용

표준매장평수 : 82.6㎡(25평) 기준
가맹비 : 1000만 원
보증금 : 300만 원
로열티 : 월 30만 원
인테리어 : 3625만 원 / 추가 시 145만 원(3.3㎡당)
기타 : 초도물품 1800만, 교육비 400만, 홍보비
총 소요비용 : 7125만 원
부가세 및 점포 임대비용 별도

★ 가맹계약 내용
- 최초 가맹계약 기간 : 2년 계약, 연장계약 시 2년
- 본사 제품 사용

★ 브랜드 컨셉
- 아름다움, 건강, 행복을 모토로 저렴한 비용의 피부관리 대중화 선언
- 완벽한 신개념의 고주파 슬리밍 클리닉과 스킨케어

★ 차별화 전략 및 경쟁력

① 시스템 경쟁력
- 천연방부제 화장품 사용으로 고객 클레임 최소화
- 체계적인 교육 지원과 저렴한 창업비용
- 본사 물류 시스템 구축 완료
- 피부관리 프랜차이즈 선두주자라는 브랜드 파워
- 최첨단 과학의 결정체 소노터치, BeautyDream, RF-2000 등의 미용기기에 의한 인력 절감

② 상권·입지 및 출점전략 경쟁력
- 1층이 아닌 고층 점포도 가능해 권리금 부담 감소
- 주 고객층은 20~40대 직장인 및 주부
- 지역별 맞춤형 마케팅 및 온라인 마케팅 지원
- 타 기업들과 브랜드 제휴로 브랜드 인지도 제고

③ 서비스 경쟁력
- 저렴한 관리 메뉴로 티켓팅 용이
- 천연방부제 화장품 사용으로 인한 타 업체와의 차별화
- 커피숍과 PC방, 피부관리와 비만관리까지 모두 가능한 여성들을 위한 새로운 휴게공간

Brand Tip

단돈 4000원이면 피부 관리를 받을 수 있는 곳으로 여성들의 마음을 확 사로잡은 피부관리전문샵! 실속 알뜰한 피부관리 프랜차이즈가 바로 〈이지은 레드클럽〉이다. 〈이지은 레드클럽〉은 가격파괴를 내세운 브랜드지만 싸다고 해서 저급 퀄리티의 서비스를 제공한다면 프랜차이즈 성공모델로 성장하지 못했을 것이다. 고품격 인테리어와 서비스는 물론 대화와 휴식이 가능한 여유 공간을 제공하고 있으며, 저가부터 고가까지 고객들의 수준과 욕구에 따른 다양한 제품과 프로그램을 제공하고 있다. 또한 전문 피부관리사 지원, 다양한 피부미용기기 도입 및 철저한 예약제 등의 체계적인 운영 시스템으로 여심을 잡는 데 성공했다.

분류지수

업종	차별화	투자규모	점포형태	경쟁강도	노동강도	전문인력 필요성
서비스	감성적	낮다	무점포	낮다	낮다	없다
도소매		중간	사무실	보통	보통	
외식	기술적	높다	시설형	높다	높다	있다

〈이지은 레드클럽〉은 보다 저렴한 가격에 피부관리를 받을 수 있게 함으로써 피부관리의 대중화를 가능케 한 주역이라고 할 수 있다. 특히 최첨단 과학으로 만들어진 각종 미용기기와 천연방부제 화장품으로 저렴한 피부관리를 가능하게 만든 〈이지은 레드클럽〉의 체계적인 시스템은 피부관리 프랜차이즈의 선두주자라는 위상을 만드는 비결로 작용했다. 〈이지은 레드클럽〉은 7100만 원의 저렴한 창업비용, 그리고 1층이 아닌 고층 입점이 가능하므로 점포 임대비를 절약할 수 있다는 장점이 있다. 기본적으로 뷰티산업에 대한 관심이 있거나 여성창업자에게 권할 만한 창업아이템이다. 기본적으로 시설형이고 노동강도는 낮은 편에 속하지만 창업자 스스로가 뷰티전문가로서의 비전을 가져야 한다는 점이 중요하다.

평가지수

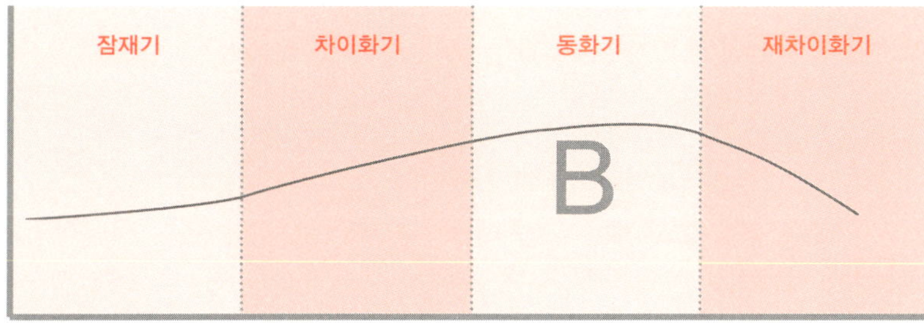

문화화 사이클

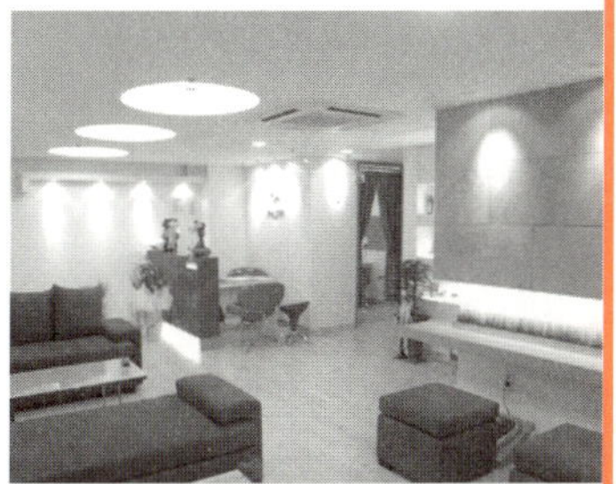

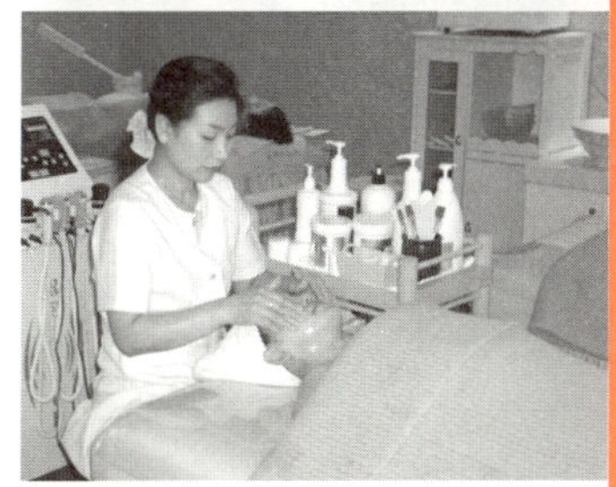

국내 피부관리 프랜차이즈의 선두주자로 인정받고 있는 〈이지은 레드클럽〉은 기존의 피부관리에 대한 개념에서 벗어나 보다 저렴하고 효과적인 피부관리를 받을 수 있게 함으로써 피부관리의 대중화를 이끈 브랜드라고 평가할 수 있다. 이 업종은 B형 동화기에 있다고 볼 수 있다. 대중화된 피부관리 서비스라는 컨셉으로 사업적 규모와 관계없이 문화적 가치변화를 제공하며, 관련 산업군의 발전에 기여했기 때문이다. 또한 수많은 경쟁업체의 등장으로 관련 산업의 전체 규모를 확대했다고도 평가할 수 있다.

온 세상 어린이들의
행복을 위하여
톰키드클럽

가맹점 기본정보

회사명 : (주)톰키드코리아
대표자 : 전원석
전　화 : 1688-2212
팩　스 : 02-567-7997
주　소 : 서울 강남구 역삼동 823번지 풍림빌딩 9층
이메일 : biz1@tomkidclub.com
홈페이지 : www.tomkidclub.com
회사설립일 : 2007년 9월
매출액 : 비공개

가맹사업 현황

가맹점 수 : 2011년 가맹점 모집 예정
• 2010년 11월 어린이 테마파크 키자니아 입점 계약

가맹점 예상 투자비용

골드점 기준 사양표, 표준 매장평수 99㎡(30평) 기준
가맹비 : 1000만 원
보증금 : 500만 원
로열티 : 월 35만 원
인테리어 : 5700만 원 / 추가 시 190만 원(㎡당)
기타 : 시스템비 1900만 원
반 가맹점과 리뉴얼 가맹점은 상황별 예상 투자비용이 다름
부가세 및 점포 임대비용 별도

★ 가맹계약 내용

• 보증금 : 계약 체결과 동시에 보증금 지급 후 예치. 계약해지 시 반환
• 점포의 설비 : 〈톰키드클럽〉 컨셉에 맞춘 설계 및 시공
• 재료 공급 규정 : 브랜드 품질 유지를 위한 기본 물품 공급
• 운영표준화 : 표준화된 헤어스타일 메뉴 제공
• 광고 및 판촉 : 전국·지역 단위의 광고, 미용행사, 이벤트, 유니폼 등
• 전문 교육과정 지도 : 본사의 체계적이고 전문화된 미용교육과정

★ 브랜드 컨셉

• 어린이 전문 패밀리 미용실로 '온 세상 어린이들에게 행복을 주자'라는 슬로건 아래 2010년부터 본격적으로 가맹사업을 시작한 국내 최초의 어린이 미용 프랜차이즈 브랜드

★ 차별화 전략 및 경쟁력

① 시스템 경쟁력
• 국내 최초의 어린이 미용실 프랜차이즈 : 시대 흐름에 맞는 '골드키즈' 산업
• 영유아 및 어린이 전문 미용실이라는 차별성
• 자극이 없으며 아토피에 좋은 천연 어린이 전용 미용제품 사용
• 브랜드 특색에 맞게 차별화된 휴식공간 제공

② 상권·입지 및 출점전략 경쟁력
• 66㎡(20평)의 매장에서 출점 가능
• 어린이 직업체험 테마파크 '키자니아'에 협력업체로 입점
• 제3세계 어린이 후원 등 나눔경영

③ 서비스 경쟁력
• 소비자의 니즈를 충족하기 위해 헤어스타일의 트렌드화, 스토리로 각색
• 헤어상품을 독점적으로 개발, 등록하여 시적새산화(18종 특허출원)
• 어린이 화장품, 용품 판매전략 추구

Brand Tip

유아전용 헤어제품이 따로 있는가?
〈톰키드클럽〉에서는 로레알에서 나오는 어린이 전용샴푸를 사용하고 있다. 네 가지 컬러의 오렌지향, 멜론향, 블루베리향, 스트로베리향이 있다.

〈톰키드클럽〉의 파마약은 정말 안전할까?
기본적인 약재는 비슷한 편. 그래서 손상이 적고 두피 자극이 덜한 열 펌 형태의 파마를 권한다. 기본 미용실보다 모발 손상이 덜하지만 가격은 두 배 정도 비싸다.

분류지수

업종	차별화	투자규모	점포형태	경쟁강도	노동강도	전문인력 필요성
서비스	감성적	낮다	무점포	낮다	낮다	없다
도소매		중간	사무실	보통	보통	
외식	기술적	높다	시설형	높다	높다	있다

국내 최초의 선진국형 어린이 미용사업을 전개하고 있는 〈톰키즈클럽〉은 골드키즈를 겨냥한 영유아 및 어린이 전문 미용실이다. 아토피에 좋은 어린이 전용 천연 미용제품을 사용하며, 캐릭터메뉴를 만들어 헤어스타일의 표준화 및 트렌드화를 통해 차별화된 상품을 만들었다. 또 헤어스타일의 지적재산권등록 및 스토리 각색, 차별화된 휴식공간 및 어린이에게 최적인 공간 배치 등으로 찾는 이들의 만족도가 매우 높다. 2011년 1월부터 본격적인 가맹사업을 추진할 예정인 〈톰키즈클럽〉은 본사의 체계적이고 전문화된 미용교육 과정을 통해 기술력과 서비스 마인드가 투철한 전문가를 양성하는 시스템을 갖추고 있다. 따라서 어린이와 미용에 대한 관심 있는 사람이라면 누구나 어려움 없이 창업할 수 있으며, 기존 미용실의 경우 쉽게 변경 및 출점이 가능하도록 지원하고 있다.

평가지수

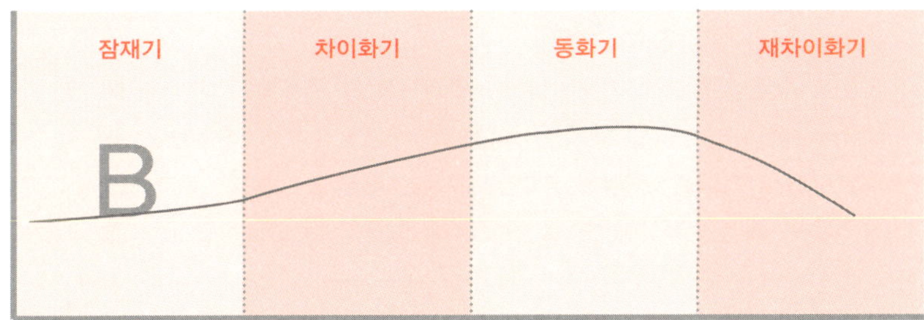

문화화 사이클

〈톰키드클럽〉은 미래 성장 가능성이 가장 높은 엔젤산업에 속해 있어 성장 가능성이 큰 편에 속한다. 또한 주변에서 흔하게 접할 수 있는 학원과 놀이학교 등이 아니라 어린이 전용 미용실을 표방하고 있는 점에서 주목할 필요가 있다. 엔젤산업과 뷰티산업이 결합한 새로운 시장 형성 가능성이 있기 때문이다. 전반적으로 〈톰키드클럽〉은 B형 잠재기 업종으로 평가된다. 엔젤산업군에 속하기 때문에 발전 가능성은 있지만 현재는 사업적 규모가 작은 편이기 때문이다. 특히 사업적인 성공 여부는 아직 단정할 수 없는 단계이며 향후 발전 가능성 여부도 시간이 지나야 판단할 수 있다. 하지만 향후 남성전용 헤어샵처럼 새로운 시장을 만들 가능성도 있다.

프리미엄 토탈 헤어샵
OK 포인트 헤어

가맹점 기본정보

회사명 : (주)포인트헤어
대표자 : 이영섭
전　화 : 1588-9047 / 053-428-1314
팩　스 : 053-428-1315
주　소 : 대구광역시 중구 삼덕동1가 18-9 3F
이메일 : master@pointhair.co.kr
홈페이지 : www.pointhair.co.kr
회사설립일 : 2010년 9월
매출액 : 비공개

가맹사업 현황

가맹점 수 : 8개

가맹점 예상 투자비용

표준 매장 99.1㎡(30평) 기준
가맹비 : 900만원
보증금 : 500만원
로열티 : 월 05만원
인테리어 : 5100만 원 / 추가 시 170만 원(3.3㎡당)
기타 : 미용 집기 비품, 간판 설치비
총 소요비용 : 6500만 원
부가세 및 건물 임대비용 별도

★ 가맹계약 내용

- 최초 가맹계약 기간 : 1년, 연장 계약시 만료 180일부터 90일까지 서면 통지
- 영업지역 독점권 보장(반경 500m)
- 맞춤식 교육 시스템 운영(정기적인 교육 진행)

★ 브랜드 컨셉

- 헤어&스타일 전문기업 (주)비오비(B.O.B; The Best Group Of Beauty)의 14년 운영 노하우와 체계적인 교육 인프라에 SK마케팅앤컴퍼니가 운영하는 OK캐쉬백의 마케팅 솔루션과 커뮤니케이션 채널 지원이 결합된 프리미엄 제휴점
- 내츄럴&모던에 기반한 인테리어로 불안정한 느낌을 줄 수 있는 요소는 최소화
- 서비스 공간과 고객 공간을 분리해 직원과 고객의 동선의 효율성을 높이고 최대한의 편안함 제공

★ 차별화 전략 및 경쟁력

① 시스템 경쟁력
- OK캐쉬백 프리미엄 제휴점의 차별화된 브랜드 사용
- OK캐쉬백 인프라 활용 가능 : 고객관리 Tool 제공 및 OK캐쉬백 제휴사간 Co-Marketing 지원
- 자동화 POS 시스템 활용
- 차별화된 교육 시스템 : 체계적인 베이스교육과 실용적인 기술교육 등 맞춤형 교육 진행(살롱과 아카데미 교육의 분리 운영)
- 최신 트렌드를 베이스로 한 It Style 발표 및 제공(년 2회), 교육
- 매뉴얼(플러스, 럭셔리, 홈케어) 제공 및 교육 인증제

② 상권·입지 및 출점전략 경쟁력
- 역세권, 중심상권의 2층 이하, 실평수 30평 이상으로 가맹점 개설 가능
- 인테리어 공사는 리뉴얼 및 신규 오픈으로 구분
- 프리미엄 제휴점의 차별화된 브랜드 사용과 LED 간판 설치
- OK캐쉬백 베스트 프랜차이즈를 통해 우월한 홍보 마케팅 지원
- 전략적인 타깃 마케팅으로 고객 유입 극대화
- 가맹점 오픈교육, 서비스 매뉴얼 제공 등 효율적인 운영 지원

③ 서비스 경쟁력
- OK캐쉬백 적립(3%) 및 사용
- 차별화된 맞춤식 교육을 통한 시술 능력 향상으로 고객 만족 제고
- 서비스 접객 교육 실시로 고객 만족 극대화 추구

분류지수

업종	차별화	투자규모	점포형태	경쟁강도	노동강도	전문인력 필요성
서비스	감성적	낮다	무점포	낮다	낮다	없다
도소매		중간	사무실	보통	보통	
외식	기술적	높다	시설형	높다	높다	있다

헤어&스타일 전문기업 B.O.B의 운영 노하우와 체계적인 교육 인프라를 기반으로 하고, OK캐쉬백의 마케팅 솔루션과 커뮤니케이션 채널 지원으로 차별화한 헤어숍 브랜드 〈OK 포인트 헤어〉는 서비스업의 특성상 시설형에 속한다. 하지만 불필요하고 과도한 장식을 배제하고 리뉴얼과 신규 오픈 등 창업자의 상황에 맞는 맞춤형 인테리어로 초기 투자비용을 절감시켰으며, 공간의 효율성 및 체계적인 시스템을 통해 노동강도를 낮췄다. 헤어숍의 특성상 기본적으로 전문인력의 필요성이 있으므로 가능하면 헤어 및 뷰티 전공자나 여성창업자가 바람직하다. 헤어에 대한 지식과 관심이 필수적이며, 전문인력의 차별화된 기술과 고객 서비스가 중요하다는 점에서 직무기술 습득 및 서비스에 관심이 있어야 한다는 점을 유념해야 한다.

평가지수

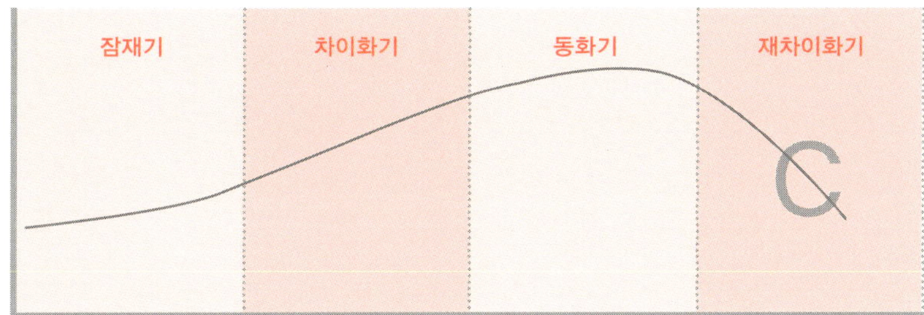

문화화 사이클

〈OK 포인트 헤어〉는 베이직교육과 살롱화된 교육 등 기술적인 전문성을 높이는 맞춤형 교육 시스템이 특징이다. 또한 트렌드를 분석하여 시즌마다 매뉴얼로 공급하고, 화보와 함께 제시하는 시즌별 It Style을 통해 전국 어디서나 차별화된 스타일의 헤어 서비스를 제공하고 있다. 이 업종은 C형 재차이화기에 있는 업종으로 볼 수 있다. 헤어숍의 경우 많은 프랜차이즈와 독립점포가 치열한 경쟁을 보이고 있는데, 〈OK 포인트 헤어〉는 고급화 방침과 체계적인 인력양성 교육으로 차별화했으며, 체계적인 교육 시스템과 대형기업의 마케팅 솔루션을 결합함으로써 새로운 가치 차별화를 추진하고 있기 때문이다.

분식점이 카페형으로 변신하며 새롭게 주목받고 있다. 특히 인테리어의 향상은 물론 100여 가지에 이르는 메뉴를 단일 메뉴로 구성해 전문성을 높인 브랜드들이 주목받고 있다. 최근 인기를 끌고 있는 분식점은 한정된 메뉴를 갖춰 전문성은 물론 조리의 편리함까지 제공한다는 공통점이 있다. 일본식 수제 삼각김밥 전문점 〈오리기리와 이규동〉은 수제김밥, 우동, 규동 등 3가지 메뉴만 판매해 조리가 간단한데다 빠르고 간편한 식사가 가능하다는 점에서 인기를 얻고 있다. 또한 바 타입의 실내 구조 역시 종업원과 고객이 더욱 밀착할 수 있게 설계되어 높은 회전율에도 효율적인 서빙이 가능하다. 국수 전문점 〈봉채국수〉 역시 라면과 김밥이라는 도식화된 분식점 이미지에서 탈피해 쌀국수와 참깨수제비, 한국식주먹밥을 갖춰 분식점을 전문점 수준으로 끌어올린 브랜드다. 본사에서 원팩 포장된 육수와 소스를 제공하기 때문에 조리가 간편하며, 매장 인테리어 역시 카페풍으로 제공해 깔끔한 식당을 선호하는 고객에게 어필한다. 만두 카페로 진화하고 있는 〈만두 빚는 사람들〉 또한 수제 만두 20여 가지를 갖춰 전문성을 높였다. 인테리어 역시 카페를 연상시켜 동네 30~40대 주부들의 편안한 쉼터 역할을 톡톡히 하고 있다.

PART 6 분식

한국형 패스트푸드의 선두주자
김가네

가맹점 기본정보

회사명 : (주)김가네
대표자 : 김용만
전　화 : 02-923-7127
팩　스 : 02-923-1916
주　소 : 서울시 광진구 구의동 219-25
이메일 : admin@gimgane.co.kr
홈페이지 : www.gimgane.co.kr
회사설립일 : 1994년 4월
매출액 : 195억 원

가맹사업 현황

가맹점 수 : 352개
• 1996년 가맹사업 시작

가맹점 예상 투자비용

표준매장평수 : 33㎡(10평) 기준
가맹비 : 500만 원
보증금 : 200만 원
로열티 : 없음
인테리어 : 1300만 원 / 추가 시 130만 원(3.3㎡당)
기타 : 주방시설 및 집기류, 의자·탁자, 간판, POS 등
부가세 및 점포 임대비용 별도

★ 가맹계약 내용
- 최초 가맹계약 기간 : 3년, 연장계약 시 1년
- 서비스표 제41-0042368호 사용권 부여
- 표준화 준수 및 QSC 관리 준수
- 개점 전 교육 5일, 가맹점 수시 방문교육, 보수교육

★ 브랜드 컨셉
- 소자본, 소점포, 초보자에 적합한 아이템
- 대중적인 아이템으로 경기변동과 계절 변화에도 안정적임
- 고객을 위한 마케팅 및 홍보전략 구성
- 가맹점과 본사와의 Win-Win 전략으로 경쟁력 제고

★ 차별화 전략 및 경쟁력
① 시스템 경쟁력
- 다양한 판매 형태로 수익성 제고(홀, 테이크아웃, 배달)
- 높은 회전률에 따른 높은 매출 발생
- 직영 물류 시스템 구축으로 가맹점 식재료 일일직배송
- 소형매장 및 전략적 입지 선정에 따른 저렴한 창업비용

② 상권·입지 및 출점전략 경쟁력
- 소규모 매장으로 출점 가능
- 테이크아웃 및 배달영업 시스템으로 일평균 매출 80만 원 이상 판매
- 주 고객층은 20~30대 대학생 및 직장인
- 아파트 밀집지역 또는 오피스 밀집지역에 따라 매장평수 및 영업방식 결정
- 대중적 아이템으로 기본 상권 형성 시 어느 지역이라도 입점 가능

③ 메뉴 경쟁력
- 대중적인 맛으로 누구나 기부감 없이 즐길 수 있는 메뉴 구성
- 다양한 메뉴 구성으로 고객 재방문율이 상당히 높음
- 식사시간 이외에도 간식으로 먹을 수 있는 메뉴 구성
- 지속적인 메뉴개발과 최적의 품질 유지
- 오랜 노하우로 차별화된 조리품 개발 및 생산
- 전문 교육강사를 통한 안전한 식자재 관리 및 표준화된 메뉴 서비스

Brand Tip

(주)김가네, SBS 주말드라마 '웃어요 엄마' 제작지원

(주)김가네는 자식을 위해 헌신하는 엄마들의 모습을 통해 진정한 사랑과 가치를 찾아가는 드라마의 내용이 품질 좋은 재료로 정성을 다해 음식을 만들어 고객에게 전달해주고자하는 (주)김가네의 철학과 잘 부합되어 본 드라마를 제작지원 하게 됐다. 또한, 드라마 제작지원과 더불어 매장관리의 가장 기본이 되는 QSC(품질, 서비스, 청결) 관리를 위해 가맹점에 일일 점검 체크리스트를 배포하고, 'QSC철두철미 운동'을 통해 고객에게 믿음과 신뢰를 주어 브랜드 이미지를 높여나간다는 계획이다.

분류지수

업종	차별화	투자규모	점포형태	경쟁강도	노동강도	전문인력 필요성
서비스	감성적	낮다	무점포	낮다	낮다	없다
도소매		중간	사무실	보통	보통	
외식	기술적	높다	시설형	높다	높다	있다

1994년 즉석김밥이라는 신조어를 만들며 인기를 끌기 시작한 〈김가네〉는 전국적으로 400여 개의 가맹점을 운영하며 우리나라의 대표 프랜차이즈로 인정받는 브랜드다. 김밥과 분식이라는 대중적인 아이템을 차별화된 맛과 전문적인 본사의 운영방식을 통해 업그레이드했다는 평가를 받고 있다. 〈김가네〉의 경우 전형적인 소자본, 소점포, 초보창업자에게 적합한 아이템으로, 매장 기준 평수는 33㎡(10평) 정도이며 다른 외식업 사업에 비해 상대적으로 운영이 쉬운 편이다. 또한 테이크아웃 및 배달 판매 등으로 매장 규모 대비 매출이 높은 것도 장점이다. 하지만 간편식과 대중적인 식사 메뉴를 다양하게 취급하기 때문에 기본적인 주방인력이 필요하며, 배달 판매를 병행할 경우 배달인력도 필요한 만큼 고정비 지출을 염두에 둘 필요가 있다.

평가지수

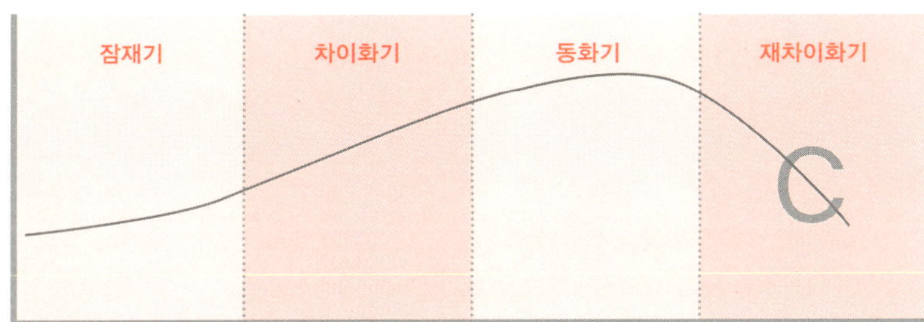

문화화 사이클

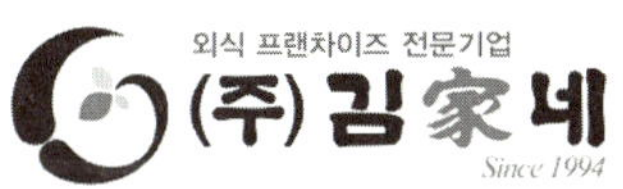

김밥과 라면을 판매하는 분식점 컨셉으로 국내 외식업 트렌드를 10년 이상 이끌어온 〈김가네〉는 C형 재차이화기 업종으로 판단된다. 〈김가네〉가 사업을 시작했던 1994년 이후 등장한 대부분의 분식점들은 〈김가네〉의 컨셉을 차용했다고 봐도 무방할 정도다. 현재도 400개 이상의 가맹점을 운영하고 있어 사업적인 규모도 큰 편이다. 다만 최근 업그레이드형 분식점의 등장은 오랫동안 김밥과 분식이라는 천편일률적인 컨셉에 대해 변화를 촉구하는 목소리라고 평가할 수 있다. 따라서 〈김가네〉의 컨셉은 산업발전의 잠재력을 완전히 소모해 새로운 가치 변화의 제공이 필요한 단계라고 평가된다.

분식

국수 전문점

50년 세월을 통해 검증된 맛의 비결
명동 할머니국수

가맹점 기본정보

회사명 : (주)봉원푸드
대표자 : 정수원
전　화 : 02-556-8561
팩　스 : 02-556-8567
주　소 : 서울시 강남구 대치동 889-5 상제리제빌딩 A동 1006호
이메일 : webmaster@mdnoodle.co.kr
홈페이지 : www.1958.co.kr
회사설립일 : 2007년 2월
매출액 : 14억 원

가맹사업 현황

가맹점 수 : 65개

- 2008년부터 프랜차이즈 가맹사업 본격화 시작
- 런칭 이후 100호점까지 A급 상권 중심으로 출점

가맹점 예상 투자비용

표준매장평수 : 33㎡(10평) 기준
가맹비 : 800만 원
물류보증금 : 100만 원
로열티 : 없음
인테리어 : 1400만 원 / 추가 시 140만 원(3.3㎡당)
기타 : 실내외 간판 300만 원, 기구/기물비, 가구류, 시스템물류 50만 원
총 소요비용 : 3700만 원
단일메뉴(국수류)와 확장메뉴(국수류+식사류)로 나눠 개설 가능
확장메뉴 시 총 소요비용 : 4000만 원
부가세 및 점포 임대비용 별도

★ 가맹계약 내용

- 최초 가맹계약 기간 : 2년, 연장계약 시 2년
- 영업지역 독점권 보장(2년간)
- 개점 전 조리, 서비스, 시스템 교육 실시(2주간)

★ 브랜드 컨셉

- 1958년 명동에서 〈서서 먹는 할머니국수집〉으로 시작해 50년 검증된 성공 아이템
- 반세기를 거쳐 내려온 시원하고 개운한 국물 맛은 누구도 모방할 수 없는 자랑
- 국내외 수많은 언론에 대한민국 유명 맛집으로 소개

★ 차별화 전략 및 경쟁력

① 시스템 경쟁력

- 빠른 테이블 회전율과 높은 수익성
- 본사직영 물류센터에서 주요 식자재를 공급해 간편하게 조리 가능
- 인터넷과 ARS 주문 시스템 및 물류직배송 등 효율적인 물류 시스템 구축
- 개방형 매장 인테리어와 주방 구조로 시원하고 청결한 분위기 제공
- 맞춤형 테이블과 라운드형 의자로 매장 효율성 극대화

② 상권·입지 및 출점전략 경쟁력

- 33㎡(10평) 정도의 소규모 매장으로 출점 가능
- 전문인력 파견을 통해 가맹점 입점, 지역별 특성에 맞는 매장 운영안 수립
- 슈퍼바이저의 안정적 매장 운영 지원
- 특제소스와 신메뉴의 지속적 개발로 매출 제고
- 역세권, 대학가 또는 음식점 밀집지역에 입점 중
- 오피스타운이나 아파트 또는 4000세대 이상의 주택상권에 출점 가능

③ 메뉴 경쟁력

- 50년을 이어온 전통 육수 노하우
- 시간대별 매출 증대에 도움이 되는 메뉴 구성
- 차별화된 전통 두부와 전용 국수 등으로 한국적이고 깔끔한 맛을 자랑
- 유행과 계절을 타지 않는 메뉴 구성과 무한리필 서비스로 고객 만족도 높음
- 웰빙 및 다이어트에 적합한 아이템으로 특히 여성들이 선호하는 음식
- 인공조미료를 사용하지 않고 직접 조리를 통해 음식 맛을 냄

Brand Tip

기존의 저가형 분식 체인을 대체할 수 있는 50년 전통의 〈명동 할머니국수〉는 모방이 불가능하고 유행을 타지 않는 아이템이다. 주메뉴의 수익율이 80퍼센트 이상이며 조리시간 2분으로 테이블 회전율이 매우 빠르다. 또한 매뉴얼 조리법을 통해 전문 주방장이 필요 없어 인건비 부담을 최소화할 수 있다. 아침, 점심, 저녁별 차별화된 메뉴로 매출 포지션의 분산을 통해 영업 부담을 최소화할 수 있으며, 여성들의 다이어트와 웰빙 트렌드를 함께 만족시킬 수 있는 소자본 창업아이템이다.

분류지수

업종	차별화	투자규모	점포형태	경쟁강도	노동강도	전문인력 필요성
서비스	감성적	낮다	무점포	낮다	낮다	없다
도소매		중간	사무실	보통	보통	
외식	기술적	높다	시설형	높다	높다	있다

50년 전통의 〈명동 할머니국수〉는 반세기를 거쳐 검증된 시원하고 개운한 국물 맛이 일품인 국수요리 전문 브랜드다. 수많은 언론을 통해 유명한 맛집으로 소문나면서 자연스럽게 프랜차이즈로 발전한 케이스에 속한다. 지난 2008년부터 본격적으로 프랜차이즈 가맹사업을 시작한 〈명동 할머니국수〉는 계절과 유행을 타지 않는 국수 메뉴로 다양한 연령대의 소비자들에게 변함없는 인기를 끌고 있다. 이 아이템은 창업 시 국수류 '단일 메뉴형'이나 국수류와 식사류를 같이 제공하는 '확장 메뉴형' 중에 선택이 가능하다. 또한 33㎡(10평) 이상의 점포에 테이블 7개 이상을 놓을 수 있어야 적합하며, 식사 메뉴 위주다 보니 오피스타운이나 아파트 및 주택 밀집 지역, 역세권, 대학가 등이 이상적이다. 기본적으로 국수 등 면 요리에 관심 있는 사람에게 권장할 만하며 부부창업으로도 이상적이다.

평가지수

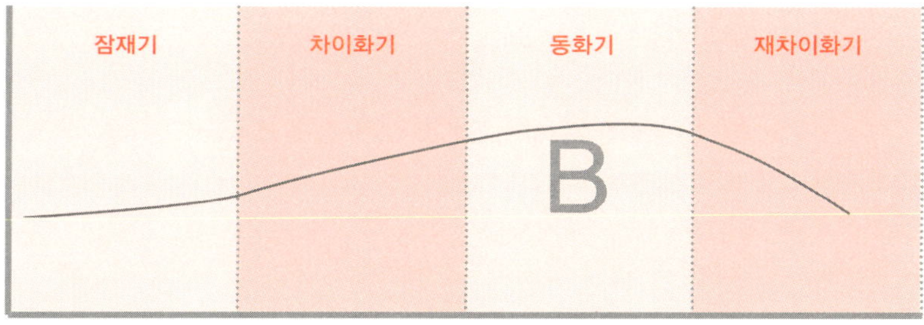

문화화 사이클

〈명동 할머니국수〉는 B형 동화기 업종으로 볼 수 있다. '50년 전통의 국수집'이란 명성을 기반으로 시작한 이 브랜드는 2009년 상반기부터 시작된 국수 전문점 창업열풍의 선두주자로, 수많은 경쟁브랜드가 생기면서 전체 산업규모 확대에 일조했다. 현재 국수 전문점 창업은 단순 유행으로 끝나지 않고 외식문화의 한 트렌드가 되고 있다. 우리 입맛에 맞게 메뉴를 개량하고 면 사리 추가 등 메뉴 추가방식도 다양하다. 그러나 국수 프랜차이즈 산업의 성장과 더불어 관련 프랜차이즈 브랜드만 10여 개가 넘을 정도로 경쟁이 더욱 치열해졌다. 그런 만큼 트렌드에 맞는 지속적인 메뉴 업그레이드와 마케팅으로 고객의 입맛을 공략하는 것이 중요하다.

분식
만두 전문점

질 좋은 재료로 빚은
30년 전통의 즉석 손만두
명인만두

가맹점 기본정보

회사명 : (주)명인에프엔비
대표자 : 성창호
전 화 : 031-757-0701
팩 스 : 031-757-3982
주 소 : 경기도 수정구 수진 2동
4513번지 성호빌딩 9층
홈페이지 : http://mimandoo.co.kr
회사설립일 : 2005년 1월
매출액 : 80억 원

가맹사업 현황

가맹점 수 : 150개
- 1976년 부산만두 분식점 오픈
- 2009년 한국프랜차이즈대상 중소기업청장상 수상
- 2010년 3년 연속 한국프랜차이즈대상 지식경제부장관상 수상
- 프랜차이즈 수준평가 2등급 인증

가맹점 예상 투자비용

표준매장평수 : 49.5㎡(15평) 기준
가맹비 : 500만 원
교육비 : 500만 원
보증금 : 없음
로열티 : 없음
인테리어 : 2400만 원
기타 : 주방설비 및 비품 1600만 원, 간판·내외부 싸인공사 780만 원, 식기류 360만 원
총 소요비용 : 6140만 원
부가세 및 점포 임대비용 별도

★ 가맹계약 내용
- 최초 가맹계약 기간 : 2년, 연장계약 시 2년
- 오픈 전 이론교육, 매장교육

★ 브랜드 컨셉
- 30년 전통의 손만두만을 고집
- 만두는 남녀노소 누구나 선호하는 음식
- 만두와 함께 분식을 취급함으로써 매출 향상
- 30년간 축적된 노하우를 바탕으로 전통과 세련미를 더한 인테리어

★ 차별화 전략 및 경쟁력

① 시스템 경쟁력
- 4단계 교육 시스템과 체계화된 운영 매뉴얼
- 일회성 광고가 아닌 지속적인 방송매체(라디오, TV) 등을 이용한 마케팅
- 전문 슈퍼바이저 순회 시스템으로 매출 향상
- 자체 물류 시스템 구축(공장 및 배송차량 운행)
- HACCP 기준에 맞춘 엄격한 재료 관리
- 파워점장을 통한 위탁경영 가능

② 상권·입지 및 출점전략 경쟁력
- 중심상권, 역세권, 대학가, 주거상권 등 49.5㎡(15평) 규모의 매장 가능
- 권리금과 월세 부담이 적은 매장이라면 B급 상권도 적극 추천

③ 메뉴 경쟁력
- 신선한 냉장육을 사용하고, 고기의 식감을 살리기 위해 고기 두께를 일정하게 유지
- 특수 진공공법으로 만두피의 탄력을 살리고 투명도를 높였음
- 원지료 맛을 살리기 위해 냉동만두에 향미증진제, 시즈닝, 난백 등의 첨가물을 쓰지 않음
- 주메뉴는 수제 만두로 생산하기 가장 적절한 손만두이며, 개당 28~30g 기준
- 고기만두소 및 김치만두소 특허, 고추만두와 만두피 특허 획득
- 만두 외에 분식 메뉴를 판매해 재방문율이 높은 편

Brand Tip

'2010년 프랜차이즈 대상' 연구 및 개발부문 지식경제부장관 표창 수상

(주)명인에프엔비의 〈명인만두〉가 '2010년 프랜차이즈대상' 시상식에서 연구 및 개발부문 지식경제부장관 표창을 수상했다. 〈명인만두〉는 1976년 현재 〈명인만두〉 체인 본사 회장이 부산에서 요식업 분야에서 최고가 되겠다는 야심찬 목표를 가지고 창업한 것이 시초다. 성창호 대표는 "다른 것은 몰라도 '맛'에서 만큼은 자신이 있었고, 아버지의 기술과 맛을 내는 비법을 전수받아 프랜차이즈업을 시작하게 됐다"고 말했다.

업종	차별화	투자규모	점포형태	경쟁강도	노동강도	전문인력 필요성
서비스	감성적	낮다	무점포	낮다	낮다	없다
도소매		중간	사무실	보통	보통	
외식	기술적	높다	시설형	높다	높다	있다

〈명인만두〉는 30년 전통의 손만두 비법을 점주에게 직접 전수하는 독특한 프랜차이즈다. 공장에서 만두피와 만두소를 제조하지만 완제품이 아니기 때문에 점주는 이를 공급받아 만두로 완성해야 한다. 손만두를 주메뉴로 특화한 분식 전문점 〈명인만두〉는 49.5㎡(15평) 기준으로 6000만 원 이상의 시설비가 들기 때문에 투자규모는 중간이라고 볼 수 있다. 또 메뉴의 특성상 하나의 상권 내에 10~100여 곳 이상의 매장과 경쟁을 벌여야 하며, 만두를 직접 손으로 빚어야 하므로 노동강도 역시 센 편이다. 물론 전문인력을 고용하는 것도 방법이 되지만, 점주가 직접 만두를 빚는 것이 이상적이다. 다른 분식 전문점에 비해 손이 많이 가는 단점이 있지만, 수제 음식에 대한 고객들의 관심이 지속적으로 높아지고 있어 향후 전망은 낙관적이라고 하겠다.

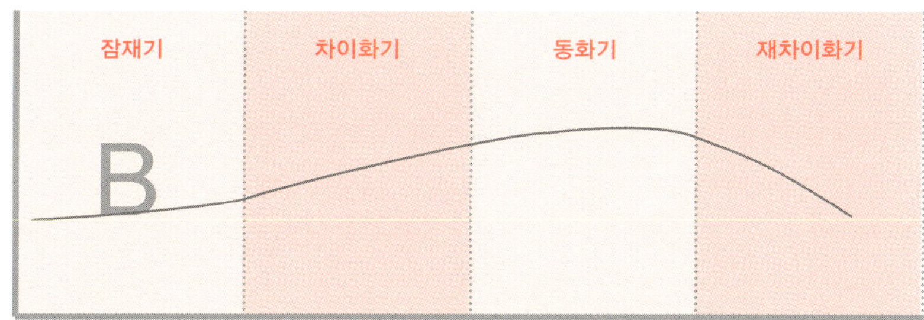

문화화 사이클

〈명인만두〉는 B형 잠재기 업종으로 볼 수 있다. 초기 분식 전문점은 라면과 김밥을 베이스로 다양한 메뉴를 추가하는 형태가 대부분이었다. 〈명인만두〉는 초기 분식 전문점과는 달리 수제 만두와 분식 메뉴를 접목하여 변화를 꾀해 성공한 모델이다. 패스트푸드로 인식되는 라면의 비중을 낮추고, 수제 음식인 손만두를 더함으로써 업종의 차별화를 이뤘다. 〈명인만두〉가 잠재기 업종으로 분류되는 이유는 하나의 브랜드로서는 성공적으로 런칭했으나 문화화 가능성은 아직 검증되지 않았기 때문이다. 유사 브랜드가 출연하고 있으나 수제 만두를 도입해 프랜차이즈화 하는 것은 불가능한 상황이다.

분식
떡볶이 전문점

한국인의 평생 별미
튀김·떡볶이
아딸

가맹점 기본정보

회사명 : (주)오투스페이스
대표자 : 이경수
전 화 : 1688-5889
팩 스 : 02-2043-5982
주 소 : 서울특별시 강동구 성내동 244-12번지 LIG건설 Liga 2층
이메일 : addal@addal.co.kr
홈페이지 : http://www.addal.co.kr
회사설립일 : 2002년 5월
매출액 : 비공개

가맹사업 현황

가맹점 수 : 800개
- 매출 신장과 함께 '좋은 먹을거리를 판매하는 아딸'이라는 신뢰도가 상승
- 월 300~500명 정도의 창업 희망자가 있지만 엄격한 기준으로 월 30개 내외 체인점만 신규 오픈

가맹점 예상 투자비용

표준매장평수 : 26㎡(7.8평) 기준
가맹비 : 700만 원
보증금 : 200만 원
로열티 : 없음
인테리어 : 1040만 원 / 추가 시 130만 원(3.3㎡당)
기타 : 교육비, 인테리어, 홍보물제작, 주방집기, 주방기기, 본사물품, 의자·탁자, 자동포장기계
총 소요비용 : 3790만 원
부가세 및 점포 임대비용 별도

★ 가맹계약 내용
- 최초 가맹계약 기간 : 2년, 연장계약 시 2년
- 계약 체결 후 30일 이내 영업신고, 인·허가 취득 및 교육 이수 필수
- 계약 체결 후 90일 이내 가맹점 개설
- 개점 전 교육, 정기교육(연 1회), 특별교육

★ 브랜드 컨셉
- 1972년 '문산튀김집'으로 시작, 현재 800여 개의 체인점을 보유한 분식 프랜차이즈 선두기업
- 한국인의 별미인 튀김과 떡볶이, 순대, 탕수육이 주메뉴
- 깨끗하고 안전한 브랜드 컨셉으로 경쟁력과 수익률 배가

★ 차별화 전략 및 경쟁력
① 시스템 경쟁력
- 2년 이상의 검증기간을 거친 믿을 만한 체인 본사의 노하우와 운영 시스템
- 객단가가 높아 매출 대비 수익성이 높음
- 본사 차원의 철저한 식자재 원가율 관리로 가맹점의 수익성을 높이는 체계적인 시스템
- 자체 소스 생산 공장 등 위생적인 생산시설과 조리 환경, 친환경적 식자재 사용 등 차별화된 시스템
- 최첨단 물류 시스템과 전 체인점에 대한 냉장 유통라인 구축
- 철저한 조리교육과 레시피화를 통해 주방 전문인력 없이 운영 가능

② 상권·입지 및 출점전략 경쟁력
- 26㎡(7.8평) 정도의 소규모 매장으로 출점 가능
- 테이크아웃 수요가 많아 매장 규모 대비 매출 높음
- 가족 및 직장인 고객의 포장매출 비중이 높아 대단지 아파트 상가나 주택밀집 지역 상권이 적합함
- 식기세척기 사용, 부분별 셀프 서비스, 음식 매뉴얼 제작 등 가맹점 수익창출제 시행

③ 메뉴 경쟁력
- 사계절 판매가 가능해 계절에 상관없이 꾸준히 안정적으로 매출을 올릴 수 있음
- 요리연구소를 통한 15가지 이상의 소스류 등 각종 먹거리 개발, 레시피 계량화, 맛 표준화
- 허브를 첨가한 바삭한 식감의 튀김을 개발해 업그레이드
- 천연 양념장 개발로 개운한 뒷맛의 떡볶이
- 최신 트렌드에 맞게 웰빙 카페 〈Otwospace〉와 레스토랑 〈허브감탄〉 런칭

업종	차별화	투자규모	점포형태	경쟁강도	노동강도	전문인력 필요성
서비스	감성적	낮다	무점포	낮다	낮다	없다
도소매		중간	사무실	보통	보통	
외식	기술적	높다	시설형	높다	높다	있다

한국인의 대표적인 간식인 떡볶이와 튀김, 순대, 탕수육의 개념을 바꾼 〈아딸〉은 떡볶이 프랜차이즈의 대명사로 인정받고 있는 브랜드다. 길거리음식으로 취급되던 떡볶이와 튀김, 순대에 대한 인식을 바꾸기 위해 요리연구소를 두고 15가지 이상의 소스류와 천연 양념장을 개발하는 동시에 레시피의 계량화 및 맛의 표준화에도 주력했다. 또한 위생적인 생산시설과 조리환경, 친환경적인 식자재 사용 등으로 차별화했다. 계절이나 지역적 영향을 받지 않은 스테디셀러 창업아이템인데다 기준 평수가 26㎡(7.8평) 정도로 소규모 창업에 매우 적합하다. 철저한 조리 교육과 레시피로 주방 전문인력 없이 운영이 가능해 초보 창업자에게는 매력적이다. 하지만 소규모 점포일수록 포장매출 비중이 높은 편이므로 주변 환경과 유동인구 등을 꼼꼼히 살필 필요가 있다.

평가지수

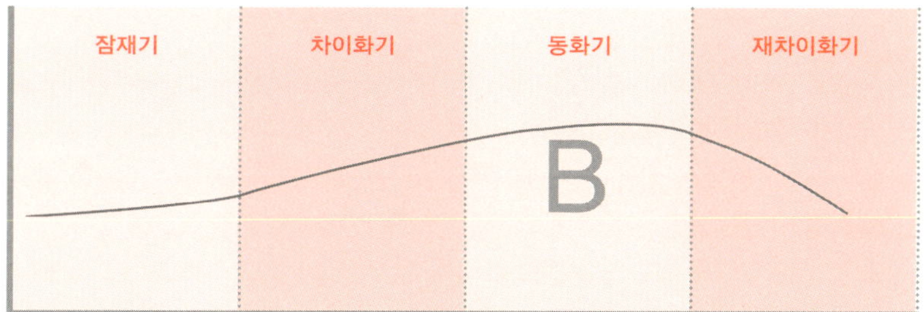

문화화 사이클

오랫동안 한국인들의 입맛을 책임져온 복고풍 음식들은 유행을 타지 않기 때문에 안정적인 운영이 가능하다. 예를 들어 떡볶이, 잔치국수, 김치찌개 등은 식재료 파동에도 영향을 받지 않고 꾸준히 인기를 이어왔다. 2009년부터 시작된 떡볶이 세계화 바람을 타고 수백 개의 떡볶이 전문점이 등장해 치열한 경쟁을 벌이고 있다. 그 중 세련된 인테리어와 자체 식자재 공장에서 뽑은 쫄깃한 떡볶이로 각광받는 〈아딸〉은 업계 리딩 브랜드다. 800여 개의 가맹점을 보유한 이곳은 현재 B형 동화기 업종으로 판단된다. 떡볶이 전문점은 현재 일시적인 유행으로 끝나지 않고 수많은 경쟁 브랜드의 등장과 더불어 사업적 규모까지 확대되고 있다.

분식
우동&돈가스 전문점

웰빙과 퓨전이 만난
맛있는 이야기
얌샘

가맹점 기본정보

회사명 : (주)얌샘
대표자 : 김은광
전　화 : 02-3667-3378
팩　스 : 02-3667-3379
주　소 : 서울시 영등포구 영등포동
5가 83번지
홈페이지 : www.yumsem.co.kr
회사설립일 : 2006년 8월
매출액 : 59억 원

가맹사업 현황

가맹점 수 : 66개
- 2004년 11월에 '여성을 위한 외식 공간', '패스트캐주얼 매장' 이라는 컨셉으로 런칭

가맹점 예상 투자비용

표준매장평수 : 33㎡(10평) 기준
가맹비 : 500만 원
보증금 : 300만 원
로열티 : 월 10만 원
인테리어 : 1500만 원
교육비 : 300만 원
기타 : 교육비 200만 원, 간판 300만 원,
주방기구 1500만 원, 홀가구 240만 원
총 소요비용 : 3900만 원
부가세 및 점포 임대비용 별도

★ 가맹계약 내용
- 최소 가맹계약 기간 : 2년, 연장계약 시 2년

★ 브랜드 컨셉
- 카페 인테리어 컨셉으로 간편식 외식분야로서 차별화
- 주 고객층인 10~30대 여성층 취향에 맞춰 식사와 간식의 중간 개념의 메뉴로 빠른 서비스 제공
- 바 형태나 타일로 깔끔한 이미지를 주며 동네분식점 분위기 탈피

★ 차별화 전략 및 경쟁력

① 시스템 경쟁력
- 주문 후 1분 이내 식사가 가능한 스피드 서비스
- 간편한 주방 시스템으로 초보창업자도 성공적 운영 가능
- 단순화, 전문화된 메뉴 구성의 전문점 시스템
- 본사 물류 시스템, 식재료 공급 시스템 구축 완료
- 가맹점 매출관리 시스템으로 실시간 점포 매출 확인 가능
- 매출 부진 가맹점 지원 시스템 가동

② 상권·입지 및 출점전략 경쟁력
- 33㎡(10평) 정도의 소규모 매장으로 출점 가능
- 테이크아웃 수요가 많아 매장 규모 대비 매출 높음
- 주 고객층은 10~20대 학생, 20~30대 여성 및 직장인
- 현재 대학가 및 오피스 복합형 상권과 주택가 상권 등 출점 확대

③ 메뉴 경쟁력
- 돈까스, 함박스테이크, 롤, 스파게티 등 50여 가지의 다양한 메뉴를 완제품에 가깝게 공급해 맛의 평준화 유지
- 메뉴 대부분을 70% 가량 가공 완료한 상태로 공급해 조리 회전율이 높음(전 메뉴 5분 이내 제공 가능)
- 소형 매장에 객단가도 3500원으로 높지 않지만 회전율과 테이크아웃 비율이 높아 수익률이 높음

Brand Tip
친환경 농산물, 무첨가물의 원칙

음식맛은 밥맛, 쌀이 좋아야 밥맛이 좋다는 당연한 진리와 더불어 건강을 생각하는 얌샘만의 오랜 마음이 결실을 맺었다. 친환경 농산물로 인증받은 프리미엄 쌀을 농협으로부터 직접 공급받아 조리하고 있다. 또한 식품에 존재하지 않던 맛을 내거나 맛을 더욱 강하게 하는 화학조미료(MSG)를 첨가하지 않겠다는 원칙을 철저히 지켜나가고 있다.

업종	차별화	투자규모	점포형태	경쟁강도	노동강도	전문인력 필요성
서비스	감성적	낮다	무점포	낮다	낮다	없다
도소매		중간	사무실	보통	보통	
외식	기술적	높다	시설형	높다	높다	있다

〈얌샘〉은 젊은층의 수요와 여성의 트렌드를 잘 공략한 감성 마케팅으로 성공적인 차별화를 이루었다는 평가를 받고 있는 외식 브랜드다. 특히 바쁜 직장인들과 학생들의 라이프스타일에 맞게 신속하고 간편하게 한 끼 식사를 해결할 수 있도록 인테리어와 메뉴를 구성한 것이 인기 비결이다. 주 고객층인 여성과 젊은층의 취향을 고려한 카페 분위기의 인테리어, 바 형태의 탁자 배치, 오픈형 주방으로 청결함을 내세우며 소비자의 니즈와 감성을 잘 파고들었다. 외식 프랜차이즈임에도 조리 과정을 극도로 간소화함으로써 주방장이 필요 없어 고정비 부담이 적다. 또한 적은 평수에도 개설이 가능하기에 소자본 창업에도 적합하다. 전체적으로 투자규모는 낮으면서도 시설형이라 개인이나 부부창업에 적합하며, 노동강도와 전문 주방인력 필요성이 낮기 때문에 초보 창업자에게도 추천이 가능한 업종이다.

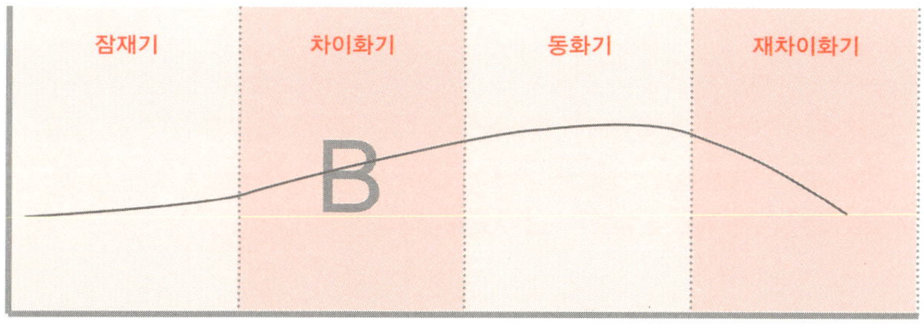

문화화 사이클

1000원 김밥을 내세운 분식 전문점이 독식하고 있는 시장에 '여성을 위한 외식 공간', '패스트캐주얼 매장' 등 새로운 컨셉으로 출사표를 던진 〈얌샘〉. 50여 가지의 다양한 메뉴를 한국인 입맛에 맞게 퓨전화하고, 카페 분위기의 인테리어 등으로 차별화하면서 새롭게 시장을 선도하는 브랜드로서 인정받았다. 현재 이 업종은 B형 차이화기 업종으로 판단된다. 즉, 유행으로 끝나지 않고 외식문화의 한 트렌드가 되어 앞으로 관련 산업의 동반성장과 많은 경쟁 브랜드가 생길 가능성이 많은 업종으로 볼 수 있다. 그러나 분식 시장의 틈새시장이고, 쉽게 뛰어들 수 있는 아이템이라는 점 역시 간과할 수 없다.

일본의 간편식,
테마카페형 브랜드
오니기리와 이규동

가맹점 기본정보

회사명 : (주)오니규
대표자 : 이명훈
전　화 : 02-598-0290
팩　스 : 02-545-6916
주　소 : 서울시 송파구 가락동 119
번지 B동
이메일 :
gyudong@gyudong.com
홈페이지 : www.gyudong.com
회사설립일 : 2009년 4월
매출액 : 23억 원

가맹사업 현황

가맹점 수 : 110개
- 런칭 이후 100호점까지 A급 상권
  중심으로 출점
- 100호점 이후 동네상권으로 확대 시
  도 중

가맹점 예상 투자비용

표준매장평수 : 33㎡(10평) 기준
가맹비 : 800만 원
보증금 : 300만 원
로열티 : 월 15만 원
인테리어 : 1700만 원 추가 시 170만
원(3.3㎡당)
기타 : 주방기물, 그릇, 탁자·의자,
POS, 오픈물품
총 소요비용 : 5195만 원
부가세 및 점포 임대비용 별도

★ 가맹계약 내용
- 최초 가맹계약 기간 : 2년, 연장계약 시 2년
- 계약 체결 후 30일 이내 영업신고, 인·허가 취득 및 교육 이수 필수
- 계약 체결 후 90일 이내 가맹점 개설
- 개점 전 교육, 정기교육(연 1회), 특별교육

★ 브랜드 컨셉
- 카페형 인테리어로 간편식 외식분야의 차별화 선도 브랜드
- 간편하고 빠른 서비스 제공 및 나홀로 식사족도 편히 식사할 수 있는 컨셉
- 수제 삼각김밥, 규동(일본식 덮밥), 우동 등 간편화된 조리로 일본식 외식분야 최
  고의 운영 편의성 확보

★ 차별화 전략 및 경쟁력
① 시스템 경쟁력
- 주문 후 1분 이내 식사가 가능한 스피드 서비스
- 높은 회전율과 전문 주방인력이 필요 없는 간편한 운영 시스템
- 본사 물류 시스템 및 식재료 공급 시스템 구축 완료
- 가맹점 매출관리 시스템 구축으로 매출에 따른 지원 가동

② 상권·입지 및 출점전략 경쟁력
- 33㎡(10평) 정도의 소규모 매장으로 출점 가능
- 테이크아웃 수요가 많아 매장 규모 대비 매출 높음
- 주 고객층은 10~20대 및 직장인
- 대학가 및 오피스 복합형 상권에 대부분 출점 중

③ 메뉴 경쟁력
- 한국인 입맛에 맞게 퓨전화한 다양한 메뉴의 오니기리 메뉴
- 즉석에서 제조한 수제 오니기리는 테이크아웃 메뉴로도 인기(최대 40% 내외)
- 세트메뉴 구성 등으로 3000~6000원의 인당 객단가 확보

Brand Tip
국내 일식 외식시장은 국내 외식업 평균 성장률 9.1퍼센트를 상회할 정도로 최근 급성
장하고 있다. 특히 일식 프랜차이즈의 시장 점유율은 30퍼센트 정도로 앞으로 몇 년간
프랜차이즈화가 가속화될 잠재력이 있다고 판단된다. 일식 시장에서도 가장 성장 추
세가 큰 시장은 바로 삼각김밥과 규동, 돈부리 등과 같은 일본의 간편식이다. 일본의
간편식 시장은 각종 수치를 보더라도 최근 성장 속도가 빠르고 성장 가능성이 높은 매
력적인 시장이다.

분류지수

업종	차별화	투자규모	점포형태	경쟁강도	노동강도	전문인력 필요성
서비스	감성적	낮다	무점포	낮다	낮다	없다
도소매		중간	사무실	보통	보통	
외식	기술적	높다	시설형	높다	높다	있다

〈오니기리와 이규동〉은 젊은층의 수요와 트렌드를 잘 공략한 감성 마케팅으로 성공적인 차별화를 만들었다는 평가를 받으며 2009년도부터 큰 인기를 얻은 외식 브랜드다. 신속하고 간편하게 한 끼 식사를 해결할 수 있도록 내부 인테리어와 메뉴를 구성했으며, 나홀로 식사족에도 잘 부합하는 브랜드 전략을 전개함으로써 인기를 끌고 있다. 여성과 젊은층의 취향을 고려한 카페 분위기의 인테리어와 고객과의 커뮤니케이션을 강화한 바 형태의 탁자 배치, 청결함을 강조한 오픈형 주방 등으로 소비자의 감성을 잘 공략한 것도 인기의 한 비결이다. 외식업임에도 조리를 극도로 간소화함으로써 주방장이 필요 없어 고정비 부담이 적고, 적은 평수에도 개설이 가능하기에 소자본 창업으로 적합하다. 전체적으로 투자규모는 낮으면서도 시설형이라 개인이나 부부창업에 적합하다.

평가지수

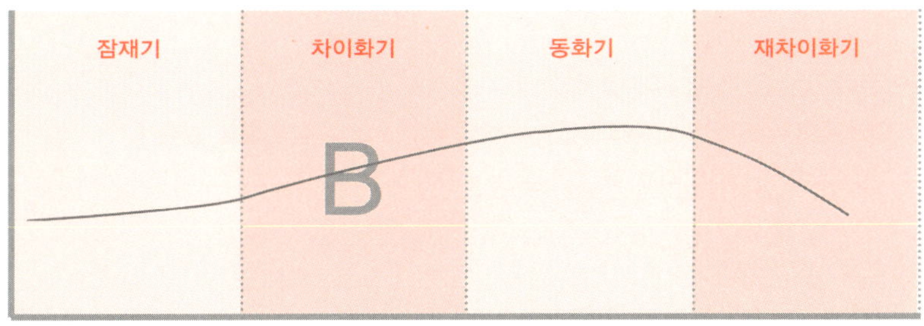

문화화 사이클

수제 삼각김밥과 일본식 규동을 한국인의 입맛에 맞게 퓨전화한 〈오니기리와 이규동〉 이후 일식 시장에는 일본의 간편식이라는 틈새시장이 만들어졌으며, 〈오니기리와 이규동〉의 등장은 이 시장을 선도하는 대표적인 브랜드로서 인정받으면서 안정화 단계에 진입해 있다. 현재 이 업종은 B형 차이화기로 판단된다. 즉, 유행으로 끝나지 않고 외식문화의 한 트렌드가 돼 앞으로 관련 산업의 동반성장과 더불어 향후 많은 경쟁 브랜드가 생기게 될 가능성이 많은 업종이다. 타 일식 관련시장에서 쉽게 뛰어들 수 있다는 점을 생각하면 새로운 문화적 트렌드를 만들어 내는 C형 업종은 아니다. 단순히 선발 브랜드라는 이미지만 고집한다면 지속적인 성장에 도전받을 가능성이 많다.

세계를 놀라게 한 떡볶이의 화려한 변신!
요런떡볶이

가맹점 기본정보

회사명: (주)자연애몸
대표자: 강지원
전 화: 02-830-4561
팩 스: 02-825-4513
주 소: 서울 동작구 상도동 23-5 한독빌딩 3층
이메일: emi6358@naver.com
홈페이지: www.yodduk.co.kr
회사설립일: 2009년 1월
매출액: 50억 원

가맹사업 현황

가맹점 수: 120개
- 100호점까지는 A급 상권 중심으로 출점 진행
- 100호점 이후 동네상권으로 확대 시도 중

가맹점 예상 투자비용

표준매장평수: 26㎡(7.9평) 기준
가맹비: 500만 원
보증금: 없음
로열티: 없음
인테리어: 1200만 원 / 추가 시 1만 원 (3.3㎡당)
기타: 교육비 150만 원
총 소요비용: 3475만 원
부가세 및 점포 임대비용 별도

★ 가맹계약 내용
- 최초 가맹계약 기간 : 2년, 연장계약 시 2년
- 상권분석 및 오픈 지원
- 오픈 전 이론교육, 매장교육

★ 브랜드 컨셉
- 길거리 음식의 대표주자인 떡볶이의 위생관념 극복
- 커다란 떡볶이 떡판 대신 원팩 포장된 떡볶이를 제공해 깔끔하고 위생적인 주방을 구현
- 대표 메뉴와 함께 순대, 튀김 등이 매출의 50% 차지
- 서브 메뉴인 주먹밥, 쌀국수, 덮밥, 우동, 돈까스 등의 지속적 업그레이드
- 방부제, 주정 처리를 하지 않은 떡을 당일 매장으로 냉장 배송
- 단호박 떡, 백련초 떡, 흰 떡 등 3가지 떡볶이 떡 공급

★ 차별화 전략 및 경쟁력

① 시스템 경쟁력
- 주문 후 1분 이내 식사가 가능한 스피드 서비스
- 높은 회전율과 매출 공백기가 없음(퇴근길이나 하굣길 테이크아웃 매출 높음)
- 원목의 빈티지한 테이블과 착석감이 편안한 의자 등 차별화된 인테리어
- 전문 주방인력이 필요 없는 간편한 운영 시스템
- 본사 물류 시스템 및 식재료 공급 시스템 구축 완료

② 상권·입지 및 출점전략 경쟁력
- 소규모 매장으로 출점 가능
- 테이크아웃 수요가 많아 매장 규모 대비 매출 높음
- 주 고객층은 10~20대 및 직장인
- 패션잡지 스타일의 고급스러운 각종 인쇄물로 고객들의 관심 집중
- 현재 대학가 및 오피스 복합형 상권에 대부분 출점 중

③ 메뉴 경쟁력
- 떡볶이와 순대, 튀김 등 유행 없는 안정적 아이템
- 인기품목 위주 메뉴 구성과 지속적인 서브 메뉴 개발로 수익성 제고
- 효율적 조리 시스템으로 주방의 효율성 극대화

Brand Tip

카페형 분식점의 대표주자로 떠오르고 있는 〈요런떡볶이〉의 특별한 맛은 호텔과 외식업 경력만 10년 이상인 조리팀이 모여 이뤄낸 성과다. 특색 있는 점포를 롤모델 삼아 매장에 접목시키는 노력도 잊지 않았다. 〈요런떡볶이〉 매장을 보면 세련된 인테리어가 우선 눈에 들어온다. 미국의 유명 디자이너 Fred G. Johnes가 참여해 만들어진 〈요런떡볶이〉의 인테리어는 얼핏 카페를 연상시킨다. 도시 중심가 여느 카페 못지않은 세련된 디자인으로 오고 가는 손님들의 시선을 끈다. 이러한 〈요런떡볶이〉의 고급 인테리어는 한식세계화에 걸맞게 해외에서도 첨병역할을 톡톡히 해낼 것으로 기대된다.

업종	차별화	투자규모	점포형태	경쟁강도	노동강도	전문인력 필요성
서비스	감성적	낮다	무점포	낮다	낮다	없다
도소매		중간	사무실	보통	보통	
외식	기술적	높다	시설형	높다	높다	있다

기존의 허름한 분식점 이미지를 세련되게 바꾼 〈요런떡볶이〉는 최근 트렌드를 반영하며 전문성을 높인 새로운 형태의 떡볶이 전문점이다. 원목 스타일의 빈티지한 테이블과 편안한 착석감의 의자 등 카페풍 인테리어로 고객들의 체류 시간을 대폭 늘렸다. 또한 녹차, 크로렐라, 단호박, 백련초, 흑미를 떡에 첨가해 세 가지 색상의 떡볶이를 선보이며 먹는 재미까지 더했다. 가맹점 창업을 지원하는 성공창업지원 시스템도 차별화된 경쟁력 중 하나다. 특히 본사가 자체적 공장을 보유하고 있어 식재료를 반가공 후 가맹점에 배송하는 원팩 시스템을 실시하고 있다. 이를 통해 전문 주방인력 없이도 쉽게 요리가 가능하다. 또한 본사의 과학적이고 효율적인 매장 운영 시스템 도입으로 조리를 간소화해 노동강도가 낮다. 요식업 경험이 없는 초보창업자에게도 추천이 가능한 업종이다.

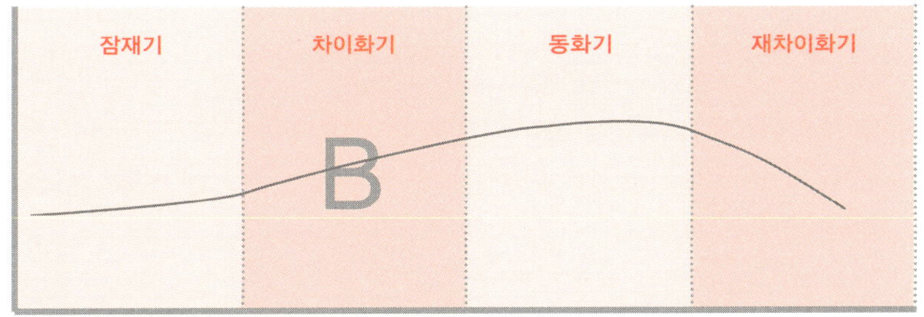

문화화 사이클

〈요런떡볶이〉는 기존의 시장식 떡볶이집을 업그레이드해 꾸준히 영역을 넓히고 있다. 위생적이지 않았던 떡볶이집의 떡판을 없애고 렌지 용기에 포장된 떡볶이를 데워주는 시스템으로 위생에 대한 어머니들의 염려를 잠재우면서 더욱 각광받고 있다. 〈요런떡볶이〉는 B형 차이화기 업종으로 볼 수 있다. 대부분의 분식점에서 취급하는 메뉴와 컨셉이 동일하다고 생각될 수 있기 때문에 독립적으로 사업적 규모를 확대하는 데는 한계가 따를 수 있다.

행복한 푸드 라이프!
미니 레스토랑
푸딩

가맹점 기본정보

회사명 : (주)다솔식품
대표자 : 한상진
전　화 : 1600-9973
팩　스 : 02-572-9908
주　소 : 서울시 강남구 도곡동 467-24 우성캐릭터199오피스텔 319호
홈페이지 : www.uprofooding.com
법인설립일 : 2001년 9월
매출액 : 73억 원

가맹사업 현황

가맹점 수 : 20개
- 1996년 풀무원 대리점을 시작으로 15년간의 프랜차이즈 전문 물류 및 제조 사업 노하우로 런칭
- 2010년 1월 '색깔이 있는 분식점'에 이어 7월 '미니레스토랑'으로 컨셉 업그레이드

가맹점 예상 투자비용

표준매장평수 : 39.7㎡(12평) 기준
가맹비 : 500만 원
보증금 : 200만 원
로열티 : 없음
교육비 : 500만 원
인테리어 : 1800만 원(39.6㎡) / 추가 시 150만 원(3.3㎡당)
기타 : 주방기기/용품 890만 원, 간판 300만 원, 초도인쇄/홍보비 300만 원, 냉난방기, 의자·탁자, 초도상품비
총 소요비용 : 4290만 원
부가세 및 점포 임대비용 별도

★ 가맹계약 내용
- 최초 가맹계약 기간 2년, 연장계약 시 2년
- 영업지역 독점권 보장(반경 2킬로미터) 및 독점적·배타적 영업지역 설정 인정
- 가맹점운영권의 양도 시 사전 서면 통지 필수
- 영업시간 제한은 없으며, 영업일은 주5일, 월25일 이상(연속 7일 이상 중단 시 해지 가능)
- 개점 전 교육(6일), 특별교육

★ 브랜드 컨셉
- 신선한 식재료와 고급 수제소스로 차별화된 메뉴
- 기존 저가형 분식시장에서 한 단계 업그레이드된 고품격 미니레스토랑
- 원색을 이용한 로고와 아기자기하면서도 세련된 캐주얼 레스토랑 컨셉의 대중적 인테리어

★ 차별화 전략 및 경쟁력
① 시스템 경쟁력
- 15년간의 프랜차이즈 전문 유통 노하우 및 전국 물류 시스템 구축으로 식재료 일일배송
- 간단한 조리로도 양질의 서비스와 편안한 식사가 가능한 조리단축 시스템
- 전문 주방인력 필요 없는 간편한 운영 시스템
- 저렴한 창업비용과 높은 회전율
- (주)풀무원 유통자회사 (주)푸드머스와 프랜차이즈 사업 제휴로 신뢰도 제고
- POS 시스템을 통한 종합 분석으로 성공적인 점포 운영 지도

② 상권·입지 및 출점전략 경쟁력
- 39.7㎡(12평) 정도의 소규모 매장으로 출점 가능
- 주 고객층은 10~20대 여성 및 직장인
- 현장교육 실습 및 오픈 지원, 메뉴 슈퍼바이저와 오픈 전담 인력 파견으로 성공창업 지원

③ 메뉴 경쟁력
- 수백여 매장에서 검증받은 30여 가지 메뉴로 고객들의 재구매율 제고
- 특급 쉐프가 개발한 메뉴레시피와 11년차 쉐프의 분기별 메뉴 업데이트 및 교육 지원
- 직영 소스공장에서 수작업으로 만들어지는 20여 가지 특제 소스 사용
- 다양한 조리방식과 식재료 사용으로 젊은층의 선호도 높음

업종	차별화	투자규모	점포형태	경쟁강도	노동강도	전문인력 필요성
서비스	감성적	낮다	무점포	낮다	낮다	없다
도소매		중간	사무실	보통	보통	
외식	기술적	높다	시설형	높다	높다	있다

정형화된 레시피를 벗어나 다양한 조리방식으로 분식 메뉴를 퓨전화한 것으로 평가받는 〈푸딩〉은 고객들의 니즈로 시작된 브랜드다. 30여 가지의 메뉴와 20여 가지 창작 수제 소스로 특히 젊은층과 여성들에게 인기를 끌고 있다. 외식 프랜차이즈임에도 간단한 조리로 양질의 메뉴를 제공할 수 있는 조리단축 시스템과 적은 평수에도 개설이 가능한 소자본 창업아이템이라는 점이 매력적이다. 또한 개인 자금 상황에 따라 맞춤형 창업이 가능하고 대중적인 메뉴로 외부 환경의 영향을 받지 않고 꾸준히 운영해나갈 수 있다는 점에서 부부가 함께 창업하기에 효과적인 아이템이라고 할 수 있다. 노동강도는 낮지 않지만 전문인력 필요성이 적어 조리에 관심이 있는 초보창업자에게도 추천할 수 있는 업종이다.

평가지수

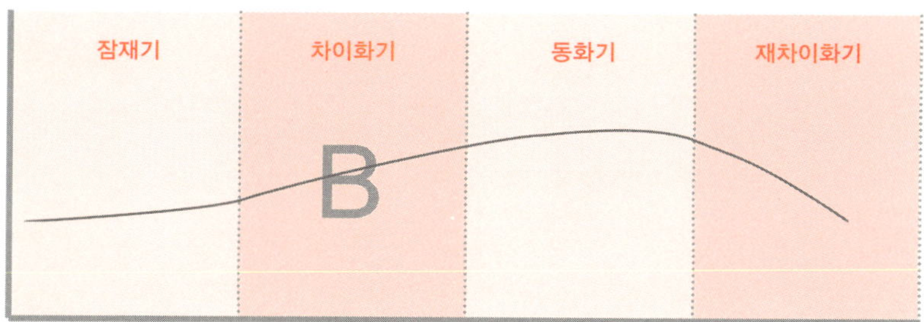

문화화 사이클

1000원 김밥을 내세운 분식 전문점이 독식하고 있는 분식 시장을 업그레이드한 〈얌샘〉과 같은 컨셉의 브랜드다. 15년간의 프랜차이즈 전문 유통 노하우를 바탕으로 점주와 고객들에게 검증받은 30여 가지 메뉴로 고객들의 재구매율이 높고, 20여 가지 특제 창작 소스로 차별화된 맛을 낸다는 점에서 최근 인기를 끌고 있다. 이 업종은 B형 차이화기 업종으로 판단된다. 즉, 유행으로 끝나지 않고 외식문화의 한 트렌드가 되어 앞으로 관련 산업의 동반성장과 많은 경쟁 브랜드가 생길 가능성이 많은 업종으로 볼 수 있다. 그러나 신규 시장이라기보다는 분식 시장의 틈새시장이고, 타 분식 관련시장에서 쉽게 뛰어들 수 있다는 점에서 새로운 문화적 트렌드를 만들어 내는 C형 업종은 아니다.

그리노믹스의 인기몰이

판매업의 경우 온라인 시장이 크게 확대되고 있지만 여전히 오프라인 시장 중심으로 운영되는 업종이 많다. 유기농 전문점이나 문구점, 편의점, 화장품 전문점 등이 대표적이다. 이들 업종 가운데 특히 주목할 분야는 그리노믹스 업종이다. 웰빙의 발전형 모델인 그리노믹스(환경Green과 경제Economy의 결합어) 업종은 판매자와 고객의 의식 수준이 향상됨에 따라 향후 더욱 인기를 끌 것으로 전망되고 있다. 대표적인 그리노믹스 업종인 유기농식품판매점의 경우 일반 식자재에 비해 15~20퍼센트 비싸지만 농약과 화학비료를 쓰지 않는 친환경·유기농 상품이라는 점에서 선호하는 고객이 지속적으로 늘고 있는 추세다. 〈해가온〉, 〈초록마을〉 등이 대표적인 브랜드다. 편의점 업종도 변화의 바람이 거세다. 최근 대기업 편의점의 과도한 로열티 부담과 24시간 영업해야 하는 규정을 없앤 신개념 편의점 (주)CS유통 〈하모니24〉가 창업자들의 주목을 받고 있다. 또한 편의점에 분식점을 결합시킨 〈예스플러스〉도 기존 편의점 매출 외에 업그레이드된 분식 메뉴 매출이 높아 주목을 받고 있다.

PART **7** 도소매

안경의 기준을
제시한다
1001안경콘택트

가맹점 기본정보

회사명 : (주)토마토디앤씨
대표자 : 김영돈
전　화 : 02-3474-8400
팩　스 : 02-3487-0531
주　소 : 서울 서초구 방배2동 421-23 명림빌딩 3층
이메일 : komo@live.co.kr
홈페이지 : www.1001optics.co.kr
회사설립일 : 1999년 12월
매출액 : 370억 원

가맹사업 현황

가맹점 수 : 420개

- 2008년 동종 프랜차이즈인 〈안경나라〉, 〈씨채널〉 브랜드 인수합병
- 안경 프랜차이즈 1위 기업이라는 브랜드 가치
- 2010년 (주)토마토디앤씨에서 3개 브랜드 상표권 인수

가맹점 예상 투자비용

표준매장평수 : 66.2㎡(20평) 기준
가맹비 : 2000만 원
보증금 : 1000만 원(부가세 포함)
로열티 : 월 20만 원
인테리어 : 3400만 원 / 추가 시 170만 원(3.3㎡당)
기타 : 옥습기, 검안기 등 기기류 4000만 원, 최초 공급상품 3600만 원
총 소요비용 : 1억 4000만 원
점포 임대비용 별도

★ 가맹계약 내용

- 최초 가맹계약 기간 : 2년
- 본부 지정 장소에서 개점 전까지 교육 및 훈련을 이수해야 함(비용은 본부 부담)
- 가맹점은 본부에서 상품을 공급받을 수 있으며 상품교환은 3개월 이내에, 반품은 4주 이내 가능
- 본부로부터 공급받은 상품 대금을 익월 25일 이내에 본부의 지정계좌로 결제

★ 브랜드 컨셉

- 안경 프랜차이즈 내 시장점유율 1위
- 국내 최고 수준의 안경전문가 육성에 중점을 둔 프랜차이즈 사업
- 〈안경나라〉, 〈씨채널안경〉 등 동반 운영을 통한 시너지 효과

★ 차별화 전략 및 경쟁력

① 시스템 경쟁력

- 제품 공급을 위한 다각적인 노력으로 양질의 상품을 합리적인 가격에 공급
- 고객불만 처리를 위한 다양한 커뮤니케이션 통로 구축
- 우수한 인력 배출과 공급
- 가맹본부와 가맹점의 상생관계 확립
- 신제품과 신기술 정보 제공을 위해 매년 가맹점 대상의 수주회와 신규 브랜드 런칭쇼 전개
- 가맹 안경원과 안경사의 수준 향상 및 매출 증대를 위한 체계적이고 지속적인 교육 실시
- 안경원 실무지원 프로그램 구축으로 가맹점의 매출 제고

② 상권·입지 및 출점전략 경쟁력

- 49.6㎡(15평)~82.6㎡(25평) 정도의 매장에서 출점 가능
- 전 세대를 아우르는 고객층, 가족이 함께 살고 있는 상권에 유리
- 최근 2~3년간 330.6㎡(100평) 이상의 조대형 매상 출점 능으로 인지도 상승 효과가 기대됨

③ 제품 및 서비스 경쟁력

- 자체 브랜드 'LESHA eyewear' 런칭 : 안경테, 선글라스, 안경렌즈, 콘택트렌즈 등 안경원에서 판매할 수 있는 주력분야에 대해 우수한 품질의 PB상품 공급
- 본부 수익을 합리적인 수준에서 설정해 체인점의 수익을 극대화할 수 있는 가격 정책 수립
- 안경산업 발전 및 전문 안경사 양성을 위한 아카데미 출범 : 초·중·고급 과정별 체계적인 교육 프로그램을 통해 이론과 실무가 겸비된 실력 있는 안경사 육성
- 우리나라 대표 안경 프랜차이즈로서의 높은 소비자 인지도로 고객의 신뢰 및 재방문율이 높음

업종	차별화	투자규모	점포형태	경쟁강도	노동강도	전문인력 필요성
서비스	감성적	낮다	무점포	낮다	낮다	없다
도소매		중간	사무실	보통	보통	
외식	기술적	높다	시설형	높다	높다	있다

국내 최대 안경프랜차이즈 브랜드 〈1001안경콘택트〉는 표준화된 서비스로 소비자들에게 안경에 대한 긍정적인 인식을 갖게 한 주역이다. (주)토마토디앤씨는 최근 3개 브랜드의 상표권을 인수하는 등 적극적이고 안정적으로 사업을 전개하며 새로운 발전의 계기를 마련하고 있다. 기본적으로 안경원을 개설하기 위해서는 안경사 국가시험에 합격해 안경사 면허를 취득해야 한다. 또한 창업 시 인테리어 외에도 시력검사 등 각종 기기를 갖춰야 하고 개점 시 안경테와 선글라스, 렌즈 등 기본적인 제품을 구비해야 하므로 투자비용은 상대적으로 높다. 하지만 안경사로서 그 전문성을 인정받을 수 있고, 시력교정이 필요한 인구의 증가 추세로 향후 전망 또한 긍정적이다. 상대적으로 노동강도와 경쟁강도가 낮은 편이기도 하다. 전문인력으로서 필요한 기술과 지식을 갖출 수만 있다면 창업을 준비하는 이들에게 매력적인 브랜드다.

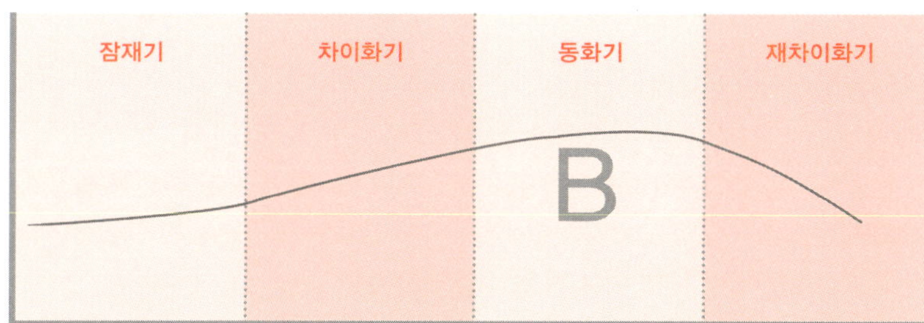

문화화 사이클

〈1001안경콘택트〉는 기존의 영세하고 주먹구구식으로 운영됐던 안경판매점의 시스템을 표준화한 안경 전문 프렌차이즈다. 이 업체는 전국 어디서나 동일한 양질의 서비스를 받을 수 있도록 시스템으로 만들었다는 점에서 안경원의 프랜차이즈 가속화를 이끄는 역할을 했다. 또한 관련 산업의 발전과 많은 프랜차이즈 업체의 등장을 선도하며 안경원에 대한 인식을 바꾸는 데도 적잖은 기여를 했다. 〈1001안경콘택트〉는 B형 동화기에 속하는 업종으로 볼 수 있다. 하지만 라식과 라섹 등 관련 의료기술 발전으로 향후 관련 산업 전반이 급반전되는 상황이 발생될 수도 있다는 점 등을 염두에 둘 필요가 있다.

도소매
유기농 화장품 판매점

자연과 숨쉬는 피부
유기농화장품 전문점
닥터 올가팜

가맹점 기본정보
회사명 : 닥터올가팜코리아
대표자 : 이미근
전 화 : 02-2243-8088
팩 스 : 053-744-0777
주 소 : 대구시 수성구 수성4가
1090-8 수성하이츠상가 132호
이메일 : orgapharm@hanmail.net
홈페이지 : www.orgapharm.co.kr
회사설립일 : 2004년 2월
매출액 : 3000억 원

가맹사업 현황
가맹점 수 : 10개
- 직영점 2개
- 2010년 3월 런칭 이래 10호점 돌파

가맹점 예상 투자비용
표준매장평수 : 33㎡(10평) 기준
가맹비 : 300만 원
보증금 : 200만 원(상권에 따라 변동 가능)
로열티 : 없음
교육비 : 300만 원
인테리어 : 1800만 원 / 추가 시 180만 원(3.3㎡ 기준)
기타 : 홍보판촉비 300만 원, 초도물품비 1500만 원, 냉난방기 200만 원, 간판비 250만 원
총 소요비용 : 4600만 원
부가세 및 점포 임대비용 별도

★ 가맹계약 내용
- 최초 가맹계약 기간 : 2년, 연장계약 시 1년
- 가맹점 양도 시 본사의 사전 서면승인 필요
- 화장품, 바디용품, 미용 및 건강보조식품, 기타 미용상품 등 지정된 상품·용역만 판매 가능
- 정당한 사유 없이 연속하여 30일 이상 영업 중단 시 계약 해지
- 개점 전 신규교육(4일), 특별교육

★ 브랜드 컨셉
- 자연주의와 웰빙 트렌드에 적합한 세계적인 유기농 화장품을 한 자리에서 만날 수 있는 멀티숍
- 유기농 화장품의 역사와 전통이 깊은 유럽 제품 중에서도 최상의 브랜드만을 선택해 판매
- 유럽, 미국, 호주의 유기농화장품 인증기관에서 까다로운 절차와 조건을 거쳐 유기농인증마크를 받은 유기농화장품 전문점

★ 차별화 전략 및 경쟁력
① 시스템 경쟁력
- 독일(BDIH), 유럽연합(ECOCERT), 미국(USDA), 프랑스(COSMEBIO), 호주(ACO), 스위스(IMO) 등 세계적인 유기농인증마크를 획득한 천연 화장품으로 차별화
- 오프라인 샵을 운영하며 쇼핑몰 운영도 가능하므로 추가적인 제품 판매 수익 창출 가능
- 내추럴한 컨셉의 저비용 실내 인테리어

② 상권·입지 및 출점전략 경쟁력
- 33㎡(10평) 정도의 소규모 매장으로 출점 가능
- 천연 유기농 화장품에 피부관리실과 네일 등을 추가할 수 있는 유연한 창업 시스템
- 주 고객층은 20~30대 여성, 주부, 직장인 여성들
- 이상적인 출점지역은 관공서와 오피스텔 등 사무실 밀집지역, 아파트 등 대규모 주택단지 등

③ 제품 경쟁력
- 화학성분이 전혀 첨가되지 않은 기초 화장품과 바디케어 등 300여 가지의 천연 화장품 판매
- 피부에 자극을 주지 않는 100% 천연 원료만 사용해 알러지 및 피부트러블을 유발하지 않는 유기농화장품
- 문제성 피부, 아토피 피부, 극예민 피부 등에 효과적인 아로마 전문 화장품으로 꾸준한 매출 신장 가능
- 대표적인 브랜드로는 퍼펙트포션, 써스데이플랜테이션, 닥터하우쉬카, 라베라, 피지오더미, 프라이스몬데, 프리미엄알로에베라, 비투오가닉 등

분류지수

업종	차별화	투자규모	점포형태	경쟁강도	노동강도	전문인력 필요성
서비스	감성적	낮다	무점포	낮다	낮다	없다
도소매		중간	사무실	보통	보통	
외식	기술적	높다	시설형	높다	높다	있다

〈닥터 올가팜〉은 유럽, 미국, 호주의 유기농화장품 인증기관에서 까다로운 절차 및 조건을 거쳐 유기농인증마크를 받은 유기농화장품 전문점으로 최근 웰빙 트렌드에 최적인 아이템이라고 할 수 있다. 올가팜은 저렴한 비용으로 개설할 수 있는데다 유기농 화장품의 역사와 전통이 깊은 유럽에서도 최상의 브랜드만을 선택해 판매한다는 점에서 눈여겨 볼 창업아이템이다. 화장품 및 뷰티 분야를 전공했거나 관심이 있는 창업자나 여성들에게 적합한 아이템이다. 다만 우리나라의 경우 유기농화장품 역사가 길지 않고 브랜드가 생소하기 때문에 적극적인 마케팅과 홍보 능력을 키워야 한다는 점을 간과해서는 안 된다.

평가지수

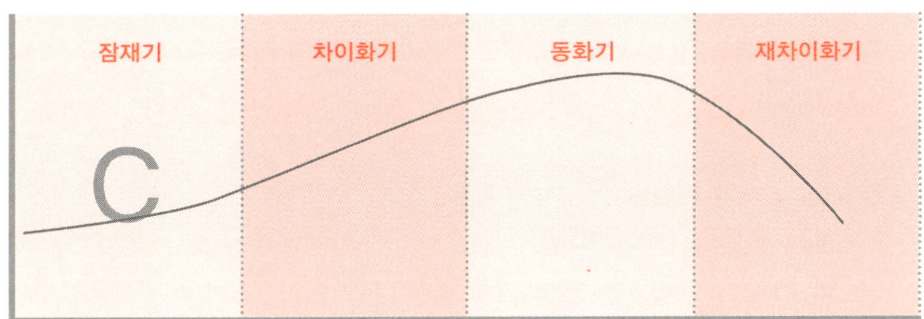

문화화 사이클

여성들의 피부에 영향을 주는 화장품의 경우에도 웰빙과 자연주의 경향이 두드러지고 있는 추세다. 천연 성분과 자연에서 얻은 추출물로 만든 유기농 화장품의 경우 화학성분이 전혀 없어 피부에 자극을 주지 않는다는 점에서 꾸준한 인기를 얻고 있다. 특히 각종 스트레스와 환경적인 요인 등으로 인한 민감성 피부나 아토피를 지닌 이들이 크게 늘고 있어 앞으로 그 시장은 크게 성장할 것으로 예상된다. 실제로 선진국의 경우 매년 30퍼센트 이상씩 성장하고 있는 시장으로 알려지고 있다. 이 업종은 기존 화장품시장의 파생업종으로서 새로운 가치변화를 제공하는 C형 잠재기에 해당된다. 향후 그 시장이 확대되면서 새로운 시장으로서 성장할 가능성이 높은 업종이다.

도소매
자동차 엔진오일 판매점

신화학 정비시대
첨단 자동차 관리
모든오일

가맹점 기본정보

회사명 : (주)모든오일
대표자 : 김태훈
전　화 : 02-415-2651
팩　스 : 02-471-0344
주　소 : 서울시 강동구 성내동
443-21 갑지하이린아파트 1층
이메일 : byulnan@nate.com
홈페이지 : www.mdoil.com
회사설립일 : 1998년 7월
매출액 : 11억 6000만 원

가맹사업 현황

가맹점 수 : 18개
- 1987년 창업 후 40여 년 동안 윤활유 분야만 종사

가맹점 예상 투자비용

표준매장평수 : 165.3㎡(50평) 기준
가맹비 : 1500만 원
보증금 : 없음
로열티 : 없음
인테리어 : 3000만 원 / 추가 시 66만 원(3.3㎡당)
(업종 변경 시 인테리어 비용 1500~3300만 원으로 조정 가능)
기타 : 간판 및 사인물 500만 원, 설비기기 4000만 원, 초도물품 3000만 원
총 소요비용 : 1억 2000만 원
부가세 및 점포 임대비용 별도

★ 가맹계약 내용
- 최초 가맹계약 기간 : 2년, 연장계약 시 2년
- 계약 체결 후 30일 이내 영업신고, 인·허가 취득 및 교육 이수 필수
- 계약 체결 후 60일 이내 가맹점 개설
- 개점 전 교육, 정기교육(연 1회), 특별교육

★ 브랜드 컨셉
- 자체개발한 자동차 관리 시스템으로 일반적인 자동차 관리에서부터 전문가의 각종 응용기술과 노하우로 합성유, 첨가제 등을 맞춤형으로 처방
- 고객 자동차를 최상의 성능으로 운행·유지하며 엔진 연소 효율을 대폭 증대함
- 고객 자동차의 성능저하 요인을 분석해 성능개선 5단계 프로그램으로 성능 보완 및 개선

★ 차별화 전략 및 경쟁력
① 시스템 경쟁력
- 차량코디네이터가 전체적으로 차량상태를 점검해 상담한 후 전용 프로그램으로 견적, 정비
- 차량을 최상의 상태로 유지하고 연비, 소음, 매연의 획기적인 개선이 가능
- 윤활유 전문가의 정확한 처방으로 최고의 성능 발휘

② 상권·입지 및 출점전략 경쟁력
- 매장의 차량 리프트 수가 3대 정도면 출점 가능
- 부가가치가 높은 제품을 취급하며 지속적인 관리가 이뤄지므로 고정고객의 확보가 용이함

③ 상품 및 서비스 경쟁력
- 자동차에 사용되는 모든 종류의 윤활유 교환 가능(엔진오일, 미션오일, 디프렌셜오일, 파워스티어링오일, 브레이크액 등)
- 경쟁력 있는 독점 오일 보유와 공동구매로 인한 원가절감 가능
- 차종, 엔진상태, 운전조건, 도로여건, 주행기록 실정 등을 고려한 차별화된 차량관리 시스템으로 차량 성능 향상
- 온라인예약 할인 및 우대고객에 대한 VIP 멤버십 시스템 운영으로 고객들의 만족도 제고
- 전 차종 첨단 전산화 관리 시스템 구축 및 자동차 기술정보 제공
- 오일 교환 시마다 슬로틀 바디 청소, 타르 제거 서비스
- 벨트 드레싱, 엔진룸 청소, 차량 전반에 관해 검사하고, 결함사항 검사 통보

업종	차별화	투자규모	점포형태	경쟁강도	노동강도	전문인력 필요성
서비스	감성적	낮다	무점포	낮다	낮다	없다
도소매		중간	사무실	보통	보통	
외식	기술적	높다	시설형	높다	높다	있다

〈모든오일〉에서는 자체개발한 자동차 관리 시스템을 통해 일반적인 자동차 관리는 물론 각종 응용기술과 노하우, 합성유, 첨가제 등을 전문가가 맞춤형으로 처방한다. 그로써 고객의 자동차를 최상의 성능으로 유지시키고 엔진의 연소 효율을 대폭 증대시키는 자동차 토탈 관리 서비스를 제공한다. 매장의 차량 리프트를 3대 정도 갖춰야 출점 가능하며, 총 소요비용은 1억 1500만 원 정도이지만 기존 영업매장을 리모델링해 개업하는 경우 좀 더 저렴한 비용에 개점이 가능하다. 기본적으로 자동차 정비 및 관리에 대한 전문지식이 필요하기 때문에 자동차에 관심 있고 정비기술을 보유한 젊은 남성에게 적합한 업종이다. 경쟁력 있는 오일 보유와 공동구매로 부가가치가 높지만 노동강도가 높고 경쟁강도도 높은 편이어서 차별화를 시키는 전략과 꾸준한 노력이 절대적으로 중요하다고 하겠다.

평가지수

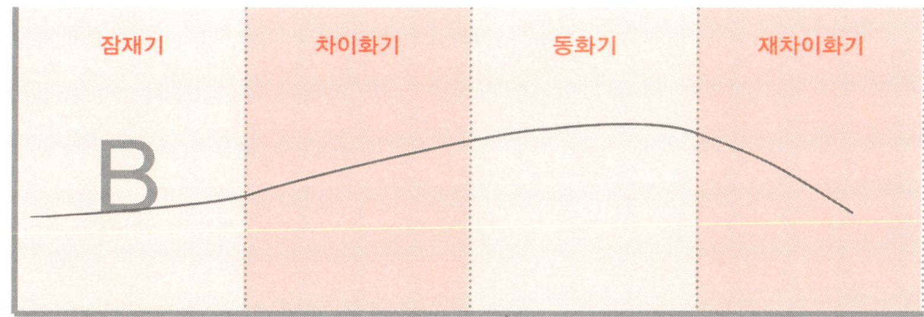

문화화 사이클

〈모든오일〉은 차량코디네이터가 고객 자동차의 성능저하 요인을 분석해 성능개선 5단계 프로그램으로 성능 보완 및 개선을 해주는 최첨단 자동차 관리 프랜차이즈다. 특히 노후 등으로 인해 성능이 저하된 엔진을 회복시켜주는 윤활유를 이용해 고유가 시대에 도움이 되는 최적의 자동차로 유지·관리해주는 서비스를 제공한다. 이 업종은 B형 잠재기에 있다고 판단된다. 기존의 일반적인 자동차 정비 개념을 넘어 고객의 자동차를 최적의 상태로 유지·관리해준다는 점에서 정비에 대행 서비스의 개념을 결합했다고 볼 수 있다. 대행 서비스의 특성상 향후 지속적인 성장이 기대되지만 아직 사업적 성공여부, 즉 문화화 가능성이 확인되지 않아 좀 더 관찰할 필요가 있는 업종이다.

화장품 판매의 새로운 패러다임
미샤

가맹점 기본정보

회사명 : (주)에이블씨엔씨
대표자 : 서영필
전 화 : 02-6292-6870
팩 스 : 02-6292-6922
주 소 : 서울시 금천구 가산동 345-9 SK트윈테크타워 A동 3층
홈페이지 : http://chain.missha.co.kr
회사설립일 : 2000년 1월
매출액 : 1811억 원

가맹사업 현황

- 2003년 가맹사업 시작
- 2004~5년 호주, 싱가포르, 미국 등 해외 시장 진출
- 지하철역 내 60개 매장 독점 운영권 획득

가맹점 예상 투자비용

표준매장평수 : 49.6㎡(15평) 기준
가맹비 : 500만 원
교육비 : 없음
보증금 : 500만 원
로열티 : 없음
인테리어 : 4500만 원
기타 : 초도물품비 2000만 원, POS 500만 원
총 소요비용 : 7500만 원
부가세 및 점포 임대비용 별도

★ 가맹계약 내용

- 최초 가맹계약 기간 2년, 연장계약 시 1년
- 오픈 전 이론교육, 매장교육

★ 브랜드 컨셉

- 가격 거품을 모두 제거한 합리적인 가격 구조(250가지 품목을 3300원에 제공할 수 있는 가격 경쟁력)
- 풍부한 기술력과 노하우, 우수한 제품(해저심층수와 노화방지물질 개발)
- 전국 220만 명 이상의 여성회원을 보유한 온라인 사이트 '뷰티넷' 보유

★ 차별화 전략 및 경쟁력

① 시스템 경쟁력

- 온·오프라인 통합 유통 가능성 제시
- 오라클의 중소기업용 ERP 운영
- 상품 대량 생산 및 유통으로 인한 가격 경쟁력

② 상권·입지 및 출점전략 경쟁력

- 역세권 인근의 로드샵
- 지하철 내 입점 가능, 이마트 등 Shop in Shop 창업 가능
- 미국 외 해외 매장 입점 가능(해외 23개국 713개 매장 운영 중)

③ 제품 경쟁력

- 2000년 3300원짜리 화장품으로 돌풍을 일으킴
- 2007년 중반부터 제품 구성을 고기능성으로 재편 25~35세 여성에 어필
- 지하철 역사 중심으로 유통망 확장, 비비크림 런칭
- 중국 상하이 엑스포 한국관 기념품 코너에서 가장 많이 팔린 브랜드

Brand Tip

미샤화장품, '20대가 가장 선호하는 중저가 화장품 브랜드'로 선정

20대 라이프 스타일 트렌드 리포트 'COLA(Culture+Opinion+Life style+Activity)'가 12월 2010년 총결산 특집호를 맞아 '20대가 선정한 2010 최고의 브랜드 BEST 20'을 공개했다. 미샤화장품은 경쟁이 치열했던 중저가 화장품 부문에서 '20대가 가장 선호하는 중저가 화장품 브랜드'로 선정되었다. IT, 패션, 주류, 금융, 식음료, 자동차 등 산업 전분야에 걸쳐 진행된 이번 브랜드 총결산에는 2010년 1월부터 12월까지 진행된 COLA의 다양한 주제들 중 실제 20대가 가장 관심 있는 산업 분야 20개만을 선별해 11월 한 달 동안 온라인 설문조사로 진행됐다.

분류지수

업종	차별화	투자규모	점포형태	경쟁강도	노동강도	전문인력 필요성
서비스	감성적	낮다	무점포	낮다	낮다	없다
도소매		중간	사무실	보통	보통	
외식	기술적	높다	시설형	높다	높다	있다

화장품의 가격 거품을 제거한 합리적인 가격으로 돌풍을 일으킨 〈미샤〉는 2007년 중반부터 제품 구성을 고기능성으로 재편하며 더욱 많은 여성들에게 인기를 얻고 있는 대표적인 화장품 브랜드다. 특히 지하철 역사 중심으로 유통망을 확장시켜 편리하게 구매할 수 있는 유통 시스템을 정착시킨 주역이기도 하다. 〈미샤〉는 기본적으로 시설형인데다 유동인구와 구매인구가 많은 상권이나 지하철 역사 등에 입점해야 하기 때문에 초기 투자규모는 적지 않다. 하지만 노동강도가 낮고 전문인력 필요성이 없으며, 적은 평수로도 창업이 가능하므로 창업자 본인이 직접 운영한다면 고정비 등을 줄일 수 있다는 장점이 있다. 화장품이나 뷰티 산업에 관심이 있거나 관련 분야를 전공한 사람 혹은 여성창업자에게 적합한 업종이다.

평가지수

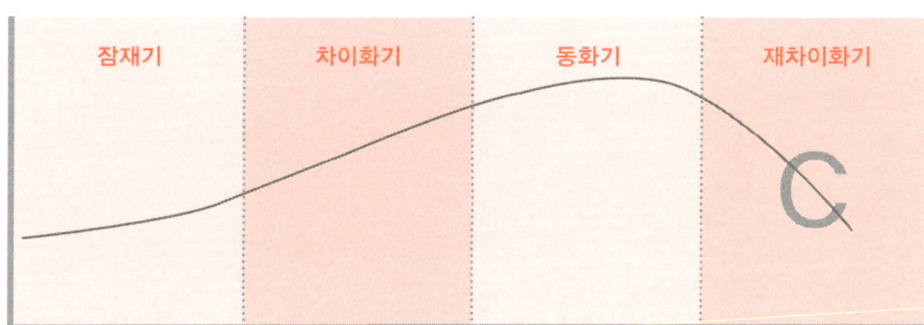

문화화 사이클

〈미샤〉는 '화장품은 비쌀수록 좋다'는 국내 소비자들의 인식을 뒤엎고 10년 이상 성공적으로 브랜드를 알려온 업체다. 또한 저가 위주의 상품에서 고가의 상품군으로 브랜드 성격을 바꾸면서 재도약한 경험도 있다. 현재 프랜차이즈 사업적인 면으로만 평가했을 때는 C형 재차이화기 업종이라고 볼 수 있다. 사업적 규모는 물론이고 문화적 가치변화를 제공했다고 평가되기 때문이다. 기존 화장품 판매점은 다양한 브랜드의 제품을 판매했으나, 〈미샤〉의 등장 후에 자체 브랜드를 내걸고 판매하는 매장이 늘어났다. 〈미샤〉는 관련 및 비관련 산업군에도 지대한 영향을 미쳤지만 현재는 산업 발전의 잠재력을 소진한 상태로 또 다른 모색이 필요한 단계에 있다. 그러나 온라인 판매 방식 활성화로 활발하게 새로운 길을 넓히고 있어 긍정적인 평가가 가능하다.

변치 않는 젊음의 비밀
엠에스존

가맹점 기본정보

회사명 : (주)엠에스존
대표자 : 이봉재
전 화 : 02-533-3122
팩 스 : 02-533-3138
주 소 : 서울시 서초구 잠원동 69-22 반포쇼핑타운 8동 1층
이메일 : webmaster@mszone.kr
홈페이지 : www.mszone.kr
회사설립일 : 2009년 12월
매출액 : 133억 원

가맹사업 현황

가맹점 수 : 254개
- 가맹점과 판매점 형태로 구분되어 있음(가맹점 111개, 판매점 143개)
- 2010년 서울지방중소기업청 지정 수출유망중소기업 선정
- 백만불 수출탑(이명박 대통령상) 수상

가맹점 예상 투자비용

표준매장평수 : 49.6㎡(15평) 기준
가맹비 : 1000만 원
교육비 : 100만 원
보증금 : 500만 원
로열티 : 없음
기타비용 : 5000만원(인테리어 포함)
총 소요비용 : 6600만원
부가세 및 점포 임대비용 별도

★ 가맹계약 내용
- 최초 가맹계약 기간 : 2년, 연장계약 시 2년
- 영업지역 독점권은 보장하지 않음
- 가맹금 예치제 시행, 예치 가맹금 1710만 원

★ 브랜드 컨셉
- 순수한 대한민국 특허기술의 기능성 건강신발 기업
- 기능성과 디자인 모두 겸비한 힐링워킹슈즈
- 소재 부분에서 고급화를 지향하는 동시에 다양한 종류의 디자인을 적용

★ 차별화 전략 및 경쟁력
- 순수 국내 기술로 개발한 제품으로 로열티가 없어 타사 제품에 비해 각광받음
- 뛰어난 디자인의 기능성 신발로 여성과 젊은 층까지 흡수함
- 국내 3대 기능성 신발 브랜드로서 브랜드 인지도가 높음

① 시스템 경쟁력
- 250여 개의 전국적인 판매망을 갖추고 있음
- 걸음걸이 교육 프로그램 등 고객 대상 프로모션을 활발히 전개함
- 제품 판매, 운영 집중교육
- 상권에 대한 입지분석, 최적입지 상권 추천
- 철저한 고객 사후관리

② 상권·입지 및 출점전략 경쟁력
- 역세권의 1층 매장에 입점 권장
- 대단위 아파트 단지 내 상가나 패션몰 입점 권장

③ 제품 경쟁력
- 워킹 시 편안함은 기본이고 무릎, 허리, 목 등 골격계의 통증이 거의 없음
- 자세 교정이나 질병 개선, 다이어트 효과가 큼
- 인체 공학적으로 설계된 밑창 구조
- 워킹 시 충격을 흡수하는 '파워미드솔'이 바닥 전체에 깔려 착용감이 뛰어남
- 다품종 소량생산 시스템
- 본사 연구소 연구개발 투자, 디자인 개발력을 통해 차별화된 슈즈 개발

Brand Tip
마사이 워킹이란 마사이족의 걸음법으로 몸속의 콜레스테롤 수치를 낮추고 살을 빼는 데 큰 효력을 발휘하는 것으로 알려져 있다. 마사이 워킹의 특징은 걷는 동안 무게중심이 발 전체에 고루 전달된다는 것. 발걸음을 옮길 때마다 무게중심이 뒤꿈치에서 발바닥 중앙으로, 다시 발가락으로 자연스럽게 이동한다. 무게중심이 뒤에서 앞으로 자연스럽게 이동하면서 지면에 발바닥이 모두 닿는 것도 또 다른 특징이다.

업종	차별화	투자규모	점포형태	경쟁강도	노동강도	전문인력 필요성
서비스	감성적	낮다	무점포	낮다	낮다	없다
도소매		중간	사무실	보통	보통	
외식	기술적	높다	시설형	높다	높다	있다

〈엠에스존〉은 국내 3대 기능성 워킹 슈즈 브랜드로 2007년부터 스타마케팅을 전개하며 인지도 제고를 추진한 결과 높은 매출 신장세를 보이고 있다. 특히 제품 퀄리티를 인정받아 고객들의 재구매가 높은 편이다. 〈엠에스존〉 가맹점의 경우 일반적인 스포츠화 판매 매장과 비슷하게 운영되지만, 기능성 신발의 특성상 신발 기능에 대한 자세한 설명을 곁들여야 판매가 이뤄진다는 점에서 차이가 있다. 일반적으로 투자 규모는 중간 정도로 총 개설비는 7000만 원 이상 소요된다. 이 외에도 점포구입에 소요되는 권리금과 보증금을 합산한다면 33m²(10평) 기준으로 1억 원 상당의 투자금이 예상된다. 판매점인 만큼 하루 10여 명의 고객에게 상담하고 판매하면 어느 정도 안정된 수익이 보장되므로 노동강도는 낮은 편이다. 또한 본사 교육을 통해 점주가 상품에 대한 설명 요령과 AS 규정 등을 숙지하면 되므로 전문인력의 필요성도 없다.

평가지수

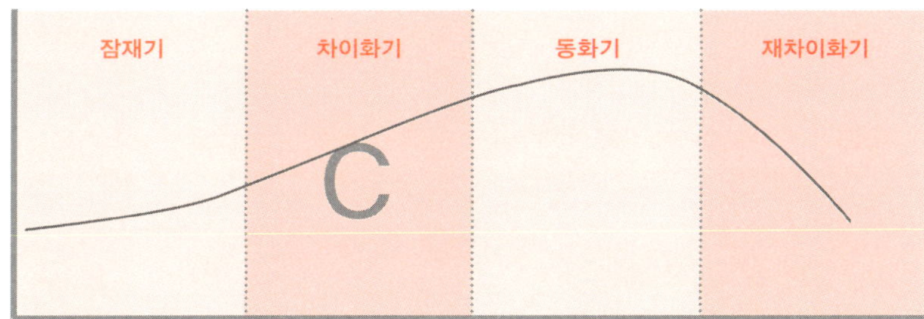

문화화 사이클

2007년부터 마사이워킹 붐으로 기능성 신발 시장이 크게 성장했다. 기능성 신발은 걸을 때 통증을 완화시키는 조깅화에서 발전해 점점 생활 속에서도 신을 수 있는 기성화로 시장이 확대됐는데, 신체 균형을 잡아주고 관절과 혈액순환은 물론 다이어트에도 효과적이라는 기능성 신발의 대중화를 이끄는 데 〈엠에스존〉이 기여한 바가 크다. 스타 마케팅을 전개해 고객에게 기능성 신발을 널리 알렸고, 현대인의 일상생활에서도 신을 수 있도록 디자인을 다양화해 구두로도 제작한 점이 눈에 띈다. 〈엠에스존〉은 C형 차이화기 업종으로 볼 수 있다. 사업적 규모가 크고 문화적 가치 변화도 이룬 상태로 평가되며, 향후 다양한 방향으로 발전할 가능성이 점쳐진다.

옴니버스 옴니아
'모든이에게 모든 것을'
이레나

가맹점 기본정보

회사명 : (주)이레나
대표자 : 배광수
전　화 : 1688-5242
팩　스 : 02-484-3556
주　소 : 서울시 송파구 마천동 128-113 3층
이메일 : irena10@naver.com
홈페이지 : www.irena.co.kr
회사설립일 : 2010년 5월
매출액 : 비공개

가맹사업 현황

가맹점 수 : 5개
- 2009년 복지용품 사업소 허가 취득

가맹점 예상 투자비용

무점포 사업 가능
가맹비 : 500만 원
보증금 : 없음
로열티 : 없음
기타 : 가입비 200만 원, 교육비 300만 원, 업무지원비 500만 원
총 소요비용 : 무점포형 1650만 원, 점포형 1870만 원, 점포인테리어형 6490만 원(66㎡당)
부가세 및 점포 임대비용 별도

★ **가맹계약 내용**
- 무점포형 : 상담 및 희망지역에 대한 현장조사 실시 후 가맹
- 점포형 : 사업 적합성 판단 후 가맹
- 최초 가맹계약 기간 : 2년, 연장계약 시 1년(홍보비 및 본사관리비 240만 원)
- 가맹점 운영권 양도 시 가입비 제외된 가맹비, 교육비, 영업지원비 본사에 납입
- 영업지역 독점권 보장 제도를 운영하지만 독점적·배타적 영업지역 설정은 불가
- 영업시간 09:00~18:00(주5일 영업), 정당한 사유 없이 7일 이상 영업 중단 시 가맹계약 해지 사유
- 개점 전 신규 교육(최소 3일), 개점 후 신상품 교육 및 정기·부정기 교육 실시

★ **브랜드 컨셉**
- 무한한 발전 가능성을 지닌 미개척 시장인 실버산업에 특화된 유통사업
- 500만 원 투자로 정부지원 사업 진입 : 정부관여형 사업이므로 자금결재 안정성 높음
- 노동부 주관의 '사회적 기업' 인증절차 진행 중
- 핵심고객은 노인장기요양보험 수급자 중 복지용구 급여 제공 대상자이며, 잠재고객은 노인장기요양보험 수급자와 540만 명에 달하는 65세 이상 노인

★ **차별화 전략 및 경쟁력**

① 시스템 경쟁력
- 실버산업 관련 법령에 따른 행정운영 정비 노하우와 체계적인 시스템 개발로 경쟁력 확보
- 장기요양보험 대상자용 복지용구, 인체기능 보조 및 교정을 도와주는 보장구 등 의료용품 전반에 걸친 유통(판매 및 대여)
- 복지용품 판매와 고객응대 이외 업무는 일체 본사가 관리 : 가맹점의 업무부담 감소, 비용 간소화에 효과적
- 철저한 교육과 관리 시스템 구축으로 사후관리 보장
- 본사와 가맹점과의 신속한 커뮤니케이션과 효율적인 고객관리 프로그램

② 상권·입지 및 출점전략 경쟁력
- 저렴한 창업비용과 가맹점 25% 수익률 적용 시스템으로 높은 수익 가능
- 현재 수급자는 약 31만 명 수준이며, 5년 후 수급자는 100만 명 이상 추정됨
- 향후 베이비붐세대의 진입 등으로 실버세대의 급증이 예상됨
- 해당 제품 구입비용의 85~100%가 정부지원으로 구매자의 비용 부담이 적음

③ 메뉴 경쟁력
- 복지용구 및 보장구의 판매 및 임대 등의 유통 사업
- 복지용구 : 구입품목(10종) – 이동변기, 목욕의자, 보행차, 보행보조차, 안전손잡이, 미끄럼 방지용품, 간이변기, 지팡이, 욕창예방 방석, 자세변환용구
- 임대품목(6종) – 수동휠체어, 전동침대, 수동침대, 욕창예방 매트리스, 이동욕조, 목욕리프트
- 보장구 : 구입품목(3종) – 전동휠체어, 전동스쿠터, 보청기

분류지수

업종	차별화	투자규모	점포형태	경쟁강도	노동강도	전문인력 필요성
서비스	감성적	낮다	무점포	낮다	낮다	없다
도소매		중간	사무실	보통	보통	
외식	기술적	높다	시설형	높다	높다	있다

실버용품 등 복지용품 유통 프랜차이즈 〈이레나〉는 시간이 갈수록 급증할 것으로 예상되는 실버세대를 겨냥해 각종 복지용구, 보장구를 비롯한 실버용품을 유통·판매하거나 임대하는 사업으로, 향후 베이비붐세대의 실버세대 진입 등으로 그 사업이 폭발적으로 확대될 것으로 기대되고 있다. 〈이레나〉는 필요에 따라 점포형 또는 무점포형으로 창업이 가능하며, 창업비용 또한 매우 저렴하다는 장점이 있다. 주 고객인 장기요양보험 적용자의 경우 해당 제품 구매 비용의 85~100퍼센트를 정부에서 지원받을 수 있어 제품 구입에 대한 부담이 적고, 가맹점에게 25퍼센트의 수익률을 적용하기 때문에 안정적 수익을 얻을 수 있다. 기본적으로 유통·판매에 대한 관심이 있는 사람이나 영업력이 있는 사람에게 적합하며, 특히 베이비붐 세대에 대해 관심 있고 서비스 마인드를 갖춘 사람이라면 추천할 만하다.

평가지수

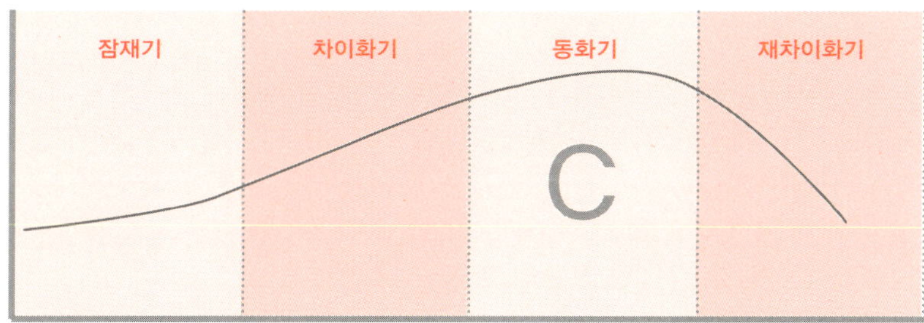

문화화 사이클

복지용품과 보장구 등 실버용품을 유통·판매·임대하는 프랜차이즈 〈이레나〉는 무한한 성장이 예상되는 실버산업에 특화된 업종이다. 즉 C형 동화기 업종으로 분류할 수 있다. 현재 40대 후반부터 50대 중반까지의 베이비부머 세대는 소비할줄 아는 실버가 될 확률이 높다. 현재의 60대와는 확연히 다른 소비 성향을 보여주기 때문이다. 〈이레나〉 외에도 실버세대에 포커스를 맞춘 관련 산업은 꾸준히 발전할 것으로 보이며, 연관 산업군의 동반 성장과 수많은 경쟁업체가 전체 산업 규모를 확대할 것으로 예상된다. 이후에도 지속적인 관찰이 필요한 업종임에 틀림없다.

우리 땅이 주는 행복한 부탁
초록마을

가맹점 기본정보

회사명: (주)초록마을
대표자: 노근희
전　화: 080-023-0023(고객센터)
팩　스: 02-3274-4090
주　소: 서울시 중랑구 상봉동 107-6
이메일:
webmaster@choroki.com
홈페이지: www.choroki.com
회사설립일: 1999년 12월
매출액: 956억 원

가맹사업 현황

가맹점 수: 239개
- 전국 231개 매장과 온라인 쇼핑몰에서 2500여 개 상품 판매
- 2002년부터 국내산 친환경농산물 및 가공식품의 매장 유통 시작
- 2008년 한국프랜차이즈 대상 수상
- 2010년 한국표준협회 프리미엄 브랜드 지수(KS-PBI) 1위 선정
- 2010년 한국유통대상 녹색유통대상 수상

가맹점 예상 투자비용

표준매장평수: 49.6㎡(15평) 기준
가맹비: 700만 원
보증금: 97만 원(보증보험, 약속어음)
로열티: 없음
인테리어: 2800만 원 / 추가 시 1만 원(3.3㎡당)
기타: 홍보비 300만 원, 냉동·냉장고 1250만 원, POS 및 소모품 498만 원
총 소요비용: 5645만 원
부가세 및 점포 임대비용 별도

★ 가맹계약 내용
- 최초 가맹계약 기간 3년, 연장계약 시 1년
- 영업지역 독점권 보장(반경 500m)

★ 브랜드 컨셉
- 국내 친환경 유기농 식품의 유통을 돕고 안전한 먹을거리를 제공하는 브랜드
- 자체개발한 PB 상품을 브랜드로 개발
- 수산물 제품 〈바다애〉, 영유아 전용제품 〈우리아기 입안애〉 브랜드 운영

★ 차별화 전략 및 경쟁력
① 시스템 경쟁력
- 전국 1일 배송 시스템 운영 : 주 6일 상품 공급으로 상품의 신선도 확보
- 완벽한 콜드체인 물류 시스템 도입으로 식품의 유통기한, 차량의 실시간트래킹 및 온도관리
- 매출관리, 발주 및 매장관리, 고객관리·분석 등 시스템화

② 상권·입지 및 출점전략 경쟁력
- 골목상권 점포에 비해 전문성이 뛰어남
- 동네상권 입점이 가능해 점포구입비 저렴
- 대규모 주거단지(다세대 주택), 아파트단지, 쇼핑센터 및 상가 밀집지역, 대형건물 내 입점 권장

■ 점포 분류
- 단독매장 : 〈초록마을〉 전문매장
- Shop in Shop 매장 : 영업 중인 매장의 일부를 친환경 매장으로 운영
- 수수료매장 : 대형마트 내 일정 수수료를 주고 운영하는 매장

③ 제품 경쟁력
- 국내 최초의 유기농산물 판별 시스템 도입
- 잔류농약 당일검사 시스템, 중금속오염검사 시스템
- 미생물검사 시스템
- 상품감사위원회 제도
- 제조물책임(PL) 보험 가입
- 친환경 전용 물류센터 운영
- 유해상품 차단 시스템 운영매장 인증

Brand Tip
최근 유기농 전문점의 최대 경쟁자는 역시 대형 마트라고 볼 수 있다. 하지만 〈초록마을〉은 동네 골목 상권에 입점하는 경우가 많기 때문에 대량의 품목을 구입하려는 고객과는 뚜렷한 차별화가 이뤄진다. 게다가 야채와 과일은 매일 소량 구매하는 것이 더욱 신선하다는 인식 때문에 경쟁이 가능한 편이다.

분류지수

업종	차별화	투자규모	점포형태	경쟁강도	노동강도	전문인력 필요성
서비스	감성적	낮다	무점포	낮다	낮다	없다
도소매		중간	사무실	보통	보통	
외식	기술적	높다	시설형	높다	높다	있다

소자본 창업 시장에서 지속적으로 주목받고 있는 업종 중 하나가 바로 친환경 유기농 전문점이다. 대형 마트와 SSM의 등장에 고전을 면치 못하는 일반 소매점과 달리 '전문점'이라는 차별화된 특성과 사회 전반의 웰빙 트렌드는 지속성장의 원동력이다. 〈초록마을〉은 저렴한 인테리어 비용으로 절감효과가 있긴 하지만, 초도물품에 대한 비용이 드는 만큼 투자비용은 중간대를 형성한다. 판매점의 특성상 노동강도 역시 낮은 편이고, 전문인력이 필요 없기 때문에 1인 또는 최소 인원으로 운영이 가능하다. 하지만 배달 필요성이 있는 상권에서 점주가 직접 배달 업무를 전담할 경우 노동강도가 높아질 소지도 있다. 최근 유기농 전문점을 표방한 3~4곳의 주요한 브랜드가 등장해 경쟁강도를 조금 올리고 있지만 아직은 낮은 편에 속한다.

평가지수

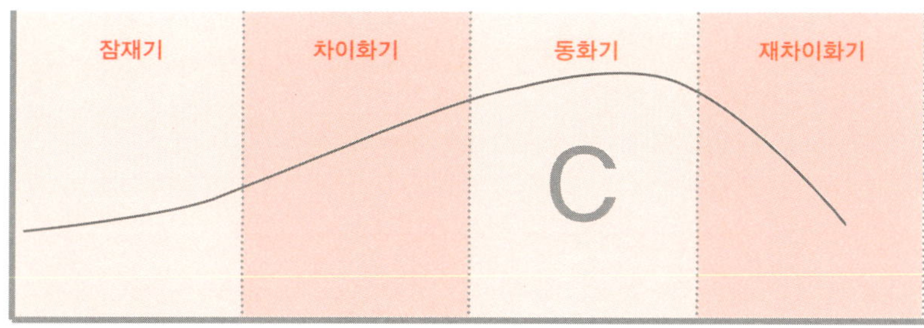

문화화 사이클

〈초록마을〉은 새롭게 주목받고 있는 유기농 식품 판매점이다. 유기농 식품은 원래 웰빙을 추구하는 사람들에게 주목받아왔지만, 비싼 가격 때문에 시장 활성화에 대해서는 의문을 품는 전문가들이 많았다. 하지만 소득수준이 높아지면서 질 좋은 먹거리에 대한 요구가 커졌고, 이에 부응하여 관련 산업 역시 꾸준한 성장세를 타고 있다. 〈초록마을〉은 C형 동화기 업종으로 볼 수 있다. 사업적인 규모가 커진 것은 물론 문화적인 가치까지 제공하면서 관련 및 비관련 사업군에도 지대한 영향을 미치고 있기 때문이다. 즉, 연관 산업군의 지속적인 동반 성장은 물론 수많은 경쟁업체를 동반하여 전체 산업 규모를 확대하는 단계에 있다고 판단된다.

비용은 줄이고 수익은 더욱 높인
하모니24

가맹점 기본정보

회사명 : (주)CS유통
대표자 : 노찬식
대표번호 : 1588-7274
팩 스 : 02-430-8979
주 소 : 서울시 송파구 문정동 136
이메일 : akeogus@csmart.co.kr
홈페이지 : www.harmony24.co.kr
회사설립일 : 1997년 3월
매출액 : 3200억 원

가맹사업 현황

가맹점 수 : 50개
- 2010년 8월 브랜드 런칭
- 가맹점 300여 개, 〈하모니 마트〉 130여 개, 〈굿모닝마트〉 28개 운영 중
- 광릉센타(5000평), 오산센타(3000평), 제3센타 건축 추진 중

가맹점 예상 투자비용

표준매장평수 : 45㎡(13.6평) 기준
가맹비 : 300만 원
상품보증금 : 100만 원
회원료 : 월 30만 원
인테리어 : 1500만 원
간판 : 300만 원
장비 : 2200만 원
초도상품비 : 1200만 원
총 소요비용 : 5600만 원
부가세 및 점포 임대비용 별도
초기 100개 오픈점까지 가맹비 면제
월 특별장려금 20만 원 지급

★ **가맹계약 내용**
- 최초 가맹계약 기간 : 2년, 연장계약 시 1년
- 개점 전 교육

★ **브랜드 컨셉**
- 1997년부터 사업을 시작한 종합유통업체 (주)CS유통이 만든 편의점
- 오랜 유통 경험으로 미래형 POS 시스템 등 체계적인 점포지원
- 과도한 로열티를 없앤 새로운 형태의 편의점

★ **차별화 전략 및 경쟁력**

① 시스템 경쟁력
- 사용자 중심 미래형 POS 시스템 : 발주·판매·재고관리 편리, 원격 지원관리, 다점포 운영 편리
- 초보자도 손쉽게 창업 가능한 점포운영 매뉴얼 제공
- 주기적인 슈퍼바이저 순회 지도

② 상권·입지 및 출점전략 경쟁력
- 대형 기업의 편의점과 다르게 과도한 로열티가 전혀 없음
- 24시간 의무운영으로 부담되던 인건비 부담이 없음
- 중도해약에 따른 과도한 패널티가 없음
- 거래실적에 따른 다양한 장려금 지원

③ 제품 경쟁력
- 검증된 잘 팔리는 상품 3000품목 이상 보유, 낱개 배송
- 편의점 전용 물류센타 보유
- DPS, DAS 등 첨단물류 시스템으로 미·오출 최소화
- 신상품 적기 도입
- 원가 DC 행사, 물량 DC 행사 등 주기적인 부가 수익 제공

Brand Tip

(주)CS유통은 굿모닝마트 30여 곳, 하모니마트 200여 곳을 운영한 노하우를 갖춘 기업으로 5000평 규모의 물류센터와 3000평 규모의 오산센터가 운영 중이며 3번째 센터도 건축을 추진하고 있다. 대형 유통업체의 브랜드인 만큼 〈하모니24〉의 장점은 물류에서 잘 드러난다. 편의점 전용 물류센터를 운영하고 있어 DPS, DAS 등 첨단 물류 시스템을 활용해 오출을 최소화했다. 신상품을 적기에 가맹점에 공급하고, 원가 DC 행사, 물량 DC 행사 등을 주기적으로 벌여 가맹점에 부가 수익을 올릴 수 있는 기회를 제공하고 있다. 〈하모니24〉의 가장 큰 장점은 역시 수백만 원에 이르는 대기업 편의점의 로열티를 없앤 것이다. 24시간 의무 운영으로 부담되던 인건비 부담도 줄었고, 중도해약에 따른 과도한 패널티도 없앴으며, 거래 실적에 따른 다양한 장려금까지 지원하고 있다. 그리고 〈하모니24〉 본사에서 독자개발한 POS 시스템을 공급하여 발주, 판매, 재고관리, 원격지원 관리를 수월하게 할 수 있도록 지원하며, 특히 여러 점포를 운영해도 될 만큼 본사의 지원 시스템이 체계적으로 갖춰져 있다.

분류지수

업종	차별화	투자규모	점포형태	경쟁강도	노동강도	전문인력 필요성
서비스	Hi Touch	낮다	무점포	낮다	낮다	없다
도소매		중간	사무실	보통	보통	
외식	Hi Tech	높다	시설형	높다	높다	있다

종합 유통전문업체인 (주)CS유통이 오랜 노하우를 기반으로 런칭한 〈하모니 24〉는 일방적인 대기업형 편의점과 영세한 독립편의점의 문제점을 동시에 해결한 한국형 편의점이다. 편의점 전용 물류센터를 통해 검증된 베스트셀러 품목 3000여 가지를 공급하고, 초보자도 운영 가능한 점포운영 매뉴얼, 사용자 중심의 POS 시스템을 갖추는 등 점포운영의 편의성과 수익성에 초점을 뒀다. 무엇보다 수백만 원에 달하는 과도한 로열티를 없애고 저렴한 비용으로 창업이 가능하게 하는 등 창업자의 부담을 최소화한 것이 특징이다. 유통업종인 만큼 창업자 본인이 직접 운영하거나 투자형으로 운영하는 경우에 권할 만한 업종이다. 다만 유통업의 특성상 상품의 구성과 매출 등이 매우 중요한 만큼 직접 발품을 팔면서 상품구성 및 주변 상권과 수요 등을 면밀히 분석할 필요가 있다.

평가지수

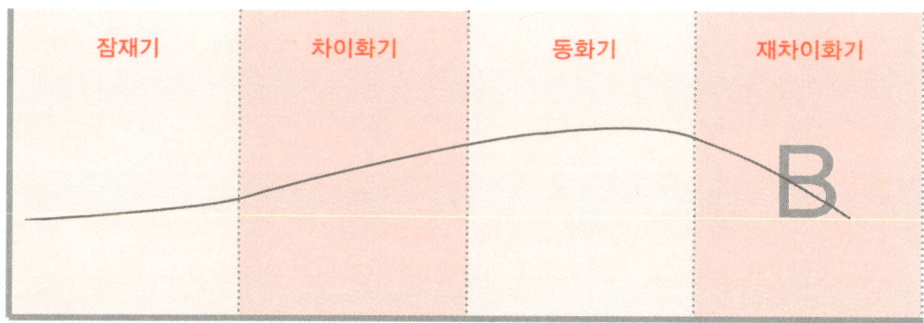

문화화 사이클

〈하모니24〉는 기존 편의점과 달리 24시간 영업이라는 제약 조건을 없앤 것이 특징이다. 때문에 편의점이라 하면 의례히 24시간 문을 연다는 고정관념을 깼다는 데 의의가 있다. 튼튼한 유통망을 갖추고 있지만 사업적인 규모는 아직 미미한 편이다. 〈하모니24〉는 B형 재차이화기 업종으로 분류된다. 무조건 24시간 영업해야 하는 부담감과 과중한 로열티에 몸살을 앓고 있는 점주들의 문제점을 해결했다는 점에서 발전적인 영향을 끼치는 브랜드로 볼 수 있다. 다만 편의점 자체가 산업 발전의 잠재력을 모두 소진해 새로운 가치 변화가 필요한 업종인 만큼 〈하모니24〉 역시 비슷한 고민에 빠져 있다.

사람은 자연으로,
자연은 생명으로
해가온

가맹점 기본정보

회사명 : (주)해가온
대표자 : 박종덕
전　화 : 031-793-8082
팩　스 : 031-793-8029
주　소 : 경기도 하남시 망월동 287-7
이메일 : kimzin@nate.com
홈페이지 : www.hegaon.com
회사설립일 : 2004년 2월
매출액 : 10억 원

가맹사업 현황

가맹점 수 : 없음, 직영점 4개
- 모든 취급 상품을 본사에서 직접 선정, 친환경유기농법, 공정무역(Fair Trade) 지지

가맹점 예상 투자비용

표준매장평수 : 49.5㎡(15평) 기준
가맹비 : 500만 원
초도물품 : 1000만 원
POS 및 소모품 : 500만 원
홍보비 : 300만 원
로열티 : 없음
인테리어 : 실비
총 소요비용 : 2315만 원
부가세 및 점포 임대비용 별도

★ 가맹계약 내용
- 최초 가맹계약 기간 : 2년(재계약 시 추가비용 없음)
- 영업지역 독점권 보장(반경 500m)
- 본사 공급 물품 필수 사용

★ 브랜드 컨셉
- 가장 많은 국제 유기농 인증마크 확보
- 2000여 종의 인증 상품 취급
- 해가온 자체 개발 상품 보유
- 철저한 품질관리 시스템
- 자체 개발 POS 시스템 및 자체 물류 시스템

★ 차별화 전략 및 경쟁력
① 시스템 경쟁력
- POS 시스템을 기반으로 안정화된 체계적인 물류 관리 운영
- 현대물류를 통한 전국적, 지역적 탄력적인 물류 수행
- POS 시스템에 의한 발주·매입·재고 통합 관리
- 적정 재고 보유를 통한 결품 전 사전 발주 실시
- 발주 상품에 대한 입고예정일 시스템화
- 상품 품질에 대한 철저한 관리(유통기한, 신선도, 포장 상태 등)

② 상권·입지 및 출점전략 경쟁력
- 골목상권 점포에 비해 전문성이 뛰어남
- 동네상권 입점이 가능해 점포구입비 저렴
- 대규모 주거단지(다세대 주택), 아파트단지, 쇼핑센터 및 상가 밀집지역, 대형건물 내 입점 권장

■ 점포 분류
- 단독매장 : 실면적 49.6㎡(15평) 이상의 전문매장
- Shop in Shop 매장 : 영업 중인 매장의 일부를 친환경 매장으로 운영
- 수수료매장 : 대형마트 내 일정 수수료를 주고 운영하는 매장

③ 제품 경쟁력
- 가공식품인 경우 화학첨가제, 인공발색제, 인공방부제 무첨가
- 현장 방문으로 위생 가공 공정 확인
- 수입 유기농 식품인 경우 국제적 인증된 기관의 유기농 인증마크 확인
- 수입 시 식약청으로부터 유기농 식품으로 인정되었는지 확인

분류지수

업종	차별화	투자규모	점포형태	경쟁강도	노동강도	전문인력 필요성
서비스	감성적	낮다	무점포	낮다	낮다	없다
도소매		중간	사무실	보통	보통	
외식	기술적	높다	시설형	높다	높다	있다

2000여 가지 유기농 상품을 취급하는 〈해가온〉은 4개의 직영점 운영 노하우를 바탕으로 프랜차이즈 사업을 시작하면서 주목받고 있다. 인테리어 비용이 실비 수준이고 동네상권에 입점이 가능하므로 초도물품비를 제외하면 전반적으로 투자비용은 낮은 편에 속한다. 또한 판매점의 특성상 노동강도가 낮은 편이고, 전문인력의 필요성도 없기 때문에 1인 또는 최소 인원으로 운영할 수 있다는 장점이 있다. 하지만 점주가 배달업무를 병행하면 노동강도가 급격히 높아질 수 있으며, 주변에 대형 마트나 SSM 등이 있을 경우 매출에 영향을 받기도 한다. 다만 신선한 유기농 제품을 소량으로 자주 구매하는 고객들이 많아 서비스만 보완한다면 얼마든지 경쟁력 있는 아이템으로 보인다. 유통업 경험이 있는 여성창업자나 부부창업자에게 추천할 만하다.

평가지수

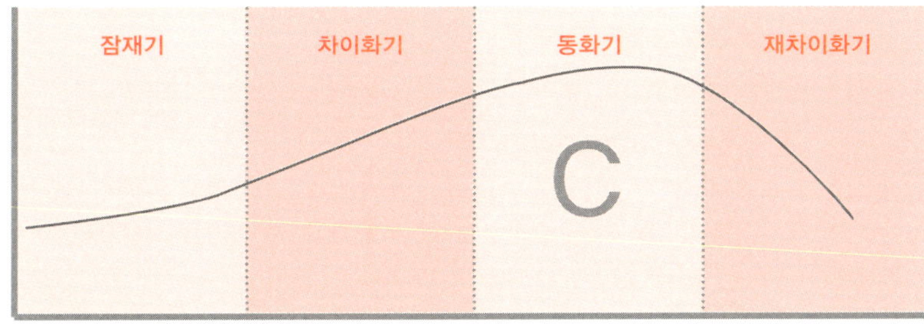

문화화 사이클

최근 환경오염과 유전자변형 식품, 중국산 농산물 등으로 올바른 웰빙 먹을거리에 대한 관심이 커지면서 친환경 유기농 사업이 각광받고 있다. 유기농·친환경식품 업종은 C형 동화기로 판단된다. 웰빙을 넘어 로하스 시대는 향후에도 성장세가 지속될 세계적 트렌드로서 높은 성장잠재력이 있는 매력적인 분야다. 또한 경기 민감도가 약한 프리미엄 시장으로 최근의 극심한 불경기에도 꾸준히 성장하고 있는 수익성 있는 사업이다. 〈해가온〉은 최근 매장의 복합화, 멀티매장 전략을 통해 새로운 형태의 모델을 선보이고 있다. 이는 소비자들이 한 번에 원하는 상품을 구매할 수 있는 원스톱 쇼핑을 선호하는 추세에 맞춰 만든 새로운 쇼핑 컨셉이다.

정확한 시력과
새로운 패션
OK 포인트 아이

가맹점 기본정보

회사명 : (주)무극안경
대표자 : 손재환
전　화 : 053-358-4356
팩　스 : 053-956-7667
주　소 : 대구광역시 북구 침산동
856-2F
이메일 : master@mooguk.com
홈페이지 : www.okpointeye.co.kr
회사설립일 : 2010년 9월
매출액 : 비공개

가맹사업 현황

가맹점 수 : 16개

- 대구 : 7개
- 구미, 울산, 포항 외 : 8개
- 서울 : 1개

가맹점 예상 투자비용

표준 매장 평수 : 99.2㎡(30평) 기준
인테리어 : 4500만 원 / 추가 시 150만 원
가입비 : 100만 원
가맹비 : 200만 원
로열티 : 월 15만 원
기타 : 공구 및 가구, 비품, 간판 설치
비 등
총 소요비용 : 5500만 원

★ 가맹계약 내용

- 최초 가맹계약 기간 : 2년, 연장계약 시 만료180일부터 90일까지 서면통지
- 영업지역 독점권 보장(반경 500m)
- 맞춤식 교육 시스템 운영 (정기적으로 교육 진행)
- 가맹금 예치제 시행

★ 브랜드 컨셉

- 안경 전문기업 (주)무극의 12년간 경영 노하우와 SK마케팅앤컴퍼니가 운영하는 OK캐쉬백의 마케팅 솔루션이 결합한 최초 안경 프리미엄 제휴점
- 고급 디자인&모던에 기반한 소비자의 성향 및 공간의 효율성을 최고로 하였고, 또한 서비스 공간과 고객 공간을 분리하여 직원과 고객의 동선의 효율성을 높이는 등 최대한의 편안함을 제공

★ 차별화 전략 및 경쟁력

① 시스템 경쟁력

- OK캐쉬백 프리미엄 제휴점의 차별회된 브랜드 사용
- OK캐쉬백 인프라 활용 가능
- 고객관리 CRM 제공
- OK캐쉬백 제휴사간 Co-Marketing 지원
- 자동화 POS 시스템 활용(예정)
- 차별화된 교육시스템 운영
  안경사의 기본교육(체계적인 베이스 교육과 실용적인 기술 교육 제공)
  안경사의 심화교육(새로운 트렌드와 신제품 및 신 기술을 접목한 교육)
  안경사의 교육 매뉴얼 제공(검안, 콘택트, 경영)
  기타 인턴교육, 재학생교육, 분야별 기능 교육 등을 지속적으로 제공함.

② 출점전략 경쟁력

- 역세권, 중심상권의 2층 이하, 실평수 99.2㎡(30평) 이상 가맹점 개설 가능
- 인테리어 공사는 리뉴얼 및 신규 오픈으로 구분해 작업
- 프리미엄 제휴점의 차별화된 브랜드 사용과 LED 간판 설치
- OK캐쉬백 베스트 프랜차이즈를 통한 우월한 홍보 마케팅 지원
- 전략적인 타깃 마케팅으로 고객 유입 극대화
- 가맹점 오픈교육(서비스 매뉴얼 등)

③ 서비스 경쟁력

- OK캐쉬백 적립(3%) 및 사용
- 차별화된 맞춤식 교육을 통한 시술 능력 향상
- 서비스 접객 교육

분류지수

업종	차별화	투자규모	점포형태	경쟁강도	노동강도	전문인력 필요성
서비스	감성적	낮다	무점포	낮다	낮다	없다
도소매		중간	사무실	보통	보통	
외식	기술적	높다	시설형	높다	높다	있다

최근 전문화된 안경체인점이 늘어남에 따라 안경원의 경쟁력이 점차 강화되고 있다. 〈OK 포인트 아이〉는 차별화된 교육시스템을 기반으로, SK마케팅앤컴퍼니의 홍보마케팅의 장점을 함께 결합한 새로운 형태의 안경체인점이다. 인테리어는 전체적으로 고급스럽고 모던한 디자인으로 꾸몄다. 투자규모는 중간 정도로 볼 수 있다. 소비자의 성향과 트렌드를 분석해 공간의 효율성을 높인 것이 특징적이며, 서비스 공간과 고객 공간을 분리하여 직원과 고객의 동선을 극대화해 편안한 공간을 제공하기도 한다. 안경점 창업은 안경사 자격증 소지자에게 제한돼 있고, 초도물품비와 시설비가 많이 들어가는 단점이 있다. 하지만 일반 외식업 창업과 비교해 노동강도가 약하고, 객단가가 높아 입지 조건만 맞으면 꾸준한 매출이 기대되는 창업아이템이다.

평가지수

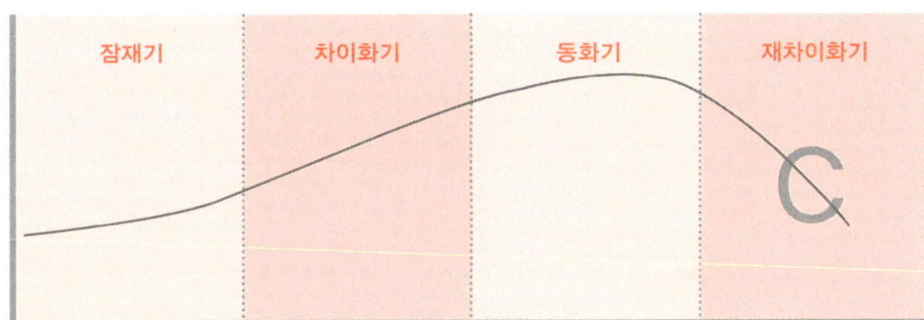

문화화 사이클

최근 들어 안경점이 대형화 추세에 들면서 프랜차이즈 안경 브랜드가 많은 주목을 받고 있다. 프랜차이즈 브랜드는 가맹비와 로열티를 부담해야 하지만, 본사의 체계적인 관리와 높은 브랜드 인지도를 적극 활용할 수 있다. 〈OK 포인트 아이〉는 안경 전문기업인 (주)무극의 운영의 노하우와 OK캐쉬백의 마케팅 솔루션과 커뮤니케이션 채널 지원이 결합된 새로운 형태의 안경체인점이다. 현재 이 업종은 C형 재차이화기 업종으로 판단된다. 현재 국내 안경 시장은 점차 대형화, 고급화, 패션화 등 새로운 트렌드를 접목시켜 업그레이드해가고 있다. 신상품 개발과 동시에 인테리어에 강조를 둬 빠르게 변화하고 있는 소비자의 성향과 트렌드에 맞게 운영해가고 있다.

치킨업종은 여전히 꾸준한 성장을 하고 있는 대표적인 업종이다. 수많은 업체들이 시장을 놓고 치열한 경쟁을 하고 있지만 변함없는 수요로 인해 지금까지도 대표적인 창업아이템으로 인정받고 있다. 치킨 시장은 후라이드에서 바비큐, 오븐구이에 이르기까지 조리방법의 변화가 시장의 트렌드를 주도하고 있는 상황이다. 따라서 향후에도 새로운 조리방식의 도전이 좋은 성과를 이룰 것으로 전망된다. 최근 저칼로리의 다이어트 푸드에 대한 인기가 치킨 전문점에도 영향을 미치고 있다. 기존의 조리법을 바꿔 칼로리를 줄인 비스킷치킨 전문점 〈땡큐맘치킨〉은 특수제작된 곡물 파우더를 발라 오븐에 구운 비스킷 치킨을 선보였는데, 칼로리가 후라이드 치킨에 비해 1/3 수준이다. 카페형 매장의 인기 또한 치킨 전문점에 변화를 주고 있다. 카페풍 매장에 대한 인기는 외식 프랜차이즈 시장 전반에 걸쳐 공통적으로 일어나고 있는 현상으로 치킨 전문점에도 여성들이 선호하는 카페 인테리어를 도입하면서 새로운 차별화를 시도하고 있다.

다시 찾게 되는
치킨 전문점
강정이 기가막혀

가맹점 기본정보

회사명 : (주)푸디노
대표자 : 김홍엽
전　화 : 02-403-7244
팩　스 : 02-403-7290
주　소 : 서울시 송파구 거여동 20-5 정림빌딩 5층
이메일 : alzi@foodinno.co.kr
홈페이지 : www.gangjung.com
회사설립일 : 2000년 2월
매출액 : 150억 원

가맹사업 현황

가맹점 수 : 260개
- 런칭 2년여 만에 가맹점 250개 돌파
- 치킨시장의 확실한 차별화로 재구매율 80% 기록

가맹점 예상 투자비용

표준매장평수 : 33㎡(10평) 기준
가맹비 : 440만 원(교육비 포함)
보증금 : 1500만 원
로열티 : 없음
인테리어 : 1500만 원 / 추가 시 150만 원(3.3㎡당)
기타 : 고객관리 프로그램, 주방기기 및 집기, 홍보물, 초도비용 등
총 소요비용 : 3500만 원
부가세 및 점포 임대비용 별도

★ 가맹계약 내용
- 최초 가맹계약 기간 : 1년, 연장계약 시 1년
- 영업지역 독점권 보장
- 동종 업종 경업 및 양도 금지
- 본사 공급 물품 필수 사용

★ 브랜드 컨셉
- 선조들이 귀한 손님을 대접할 때 내놓던 '강정'에 닭고기를 접목시킴
- 몸에 좋은 쌀기름으로 튀기고 천연재료 소스로 버무려 깔끔하고 개운한 맛
- 취향에 따라 6가지 맛을 골라먹을 수 있는 대한민국 최초 닭강정 전문 브랜드

★ 차별화 전략 및 경쟁력
① 시스템 경쟁력
- 창업자 맞춤형 창업으로 비용부담은 적고 수익률은 높음
- 1만 3000평 규모의 생산공장과 물류센터 보유로 완벽한 1:1 직거래 가능
- 강력한 매입 경쟁력과 오랜 계육 유통노하우 등 막강한 유통파워 보유
- 외식전문가의 특화된 1:1 맞춤 슈퍼바이징 등 철저한 매장관리 시스템
- 합리적 가격, 전통과 현대적 감각의 인테리어로 소비자 관심 집중
- 온라인 수발주는 물론 가상계좌 시스템 등의 통합 전산관리 시스템
- 3박 4일간의 현장 중심 실전교육으로 초보창업자 지원

② 상권·입지 및 출점전략 경쟁력
- 소규모 매장, 소자본 투자로 창업 가능
- 최소 1만 5000~2만 5000세대의 넉넉한 상권 보장(10년간)
- 주 고객층은 배달음식을 가장 선호하는 아이들과 여성들
- 투자대비 높은 수익률이 강점이며, 배달형·멀티형·호프형 등의 맞춤창업 가능

③ 메뉴 경쟁력
- 3無 시스템(트랜스지방산, GMO, MSG 0%)으로 건강한 메뉴를 선보임
- 한 마리 개념이 아닌 표준 중량으로 제공돼 푸짐한 양 제공
- 순도 100% 프리미엄 현미유만 사용해 더욱 고소하고 바삭한 맛
- 본사에서 개발한 6가지 색다른 맛의 닭강정 메뉴로 차별화

Brand Tip

〈강정이 기가막혀〉의 닭강정은 텁텁하지 않은 개운한 맛과 1.5마리 정도의 푸짐한 양, 취향에 따라 6가지 맛을 골라먹을 수 있다는 점 등으로 소비자들의 만족도가 높다. 특히 배달음식의 주 고객층인 어르신과 아이들에게 인기가 높으며, 한 번 구매한 소비자들의 재구매율이 80퍼센트 이상으로 매우 높게 나타났다.

분류지수

업종	차별화	투자규모	점포형태	경쟁강도	노동강도	전문인력 필요성
서비스	감성적	낮다	무점포	낮다	낮다	없다
도소매		중간	사무실	보통	보통	
외식	기술적	높다	시설형	높다	높다	있다

우리나라의 옛 선조들은 귀한 손님을 대접할 때면 늘 '강정'을 내놓았다. 이 귀한 음식에 치킨을 접목시켜 새롭게 차별화를 시도한 아이템이 바로 '닭강정'이다. 〈강정이 기가막혀〉는 창업자의 상황에 따라 배달형, 멀티형, 호프형으로 맞춤창업이 가능하며, 특히 배달형과 멀티형의 경우 소자본 창업시장에서 인기 창업아이템으로 주목받고 있다. 기존 치킨 전문점과 차별화된 메뉴로 아직까지는 경쟁강도가 높지 않은 편이며, 본사의 체계적인 교육으로 초보자도 매장 운영이 가능하다. 특히 배달형 창업의 경우는 상권이 좋지 않은 곳에도 입점이 가능해 창업비용을 크게 절감할 수 있다. 하지만 강정메뉴와 치킨메뉴를 모두 다루고 배달까지 해야 하므로 배달 업무에 대한 기본적인 이해가 필요하다. 개인이나 부부창업 등 생계형 창업에 적합한 편이며, 주방의 전문인력 필요성은 낮다.

평가지수

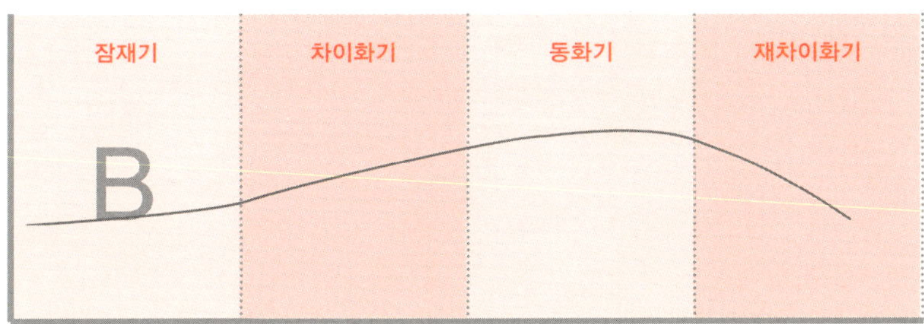

문화화 사이클

〈강정이 기가막혀〉는 B형 잠재기 업종으로 볼 수 있다. 치킨 전문점 분야에 '강정'이라는 새로운 메뉴를 도입한 브랜드로 주목받고 있지만, 새로운 업종군으로는 아직 발전하지 못하고 있기 때문이다. 게다가 소비자들에게도 아직 강정을 하나의 브랜드로 인식시키지 못하고 색다른 치킨 전문점 또는 치킨 전문점의 틈새시장 정도로만 인식되고 있는 상태다. 〈강정이 기가막혀〉는 푸짐한 양과 6가지 독특한 소스 등으로 메뉴의 차별화에 성공했고, 창업자를 위한 다양한 지원으로 100여 개 이상의 가맹점을 개점하며 어느 정도 사업 규모를 확장시켰다. 그러나 향후 이 업종이 장기적으로 발전할지 여부는 아직 미지수다. 또한 사업적 성공 여부, 즉 문화화 가능성이 아직은 확인되지 않은 상태다.

캐주얼치킨 감성주점
사바사바

가맹점 기본정보

회사명 : (주)마세다린
대표자 : 정태환
전　화 : 1688-7292
팩　스 : 031-756-7293
주　소 : 경기도 성남시 수정구 수진
2동 4531번지 성호빌딩 10층
물류직영공장 : 경기도 광주시 오포
읍 고산리 548번지
이메일 : saba@sabasaba.co.kr
홈페이지 : www.sabasaba.co.kr
회사설립일 : 1999년 12월
매출액 : 비공개

가맹사업 현황

가맹점 수 : 120개
- 가맹점 사업 이래 폐점율 '0%'라는
  탄탄한 운영방식과 축적된 유통, 물
  류 노하우
- 2010 한국경영인대상 지식경제부장
  관상 수상

가맹점 예상 투자비용

표준매장평수 : 99.2㎡(30평) 기준
가맹비 : 500만 원(99㎡ 30평당)
보증금 : 200만 원(계약이행 보증금 +
물품이행 보증금)
로열티 : 없음
인테리어 : 3850만 원 / 추가 시 39만
원(3.3㎡당)
기타 : 교육비 300만 원, 주방기기 및
집기 16만 원(㎡당), 전면간판(LED), 썬
팅작업 일체 550만 원, 테이블 610만
원, 오븐구이기 750만 원, 오픈홍보 및
POS 설치
총 소요비용 : 8190만 원
부가세 및 점포 임대비용 별도

★ **가맹계약 내용**
- 최초 가맹계약기간 : 2년, 연장계약 시 50만 원
- 영업지역 독점권 보장(반경 500m)
- 본사 공급 물품 필수 사용

★ **브랜드 컨셉**
- 외식과 주점을 아우르는 신개념 치킨 캐주얼 감성주점
- 매스티지 개념을 도입해 고품격 외식문화 선도
- 저가형 이미지를 탈피한 고급화 전략으로 '고수익모델' 창출

★ **차별화 전략 및 경쟁력**
① 시스템 경쟁력
- 슈퍼바이저를 통한 매장관리, 마케팅, 조리, 서비스 등 체계적인 운영 시스템
- 모든 원재료와 상품을 가공처리 및 원팩 제품화해 안전하게 공급
- 일일 콜드체인 시스템을 통한 제품의 맛과 신선도 유지
- 상권 분석 전문가들의 최적입지 선정으로 안정적 매출
- 무이자 창업자금 대출과 초보 경영자를 위한 조리 및 운영교육 지원

② 상권·입지 및 출점전략 경쟁력
- 홀판매와 테이크아웃을 동시에 진행해 높은 수익률 창출
- 20~50대까지 전 연령층을 아우르는 고급스런 카페형 인테리어와 메뉴 구성
- 신규창업 외에도 리모델링, 업종전환 등 다양한 1:1 맞춤창업 지원

③ 메뉴 경쟁력
- 고객의 성향에 맞는 정기적인 신메뉴 개발 지원
- 후라이드 치킨 10년 노하우와 웰빙오븐구이를 접목시킨 다양한 메뉴
- 사계절 내내 인기 아이템으로 폭 넓은 고객층 확보

Brand Tip

100퍼센트 국내산 신선육만을 사용하는 〈사바사바〉는 가맹 본사의 축적된 염지기술
로 주 재료를 냉장 및 숙성시켜 우수한 품질을 보장하고 있다. 또한 모든 식자재는
HACCP 인증을 받아 제조 및 유통과정이 위생적이다. 닭고기 조리용 소스 조성물과
그 제조법으로 특허(제 10-0972997호) 받은 특제소스로 치킨의 색다른 맛을 선보이고
있으며, 파닭치킨에서부터 기름기를 쫙 뺀 오븐치킨까지 고급스럽고 개성 있는 다양
한 메뉴 구성으로 모든 연령층으로부터 호응을 얻고 있다.

분류지수

업종	차별화	투자규모	점포형태	경쟁강도	노동강도	전문인력 필요성
서비스	감성적	낮다	무점포	낮다	낮다	없다
도소매		중간	사무실	보통	보통	
외식	기술적	높다	시설형	높다	높다	있다

〈사바사바〉는 전형적인 치킨 안주를 특화한 생맥주 전문점이다. 배달형 치킨 전문점의 업그레이드 버전으로 배달 매출에 더해 홀 영업과 테이크아웃 매출까지 높인 업종이다. 홀 영업을 위해 20~30평 이상의 매장 규모가 필요하기 때문에 퓨전주점 수준의 시설비가 소요된다. 주요 입점지는 대학가와 주택가 등을 들 수 있는데 모든 상권 내에 치킨 전문점과 주점이 들어서 있기 때문에 경쟁강도가 무척 높다고 볼 수 있다. 인건비 비중이 높은 만큼 마음이 맞는 가족이 함께 운영하는 매장이 많은 편이어서 가족 창업으로 안성맞춤이다. 치킨을 튀기고 이를 고객의 테이블로 서빙하고, 주문 전화에 따라서 배달하는 단순 업무 위주이기 때문에 신입 종업원이 들어와도 적응에 무리가 없다.

평가지수

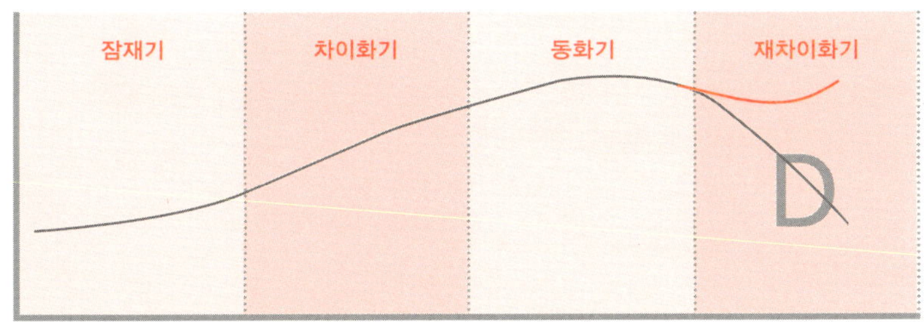

문화화 사이클

〈사바사바〉는 고급스럽고 차별화된 치킨요리와 카페형 인테리어로 다양한 연령대의 고객층을 확보하고 있는 치킨 호프 전문점이다. '고품격 치킨 캐주얼 감성주점' 이라는 컨셉으로 다양한 메뉴와 고급스런 인테리어를 선보이며 기존 치킨 호프 전문점과 차별성을 강조하고 있다. 〈사바사바〉는 B형 재차이화기에 해당되는 업종으로 패밀리레스토랑을 연상시키는 인테리어와 차별화된 메뉴 등 새로운 가치변화를 제공하고 있다는 점에서 D형에 해당된다고 볼 수 있다. 이 같은 새로운 가치변화 제공이 향후 새로운 문화적 가치로까지 자리매김할 수 있는지 여부에 따라 사업적 성패가 좌우될 것으로 예상된다.

천연 벌꿀로 맛과 건강까지 한 번에
위드락치킨

가맹점 기본정보

회사명: (주)성공스토리
대표자: 양재정
전　화: 1644-7292
팩　스: 02-3012-9282
주　소: 서울특별시 송파구 문정동 89-8 2층전관
이메일: withrock92@hanmail.net
홈페이지: www.withrock.co.kr
회사설립일: 2008년 9월

가맹사업 현황

가맹점 수: 70개
- 독자 개발한 천연벌꿀 염지제 제조법, 염지소스 제조법 특허출원
- 전국지사망 확보

가맹점 예상 투자비용

표준매장평수: 66.1㎡(20평) 기준
가맹비: 300만 원
보증금: 100만 원
계약이행보증금: 150만 원(계약 종료 시 반납)
로열티: 없음
인테리어: 3000만 원 / 추가 시 150만 원(3.3㎡당)
기타 집기비용: 1000만 원
총 소요비용: 4550만 원
부가세 및 점포 임대비용 별도

★ 가맹계약 내용

- 최초 가맹계약 기간 : 3년, 자동 연장계약
- 계약 체결 후 30일 이내 영업신고, 인ㆍ허가 취득 및 교육이수 필수
- 개점 전 교육(4박 5일) 필수

★ 브랜드 컨셉

- with + 樂 : 가맹점주와 가맹본부가 함께 동고동락해 성장한다는 의미
- 100% 천연벌꿀로 독자 개발한 천연 벌꿀 치킨
- 후라이드 치킨에서 구운 치킨까지 다양한 메뉴를 통한 수익 제고

★ 차별화 전략 및 경쟁력

① 시스템 경쟁력
- 창업자의 자금사정과 상권, 입지까지 맞춘 1:1 맞춤형 창업 시스템
- 배달, 호프, 테이크아웃, 식사까지 가능한 신개념 복합매장 창업 시스템
- 5주 집중관리 프로젝트로 성공적인 초기 정착 유도
- 사육에서 생산ㆍ유통까지 수직 계열화한 국내산 닭고기 공급
- 콜드체인 시스템으로 보다 신선하게 유통 공급
- '계육가격 상한제' 도입으로 가맹점과의 프랜차이즈십 추구

② 상권ㆍ입지 및 출점전략 경쟁력
- 66.1㎡(20평) 정도의 매장으로 출점 가능
- 가맹 본사의 입지선정 및 상권분석 타당성 검토 후 계약진행

③ 메뉴 경쟁력
- 천연벌꿀과 카놀라유 사용으로 맛과 건강을 모두 잡은 차별화된 메뉴
- 대중적인 후라이드에서부터 오븐구이까지 다양한 메뉴 구성

Brand Tip

〈위드락치킨〉는 한국양봉농협이 보증한 천연벌꿀로 염지해 누린내를 제거한 치킨메뉴를 선보인다. 10여 가지의 유기산이 함유돼 있는 벌꿀을 사용해 기존의 치킨보다 훨씬 고소하며 부드럽다. 특히 꿀벌이 벌집 입구에 만드는 천연항생제 '프로폴리스' 성분은 면역력 강화 메뉴로 꼽히기도 했다. 고객건강까지 생각한 메뉴들 덕분에 〈위드락치킨〉은 웰빙치킨 브랜드 대표주자로서도 명성을 높이고 있다. 이 외에 100퍼센트 국내산 냉장육계 사용, 트랜스지방 없는 프리미엄급 카놀라유 사용 등으로 웰빙치킨 프랜차이즈로서의 면면을 잘 갖추고 있다.

분류지수

업종	차별화	투자규모	점포형태	경쟁강도	노동강도	전문인력 필요성
서비스	감성적	낮다	무점포	낮다	낮다	없다
도소매		중간	사무실	보통	보통	
외식	기술적	높다	시설형	높다	높다	있다

〈위드락치킨〉은 천연벌꿀치킨을 중심으로 후라이드부터 오븐구이에 이르기까지 모든 종류의 치킨요리를 제공함으로써 수익을 극대화하고 있다. 이 브랜드의 또 다른 장점은 외식 프랜차이즈임에도 창업자의 상황에 맞게 배달, 호프, 테이크아웃, 식사(레스팝) 등으로 맞춤형 창업이 가능하다는 점이다. 때문에 다양한 상권에 입점이 가능하며 부지 선정에 따른 창업비용도 최소화할 수 있다. 이렇듯 창업자의 투자비용은 최소화하고 수익은 극대화함으로써 경쟁이 치열한 치킨시장에서 경쟁력을 높였다. 창업자는 개인의 조건을 고려해 매장 스타일을 선택하고 그에 따른 전략을 달리해야 한다. 기본적으로 배달을 겸해야 하기 때문에 배달 수요에 대해서도 꼼꼼히 살필 필요가 있다. 더불어 메뉴가 늘어날수록 다양한 메뉴를 소화할 수 있는 전문 주방인력의 필요성도 커진다는 걸 염두에 두어야 한다.

평가지수

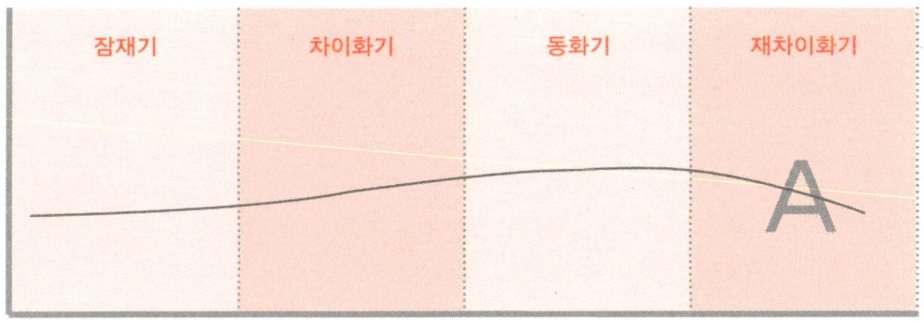

문화화 사이클

〈위드락치킨〉은 치킨 전문점이라는 전형적인 레드오션 시장에 진입한 브랜드다. 100퍼센트 천연벌꿀을 사용한 새로운 염지법으로 웰빙 트렌드를 선도하고 있지만, 과열 경쟁으로 인해 항상 새로운 브랜드의 등장이라는 위협에 맞서고 있다고 해도 과언이 아니다. 하지만 치킨 전문점 브랜드인 만큼 A형 재차이화기 업종으로 판단된다. 즉 어느 정도 사업규모는 만들 수 있지만 문화적인 가치제공과는 거리가 멀기 때문에 장기적인 성공에 대해서는 아직 불확실하다. 또한 산업 발전의 잠재력을 모두 소진해 새로운 변화가 필요한 단계로 판단된다.

우리 가족을 위한 건강한 선택
땡큐맘치킨

가맹점 기본정보

회사명 : (주)이루에프씨
대표자 : 이문기
전　화 : 02-486-3392
팩　스 : 02-486-3394
주　소 : 서울시 강동구 성내3동 440-2번지 4층
이메일 : tkmomck@tkmomck.com
홈페이지 : www.tkmomck.com
회사설립일 : 2009년 7월
매출액 : 20억 원

가맹사업 현황

가맹점 수 : 42개
- 2010년 3월부터 본격적인 가맹사업 개시

가맹점 예상 투자비용

표준매장평수 : 26.4㎡(8평) 기준
가맹비 : 500만 원
보증금 : 200만 원
로열티 : 없음
인테리어 : 1200만 원 / 추가 시 150만 원(3.3㎡당)
기타 : 간판, 주방, 기물, 집기, 오픈 판촉물 외
총 소요비용 : 4050만 원
부가세 및 점포 임대비용 별도

★ 가맹계약 내용
- 최초 가맹계약 기간 : 1년, 연장계약 시 1년
- 계약 체결 후 30일 이내 영업신고, 인·허가 취득 및 교육 이수 필수
- 계약 체결 후 40일 이내 가맹점 개설
- 개점 전 교육, 정기교육(연 1회), 특별교육

★ 브랜드 컨셉
- 건강을 고려한 재료와 오븐구이로 웰빙 시너지 효과
- 후라이드 치킨과 오븐로스트 치킨을 접목시킨 홈스타일 웰빙치킨
- 쌀, 콩, 호밀 등 몸에 좋은 17가지 천연곡물로 자체 개발한 비스켓 파우더

★ 차별화 전략 및 경쟁력
① 시스템 경쟁력
- 가맹점 파격 오픈지원(재료지원, 조리개발팀 파견 등)
- 주부 창업자 가맹비 30% 할인 우대
- 창업자금 일부 무이자대출
- 상권분석 전문가의 상권분석으로 최적의 입지 제공
- 일주일간 체계적이고 철저한 조리교육
- 방송, 온라인, 신문 등을 통한 대대적인 브랜드 홍보
- 슈퍼바이저 제도로 가맹점 관리 지원

② 상권·입지 및 출점전략 경쟁력
- 소규모 소자본으로 출점 가능
- 번화가 상권이 아닌 주택가 상권 입점으로 테이크아웃 수요가 높음
- 매장 규모 대비 매출이 높음
- 주 고객층은 20~40대 가정주부

③ 메뉴 경쟁력
- 치킨 1마리 테이크아웃 시 2000원 할인으로 고객 접근성을 높임
- 전 매장 금연화로 여성 고객 및 가족 고객 확보
- 밝고 화사한 프로방스풍 인테리어로 가족 외식공간으로 안성맞춤

Brand Tip
가족 건강을 생각하는 주부 창업자를 위한 특전

〈땡큐맘치킨〉은 주 고객층이 여성주부들이며 상당수 가맹점주들 또한 이들 주부들로 이루어져 있다. 호프집을 겸하는 칙칙한 분위기의 기존 치킨업소와는 달리 가족외식에 적합한 패밀리 레스토랑과 같은 분위기를 도입했으며, 가맹점 대부분이 밤 11시~12시경에 폐장해 주부 창업자가 무리 없이 운영할 수 있다. 특히 가정주부가 창업을 할 경우에는 가맹비 500만 원 중 30퍼센트를 되돌려주는 창업특전 프로모션을 진행해 큰 효과를 거둔 바 있다. 그 외에도 오픈 시 홍보용으로 계육 100수 지원, 본사 조리바이저 파견근무(2일) 등 다양한 이벤트를 진행하고 있다.

업종	차별화	투자규모	점포형태	경쟁강도	노동강도	전문인력 필요성
서비스	감성적	낮다	무점포	낮다	낮다	없다
도소매		중간	사무실	보통	보통	
외식	기술적	높다	시설형	높다	높다	있다

〈땡큐맘치킨〉은 튀긴 치킨과 굽는 치킨의 경계인 베이크 치킨을 비스킷 치킨으로 업그레이드한 곳이다. 레드오션인 치킨 전문점 시장에서 튀긴 것처럼 바삭한 맛을 오븐구이 방식으로 재현한다는 점을 장점으로 내세웠다. 오픈 주방을 실현해 먹거리에 대한 불신을 해소한 점도 차별화된 경쟁력이다. 〈땡큐맘치킨〉은 전형적인 소자본 창업으로 33㎡(10평) 기준 5000만 원 수준의 개설비가 필요하다. 주요 입점지는 주택가인데 모든 상권 내에 개인이나 프랜차이즈로 운영되는 치킨 전문점이 10여 곳쯤 경쟁하기 마련이어서 경쟁강도가 무척 높다. 소자본 창업인 만큼 점주 스스로 주방, 홀, 배달, 홍보까지 진행해야 하기 때문에 노동강도 역시 높은 편이다. 전문인력은 특별히 필요 없으나, 배달 비율에 따라 배달기사를 둘 수도 있다. 대신 최근 인기를 끄는 배달 대행서비스 등을 이용하면 사고에 대한 리스크를 줄일 수 있다.

평가지수

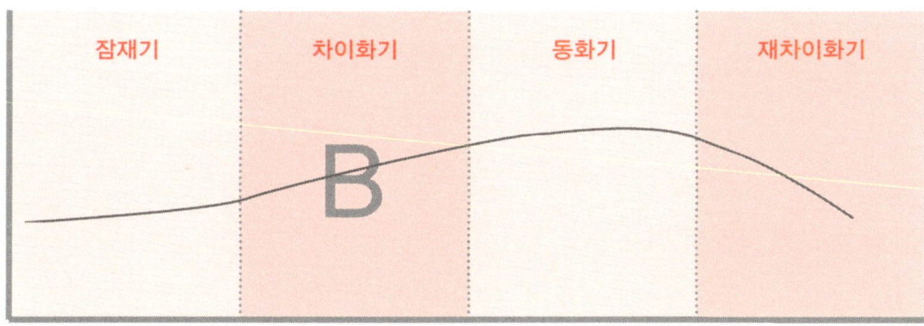

문화화 사이클

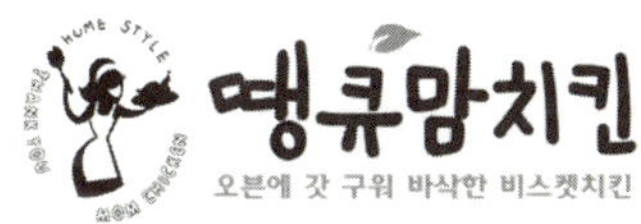

굽는 치킨은 후라이드 치킨에 비해 저칼로리 음식으로 한동안 치킨 시장의 트렌드를 이끌었다. 〈땡큐맘치킨〉은 더 나아가 구우면서도 바삭한 식감을 내는 비스킷 치킨으로 변화를 시도했다. 〈땡큐맘치킨〉은 치킨전문점이라는 업종으로 평가한다면 A형 재차이화기에 속할 수도 있다. 하지만 흔한 치킨 전문점에서 혁신적인 변화를 모색하고 있어 B형 차이화기 업종으로 진화했다고 볼 수 있다. 〈땡큐맘치킨〉은 배달보다는 테이크아웃과 홀 영업에 집중하는 카페형 인테리어를 고수하고 있으며, 비스킷 치킨을 개발해 굽는 치킨에 대한 고객 선호도를 높인 점이 특징이다. 또한 주방을 공개해 고객에게 청결한 음식을 제공한다는 점을 적극 부각하고 있다.

우수 가맹 본사
선별기준 10가지

많은 사람들이 창업에 앞서 프랜차이즈 창업과 개인(독립)창업 중 어떤 방식을 선택할 것인지 고민한다. 최근에는 다양한 아이템의 프랜차이즈가 등장해 있어, 장사 경험이 없는 초보창업자들에게 안전한 창업 방법으로 인기를 끌고 있다. 프랜차이즈 창업은 가맹 본사의 노하우와 시스템을 활용할 수 있어 안정적인 운영이 가능하고, 필요 시 본사의 여러 가지 지원을 받을 수 있다는 장점이 있다. 하지만 프랜차이즈 창업의 경우 가맹 본사의 역할이 중요한 만큼 가맹 본사의 시스템을 자세히 살펴볼 필요가 있다. 특히 본사의 규모와 유통 구조, 물류 및 관리 시스템 등을 꼼꼼히 따져보는 게 무엇보다 중요하다.

1. 개인사업자인지 법인사업자인지 확인하라

사업의 진행 시 책임 관련 소송문제나 본사 자금력의 문제가 결부될 수 있다.

2. 본사 직영점이 있는지 확인하라

직영점이 있어야 관련 노하우로 가맹점을 지도 관리할 수 있다. 또한 직영점은 본사의 자본력을 가늠케 하는 기준이다.

3. 현재 운영 중인 가맹점 수 및 사업개시년도를 확인하라

사업기간에 비해 가맹점이 너무 많아도, 너무 적어도 문제다. 광고를 통해 개설이익에만 급급한 본사일 수도 있고, 사업경쟁력이나 자금력이 없는 본사일 수도 있다.

4. 가맹점 폐점률을 확인하라

개설가맹점 수 대비 현재 운영 점포와 폐점 점포의 비율을 확인한다. 직영점이 성공했더라도 가맹사업으로서는 맞지 않는 아이템일 수 있다.

5. 정확한 초기 투자액을 확인하라

대부분 별도 추가사항 및 옵션에 따른 비용이 발생된다. 그러므로 총 개설비용을 확인하고 계약 후 별도사항이 없는지 체크하라.

6. 점주의 수익구조와 수익률을 확인하라

본사에서 제시한 영업이익율과 순이익율의 예측은 물론 현재 운영 중인 가맹점의 표준 수익성을 데이터로 확인하라. 개점 후 창업자의 운영방법에 따라 수익의 차이가 발생하기도 하지만 최소한 수익구조 및 수익률은 반드시 체크해야 할 중요한 사항이다.

7. 상품 공급체계와 물류 시스템을 확인하라

제조를 직접 하는지, 지속적인 상품개발 및 연구개발이 이루어지는지, 물류 시스템에 의해 안정적으로 물품을 공급받을 수 있는지, POS 시스템에 의해 발주가 가능한지 등의 여부를 확인하라. 특히 지속적인 상품공급 및 물류는 꼭 확인할 사항이다.

8. 타 가맹점을 통해 본사의 지원 프로그램을 확인하라

적절한 시기에 아이템 노하우를 전수받을 수 있는지, 판촉과 홍보 지원은 어떤지, 가맹점 간 분기별 회의를 진행하는지, 본사에 대한 가맹점들의 불만사항이나 충성도는 어떤지 가맹점을 통해 확인하라.

9. 영업부진 시 본사 도움을 받을 수 있는지 확인하라

가맹점 개점 후 영업부진 시에 매출활성화 대책 및 지원사항을 본사에서 어떤 방법에 의해 해주는지 확인하라.

10. 가맹 본사에 관한 정보를 명확히 확인하라

가맹점 희망자의 정보공개서 신청에 의해 가맹 본사에 관한 정보공개를 정확히 이행하고 있는지 확인하라. 정보공개서에서는 본사의 재정, 운영, 임원사항 및 직·가맹점 수 등의 세부내용과 가맹점의 의무 및 권리사항 등이 구체적으로 명시되어 있는지 여부를 체크한다.

가맹점 창업개설 절차
10단계 요령

1단계 | 창업 상담하기

가맹 본사에 전화나 이메일로 상담을 요청하고 안내서를 검토하라. 그 외에 창업 관련 연구소나 컨설팅 기관에 자문을 구하면 객관적인 입장에서 전문가의 의견을 들을 수 있다.

2단계 | 가맹점 방문하기

아이템의 차별성과 컨셉에 대한 설명을 듣고 본인의 자금과 환경에 맞는 창업계획을 구성한다. 또한 가맹 본사의 정보공개신청서를 받아 신청하면 세부적인 정보를 열람할 수 있다.

3단계 | 계약 체결하기

가맹 본사와의 가맹계약 시 가맹사업공정화에 관한 법률에 의거해 가맹계약서 내의 항목별 내용에 관해 법률 설명과 가맹점 지원 사항에 관해 설명을 들을 수 있다. 계약을 하기로 결정했다면 창업자는 계약서를 작성하고 본사에 가맹금을 지불한다.

4단계 | 점포 구하기

보통은 창업자가 직접 점포를 구하지만 만약 창업자가 마땅한 점포를 선택하지 못했을 경우 가맹 본사에서 점포를 제시하기도 하니 참고하면 좋다. 또한 점포가 있는 상태에서 업종 전환이나 위탁경영을 원하는 경우 상권 내 목적물과 업종분포도, 유동인구 등을 파악해 예상 수익이 나올지 파악하는 게 중요하다.

5단계 | 인테리어하기

인테리어는 가맹점마다 기준이 다르다. 무조건 본사의 표준 인테리어 매뉴얼에 의해 시공을 해야 하는 경우도 있고 간판 및 내부 인테리어 등 일부분만을 변경해 시공하면 되는 경우도 있다. 일반적으로 신규 오픈일 경우는 표준매뉴얼에 의해 시공을 원칙으로 삼고 업종전환의 경우 부분적 시공으로 진행된다.

6단계 | 각종 시설 집기류 입고하기

인테리어 공사가 마감되기 전에 해당 아이템에 따른 집기들이 입고되는 경우가 많다. 현장의 인테리어 실무자에게 입고날짜를 미리 공지해야 공사 스케줄에 혼란이 없다. 입고 후에는 꼭 테스트를 진행해 기기에 이상이 없는지 확인한다.

7단계 | 가맹교육받기

점포 · 인테리어 계약 후에는 가맹점의 교육을 받는다. 개점 전 교육은 의무조항으로, 가맹 본사별 교육과정에 따라 날짜별, 시간별로 진행되고 대부분 본사교육장 또는 직영점에서 실시된다.

8단계 | 원 · 부자재 입고하기

오픈기간 매출을 예상해 가맹 본사가 초도물량을 납품하는데, 반드시 물량품목에 따른 수량을 확인하고 반품 및 교환여부를 검수한다.

9단계 | 가오픈하기

실제 오픈을 했다고 가정해 본부에서 파견된 슈퍼바이저와 함께 가상으로 영업을 진행해본다. 이때 매장 내 기기의 문제나 직원별의 문제점을 진단해 보완 및 수정하여 실제 오픈날을 준비한다. 이를 위해 지인들과 가족들을 초대해 의견을 들어보는 것도 좋다.

10단계 | 오픈하기!

상권의 성격을 파악해 오픈행사를 진행한다. 대체로 본사에서 전단지와 현수막, 판촉물과 이벤트 등으로 홍보를 지원한다. 또한 가맹본점에서 인력을 파견해주는데 오픈일로 1~3일 정도 해주는 경우가 일반적이다.

가맹계약 내용에 따른 창업자
필수상식 7가지

1. 계약기간을 얼마나 보장해주는가

프랜차이즈 가맹사업은 거액의 자금을 투자하는 생계수단이다. 때문에 가맹계약자의 생계안정과 투자비 회수를 위해 일정기간 동안 가맹점 영업을 책임져 줘야 한다. 그러므로 중도해지 사유는 어떻게 되는지, 중도해지 시 위약금은 없는지 등을 반드시 확인해야 한다.

2. 가맹사업자의 귀책사유로 사업이 중단될 시 가맹비 환불이 되는가

가맹비는 일반적으로 계약 종료 시 반환되지 않는 소멸성 경비로 간주된다. 그러나 가맹사업자의 귀책사유로 사업이 중단된 경우 최초 계약기간 중 잔여기간분 만큼 가맹비를 반환받을 수 있어야 한다.

3. 영업 지역을 보장해 주는가

가맹점 근처에 또 다른 가맹점이 개설되는 경우도 있다. 가맹 본부가 독점 영업권을 반드시 보장해야 하는 건 아니다. 그러니 이런 문제가 염려된다면 반드시 영업지역 독점권 보장이 어떻게 되는지 살펴야 한다.

4. 영업 양도 시 양수인 가맹비가 면제되는가

영업 양도는 양수인 입장에서는 가맹계약자의 가맹사업자에 대한 지위승계, 즉 가맹계약자가 가맹사업자에게 갖는 가맹사업상의 각종 권리와 의무를 승계하는 것이므로 양수인에게는 가맹비를 면제토록 한다.

5. 반품 및 교환이 가능한가

본사로 공급받은 물품이 부족하거나 불량일 경우 이는 본사에 그 책임이 있으며 6개월 이내에 물품의 하자를 통지해 교환받을 수 있다. 또한 기간 만료, 해지 등으로 인한 계약 종료 시 상품의 완전물은 반품하고 출고 가격으로 상환되는지 확인해야 한다.

6. 광고 및 판촉 비용 처리는 어떤가

가맹계약자에게 광고, 판촉비를 분담시킬 경우 산출근거를 서면으로 제시토록 하고, 판촉활동을 위한 통일적 팜플렛, 전단, 카달로그의 제작 비용 등은 본사가 부담하도록 한다.

7. 가맹사업자의 의무 (본사)

본사는 가맹사업 계약을 체결하는 과정에서 가맹 희망자들이 가맹 여부를 적정하게 판단할 수 있도록 가맹사업자의 재무상황, 최근 5년간의 사업경력, 상품의 공급조건 등의 자료와 정보를 공개할 의무가 있다.

배달음식점 상권별 홍보 전략

오피스 상권

사무실이 많은 오피스 상권은 직장인들이 주요 공략 대상으로, 고객 변화 및 이용자들의 선택에 거의 변동이 없으나 점심시간이라는 정해진 시간에 주문이 몰려 배달 지연 등으로 불만이 발생할 확률이 높다. 그러나 야근 등의 수요가 있어 저녁 매출을 기대할 수도 있다. 그러므로 오픈 초기보다는 오퍼레이션 시스템이 안정화된 이후 적극적인 홍보가 바람직하다. 오피스 상권 홍보 시에는 단순히 전단지를 붙이는 것보다는 점주가 직접 개별 사무실을 방문해 친근감 있게 홍보물을 전달하는 것이 무엇보다 중요하다.

아파트 상권

대단위 아파트 단지가 몰려 있는 곳은 평일이나 주중보다 주말, 금요일 이후 매출이 좋으며 특정 시간대 주문이 몰리는 오피스 상권과 달리 꾸준히 주문이 들어오는 편이다. 반면 경기에 민감하게 반응하는 부분도 있다. 아파트 상권은 반복적이고 꾸준한 홍보가 절대적으로 필요한 지역으로, 매장이 알려진 상태에서 전단지나 홍보물을 여러 번 접하게 되면 구매로 연결될 수 있다. 주말 영업 활성화를 위해 보통은 금요일부터 홍보를 시작했으나, 최근에는 주5일제의 영향으로 목요일부터 적극적인 홍보를 진행하는 추세다.

주택 밀집 상권

이 지역은 아파트 상권과 유사해 꾸준한 홍보가 필요하다. 또한 주택가의 특성상 구전광고로 효과를 볼 수 있다. 이 얘기는 반대로 안 좋은 소문 역시 그만큼 빨리 퍼질 수 있다는 말로, 고객 불만이 발생할 경우 신속한 대응과 처리가 필요하다. 잘, 잘못을 따지기에 앞서 고객이 불만을 갖지 않게 원만히 해결하는 것이 무엇보다 중요하다.

학교 부근 상권

학교 부근의 젊은 층은 경제활동을 하지 않는 단순 소비계층으로 가격, 특히 제품의 양에 민감하기 때문에 무료시식권, 할인쿠폰 등을 제공하거나 일정 금액 이상을 이용하면 금액으로 보상해주는 포인트제 등이 효과를 볼 수 있다. 배달을 주로 하는 경우 교내로 배달을 시켜 먹는 학생에 한해 적용하는 것이 바람직하다. 또 초등학교가 있는 지역에서는 하굣길에 홍보를 하는 것도 효과적이다. 아이들로 인해 바로 주문으로 연결되는 경우가 많다.

역세권 상권

전철역 또는 버스 정류장 등 역세권에 있는 점포는 오후, 저녁 시간대를 이용하여 퇴근하는 고객이나 유동인구를 상대로 홍보를 하는 것이 효과적이다. 이들을 통해 테이크아웃 매출을 발생시킬 수 있고, 매장 주문 후 배달로 이어지는 고객을 확보할 수도 있다. 거리 홍보 시에는 반드시 유니폼을 착용해 이미지 홍보를 동시에 유도하는 게 효율적이다.

복합 상권

대부분의 매장들은 두 가지 혹은 세 가지 이상의 복합적인 상권에 속해 있다. 그렇기 때문에 홍보 역시 한 가지 방법에 의존하기보다는 매일 매일의 매출 흐름을 파악하면서 달리해야 한다. 전단지 홍보는 기본이고, 그 밖에 다양한 홍보 방법도 실시해보며 지역 여건에 맞고 효과 좋은 쪽을 선택해 주기적으로 실시한다. 특히 배달 매장의 경우 절대 홍보를 게을리 해서는 안 된다. 끊임없는 홍보만이 경쟁 점포로부터 내 점포를 지켜낼 수 있는 가장 강력한 힘이기 때문이다.

프랜차이즈 창업이 좋을까?
독립창업이 좋을까?

대부분의 사람들이 창업을 결심하고 난 뒤 프랜차이즈 창업과 독립창업을 저울질하며 오랜 시간 갈팡질팡한다. 과연 무엇이 창업자에게 더 좋은 선택이 될까? 일반적으로 프랜차이즈 창업에 비해 독립점포가 유리한 점은 가맹비와 인테리어 비용 등을 절약할 수 있으며, 운영비 절감(매월 로열티가 있는 경우) 등 전반적인 창업비용을 절약할 수 있다는 것이다. 특히 영업이나 마케팅에 자신이 있는 경우 독자적인 운영감각을 마음껏 발휘할 수 있으며, 다양한 차별화가 가능하다는 점도 장점이다. 하지만 경험이 없는 초보창업자의 경우 수많은 시행착오를 겪을 수 있다. 또한 매장관리 및 안정적인 식자재 공급 등에 문제가 발생하여 매출이 하락되는 요인으로 작용할 수도 있다.

프랜차이즈 창업을 하면 좋은 경우

- 소규모 매장인 경우(매장 규모가 작은데다 독립점이면 다소 평가절하 되기 쉽다)
- 독자적인 노하우가 너무 부족해 자력으로 운영하기 어렵다고 판단될 때
- 새로운 비즈니스 형태의 사업을 선택하였을 때
- 동종 또는 유사업종끼리 경쟁 매장이 너무 많은 상권에서 창업을 하게 되었을 때
- 배달이나 영업을 위주로 하는 업종을 선택하였을 때
- 취급하려는 제품이나 서비스의 종류가 많아서 유통경로가 너무 복잡할 때
- 전문성을 굉장히 필요로 하는 사업 아이템일 경우
- 새로운 상권이 형성되는 곳에 창업을 하게 되었을 때
- 그 동안 거의 변화가 없던 상권에 들어가게 되었을 때
- 취급하고자 하는 제품이나 서비스를 프랜차이즈에 가맹하지 않고는 구하기 힘든 경우
- 브랜드 파워가 좋아서 그 자체만으로도 사업의 경쟁력과 안정성이 보장될 때
- 특정 프랜차이즈의 인테리어나 맛 또는 서비스에 대한 노하우가 탁월할 때

독립점포로 운영하는 게 좋은 경우

- 50평 이상의 중대형 매장을 창업하려 할 때
- 운영노하우가 지극히 일반적이고 특별히 프랜차이즈 가맹점과의 차별화가 없을 때
- 프랜차이즈 가맹이 가맹비나 로열티, 시설비 등에서 지나치게 많다고 판단될 때

- 생활밀착형 아이템이며, 상호나 로고, 디자인, 시설 등에서 자신이 있을 때
- 창업자금 규모로 보아서 독립점과 가맹점의 창업비용 차이가 너무 커서 부담이 클 때
- 특정 대형상가나 단체, 시장, 특정 건물의 지하 아케이드 등에서 창업하게 되었을 때
- 시 외곽 지역에서 창업을 하게 되었을 때

2011, 눈에 띄는 창업지원제도

중기청 '참살이 서비스 창조기업 육성대책'

중소기업청은 최근 오는 2013년까지 플로리스트, 커피바리스타 등 3만 개의 '참살이 서비스 일자리'를 만드는 것을 주 내용으로 한 '참살이(웰빙) 서비스 창조기업 육성대책'을 발표했다. 이를 위해 체계적인 창업 지원을 위한 '참살이 실습터'를 운영할 예정이다. 실습터 수료자에 대해 실전 체험 중심의 창업교육, 자금, 컨설팅 등을 우선 지원해주고 프랜차이즈, 민간협회, 대형기업 등과 MOU를 통해 취업을 연계해준다.

무등록사업자 공제제도 가입 허가

공제제도란 생계위협에 취약한 자영업자가 폐업·퇴임 등에 직면했을 때 생계 지원 및 사업재기 기회를 제공하기 위한 일종의 보험제도다. 지난 2007년 9월 도입 이후 무등록 사업자들은 가입대상에서 제외돼왔다. 그러나 2010년 9월부터 원천사업자와의 계약서 등으로 사업 사실 확인이 가능하다면 무등록사업자도 공제제도에 가입할 수 있게 됐다. 공제제도를 이용하면 사망·노령(연복리), 상해보험(월부금의 150배), 수급권보호(압류·양도·담보금지), 대출 등의 혜택을 받을 수 있다. 가입 후 등록사업자로 전환할 경우 추가 소득공제(연 300만 원 한도)도 받을 수 있게 된다.

미소금융, 성실하게 이자 갚으면 '인센티브'

저소득자와 저신용자들을 대상으로 대출해주는 미소금융 지점을 확대 운영할 계획이다. 우선 제도권 금융회사 접근이 어려운 예비창업자들이 보다 쉽게 접근할 수 있도록 1인 출장소 등 신규지점을 지속적으로 확대할 방침이다. 또한 미소금융 이용자에 대한 컨설팅 서비스를 강화하기 위해 컨설팅 인력 육성 프로그램인 '미소아카데미'를 설치해 운영인력의 전문성을 높이기로 했다. 특히 저신용자 창업 지원 대출업무를 수행하는 미소금융 이용자 가운데 성실하게 이자를 갚은 사람에게는 인센티브를 주는 방안이 현재 검토 중이다. 추가로 대출해주거나 금리를 인하해줄 가능성이 높다. 혹은 납입이자를 일부 환급해주는 방안이 도입될 가능성도 크다.

햇살론, 일시실직자도 지원 가능

저신용·저소득 서민을 대상으로 10퍼센트 대의 저금리로 대출해주는 햇살론은 출시 후 4개월간 1조 3000억 원을 지원했으며, 5년간 10조 원 공급을 목표로 하고 있다. 햇살론을 취급하는 업체는 농협, 새마을금고, 신협, 수협, 산림조합, 저축은행, 해드림신용보증재단 등이 있다. 정부나 공공기관의 창업교육을 이수한 창업자를 대상으로 하며 12시간의 창업 교육을 이수해야 한다.

새해 들어 가장 큰 변화는 일시실직자도 햇살론의 혜택을 받을 수 있다는 점이다. 햇살론을 신청하려면 3개월 이상 근로사실이 인정돼야 하는데, 기존에는 구직기간이나 출산휴가 같은 일시적인 실직은 근로기간에서 제외됐으나 올해부터는 보증신청일 현재 실직을 포함 휴직상태일지라도 근로일수가 최근 3개월간 매월 10일 이상이면 햇살론을 신청할 수 있다. 계약직 여성근로자는 출산휴가기간도 근무기간에 포함된다.

한부모·조손가족, 창업자금 3% 저리 적용

서민층 창업자금 제도 외에 특수계층에 대한 자금 지원제도가 도입된다. 2011년부터는 조손가족 통합지원 프로그램에 따라 학습지원을 위한 도우미 파견사업이 시행될 예정이다. 한부모·조손가족이 창업할 경우에는 3퍼센트의 저리로 자금을 융자해준다.

해외창업아이템

1. 고객 맞춤형 핸드백 제작 서비스

미국에서는 여성들의 외출 시 필수품인 핸드백을 고객이 직접 자신의 마음에 드는 원단과 안감, 그리고 스타일로 선택하여 주문할 수 있게 하는 '고객 맞춤형 핸드백 제작' 서비스가 인기다. 메사추세츠주의 고객 맞춤형 수제 핸드백 제작회사인 〈안나윌리엄 www.annawilliam.com〉은 온라인 및 오프라인을 통해 세상에서 단 하나뿐인 수제 핸드백을 주문·제작하고 배송하는 서비스를 제공하고 있다.

자신만의 맞춤형 수제 핸드백을 주문하기 원하는 고객은 〈안나윌리엄〉사의 웹사이트에 접속하여 안내되는 핸드백의 스타일과 원단, 안감을 선택하기만 하면 된다. 주문받은 핸드백은 〈안나윌리엄〉사 스튜디오에서 손수 재단하여 만드는데, 우수한 디자이너들이 만든 직물 혹은 비단, 인조견 등이 재료로 사용된다. 〈안나윌리엄〉은 핸드백 제작 공정에서 내구성을 강화시키는 동시에 매력적인 디자인을 생산할 뿐 아니라 제작 후 생산된 제품들의 품질 검사도 주의 깊게 실시해 만족도가 높다. 특히 타 회사에 비해 월등한 장인 정신과 친절한 고객 서비스는 기본, 패션 지향적인 마인드의 고객들을 만족시키기 위해 끊임없이 새로운 스타일의 핸드백을 디자인하고 있다.

〈안나윌리엄〉은 현재 매사추세츠주 뉴베리포트에 있는 본점 외에도 콜로라도, 커넥티컷, 미시간, 미네소타 주 등에 약 30개의 소매 취급점을 두고 있다.

2. 노인 자산관리 서비스업

인생의 황혼기에 접어든 노인들은 규모가 더 작은 집이나 은퇴자 마을, 요양원 혹은 친구나 친척의 집으로 거처를 옮기는 일이 종종 있다. 또한 자신의 소유물들을 시기적절하게 현금으로 바꿀 필요도 생긴다.

미국의 〈케어링트랜지션www.caringtransitions.net〉은 이 같은 노인들의 이사, 살림살이 축소, 그리고 부동산 판매 등을 전문적으로 대행하고, 각종 소유물들을 가장 좋은 가격으로 현금화해주는 서비스를 제공한다.

노인들이 연로해지거나 병 때문에 자신의 집에서 더 이상 살아갈 수 없게 되는 경우 〈케어링트랜지션〉사는 이삿짐을 포장하는 일에서부터 부동산 업자를 소개시켜주는 일까지 모든 세부 사항들을 조율하여 이사에 따른 스트레스와 가족들의 불안감을 최소화시켜

준다. 또한 노인들이 자식들과 떨어져 살거나 경제적인 이유로 더 작은 집으로 옮길 경우 생활 방식에 맞게 소유물들을 분류하는 일을 돕고, 이사 조율 및 새로운 집 발견에 이르기까지 모든 과정을 쉽고 편안하게 할 수 있게 도와준다. 만약 노인들이 사망하는 경우에는 노인의 가족들이 노인의 소유물이나 동산들을 판매하는 일도 〈케어링트랜지션〉사의 역할이다. 노인의 가족들이 시기 적절하게 가장 좋은 가격으로 노인의 소유물들을 현금화하거나 판매하도록 도와 스트레스를 최소화하는 동시에 최고의 배상을 받을 수 있도록 해준다.

2006년에 설립된 〈케어링트랜지션〉사는 현재 미국 전역에 46개의 가맹점을 운영하고 있다. 총 창업비용은 3만 200달러에서 4만 5000달러 정도이다.

3. 노인 비상 안전 연락망 사업

미국 오하이오주에 있는 〈디렉트링크〉사는 미국 전역의 400여 가맹점을 통하여 노인 비상 안전 연락망 서비스를 제공하고 있다.

만약 혼자 사는 노인이 도움을 필요로 할 경우 그들은 자신의 목이나 손목에 부착되어 있는 조그만 무선 버튼을 누르기만 하면 밤이든 낮이든 상관없이 1년 365일 그들을 도울 사람이 즉시 달려오게 된다. 따라서 노인들은 그들이 가장 편하게 머물 수 있는 곳에서 마음의 안정을 가지고 생활할 수 있다. 비상 안전 연락망이 작동하면 이 회사의 직원들은 고객들의 사전 지시에 따라 급히 응급차를 보내거나 혹은 비상사태가 아닌 경우에는 노인의 이웃사람이 노인을 방문하도록 조치를 취해준다. 그러고는 가족들에게 노인의 상황을 알려주게 되어 있다.

이 사업은 이미 돌보미 사업을 영업하고 있는 사람들에게 추가적인 부가가치를 제공해줄 수 있는 사업이며, 독립적으로 운영해도 손색이 없다. 〈디렉트링크〉사의 서비스는 비단 노인들뿐만 아니라 임산부나 회복 중인 환자들, 방과 후 빈 집으로 돌아오는 아이들에게도 유용한 서비스다. 비상 안전 연락망 서비스는 수백만 달러의 자산 가치가 있는 전국적인 모니터링 시설에 의해 감시가 되고 있으며 고객들의 요구 사항을 잘 수행하기 위해 전문적으로 교육받은 직원들에 의해 운영된다.

1996년도에 설립된 〈디렉트링크〉사의 초기투자비는 1만 6900달러 정도이다.

4. 드라마 스쿨

미국과 유럽을 비롯한 전 세계 1500개의 가맹점에서 약 4만 5000명의 어린이들을 회원으로 두고 있는 〈드라마키즈www.dramakids.com〉는 드라마 수업을 통해 재미는 물론 아이들의 의사소통 능력과 자신감, 리더십, 팀워크 등을 향상시키는 역할을 한다.

〈드라마키즈〉는 또한 긍적적인 격려를 통해 아이들이 사회성을 기르고 잠재력을 발견할 수 있도록 도와준다. 수업은 매우 긍정적인 분위기 속에서 진행되며, 독창적인 교육과정에 따라 항상 새로운 장면과 활동들이 소개된다. 수업은 5단계로 구성되는데, 3~4살 가량의 아이들을 대상으로 하는 취학 전 워크샵 수업은 아이들을 '학교 내부로의 여행'이라는 프로그램으로 안내해, 아이들이 연기와 탐구를 통해 창의력을 개발할 수 있게 한다. 유아기부터 드라마에 참여하면 자신감 향상 및 말하기 훈련에 도움이 되며 인생 전반에 걸쳐서 창조적인 생활을 누리는 데도 도움이 된다. 또한 4~5살 어린이들을 대상으로 하는 수업에서는 말하기 기술, 자신감 형성하기, 사회성 기르기, 그리고 창조적 학습 등을 배운다. 〈드라마키즈〉는 여름 캠프와 휴일 캠프도 제공하는데 반일 또는 종일반으로 약 일주일 가량 지속된다. 캠프들은 언제나 그 수업이 있는 주 마지막 날에 친구들과 가족들을 위한 대규모 공연을 펼친다.

〈드라마키즈〉는 여배우 헬렌 갈디에 의해 설립된 헬렌 갈디 어린이 드라마 프로그램의 미국 독점 공급업체로, 창업비용은 약 1만 7000달러에서 5만 1000달러 사이이다.

5. 어린이 운동 캠프

어린이들의 운동을 위한 프로그램이 많이 생기고 있지만 야구, 축구, 핸드볼과 같은 단체 경기는 운동효과는 물론 협동심이나 경기장에서 느낄 수 있는 희열감 등 자녀에게 잊혀지지 않는 훌륭한 경험을 선물할 수 있다.

미국의 워싱턴 주에 본사를 둔 〈스카이호크www.skyhawks.com〉는 1979년부터 어린이들이 운동 경기를 통하여 의미 있는 인생 교훈을 배울 수 있도록 어린이 운동 경기 프로그램을 주관해오고 있다. 어린이들을 위하여 제공하는 운동 종목은 축구, 야구, 플래그 풋볼(풋볼의 일종), 농구, 테니스, 라크로스(하키와 비슷한 구기 종목), 롤러하키, 골프, 배구 등 열한 가지 종목이 넘는다.

현재 미국 내에 68개의 가맹점을 거느린 〈스카이호크〉사의 운동 경기 프로그램은 캠프가 시작되기 몇 개월 전부터 인터넷을 통해 예약이 된다. 이 회사의 올해 여름 상품인 시즌패스의 가격은 449달러로 고객은 자신의 여건을 고려하면서 여름 캠프 기간 동안의 모든 프로그램에 참가할 수 있다. 고객들은 예약 시 자기 지역의 우편번호를 입력하여 가장 가까운 곳에 있는 지역단체나 교육시설 혹은 YMCA와 같은 비영리 단체에 의해 운영되는 운동 경기장을 안내받게 된다.

이 프랜차이즈의 가맹비는 1만 5000달러이며 창업비용은 7만 3000달러에서 10만 8000달러 사이다.

6. 가족사 비디오 제작업

〈패밀리트리디지털비디오www.familytreevideo.com〉사는 가족 사진, 슬라이드, 홈비디오, 그리고 다른 귀중한 추억들을 특수효과, 음악, 타이틀, 고객의 음성을 사용한 해설, 그리고 생생한 증언 등을 사용하여 영구적으로 보존할 수 있는 할리우드 식의 뮤직 비디오로 제작해준다. 가족사 비디오 시장은 옷장이나 상자 속에 흩어져 있는 소중한 가족 기념물들을 가진 모든 사람에게 설득력 있는 사업아이템이다.

이 회사의 독점력 있는 비디오 제작 장비들은 다른 업체보다도 십여 배 이상 더 빠른 속도로 기념물들을 제작할 수 있도록 해준다. 일반적으로 한 편의 가족사 비디오를 제작하는 데 걸리는 시간은 3시간에서 8시간 사이다.

〈패밀리트리디지털비디오〉사는 현재까지 전 세계에 350개 이상의 가맹점을 오픈했으며 총 투자비는 약 6만 5000달러로 모든 장비 및 셋팅 비용, 가맹점에서의 현장 교육 및 지원, 이 회사의 귀중한 마케팅 프로그램의 전수 비용을 포함한다.

1985년 이 회사의 창업자 롭 프리처 씨는 가족사진이나 많은 귀중한 기념물들이 장롱 속에 쌓여 있다는 사실을 우연히 깨닫고, 이러한 가족의 역사들을 비디오로 창출하는 사업을 시작했다. 가족사 비디오 사업이 성공적인 사업개념이라는 사실은 곧 명확해졌다. TV와 신문사들은 가족사 비디오가 가족들의 소중한 기억들을 보존할 수 있는 미래의 새로운 물결이라는 사실을 잇따라 증언하였다.

7. 이동식 차고를 이용한 그린 자동차 정비

미국 콜로라도주에서 2010년 초 설립된 〈Green Garage〉는 내구성이 좋고 에너지 효율이 높은 자동차 부품과 정비 기술을 사용하여 적은 비용으로 고객의 자동차를 친환경적이고 깨끗하게 운행하도록 도와주고 있다.

이 서비스는 먼저 이동식 차고로 사용되는 트럭을 고객의 집 문 앞까지 몰고 와서 고객의 자동차를 싣고 정비소로 운반해온 다음 친환경적인 자동차로 수리를 해주고 다시 고객이 원하는 장소로 운반해 준다. 이동식 차고로 사용되는 이 회사의 트럭들은 이동식 리프트 장치를 통해 안전하게 고객의 자동차를 친환경 정비소로 운반한다.

또한 〈Green Garage〉의 친환경 정비사들은 연비를 개선하고 수리 횟수를 줄여주는 친환경 자동차 부품들을 사용해 자동차 정비를 한다. 엔진이 최고 성능을 낼 수 있도록 해주고 수리를 요하는 부분을 찾아주기 위해 53개 항목의 자동차 검사도 해준다.

이 회사는 60가지 이상의 내구성 부품들을 보유하고 있는데, 이 부품들은 자동차의 이산화탄소 배출을 줄여주고 환경적인 측면에서 월등한 성능을 발휘하도록 하기 위해 선택된 부품들이다. 약 8000마일의 운행 후 한 번씩 받아야 하는 이 회사의 기본 오일 교환 서비스의 가격은 69.95달러. 이 서비스를 이용할 경우 고객들이 연간 약 175달러 정도를 절약할 수 있다는 것이 회사측의 설명이다.

〈Green Garage〉사는 현재 콜로라도 주에 2개의 정비소를 운영하고 있으며 2011년도에는 미국 전역으로 사업을 확장할 계획을 가지고 있다.

8. 페달 자전거를 이용한 음식물 쓰레기 재활용

캐나다의 빅토리아 주와 브리티시 콜럼비아 주에서 운영이 되고 있는 〈reCYCLISTS〉는 48리터 크기의 쓰레기통으로 음식물 쓰레기들을 수거해서 비료로 재활용하고 있다. 빅토리아 주의 사업가연합회와 공동으로 운영되고 있는 이 사업은 136kg까지 적재가 가능한 화물칸을 가진 세 바퀴 자전거를 사용하여 음식물 쓰레기들을 수거하고 있으며, 사업가연합회에 소속된 사업체들로부터 음식물 쓰레기를 수거한다. 수거된 음식물 쓰레기들은 집하 시설로 운송이 되며 차후에 비료로 만들어져서 재활용된다. 2010년 9월 런칭된 이 서비스는 한 달 동안 음식물 쓰레기를 수거해주는 대가로 캐나다 달러로 최저 월 15달러의 이용료를 받고 있다.

앞으로 화석연료에 의존하는 그린 비즈니스는 완전한 그린 비즈니스라고 말하기 어려운 시기가 다가오고 있다고 해도 과언이 아니다. 따라서 향후 이처럼 인력을 이용한 운송 및 재활용 방법은 전 세계적으로 주목을 받을 수도 있다. 특히 쓰레기 처리업을 하는 사업가들의 경우 가능한 빨리 이 같은 완전한 그린 비즈니스 사업으로 돌입할 필요가 있다.

9. 병원 대기 시간 알림 서비스

전 세계적으로 몸이 아파 병원을 방문하는 환자들 대다수는 오래동안 기다려야 진료를 받을 수 있는 상황이다. 캐나다 토론토에 위치한 〈테크노웨이트〉사의 'TechnowaiT's 1-2-3 서비스' 는 환자들이 접수 후 병원 대기실을 떠나 있어도 제때에 진료를 받을 수 있도록 해준다. 환자들은 병원에 접수를 해둔 상태에서 자신의 차례가 올 때까지 다른 장소에 가서 시간을 보낼 수 있다.

먼저 병원에 접수를 하고 번호표를 받으면 대기 시간 알림 시스템에 전화하는 것만으로 자신의 차례까지 몇 사람이 대기 중인지 그리고 얼마나 많은 시간을 기다려야 하는지에 대한 정보를 알 수 있다. 그래서 자신의 진료 차례가 다가올 때쯤 시간에 맞춰 병원으로 돌아가면 된다. 몬트리올 CTV의 보도에 의하면 〈테크노웨이트〉사는 궁긍적으로 전화 호출 기능을 추가함으로서 환자들이 자신의 진료 시간 30분 전에 자신의 진료 시간을 알 수 있도록 해주고자 한다고 전했다. 현재 무료로 제공되는 이 서비스는 차후 캐나다 달러화로 약 3달러의 이용료를 받을 예정이다.

현재 퀘벡주의 라바시에서 시범적으로 관공서 대기시간 알림 서비스를 제공하고 있는 〈테크노웨이트〉사는 수많은 종합 병원과 일반 병원에서 이 기술을 실행할 목표를 가지고 있다.

10. 고객맞춤형 악세사리 제조 서비스

고객맞춤형 악세사리 제조 서비스업을 운영하고 있는 〈Grannies Inc〉 소속 할머니들은 고객이 직접 디자인한 악세사리를 수작업으로 생산해 공급하고 있다. 주문 가능한 악세사리로는 비니모자, 스카프, 손목 보호대, 리본, 그리고 머리끈 등이 있다.

최근 창업 분야에서 할머니들의 진출이 심심치 않게 보이고 있다. 이는 할머니들의 친환경적 경향과 재치 있는 뜨개질 솜씨 때문이다. 그 결과 이제 뜨개질로 만들어진 악세사리나 의류를 갈망하는 소비자들은 자신이 직접 디자인한 세상에 하나밖에 없는 제품을 런던에 위치한 〈Grannies Inc〉로부터 구입할 수가 있다.

이 회사는 소비자들이 자신의 작품을 디자인하기 위해 사용할 수 있는 다양한 니트웨어용 악세사리 템플릿을 제공한다. 많은 종류의 스타일과 색상, 직물, 그리고 추가적인 특징들이 고객들의 취향에 맞게 배치 가능하다. 또한 완벽한 악세사리 제작을 위해 브레인스토밍식 의사 소통도 가능하다. 일단 소비자들이 자신의 마음에 드는 디자인을 완성하면 자신의 제품을 만들어줄 할머니를 직접 선택할 수도 있다. 선택된 할머니는 100퍼센트 영국제 메리노 털실을 사용하여 재빠르게 고객이 주문한 뜨개질 제품을 생산해낸다. 제품을 구매하기 전 미리 뜨개질 제품을 살펴보고자 하는 고객들은 이미 만들어져 있는 뜨개질 상품들을 구경할 수도 있다. 현재 이 회사에서 생산하는 손목보호대의 경우 가격이 약 20파운드 정도다.

가맹본부와 예비창업자의
마케팅에 대한 최고의 해답!

SK텔레콤

지오비전

- 신개념 상권분석 솔루션
- 지적도 기반 고객 DB 구축 솔루션
- 세일즈맨 영업지원 솔루션
- G-CRM 구축제공 서비스

SK마케팅앤컴퍼니

OK캐시백

- 온/오프라인 홍보 지원 서비스
- 고객확보/관리 지원 서비스
- OK캐쉬백 기반 Point 가맹사업 지원 서비스

Biz. Partners
네오비즈

비즈팡
국내 최초의 상권별 온라인
창업박람회

- 최적 점포/아이템 매칭 서비스
- 사업설명회 지원 서비스
- Best 매칭 정보 서비스

BFCashbag의 솔루션 네트워크가 가맹본부와 예비창업자 고객의 성공과 함께 합니다!

SK마케팅앤컴퍼니 · OK캐쉬백이 추천하는 베스트프랜차이즈 네트워크

온/오프라인 홍보 지원 서비스

"BF캐쉬백과 제휴하시면, 다양한 온/오프라인 홍보채널을 통하여 신속한 가맹개설 및 브랜드 인지도 확보를 지원해 드립니다!"

지역별 가맹확산 지원 서비스

"OK캐쉬백의 전국망을 활용하시어 지방에서 수도권으로, 수도권에서 지방으로 가맹점을 효과적으로 확산해 나가시도록 지원해 드립니다!"
(전국 8개 운영센터, 42명 영업인력 활용 가능)

고객 확보/관리 지원 서비스

"OK캐쉬백 기반의 BF캐쉬백 통합 멤버십 프로그램 도입으로 가맹점별 고객 Loyalty를 높여갈 수 있습니다!"

신뢰성 있는 공간 마케팅 지원 서비스

"SK 마케팅&컴퍼니에서 제공하는 전문적인 인테리어/인프라 지원 서비스를 통해 Space Design 수준을 한층 높이실 수 있습니다!"

제휴문의 www.bfcashbag.com, sgibim@sk.com, 02-6390-3018
135-908 서울특별시 중구 남대문로 4가 45 상공회의소 3~6층, SK 마케팅 앤 컴퍼니 | Copyright @ 2010 SK Marketing & Company ALL RIGHTS RESERVED.

1. 프리미엄 제휴점 소개

고객의 NEEDS와 시장 TREND를 반영. 소상공인 경쟁력 확보를 위한 차별화 / 고급화 전략에 따른 OK캐쉬백 프리미엄 제휴점 탄생

OK캐쉬백 Brand Value
OK캐쉬백 Brand 제공
(차별화된 Marketing Solution 및 홍보 매체 지원)

확산속도증대
점주/고객 만족도상승 매출증가

Franchise 본사 운영 Know-how
우수 프랜차이즈 전문역량
(물류, 유통, 교육, 인테리어 등)

2. 프리미엄 제휴점 지원사항

- T-멤버쉽서비스 제공 – SKT멤버쉽포인트 할인
- 다양한 결제수단 제공 – SK상품권 사용처
- OK캐쉬백 전용 POS제공
- 거점 연계 프로모션 제공 – SK제휴사 연계, 프리미엄 제휴점 간의 프로모션 지원
- 다양한 매장홍보 제공 – 신문광고/OCB.COM내 홍보, EM/DM 발송
- 하우스카드의 SK제휴사 우대혜택 제공
- 프리미엄 제휴점 점주 케어프로그램 제공

지오그래픽 비지니스의 비전을 제시합니다. www.geovision.co.kr

지오비전 상권분석

국내 최대 DB와 입체적 분석의 신개념 상권분석 솔루션
www.bizanalysis.co.kr

성공 창업의 시작
지오비전 상권분석이 함께 합니다!

대한민국 창업자의 성공을 위해, SK텔레콤과 파트너사들의 방대한 정보와 노하우를 모았습니다.
예전에는 어디서도 얻지 못했던, 상권 정보와 최신의 창업 트렌드 정보들을 지도 검색 한번으로 쉽고 빠르게 이용할 수 있습니다.

지오비전 상권분석은 매월 업데이트 되는 최신의 상권 정보를 제공합니다.

Biz. Partner 네오비즈 비즈팡

국내 최초의 상권별 온라인 창업박람회

http://www.bizpang.com

Bizpang 서비스는 국내 최초의 상권별 창업박람회 서비스로서 주요 창업 아이템 사업 설명회, 상권별 최적 점포/ 매칭 서비스, Best 매칭 정보 서비스를 통해 예비 창업자가 쉽고 빠르게 최적의 비용으로 창업하여 성공할 수 있도록 창업의 전 과정을 지원하는 서비스입니다.

1. 사업설명회 서비스

"엄선된 성공 창업아이템 사업 설명회, 창업 강좌, 무료 시식권 서비스에 참가자가 증가할수록 가맹비 할인의 혜택까지 제공합니다"

- 1~2주 단위 엄선된 창업아이템 설명회
- 유명 창업 컨설턴트의 창업 강좌
- 무료 시식권 등 해당 아이템의 서비스 제공
- 일정 참가자 수 충족 시 가맹비 할인 서비스 (예, 10명 참가 시 해당 아이템 창업자 가맹비 50만 원 할인)

2. 상권별 최적 점포/아이템 매칭 서비스

"자체 조직을 통해 확보된 주요 상권의 매물 점포와 엄선된 창업아이템 중 성공가능성이 가장 높은 아이템을 매칭하여 제공합니다"

- 엄선된 우수 프랜차이즈 아이템 중심의 매칭 서비스 제공
- 제공되는 모든 점포에 대한 윤리 중개(법정 수수료 중개) 실시 및 실제 매물정보 제공
- Geo-Marketing 및 과학적인 분석 기법과 자체 점포 컨설팅 전문조직(점포 친구 비숍)에서 확보한 현장 정보를 동시에 활용하여 점포에 적합한 최적 아이템과 정량적인 분석 데이터 제공

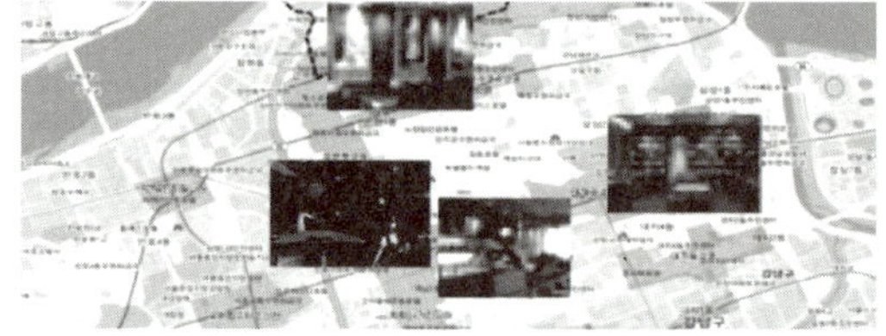

3. Best 매칭 정보 서비스

"점포 매칭 상품 중 비즈팡에서 추천하는 최고 조건의 점포를 주 단위로 모아서 제공합니다"

- 최고의 조건(예, 무권리금 등)으로 출점 시 높은 수익이 기대되는 점포 매칭 상품을 제공
- 우선 협상권을 구매하여 점포 계약 및 개설 서비스 원스탑 제공

비즈팡 2011년 3월 28일 가맹본부와 예비창업자에게 성공 Business를 약속하는 Bizpang.com 서비스가 여러분을 찾아갑니다.

제휴문의 watting4u@neocbiz.com, 02-6091-5000, 02-6091-5001 (FAX)

KI신서 3232

2011 베스트 창업 아이템 100

1판 1쇄 발행 2011년 3월 17일
1판 2쇄 발행 2011년 9월 28일

지은이 한국창업전략연구소
펴낸이 김영곤 **펴낸곳** (주)북이십일 21세기북스
출판콘텐츠사업부문장 정성진 **출판개발본부장** 김성수 **프로젝트팀장** 정지은
기획·편집 문은숙 **디자인** 박선향 김진희 **해외기획** 김준수 조민정
마케팅영업본부장 최창규 **마케팅** 김현유 강서영 **영업** 이경희 박민형 정병철
출판등록 2000년 5월 6일 제10-1965호
주소 (우 413-756) 경기도 파주시 문발동 파주출판단지 518-3
대표전화 031-955-2100 **팩스** 031-955-2151 **이메일** book21@book21.co.kr
홈페이지 www.book21.com
21세기북스·트위터 @21cbook·**블로그** b.book21.com

ISBN 978-89-509-2988-6 13320
책값은 뒤표지에 있습니다.